让法律被信仰

“宽进严管”背景下市场主体信用监管制度研究

卢代富 等 著

On Credit Supervision System of Market Subject
in the Background of
“Easier Access and Strict Regulation”

法律出版社
LAW PRESS · CHINA
北京

图书在版编目(CIP)数据

“宽进严管”背景下市场主体信用监管制度研究 / 卢代富等著. -- 北京 : 法律出版社, 2023
ISBN 978-7-5197-7444-8

Ⅰ. ①宽… Ⅱ. ①卢… Ⅲ. ①市场主体-信用-市场监管-监管制度-研究-中国 Ⅳ. ①F203.9

中国版本图书馆 CIP 数据核字(2022)第 251471 号

“宽进严管”背景下市场主体信用监管制度研究
“KUANJIN YANGUAN” BEIJING XIA SHICHANG ZHUTI XINYONG JIANGUAN ZHIDU YANJIU

卢代富 等著

策划编辑 陈 妮
责任编辑 陈 妮 张思婕
装帧设计 李 瞻

出版发行 法律出版社
编辑统筹 法治与经济出版分社
责任校对 李慧艳
责任印制 吕亚莉
经 销 新华书店

开本 710 毫米×1000 毫米 1/16
印张 26.75 **字数** 410 千
版本 2023 年 6 月第 1 版
印次 2023 年 6 月第 1 次印刷
印刷 北京中科印刷有限公司

地址:北京市丰台区莲花池西里 7 号(100073)
网址:www.lawpress.com.cn
投稿邮箱:info@lawpress.com.cn
举报盗版邮箱:jbwq@lawpress.com.cn

销售电话:010-83938349
客服电话:010-83938350
咨询电话:010-63939796

书号:ISBN 978-7-5197-7444-8
定价:156.00 元

卢代富

1965年生，四川乐至人，法学博士。西南政法大学经济法学院院长，教授、博士生导师，全国高校黄大年式教师团队——西南政法大学经济法教师团队负责人，兼任中国法学会经济法学研究会副会长等职。

长期从事经济法学、企业法学的教学和研究工作。合作完成国家社科基金项目“国家干预法治化研究”“经济法理念研究”等；主持完成国家社科基金重大项目“改革发展成果分享法律机制研究”子课题等。出版《企业社会责任的经济学与法学分析》等个人专著。

两次获优秀教学成果国家级二等奖，科研成果获高等学校科学研究优秀成果奖（人文社会科学）三等奖、重庆市社会科学优秀成果一等奖等奖励。获国务院政府津贴，入选重庆市首批巴渝学者特聘教授、重庆市学术技术带头人（经济法学）、重庆市哲学社会科学领军人才、“新世纪优秀人才支持计划”、“新世纪百千万人才工程”国家级人选等人才工程。

肖顺武

1977年生，湖南邵阳人，法学博士。西南政法大学经济法学院教授、博士生导师，重庆市人文社科重点研究基地中国农村经济法制创新研究中心主任。

主要研究方向为农村经济法制、竞争法。在《现代法学》《法商研究》《法学评论》《农业经济问题》等期刊发表论文多篇，多篇论文被中国人民大学书报资料中心《复印报刊资料》、《新华文摘》等转载；出版个人专著2部，参编教材4部；主持国家社科基金、重庆市社科规划等项目多项。

叶世清

1972年生，四川大英人，法学博士。西南政法大学经济法学院副教授、硕士生导师，伦敦大学亚非学院（SOAS）访问学者。

主要从事公司/企业法、市场秩序法、网络信息法的教学研究与法律实务。在《经济体制改革》《甘肃社会科学》等期刊发表学术论文10余篇；出版个人专著2部，合著4部；主持省部级法学研究项目3项，参与各类项目10余项。

张　波

1979年生，山东潍坊人，法学博士。西南政法大学经济法学院副院长，副教授、硕士生导师，美国康涅狄格大学法学院访问学者，重庆市“六五”普法讲师团成员、重庆市党员教育培训师。

主要研究方向为竞争法、金融法。发表论文近30篇，其中核心期刊19篇；出版个人专著1部，合著2部，参编教材4部；主持国家社科基金项目1项、省部级项目2项、校级课题1项、国家级课题8项、省部级课题3项目。

在第五届“重庆青年人才论坛”教委分论坛上获二等奖；合作专著获第三届“全国法学教材与科研成果”二等奖、第二届“中国法学优秀成果奖”专著类二等奖；获2013年重庆市教学成果奖一等奖。

谭贵华

1984年生，湖南郴州人，法学博士、博士后。西南政法大学经济法学院副教授、硕士生导师，经济法基础理论与房地产法教研室主任，重庆市人文社科重点研究基地中国农村经济法制创新研究中心研究员。

主要研究方向为经济法、农村经济法治。在《农业经济问题》《法学论坛》《民商法论丛》等期刊发表学术论文20余篇；出版个人专著1部，参编、合作出版教材、著作2部；主持国家社科基金项目、中国博士后科学基金面上资助项目等省部级以上课题6项，主研国家社科基金重点项目等省部级以上课题10余项。

获重庆市优秀博士学位论文、重庆市课程思政教学名师、西南政法大学“锦上添花”教学新秀奖等荣誉。

杨青贵

1985年生，重庆綦江人，法学博士，博士后。西南政法大学经济法学院副教授、硕士生导师，重庆市巴渝学者计划青年学者，重庆市人文社会科学重点研究基地中国农村经济法制创新研究中心副主任、西南政法大学社会分配法治研究中心主任，兼任中国法学会会员、中国农业农村法治研究会理事、重庆市乡村振兴决策咨询专家、《农业经济问题》审稿专家等职。

主要研究方向为农村法治、市场秩序规制法。在《光明日报》等报纸发表文章3篇；在《现代法学》等核心期刊发表文章30余篇，被中国人民大学书报资料中心《复印报刊资料》等平台转载；独著专著2部、合著专著4部；主持国家社科基金项目等省部级以上项目10余项。

智库成果获副国级领导人肯定性批示，被实务部门采纳。

吴飞飞

1988年生，山东肥城人，法学博士。西南政法大学经济法学院副教授、硕士生导师，重庆市巴渝学者计划青年学者，西南政法大学122人才工程“青年学术拔尖人才”，最高人民法院第四批挂职学者。

主要研究方向为公司法。在《环球法律评论》《比较法研究》《法商研究》《法制与社会发展》《法律科学》《政治与法律》《当代法学》《法学论坛》等权威期刊发表学术论文近50篇，多篇文章被《社会科学文摘》、中国人民大学书报资料中心《复印报刊资料》全文转载；出版个人专著1部，合著3部；主持国家社科基金青年项目1项、中国法学会部级法学研究项目1项，参与各类项目10余项。

两次入选中国法学会CLSCI法学权威期刊高产学者榜单。

赵忠奎

1986年生，山东莒县人，法学博士、博士后。西南政法大学经济法学院副教授、硕士生导师，兼职律师。

主要研究和教学方向为公司法、金融法、房地产法。在CSSCI来源期刊发表学术论文10余篇；主持国家社科基金项目、中国法学会项目、中国博士后科学基金资助项目、重庆市社科重点委托项目等国家级与省部级项目多项，主持西南政法大学科研项目2项，主研国家社科基金、省部级研究项目6项，主研重庆市研究生教育教学改革研究重大项目1项。

获西南政法大学微课比赛三等奖、西南政法大学“锦上添花教学新秀奖”、中国商法学研究会中青年优秀商法学论文一等奖（2020年）等荣誉。

彭致强

1986年生，四川岳池人。西南政法大学经济法学专业博士研究生，西南政法大学助理研究员。

主要研究方向为经济法、国际经济法等。先后在《经济法论坛》、Dong-A Journal of International Business Transactions Law、《中国不动产法研究》等期刊发表论文10余篇。主持重庆市教委人文社科研究基地重点项目1项，主持并完成重庆市哲学社会科学规划项目1项、西南政法大学校级科研项目1项，参与并完成国家社科基金项目、教育部人文社科项目、司法部国家法治与法学理论研究项目、中国法学会部级项目等各类项目10余项。

茅孝军

1995年生，安徽安庆人，法学博士。西南政法大学经济法学院讲师。

主要研究方向为经济法总论、财税法学。在《欧洲研究》《国际经贸探索》《地方财政研究》等CSSCI来源期刊及中文核心期刊发表论文共12篇；参研国家社科基金重点项目、教育部社科规划项目、重庆市社科规划项目等各类课题多项。

获中国法学会财税法学研究会优秀青年论文三等奖、2022年西南政法大学优秀博士学位论文等荣誉。

王一霏

1996年生，重庆渝北人，西南政法大学经济法学专业博士研究生。

主要研究方向为经济法、信用法等。主持重庆市研究生科研项目1项、西南政法大学校级科研项目1项，参研国家社科基金重大项目、国家社科基金重点项目、重庆市大数据局项目、重庆市研究生科研项目、西南政法大学校级科研项目等各类课题十余项。多次参与重庆市地方性法规立法制订、重庆市大数据局条例制订。

序

始于2013年“宽进严管”的商事制度改革，客观上给我国市场监管带来突出的“宽进”张力和“严管”压力。我国市场监管制度亟须对此作出回应。市场主体信用监管制度的确立和强化，正是在这样的背景下成为我国推行的完善市场监管制度的重大举措。应当说，在“宽进严管”的背景下，我国市场主体信用监管的实践探索、制度建设和理论研究均取得了明显成效。但是，无论是市场主体信用监管的实践，还是市场主体信用监管的制度，抑或市场主体信用监管的实践和制度的理论研究，都有必要进行持续的推进，尤其是站在新时代起点的当下，我们比以往任何时期都应当更加注重市场主体信用监管这个事关市场与政府关系处理、公私权配置和行使、市场秩序维持的重大问题。

我国实行“宽进严管”的商事制度改革有其特定的政策和理论考量。一方面，“宽进”不是为了“宽进”而“宽进”，而是基于促进市场主体进入市场、实现“大众创业万众创新”、提升市场竞争广泛度进而繁荣市场等目的而实行的市场化改革；另一方面，传统的“严进宽管”与现今的“宽进严管”均面临监管难题，只不过若以市场准入为分界点，则这些监管难题更多地由事前转向了事中和事后。因此，“宽进”必须有与之相适应的“严管”，因为有“严管”才可以“宽进”。同时，面对“宽进”所造就的规模庞大、良莠不齐的市场主体，我们唯有转变监管思维、创新监管方式，才能有效应对“宽进”所引发的监管难题。而针对市场主体进行信用监管，则有利于增强竞争的效度，并展示出柔性监管的独特魅力。我国将信用监管作为市场监管的重点，将市场主体信用监管制度的构建和完善作为落实

“严管”的关键抓手,究其原因即在于此。在“宽进严管”背景下,我国既要相机增加市场主体信用监管制度的厚度,也要强化对市场主体的信用权益的保护,这就需要在制度的边界方面进行充分的考量。

“宽进严管”背景下的市场主体信用监管及其制度建设需要建立在对国内外既有相关实践的总结和扬弃的基础之上。“宽进严管”商事制度改革自提出和推行以来,我国从中央到地方从监管方式方法创新、信用标准确立、信用信息平台建设等各个方面,积极探索契合“宽进严管”的市场主体信用监管新举措。其中有不少需要通过制度予以回应的问题。在市场经济发达国家,市场进入早已实现“宽进”的局面;与此相适应,以信用监管为重点的“严管”也受到了同步重视。这方面最具代表性的是以英美为代表的市场主导型信用监管模式、以欧盟国家为代表的政府主导型信用监管模式、以日本为代表的社团主导型信用监管模式。各种信用监管模式在信用监管制度建设上的着力点虽然有所不同,但强化信用立法、实行全面的信用监管、推行严格的信用奖惩、注重当事人权利保护,则是它们的共同取向。从价值判断的角度看,这些取向值得我国市场主体信用监管制度建设参考。

“宽进严管”背景下的市场主体信用监管制度建设需要遵从一定的理论逻辑。首先,“宽进严管”背景下市场主体信用监管制度建设应当贯彻“三个理念”,即应当将社会共治理念、适度干预理念(市场决定性理念,或者说“使市场在资源配置中起决定性作用和更好发挥政府作用”的理念)、社会本位理念作为“宽进严管”背景下市场主体信用监管制度建设的基本观念。其次,“宽进严管”背景下市场主体信用监管制度建设应当坚持“四项原则”,即应当在以上理念的指引下,坚持合法原则、关联原则、适当原则、比例原则,实现制度方案的最优。最后,“宽进严管”背景下市场主体信用监管制度建设应当协调好“四对关系”,即应当根据以上理念和原则,正确处理市场主体信用监管中政府与市场之间的关系、市场主体信用监管的多维目标实现与市场主体权利保护之间的关系、市场主体信用监管权的横纵配置与有效实施之间的关系,以及市场主体信用监管制度的普遍性与差异性之间的关系。

市场主体信用信息采集、归集是市场主体信用监管的基础。当前，市场主体信用信息采集、归集主要存在轻信用信息采集规则，信息采集的联动、协作机制不通畅，信息采集的标准与规则、方法不统一，采集者及提供者的积极性不高等问题。对此，应当建立监管者、市场中介服务机构、行业协会等信用信息采集主体多元联动、协作与共享机制，建立统一的信用信息采集标准规范，完善信用信息采集的激励与约束机制，明确信用信息采集的主体责任，强化信用信息采集的服务职能导向，监管与服务并重，激励、引导信用信息占有者积极主动提供相关信用信息。

市场主体信用信息公示有利于实现市场监管的社会共治，维护交易安全。当前，我国市场主体信用信息公示存在强制性公示信息范围较窄、严重违法市场主体名单适用面狭隘、公示信息的真实性审查机制欠完善、市场主体信用信息公示纠纷处理规则不健全等问题。为此，未来市场主体信用信息公示制度建设，一是应当基于放松市场主体资本制度等“宽进”改革所促成的市场主体信用由资本信用转向资产信用的现实及需要，扩大强制公示信息范围，将市场主体的资产规模、资产构成、资产负债等信用信息纳入强制公示信息之列。二是应当基于中小企业存续期普遍不长的现实，通过缩短列入严重违法失信市场主体名单所要求的违法持续期限等方式，扩大严重违法失信市场主体名单制度的适用范围。三是应当通过抽查并公示抽查结果、在信用信息公示系统中标注信用信息是否经过抽查验明等方式，建立健全公示信息的真实性审查认证机制。四是应当根据过错责任原则，构建市场主体信用信息公示失真的法律责任，着力建立健全企业信用信息公示纠纷处理的实体和程序制度。

征信的直接目的在于用信。用信制度建设也就因此显得尤为重要。信用信息使用具有多重价值，不同价值之间出现冲突不可避免，平衡这些价值冲突也就成为市场主体信用信息使用制度构建和完善中的重大课题。其中尤其应当注重平衡公共利益与信息主体利益、效率与安全之间的冲突，并在此基础上把握市场主体信用信息使用的合理限度。在“宽进严管”背景下，市场主体信用信息使用制度主要存在征信机构对市场主体信用信息的查询管理不规范等问题。对此，亟须进一步加强市场主体信用信息权益保护，衡平市场主体信用信息的流动与数据安全、市场主体的私权与征信机构的信用信息使用权之间的关系，并在此基础上围绕征信机构及其信用信息使用这一关键节点，实现信用信息查询的规范化，同时致力于构建一种竞争性的市场主体信用评级报告付费制度。

守信激励是一种重要的用信方式，也是最能彰显信用监管“柔性”特点和优势的市场主体监管方式。守信激励制度构建主要涉及守信行为的认定依据、守信激励措施、联合激励机制三方面。科学界定守信行为是实施守信激励的前提，而其关键又在于科学确定守信行为的认定依据。守信信息的认定依据在效力层级上不宜限定过高，且守信信息的界定不宜泛化；在操作层面，可通过与相关领域的信用等级评价制度衔接，确定相应的信息层级。市场主体守信激励措施的设置需要按照社会协同、共同治理的要求，补强市场化、社会化激励措施，尤其要建立健全政府引导市场服务机构对诚信市场主体给予优惠和便利的保障制度，健全多渠道选树诚信典型和大力推介诚信市场主体的激励措施。着眼激励效能最大化，需要进一步构建跨地区、跨部门、跨领域联合激励的共治格局。

信用应有序，失信应有惩。失信惩戒也是一种重要的用信方式。就整个市场主体信用信息监管制度框架体系而言，失信惩戒制度是信用信息监管制度的“压舱石”，市场主体信用信息采集归集、公示等一系列监管措施最终能否落地有声，均有赖于失信惩戒制度功能效用的发挥。同时，失信惩戒措施是在原有行政处罚措施等传统监管手段基础之上额外增加的监管制裁措施，是贯彻“宽进严管”的市场监管思维转向的重要抓手。我国的失信惩戒制度，总体而言尚处在起步摸索阶段。尽管中央各部门、各地方政府发布了逾千份失信惩戒规范性文件，但仍存在市场主体失信行为认定存在显著差异、失信惩戒措施不够规范、失信惩戒与传统法律责任体系衔接不畅、失信惩戒的审查与救济有待强化等情况。完善市场主体失信惩戒制度的一个重要前提，是对信用“严管”中的政府进行正确的角色定位。“宽进”与“严管”是经济发展新常态下优化营商环境的“一体两面”,抛开“宽进”所蕴含的理念而盲目进行信用“严管”,本质上是对传统监管路径的重复;反之,抛开“严管”谈“宽进”,则又回归到已被实践证明是失败的古典自由主义的老路子上。以失信惩戒制度为主要内容之一的信用制度建设,并不能完全寄希望于政府严厉的外控,在社会共治理念下形成长期的约束机制,继而将外在的约束变成一种行为的习惯,这才是建设社会信用体系的最终意义。在此前提下,市场主体失信惩戒应从“强化”走向“优化”。基于这个目标,市场主体失信惩戒不能泛化,更不应“株连”。失信惩戒与其他法律责任的关系需要廓清,以避免违反过罚相当的原则。失信惩戒规范备案审查与矫正机制也必不可少。针对失信惩戒备忘录在失信惩戒体系中已经具有“源头性”的地位这个事实,应推动市场主体失信惩戒从强调“行业合作备忘”转向“市场主体类型化”。此外,明确市场主体严重不良信用信息公示及信用评级的抗辩权亦有必要。

市场主体信用修复制度作为失信惩戒制度的延伸,具有独特的伦理价值、法律价值和经济价值,是对“知错欲改”“知错能改”的市场主体作出的积极、理性的制度回应。就目前而言,我国市场主体信用修复从前置条件、修复方式、修复程序乃至配套制度建设等方面,都存在统一权威的规则不足、既有规则欠科学等问题。未来的市场主体信用修复制度建设,应当着力提高信用修复立法层级,并本着鼓励违法失信市场主体主动纠正违法失信行为、消除不良影响、重塑良好信用等宗旨,建立健全科学的市场主体信用修复实体规则和程序规则。

前言

2013年3月14日，十二届全国人大一次会议审议并通过了《国务院机构改革和职能转变方案》，首次提出要改革工商登记制度、[1]降低市场准入门槛、进一步激发市场活力，初步绘制出了我国商事制度全面深化改革的蓝图。为落实以上改革方案，2013年10月25日，国务院印发《注册资本登记制度改革方案》；2013年12月，全国人大常委会又作出修改《中华人民共和国公司法》（以下简称《公司法》）的决定。由此，我国全面深化商事制度改革的大幕全面拉开。此轮改革的重点是工商登记制度；改革涉及的内容广泛，择其要点有：第一，将“先证后照”改为“先照后证”；第二，取消法定最低注册资本制，推行公司注册资本认缴制；第三，取消企业年检制度，推行企业年度报告公示制度；第四，完善市场主体信用信息公示制度，建立经营异常名录制度。可以说，商事制度的这些改革是一场从“严进宽管”向“宽进严管”的全面蜕变。这一蜕变对推动市场主体的设立和发展具有重大的积极意义和促进作用。

然而，“宽进”容易，“严管”难。随着“宽进严管”商事制度在实践中

---

① 我国官方文件大都将诸如公司资本制度由实缴制改为认缴制和取消最低注册资本制度、减少和下放行政审批权、“先证后照”改为“先照后证”等降低市场准入门槛的改革归入“商事登记制度”和“工商登记制度”改革的范畴，甚至在一些场合将整个“宽进严管”改革作为“商事登记制度”“工商登记制度”改革对待。但是，这些旨在降低市场准入门槛的改革，尤其是诸如减少和下放行政审批权、“先证后照”改为“先照后证”等改革，所涉及的都不仅仅是商事登记或者工商登记的问题；除此之外，一些改革中还涉及经营事项的许可。因此，相较于“商事登记制度改革”和“工商登记制度改革”，“市场准入制度改革”更能全面概括我国“宽进严管”改革尤其是其中的“宽进”改革。当然，为照应我国官方文件的表述，本书亦在一些地方使用“商事登记制度”或者“工商登记制度”来指代市场准入制度。

的逐步展开,“宽进”闸门放开所造成的数量庞大、良莠不齐的市场主体所释放出的监管压力陡增,如何实现“宽进”之后的“严管”,构建与“宽进”改革相适应的市场主体监管制度,成为亟须回应的重大理论和现实课题。按照《国务院机构改革和职能转变方案》的要求,“宽进严管”改革后要全面推进商务诚信建设,加强对市场主体、市场活动的监督管理,落实监管责任,把信用监管作为实现“严管”的重要举措。可以说,随着“宽进严管”改革的启动和全面展开,我国市场主体监管制度开始由以往主要由政府监管的方式日益向政府监管与社会共治的协同监管方式转变,其重点是建立以社会信用体系为支撑的市场主体信用监管制度。应当说,随着国家和地方层面对包括市场主体信用监管在内的社会信用体系建设的探索日益推进和由此积累的经验不断丰富,特别是随着《企业信用信息公示暂行条例》(2014 年 8 月 7 日国务院令第 654 号)、《市场监督管理严重违法失信名单管理办法》(2021 年 7 月 30 日国家市场监督管理总局令第 44 号)、《市场监督管理行政处罚信息公示规定》(2021 年 7 月 30 日国家市场监督管理总局令第 45 号)和《市场监督管理信用修复管理办法》(国市监信规〔2021〕3 号)等行政法规、部门规章的公布和实施,加上信用建设地方立法、地方政府规章和规范性文件的出台,我国市场主体信用监管及其制度建设已经取得了明显成效。然而,需要注意的是:一方面,从发展的角度来看,制度建设永远是一个不断完善的动态过程,市场主体信用监管制度建设作为一项庞大、复杂、涉及的点多面广的系统工程,其不是一蹴而就的,也不是一劳永逸的。对我国既有的市场主体信用监管制度随时进行审视并不断作出与时俱进的完善,是很有必要的。尤其是站在新时代的起点,我们应当比以往任何时期都注重市场主体信用监管制度这个关系市场与政府关系的处理、关系公私权的配置、关系市场秩序的维持、关系民生的改善的重大制度的日趋完善。另一方面,由于我国开展“宽进严管”商事制度改革的实践和制度建设毕竟时间不长,因而的确也不可避免地存在一些需要在深入研究的基础上寻求解决路径和对策的问题。例如,在市场主体信用信息采集上,采集标准与方法尚待完善,统一管理与联动机制不健全，市场主体参与积极性不高；在市场主体信用信息公示上，强制公示信息的范围、严重违法企业名单的适用面较窄，公示信息的真实性审查机制不健全，相关纠纷的处理规则尚不明确；在市场主体信用信息使用方面，用户同意原则僵化，信用评级报告被滥用，守信激励和失信惩戒的标准欠缺科学性、统一性和系统性；在信用修复方面，修复条件、标准、程序、结果应用等有待确立合理、明确、统一和权威的规则。总之，在市场主体信用信息监管的采信、公示、用信及信用修复的各个环节，当下都或多或少存在一些需要作出制度回应的问题。

正是基于以上"问题意识"，本书以我国"宽进严管"改革的提出和推进为背景，全面剖析这一改革对既有市场主体信用监管制度所带来的新影响、新挑战和新问题，在此基础上寻求构建和完善市场主体信用监管制度的对策。

本书的结构安排如下：

第一部分（第一章）为理论解读。本部分在简要梳理"宽进严管"背景下市场主体信用监管政策、立法和实践的基础上，总结、提炼市场主体信用、市场主体信用监管制度的内涵，在此基础上挖掘市场主体信用监管制度的理论根基，并对"宽进严管"背景下市场主体信用监管制度建设的应然走向进行探讨。

第二部分（第二章、第三章）为实证研究。本部分通过对国内外市场主体信用监管实践及其制度建设的考察和梳理，总结和提炼"宽进严管"背景下市场主体信用监管及其制度建设的国内外实践，以便为我国未来"宽进严管"背景下市场主体信用监管制度的完善提供参考。

第三部分（第四章至第十章）为制度研究。本部分遵循秩序构建的理论逻辑，按照征信、用信、评信"三位一体"的思路，对"宽进严管"背景下市场主体信用信息的采集归集、公示、使用等方面的制度构建和完善展开讨论。同时，鉴于作为市场主体信用信息使用的市场主体守信激励和失信惩戒在市场主体信用监管中殊为重要、市场主体信用修复在市场主体信用监管中具有一定的相对独立性，故而本部分设专章对此进行研究。

目 录

第一章　“宽进严管”与市场主体信用监管制度的理论解读

探讨“宽进严管”背景下的市场主体信用监管制度，有必要首先对其中涉及的基本问题进行明确。本章基于此认知，拟对“宽进严管”、市场主体信用监管等范畴进行解读，同时发掘“宽进严管”背景下的市场主体信用监管制度的理论根基，并就其应然状态作出描述。

一、“宽进严管”的政策意蕴阐释与市场监管制度的界定

（一）“宽进严管”的政策意蕴阐释

2013年3月14日，第十二届全国人大第一次会议审议并通过了《国务院机构改革和职能转变方案》，首次提出要改革工商登记制度、降低市场准入门槛、进一步激发市场活力，初步绘制出了我国商事制度全面深化改革的蓝图。为落实以上改革方案，2013年10月25日，国务院印发《注册资本登记制度改革方案》，由此，我国全面深化商事制度改革进入实质性启动的时期。

2013年12月28日，第十二届全国人大常委会第六次会议审议通过了《公司法（修正案）》，这标志着我国全面深化商事制度改革开始步入立法的轨道。《公司法》的这次修正涉及12个条款，重点举措有4个：（1）取

消法定最低资本额度。正如有学者指出的,这一修改意味着立法者不再信任注册资本是能保护债权人利益和社会交易安全的"神话"。① (2)将公司注册资本实缴登记制变更为公司注册资本认缴登记制。因为注册资本实缴登记制"无法实现为债权人提供必要担保的初衷,相反其僵硬而阻滞投资、妨碍交易便捷的固有弊端则暴露无遗"。② (3)不再对公司设立时股东的首次出资比例、货币出资比例作出限制。(4)规定公司登记时无须提交验资报告。应当说,本次《公司法》修正通过降低公司设立门槛这样一个技术手段,在实质层面上为市场主体特别是一些中小投资者的市场准入提供了便利,倡导了鼓励市场竞争的市场价值取向,并在法律上确立了公司成立的"宽进"制度。与此同时,在《公司法》修正之后,各地有关商事登记制度的改革可以说如火如荼,主要情况如表1-1所示。

表1-1 "宽进严管"改革后各地出台的相关文件

序号	发布主体	文件名称	发布时间
1	北京市工商行政管理局	《北京市工商行政管理局关于简化工商登记程序优化准入服务的意见》(京工商发〔2013〕85号)	2013年10月14日
2	重庆市人民政府	《重庆市工商登记制度改革实施方案》(渝府发〔2014〕2号)	2014年1月28日
3	天津市工商行政管理局	《天津市工商行政管理局关于印发天津市改革工商登记制度方案的通知》(津工商办字〔2014〕6号)	2014年2月8日
4	四川省人民政府	《四川省工商登记制度改革实施方案》(川府发〔2014〕42号)	2014年7月8日
5	广东省工商行政管理局	《广东省商事登记制度改革方案(暂行)》	2014年3月1日

① 参见赵旭东:《从资本信用到资产信用》,载《法学研究》2003年第5期。
② 史际春、温烨、邓峰:《企业和公司法》,中国人民大学出版社2001年版,第196页。

续表

序号	发布主体	文件名称	发布时间
6	湖南省人民政府办公厅	《湖南省人民政府办公厅关于深化商事制度改革的实施意见》(湘政办发〔2015〕41号)	2015年5月16日
7	安徽省人民政府办公厅	《安徽省人民政府办公厅关于进一步深化商事制度改革促进经济持续健康发展的实施意见》(皖政办〔2017〕65号)	2017年8月17日
8	河南省人民政府办公厅	《河南省人民政府办公厅关于印发河南省工商登记后置审批事项目录(第一批)取消修改事项目录和河南省工商登记后置审批事项目录(第二批)的通知》(豫政办〔2016〕57号)	2016年4月29日
9	江苏省人民政府	《江苏省政府关于推进注册资本登记制度改革的实施意见》(苏政发〔2014〕42号)	2014年4月3日
10	山东省人民政府	《山东省人民政府关于“先照后证”改革后加强事中事后监管的实施意见》(鲁政发〔2016〕18号)	2016年6月21日
11	辽宁省人民政府	《辽宁省人民政府关于深化商事制度改革加强事中事后监管的意见》(辽政发〔2015〕38号)	2015年9月2日
12	吉林省人民政府办公厅	《吉林省人民政府办公厅关于推行“五证合一”登记制度改革的实施意见》(吉政办发〔2015〕45号)	2015年9月6日
13	黑龙江省人民政府	《黑龙江省人民政府关于工商登记制度改革有关事项的通知》(黑政发〔2014〕17号)	2014年7月25日
14	贵州省人民政府	《贵州省人民政府关于工商登记实行先照后证改革的意见》(黔府发〔2014〕28号)	2014年10月14日
15	福建省人民政府办公厅	《福建省人民政府办公厅关于印发推进工商登记制度改革实施方案的通知》(闽政办〔2013〕142号)	2013年12月17日

续表

序号	发布主体	文件名称	发布时间
16	广西壮族自治区人民政府	《广西壮族自治区人民政府关于印发广西注册资本登记制度改革工作方案的通知》(桂政发〔2014〕18号)	2014年2月25日

从表1-1可以看出,在《公司法》有关商事登记制度的改革得以法律固化后,各地方政府积极跟进和推进了这一工作。从已经统计的16个省(自治区、直辖市)的相关规定或者举措等可见:(1)审视各类举措的关键词可以发现,其主要涉及的5个关键词:“注册资本”“工商登记”“五证合一”“商事制度”“先照后证”,其中“工商登记”出现了8次、“商事制度”出现了4次、“注册资本”出现了2次、“先照后证”“五证合一”出现了各1次。这一结果至少在一定程度上说明,此次相关的制度变迁在政策层面主要体现为市场准入方面,其中“登记”“证照”等作为高频关键词就较清晰地展示出这一点。(2)审视各地出台的相关“意见”“方案”“通知”,从时间节点上看,其出台的时间基本都在2013~2014年。从统计的省级行政区来看,2013~2014年出台相关“意见”或者“通知”的省份达到10个,占比约为63%;2015~2016年出台相关“意见”或者“通知”的省份达到5个,占比约为30%;2017年才出台相关“意见”或者“通知”的省份仅有1个,占比约为7%。如此密集的政策出台力度,充分反映出各地高度重视商事登记制度的改革。正如前国家市场监督管理总局原局长张茅所指出的,“‘宽进’激发了市场活力,市场主体大量增加;‘严管’促进公平市场环境的建立,也是激发市场活力、促进经济平稳增长的一个重要举措”。①总之,“宽进严管不仅仅是国家工商企业登记制度改革的具体举措,更重要的是国务院围绕国家治理之政府治理、市场治理和社会治理这个中心,进一步科学正确把握和理顺政府与市场关系,并同步推进法治政府、法治

① 张茅:《“宽进严管”进行商事制度改革》,载《中国科技产业》2015年第4期。

市场和法治社会建设相结合”。[①]

那么,此次“宽进严管”的商事制度改革在政策层面到底有多“宽”和“严”呢？下文分述之。

1.“宽进严管”政策中如何“宽进”

在市场管制方面,一方面需要管制,但另一方面,正如集中力量能办大事一样,放松管制乃至取消管制往往是提高管制效率或者改进管制效率的重要手段。[②] 因此,从政策旨趣的角度来看,“宽进严管”政策中的“宽进”本身不是唯一的目的,提高管制或者改进管制的效率也同样是目的。事实上,市场经济变量众多,市场运作异常复杂,但监管机构的监管资源和能力总是有限的,如果不能该放则放、该抓则抓,那么最终会导致监管的低效率、无效率乃至监管的失败。正因为如此,有学者就认为,“‘宽进’作为商事登记制度改革的重要核心,实际上把工商部门从登记链条的末端转变为最前端,企业办事效率大大提高,办事成本降低”。[③] 这种效率提高和成本降低不可避免的结果,是监管机构的监管效率也必然水涨船高,这样才能因应发展。那么,“宽进严管”政策中的“宽进”到底体现在哪些具体的方面呢？

首先,“宽进严管”政策中的“宽进”,意味着降低企业的资金门槛。传统的公司法理论认为,公司资本是公司作为法人最重要的因素,在传统社会乃至当今时代怎么强调它的作用都不过分。但是,我们也必须直面如下几个基本事实:(1)现代社会资本流动的速度空前加快、范围空前更广,以公司登记为监管切入点的资金要求事实上很容易被对策行为所应付。道理很简单:既然资金流动速度和范围这么快和广,那么,如果硬性要求公司注册时有多少资金,公司注册者很可能会基于自己的社会资源

① 卢代富、刘云亮:《“宽进严管”下市场主体监管新挑战和新对策》,载《商业经济与管理》2018 年第 3 期。

② 参见宇燕、席涛:《监管型市场与政府管制:美国政府管制制度演变分析》,载《世界经济》2003 年第 5 期。

③ 钟瑞栋、刘奇英:《商事登记制度改革背景下的行政管理体制创新》,载《管理世界》2014 年第 6 期。

而在面上迎合这个需要——如找自己的亲朋好友借一笔钱完成公司资金的注册,之后将资金抽走。(2)现代社会中市场主体的权利体系排序已经发生了较大的变化,这就是使用权的价值得到凸显。正如有论者所指出的,“人类的财产制度经历着从使用权到所有权、从所有权到使用权的转变”。[①] 事实上,在支付手段发生革命性变化的背景下,资金本质上已经变成一种数字性的记载,在很多情况下,谁所有并不是那么重要,而谁能支配这些资金才是最重要的。(3)如果过分强调所谓的资本维持,过分强调公司的注册资金,事实上就会造成一种资金的“准入障碍”,从经济学的角度看,这种准入的障碍是不符合效率原则的:[②]因为这种一笔资金在账目上不能使用事实上就形成了一个准入障碍。在极端的情况下,如果公司注册者是基于对策行为而满足的资金要求,那么还会造成经营者在正常经营过程中资金的进一步拮据,进而造成公司生命周期的缩短。从这个意义上看,传统的基于注册资金的存在而生发出的理论阐释,如认为“保护公司债权人合法利益是公司法律制度的主旋律,动摇对债权人的保护即是撼动公司大厦之基础”,[③]就可能展示了很大的理论价值;但在实践层面,相对公司庞大的债务规模而言,公司的注册资本往往显得杯水车薪。债权人利益要得到真正的保护,还是要从公司入市后的发展得到保证。换言之,如果公司没有好的发展,那么注册资金也最终保障不了债权人的利益。当然,其中需要防范的是公司成立的道德风险,而这应该主要是后面的“严管”需要解决的问题。综上所述,“宽进严管”政策中的“宽进”所实行的降低企业的资金门槛,不仅是世易时移的结果,而且也是与时俱进的必然逻辑。同时,降低市场准入的资金门槛,也有利于繁荣整个市场经济,特别是在知识经济和网络经济时代,人力资本显得空前重要,降低资金门槛意味着“准市场主体”不会因为资金不足而失去创业的机

① 高艳东、张琼珲:《论共享使用权的保护必要性及路径》,载《浙江大学学报(人文社会科学版)》2019年第1期。

② 参见马捷、段欣、张维迎:《所有权与经营权分离情况下的自由进入均衡》,载《经济研究》2013年第8期。

③ 朱慈蕴:《公司资本理念与债权人利益保护》,载《政法论坛》2005年第3期。

会。正如有学者所指出的,“取消注册资本法定最低标准、推行认缴制,彰显‘降低创业成本、激发社会投资活力’的政策意图”。①

其次,“宽进严管”政策中的“宽进”,意味着放宽公司的住所条件。需要注意的是,这种放宽各地在尺度把握方面有所不同。例如,2015 年 12 月通过的《广东省商事登记条例》(2019 年 11 月修订)第 18 条规定:“多个商事主体可以共用同一地址登记为住所、经营场所。地级以上市人民政府可以对增设经营场所、多个主体共用同一地址以及将住宅作为住所、经营场所的条件作出具体规定。”而《重庆市工商登记制度改革实施方案》(渝府发〔2014〕2 号)则规定:“市场主体以住宅作为住所用于行政办公、通讯联络,以及以住宅作为住所从事电子商务、设计策划、软件开发、管理咨询等不影响居民正常生活经营活动的,办理工商登记时无须审查住所(经营场所)的房屋用途,免予提交业主委员会或居民委员会出具的相关证明材料。”

再次,“宽进严管”政策中的“宽进”,意味着实行“先照后证”。在很长一段时间里,“先证后照”往往成为企业发展的桎梏。从市场监管机构的执法来看,所谓的“无照经营”也往往是违法的“重灾区”。为何法律屡禁不止?一方面,我们可能认识到这是市场主体的法律意识淡薄问题、道德风险问题;但另一方面,我们是否也应该思考:这种大面积的、持续的违法行为是否意味着制度设计本身就不太合理?经营者为什么要无照经营,很多时候可能仅仅是因为无法办到“照”。从市场监管科学的角度看,大量的无照经营者既会不恰当地集聚一些市场风险,也会加大监管者的市场监管难度。在市场经济条件下,无照往往意味着“无名”“无身份证”,而这恰恰是监管归责、保障消费者和用户权益的重要线索。同时,先允许市场主体取得“营业执照”,仅仅意味着该市场主体的初始身份是合法的,并不意味着该市场主体不会从事违法的行为。正因为如此,有学者就深刻指出:“商事主体资格登记的目的仅仅在于证明该商事主体是否

① 曹兴权:《企业信用监管中行业自律的嵌入》,载《法学论坛》2014 年第 2 期。

‘依法出生’，至于它在‘依法出生’之后‘干什么’，则属于经营资格问题。后者既取决于该商事主体设立人的意愿及有关行政主管部门的规划和审批，更要根据市场行情的变动及时作出取舍和调整。”①

最后，“宽进严管”政策中的“宽进”，意味着监管机构从管理到服务的转变。进言之，“宽进严管”政策中的“宽进”意味着市场监管机构不再依靠自身的判断代替市场对市场主体的判断。具体表现为：（1）监管机构不再为市场主体信用“背书”。例如，以往针对市场主体设置的“年检制度”变成了“年报制度”。从字面上看，这两者差别不大，但是，从实质的角度看，年检制度反映的是市场主体要对监管机构负责，而年报制度反映的是市场主体要对社会、消费者负责。（2）监管机构主要注重对市场主体的形式审查，实质层面尊重市场主体的意思自治。例如，《广东省商事登记条例》（2019 年 11 月修订）第 4 条规定：“登记机关对申请人提交的申请材料实行形式审查。”第 6 条规定：“申请商事登记，申请人应当对申请材料的真实性负责。”一方面，市场监督管理机构如果确实能够对申请材料进行实质性的判断自然是非常好的，但这是非常不现实的要求，属于明知不可而为之。因为市场经济生活如此复杂，有时，就算是专业的鉴定机构都难免犯错，更何况并没有多少技术优势的市场监督管理部门，其对申请材料的真实性进行审查的效果是非常可疑的。因此，将这种材料的审查重点放到形式上是科学精神的体现。事实上，这一点在我国一些相关的规定中，如《反垄断法》中反垄断执法机构对申报资料进行形式审查的规定中也得到了体现。另一方面，既然“宽进”之后要推行信用监管，那么市场主体提交的材料是否真实，其实也是一个关乎其信用的问题，而信用是一个长期的压力，属于“日久见人心”，市场准入时又何必如此纠结呢？

2.“宽进严管”政策中如何“严管”

客观而论，“宽进严管”政策中的“宽进”对于激发市场主体的活力和

---

① 钟瑞栋、刘奇英：《商事登记制度改革背景下的行政管理体制创新》，载《管理世界》2014 年第 6 期。

释放市场主体的创造力、改善监管部门的形象和转变监管部门的职能等具有非常重要的价值。但是,市场经济既有好的市场经济,也有坏的市场经济。[1] 如果过分推崇市场的作用,那么就会陷入市场极端主义的泥淖。虽然市场是人类目前能找到的最好的资源配置方式,“但我们不能迷信市场经济,特别是迷信完全的自由放任的市场经济”。[2] 在马尔萨斯看来,“一个人被生到已被占领的世界上来,如果他不能从他有权提出正当要求的父母身上取得生活保障,如果社会生活不需要他的劳动,他就没有权利要求哪怕是最少部分的食物。在自然界的盛宴中,没有他的隐蔽之所。她命他死去,而且会执行她自己的命令”。[3] 因此,“在一个经济和社会权力高度集中为特征的现实世界中,由私人自行安排秩序的制度只会反映组织化利益和非组织化利益之间的极端不对称”。[4] 综上所述,我们可以认为,在市场主体的监管方面,如果仅有“宽进”,仅有对市场的放任,那么这种“宽进”就很可能走向歧途,因此,“入场”之后的“严管”就成为必然的逻辑延伸。

那么,“宽进严管”政策中的“严管”到底有哪些具体的体现呢?总结起来,我们认为主要体现在以下几个方面。

(1)基于抽查手段对市场主体进行重点监管。从根本上讲,“宽进”和“严管”是一个问题的两个方面:如果仅有宽进,那么市场潜在的恶性会被完全释放,最终也会影响整个市场的健康、持续发展。因此,在推进“宽进”的同时,必须施以“严管”的后手。那么,如何具体来“严管”呢?其中一个重要方面就是对市场主体进行抽查以保持市场基于规则上的自由竞争和公平竞争。具体而言,作为“严管”的一个重要部分,抽查制度在如下

---

① 参见钱颖一:《避免坏的市场经济 走向好的市场经济》,载《协商论坛》2005 年第 1 期。

② 单飞跃、肖顺武:《市场极端主义的经济法矫正研究——基于经济法与民商法功能互补的视角》,载《北方法学》2011 年第 4 期。

③ [英]韦恩·莫里森:《法理学——从古希腊到后现代》,李桂林等译,武汉大学出版社 2003 年版,第 247 页。

④ [美]理查德·B. 斯图尔特:《美国行政法的重构》,沈岿译,商务印书馆 2002 年版,第 36 页。

几个方面型构出一个相对完整的逻辑体系:其一,要保证抽查的随机性。“随机抽查执法是由执法者从所有被监管对象中随机抽取一定比例进行检查,同时执法人员也是从所有监管队伍中临时随机抽选的一种监管方式”。① 抽查的随机性是挂在市场主体头上的“达摩克利斯之剑”,能够有效地震慑那些潜在的违规者和违法者。其二,要保证抽查的频率适当。从实践执法经验来看,如果没有一个适当的抽查频率,或者说,抽查如果不是一种常态的执法,那么抽查制度的效力就会大打折扣。其三,要保证抽查的全覆盖。“宽进”事实上选择了相信市场主体,但是,这种相信不是盲目地给予信任,而是通过后续的严管措施——抽查予以落实。事实上,如果抽查仅做到随机性和持续性,如果市场主体可以较确定地预测自己不会被抽查到,那么这个抽查制度很难说是有效的。在“严管”的市场监管理念下,抽查意味着对所有市场主体的全覆盖,并且要让那些违法的、不诚信的市场主体成为抽查经常“光顾”的对象。但是,即便是诚信守法的企业,也不能让其产生自己不会被抽到的错觉。

(2)基于问题导向对市场主体进行分类监管。根据“宽进”的市场准入改革精神,市场主体相较传统的“严进”会有一个较大幅度的增加。但是,在一定时期之内,执法资源又是有限的,执法机构的执法能力也是有限的。因此,面对数量庞大的市场主体,此时会出现这样的局面:其一,市场主体的数量巨大,传统的“拉网式”的监管事实上已经不太可能;其二,对诚信守法的市场主体而言,过度的监管其实是对市场主体正常经营活动的干扰;其三,对投机取巧甚至不法的市场主体而言,更多的监管就是治愈其痼疾的良药。鉴于此,要想提高“严管”的绩效和水平,对市场主体进行基于问题导向的分类监管就显得非常必要。具体而言,就是监管机构要基于市场中产生的问题,顺藤摸瓜,对相关的市场主体进行持续的、高频次的监管;相反,对那些遵纪守法的企业,则要尽量减少不必要的监管。此外,在监管的领域方面也应有所选择,“对于安全、健康、环保等社

① 王腾:《环境监管执法中的随机抽查制度探析》,载《环境保护》2016 年第 8 期。

会性监管,总体上监管强度较高,从而维护社会公共利益。而在经济性监管领域,则注重放松事前准入控制,强化事中事后监管,赋予市场主体更多的自由”。[①] 总之,要让遵纪守法的市场主体在市场中如鱼得水,让那些投机取巧、违法经营的市场主体举步维艰甚至四处碰壁。

(3)基于责任包干对新设企业一管到底。鉴于“宽进”的市场准入政策,许多按照传统的标准无法在市场中正常经营的主体取得了“入场”许可或者营业执照。但同时,由于“先照后证”制度的推行,传统的“无证”经营问题空前严峻。如何“严管”? 出路之一就是“谁许可,谁负责”。同时,从执法科学的角度看,对于那些需要办理许可证但是没有及时办理却又办理了营业执照的市场主体,市场监督管理部门需要在监管平台将这一信息及时更新,相关的许可部门在获取这一信息后,应当履行相应的审批职责或者监管职责。同时,考虑到市场本身的复杂性,不排除某些市场主体故意不办理许可证,或者长期不办理许可证。此时,就需要相应的监管部门加强监管,乃至开展现场执法巡查以核实该市场主体是否存在“无证经营”的问题。也正是在这个意义上,有学者就认为,“商事登记改革突出的‘严管’,是指由各相关行政许可审批部门各负其责,实行‘谁许可、谁监管’,改变过去部门之间‘推诿扯皮’的现象,逐步建立起科学的监管机制”。[②]

(4)基于信用约束对市场主体进行全面监管。在现代法治社会,除了“救火式”的法律惩戒措施外,对市场主体能够形成日常的持续压力的就是信用约束,因为在市场经济条件下,市场主体“无信不立”是一条颠扑不破的真理。信用是“对社会主体进行信用画像,政府部门在法定权限范围内予以联动奖惩,以褒扬诚信惩戒失信”。[③] 事实上,市场主体的信用刻

① 王伟:《信用监管的制度逻辑与运行机理——以国家治理现代化为视角》,载《科学社会主义》2021 年第 1 期。

② 钟瑞栋、刘奇英:《商事登记制度改革背景下的行政管理体制创新》,载《管理世界》2014 年第 6 期。

③ 罗培新:《遏制公权与保护私益:社会信用立法论略》,载《政法论坛》2018 年第 6 期。

画和记录保留不仅对政府的规制具有航标灯的作用,对其他市场主体的市场行为也有重要的指导作用,因为信誉是关于主体可信任度的重要信息。① 从本质上看,信用监管其实就是对市场主体信用(信誉)的利用,② 但是,这种监管要真正发生作用,还需要满足一个基本的条件,这就是这些信用信息能够被迅速地传播,因为"一个高效率的信息传递系统是信誉机制得以建立的基本条件"。③ 当然,要实现基于"严管"背景下的信用监管,还需要将信用监管和其他监管协同起来,正如国务院在2014年2月7日印发的《注册资本登记制度改革方案》所指出的,要"强化信用监管与协同监管,提高监管效能"。

(二)市场监管制度的界定

市场监管是指市场经济条件下,监管机构依法对各种市场行为所进行的监督管理,其直接目的就是规范市场主体的交易行为,其间接目的是维护公平与自由的市场竞争秩序,其最终的目的是提升市场的效率和增加社会福利水平。从市场监管的内涵来看,"市场监管不是对某一行业、某一具体市场、某一区域的管理,而是具有普遍性的监督管理,兼具管理和监督的含义"。④ 从监管的具体运行来看,"监管是政府干预和控制经济社会的手段之一,主要通过制定规则、标准并监督执行的方式来约束企业与个人行为,规范市场与社会秩序,以解决市场失灵问题,实现特定的政策目标"。⑤ 学者卡恩就认为,监管的实质是政府命令对竞争的明显取代,作为基本的制度安排,维护良好的经济绩效是监管的重要使命。⑥ 从

---

① 参见程民选:《信誉与产权制度》,西南财经大学出版社2006年版,第15~24页。

② 参见[美]罗伯特·C.埃里克森:《无需法律的秩序——邻人如何解决纠纷》,苏力译,中国政法大学出版社2003年版,第262页。

③ 张维迎:《信息、信任与法律》,生活·读书·新知三联书店2003年版,第62页。

④ 吴弘、胡伟:《市场监管法论——市场监管法的基础理论与基本制度》,北京大学出版社2006年版,第1页。

⑤ 林卫斌、苏剑:《如何理解监管——基于比较制度分析的新视角》,载《经济学家》2012年第11期。

⑥ See AE Kahn, *The Economics of Regulation: Principles and Institutions*, New York: Wiley, 1970, p. 28.

法学的角度看，市场监管就是依法对市场主体的经济活动及于此而产生的经济社会问题进行的干预和控制。① 沿着这样一种思考进路，我们就能更好地理解为什么有学者将市场监管和国有化、法律规制、（经济）自由化并列为政府控制和干预经济社会的四种方式之一。②

市场监管在现代市场经济中不可或缺的地位使监管产生了实质性的拓展和形式上的拓展：在实质层面，就是监管权力日益深入市场经济活动的各个环节，并形成从市场准入、市场运行和市场退出的“全景式”监管。同时，在监管权力的配置方面，形成监管权力的纵向配置和横向配置齐头并进的局面，其中纵向的监管权力配置主要是在中央和地方展开，横向的监管权力配置主要在不同监管部门之间进行分配，目标是形成“大监管”的配置格局。③ 如果再作更进一步的分析，我们就会发现，现代市场的监管特别是当今我国的市场监管，在环节方面更注重事中监管（预防性监管），对事前监管（准入监管）和事后监管（“救火式”监管）并非不重视了，而是更加认识到这种监管的不足。在形式层面，市场监管的拓展主要表现在两个维度：（1）市场监管性质的转型，具体表现就是所谓的传统的政府直接干预变成间接的宏观调控，④那种以“命令—服从”为主要特征的市场干预并非存在，而是更多地被各种服务型监管（如各种备案）、“约谈型”监管、信用监管所替代，这种监管恰恰就是所谓的事中监管（预防性监管），而不是传统那种容易引发对策行为的事前监管（经营者的“包装”行为）和最终引发社会总体福利损失的事后监管（“救火式”监管）。（2）市场监管形式走向信息化（往往也伴随技术化）。值得注意的是，监管的信息化在现代市场经济中具有越来越重要的地位，因为监管的信息化集成

---

① 参见马英娟：《监管的语义辨析》，载《法学杂志》2005 年第 5 期。

② See A. Shleifer, *Understanding Regulation*, Europe Financial Management, 2005, 11(4), p. 439 – 451.

③ 参见贺荣兰：《政府市场监管权的法律配置及其优化》，载《甘肃社会科学》2019 年第 6 期。

④ 参见渠滢：《我国政府监管转型中监管效能提升的路径探析》，载《行政法学研究》2018 年第 6 期。

一方面对监管机构意味着更精准的执法效果，正如有学者所指出的，“对于市场监管主体来说，收集、掌握更多的信息就意味着能够更好地实施监管，能够及时纠正市场主体的违法行为，以维护市场经济秩序”。① 另一方面，对于被监管的企业而言，信息化的监管使这种监管的扩散速度大大提升，从而也能在很大程度上了解各市场主体的市场行为。需要指出的是，监管性质的转变和监管形式的转变也是存在一些交叉之处的，以信用监管为例，其既是一种比较柔性的监管，也是一种基于信息的监管。

二、市场主体信用监管制度的理论剖析

（一）信用和市场主体信用之诠释

1. 信用的含义与作用

信用是现代市场经济的重要基础。波兰著名社会学家彼得·什托姆普卡认为，“没有信任，那些被认为理所当然的日常生活将完全没有可能，在充满偶然性、不确定性的全球化背景下，信任已经成为一个非常紧迫的中心问题”。② 那么，到底什么是信用呢？根据《辞海》的解释，在一般意义上，信用有如下三种含义：(1)谓以诚信任用人，信任使用；(2)遵守诺言，实践成约，从而获得的信任；(3)以偿还为条件的价值运动的特殊形式，大多产生于货币借贷和商品交易的赊销或预付之中。③ 美国《布莱克法律大词典》认为，信用是指“出借人对他人借钱以分期付款方式购买货物的偿付能力和可靠性的积极判断……是一个具有受托人品格中所包含

---

① 刘恒、李冠钊：《市场监管信息不对称的法律规制》，载《行政法学研究》2017 年第 1 期。

② [波兰]彼得·什托姆普卡：《信任：一种社会学理论》，程胜利译，中华书局 2005 年版，“前言”，第 1～2 页。

③ 参见夏征农、陈至立主编：《辞海》（第 6 版），上海辞书出版社 2009 年版，第 2557 页。

或要求的关于信任、信赖和谨慎善意、坦诚的品格”。[①] 王利明教授认为，“信用是在社会上与其经济能力相应的经济评价”。[②] 杨立新教授认为，“信用是指民事主体所具有的经济能力在社会上获得的相应的信赖与评价”。[③] 意大利法学家朱塞佩·格罗素认为，“法律上的信用是指民事主体所具有的偿付债务的能力而在社会上获得的相应的信赖和评价”。[④] 此外，还有学者认为“信用即信誉”。[⑤] 如著名民法学者张俊浩就认为，“信用应指一般人对于当事人自我经济评价的信赖性，亦称信誉”。[⑥] 尽管学术界有关信用的理解见仁见智，但是，信用在社会生活中的重要作用则属基本共识。

首先，信用是一个社会人际关系的基础。经典作家就认为，“我们现在假定人就是人，而人对世界的关系是一种人的关系，那么你就只能用爱来交换爱，只能用信任来交换信任，等等”。[⑦]

其次，信用是一种基础性的市场优势。在市场经济条件下，市场主体的优势包括很多方面，例如，资金、技术、人力资源、关键设施等，但是，一个市场主体之所以愿意与另一个市场主体进行交易，除以上考虑外，市场主体的信用也是最重要的考虑因素之一。人无信不立，市场主体同样如此。因此，有学者就认为市场主体“诚信经营的好名声会成为一种强有力的竞争优势”。[⑧] 一个完全不讲信用的市场主体带来的交易成本将会成倍地增加。也正是在这个意义上，有学者认为“信用制度是指为了降低市

---

① Bryan A. Garne, *Black's Law Dictionary*, *fifth Edition*, West Publishing Co. 1979, p. 331.

② 王利明主编：《民法·侵权行为法》，中国人民大学出版社 1993 年版，第 299 页。

③ 杨立新：《人身权法论》，中国检察出版社 1996 年版，第 638 页。

④ ［意］朱塞佩·格罗素：《罗马法史》，黄风译，中国政法大学出版社 1994 年版，第 234 页。

⑤ 杜恂诚：《二十世纪二三十年代中国信用制度的演进》，载《中国社会科学》2002 年第 4 期。

⑥ 张俊浩主编：《民法学原理》，中国政法大学出版社 1991 年版，第 158 页。

⑦ 《马克思恩格斯全集》（第 3 卷），人民出版社 2002 年版，第 364 页。

⑧ ［美］罗伯特·F. 哈特利：《商业伦理》，胡敏译，中信出版社 2000 年版，第 6 页。

场经济中信息不对称程度而给交易方式或交易范围定型的一套规则”。[①]也就是说,信用制度能够降低市场主体的交易成本;反之,没有信用制度,交易成本就会增加,非生产性的损耗也会大大增加。

最后,信用的缺失会导致一些意想不到的负面后果,造成社会整体福利的减损。在市场经济条件下,交易让市场主体的福利增加,但是,交易得以发展的前提就是交易的安全。如何保障交易的安全?主要有三种方式:一是依靠国家的强制力;二是靠行业协会等中介组织的保障;三是信任。但是,第一种方式需要社会公共执法资源的投入,而执法资源是有限的并且需要社会支付较高的成本。[②] 第二种方式需要在较为成熟的市场经济条件下,行业协会等社会中介组织发展也比较好的情况下方具有可行性。因此,对于大量的日常性的市场交易而言,主要可以依赖的还是信用。也正是在这个意义上,有学者就认为,作为社会生活的基本条件,信任缺失会产生一些功能性的替代品,从而达到“受到有利的或优先的对待”之目标。[③]

2. 市场主体信用及地位

根据我国法律的规定,市场主体一般包括法人、非法人组织、自然人。鉴于法人、非法人组织、自然人都是市场主体的范围,因此,市场主体信用在外延上就包括了法人信用、非法人组织信用和自然人信用。一般来说,企业包括个人独资企业、合伙企业以及公司这三种典型形态,包括具有独立法人资格和不具有独立法人资格的企业两大类型。鉴于个人信用制度建设相对较为成熟,而“企业是现代经济关系中最重要、最活跃的主体,是经济的细胞和动力之所在”。[④] 因此,讨论市场主体信用其实也可以在很

---

① 杜恂诚:《二十世纪二三十年代中国信用制度的演进》,载《中国社会科学》2002 年第 4 期。

② 参见[美]史蒂芬·霍尔姆斯、凯斯·R. 桑斯坦:《权利的成本——为什么自由依赖于税》,毕竟悦译,北京大学出版社 2004 年版,第 126 页。

③ 参见[波兰]彼得·什托姆普卡:《信任:一种社会学理论》,程胜利译,中华书局 2005 年版,第 156 页。

④ 史际春、温烨、邓峰:《企业和公司法》,中国人民大学出版社 2001 年版,第 1 页。

大程度上替换成讨论企业信用。那么,什么是企业信用呢? 有学者认为,“企业的信用度不仅含有物的信用度,包括企业经营业绩、用于借款的抵押品是否合适等,还含有企业经营者的信用度在内”;[1]而“企业信用体系……是指由企业信用观念与文化以及企业信用评价与激励、企业信用信息搜集、公示与使用、企业失信行为约束与惩戒等方面机制共同构成的一个完整的社会机制系统”。[2] 鉴于企业外延本身的复杂性,加之市场经济自身发展水平的参差不齐,因此,各种类型的企业信用质量也是参差不齐的。正是在这个意义上,有学者就认为,企业类型法定化的机制,可能具有简化市场主体信用判断过程的作用:鉴于公司自身有相当数量的财产和规范化的运行机制,因此,公司制的企业一般比个人独资企业的信用好。[3]

现代市场经济条件下,企业信用处于一种什么样的地位呢?

首先,企业信用是现代商事活动的重要前提。正如有学者所指出的,“在商事信用的建设中,企业信用是第一位的。这不仅仅是因为企业具有上述特殊的地位,还因为目前企业信用的缺失已经成为最为严重、最为突出的社会问题”。[4] 有学者甚至认为,企业信用不仅是商事法律的灵魂,也是搭建商法大厦的基础,是新时期商事立法的必由之路。[5]

其次,企业信用信息传递机制是企业信用发挥作用的前提之一。从性质上判断,企业信用无非就是好、一般和不好三种最基本的状态,但是,相关市场主体要获取企业的信用状态,除合同签订之前的尽调手段外,最重要的就是要依赖企业信用信息传递机制,这一点在信息网络时代显得更加不可或缺。正如有学者所指出的,“在信息技术革新与金融市场全球

---

① 杜恂诚:《二十世纪二三十年代中国信用制度的演进》,载《中国社会科学》2002 年第 4 期。

② 李东侠、郝磊:《企业信用体系建设的法治化思考》,载《国家行政学院学报》2015 年第 3 期。

③ 参见曹兴权:《企业信用监管中行业自律的嵌入》,载《法学论坛》2014 年第 2 期。

④ 雷兴虎、蔡晔:《论我国的商事信用调节机制》,载《法商研究》2003 年第 5 期。

⑤ 参见赵磊:《商事信用:商法的内在逻辑与体系化根本》,载《中国法学》2018 年第 5 期。

化推动下，世界各经济体几乎都建立了企业信用信息传递机制，一般来说经济越发达国家，其信息传递机制越发达”。① 应当说，经济发展程度和企业信用传递机制之间的正相关关系基本是一个事实问题。实际上，这种企业信用信息的分享和协作机制，也能在很大程度上避免所谓“信息孤岛”现象的发生。②

再次，企业信用制度的构建事实上是对企业形象的制度素描。市场经济异常复杂，但天下熙熙攘攘，无非利来利往。这就引发一个问题，市场的利来利往本来是一种私的行为，作为公权力凝结的信用制度为何对此“锲而不舍”呢？其间的道理在于，虽然对企业的信用判断本身也是一种市场行为，但是，考虑到不同主体进行信用调查和判断的能力的差异，因此，在社会层面建立一个相关的机制以便为一般市场主体提供适当帮助，确保市场主体的信用状况不至于过分低于市场的一般假定却是非常必要的。③ 也正是在这种公共产品提供的意义上，有学者认为“信用制度是任何一个近现代国家市场经济的基础”。④

最后，企业信用制度的形成需要一个良好的制度环境。与政治制度这些宏大的制度相比，企业信用制度属于一个较微观的领域，但是，这个领域制度的形成却需要一个相对较好的制度生态环境。有学者认为，如果没有市场经济作为基础，没有国家信用作为保障，没有社会稳定作为前提，作为信用制度的企业信用制度是难以生长起来的。⑤ 值得注意的是，其中国家信用的保障具有非常关键的作用。企业信用这样一些制度真正发挥作用的前提，还是要有一个“有效率的政府”，正所谓任何秩序都好于

① 王艳梅：《企业信用信息传递机制构建中政府与市场的法律功能定位》，载《当代法学》2019 年第 5 期。

② 参见李东侠、郝磊：《企业信用体系建设的法治化思考》，载《国家行政学院学报》2015 年第 3 期。

③ 参见曹兴权：《企业信用监管中行业自律的嵌入》，载《法学论坛》2014 年第 2 期。

④ 杜恂诚：《二十世纪二三十年代中国信用制度的演进》，载《中国社会科学》2002 年第 4 期。

⑤ 参见杜恂诚：《二十世纪二三十年代中国信用制度的演进》，载《中国社会科学》2002 年第 4 期。

无秩序。当然,制度本身的变迁受多种因素和环境的制约,这“是一个环环相扣的过程,一项制度安排的改变会引起相关制度安排的改变”。①

（二）市场主体信用监管的理论基础

“信用监管是中国创新的一个概念。”②为什么需要信用监管、信用监管在“宽进严管”的商事改革背景下有什么特殊的地位和价值、如何具体进行信用监管、如何对待信用监管的结果、如何对信用监管进行相关的救济等问题,都是我们需要认真思考的问题。但是,“信用监管”作为我国首创的一个概念,并且在商事登记制度改革的背景下得到空前的重视,这实质上反映出我国信用监管的一个核心特征,这就是公权力对信用监管的深度介入。正是在这种意义上,有学者就认为,信用监管这种强烈的公权力主导色彩是由我国的市场经济发展阶段所决定的。③ 道理很简单,与传统的市场经济国家相比,我国自 1992 年确立要大力发展社会主义市场经济以来,到今天 30 多年的历史,如果以一种大历史的眼光来审视,就会发现这样一个过程还是相对比较短暂的。因此,在我国推进信用监管,体现公权力的主导色彩既是信用监管真正发挥效能的客观要求,也是将来信用监管向纵深发展的客观需要。需要指出的是,企业信用监管需要有一种久久为功的坚持,不能在具体的措施上操之过急,更不能随便对制度进行加厚。正如著名经济学家斯蒂格利茨教授所指出的,“如果规则与制度过于严格,就会挫伤创新与创造性。如果规则与制度过于宽松,一些人就会践踏其他人的权利,并引起社会混乱”。④ 依此逻辑,市场主体信用监管既要循序渐进,也要坚持适度,这样才能将信用监管的强度与市场主体可以接受的程度有机结合起来。那么,我国推进市场主体信用监管的根

---

① 杜恂诚:《二十世纪二三十年代中国信用制度的演进》,载《中国社会科学》2002 年第 4 期。

② 王伟:《信用监管的制度逻辑与运行机理——以国家治理现代化为视角》,载《科学社会主义》2021 年第 1 期。

③ 参见王伟:《信用监管的制度逻辑与运行机理——以国家治理现代化为视角》,载《科学社会主义》2021 年第 1 期。

④ [美]斯蒂格利茨:《经济学·上册》(第 2 版),梁小民、黄险峰译,吴敬琏校,中国人民大学出版社 2000 年版,“中文版序”,第 14 页。

据或者说理论基础是什么呢？我们认为，理论基础可能是多方面的，但从宏观的角度看，主要在于以下三个方面，下文分述之。

1. 公共产品理论

公共产品又叫公共物品（public goods），是“正外部性的极端情况”，一般而言，“一个人对一种公共物品的消费（或享受）并不会减少其他人对这种物品的消费”。[①] 通说认为，公共产品具有非竞争性、非排他性的特征。需要指出的是，政府提供的某些公共产品并不是纯公共产品（pure public goods），因为这种纯公共产品要求“将它提供给额外一个人的边际成本绝对等于零，并且不可能将人们排除在享受这种物品的范围之外”。[②] 从这个角度看，企业信用监管应当是一种非纯公共产品，因为企业信用监管的使用（消费）并不是边际成本绝对为零的，但是，这种关于公共产品的精细化区分并不影响企业信用监管自身的公共产品属性，并且在现实的社会世界，也很难看到所谓纯公共产品情况，道理很简单：可以认为某种产品的边际成本很低，但是真的很难说它的边际成本为零。

为什么认为企业信用监管是一种公共产品，思维起点还是在于企业信用监管作为一种信息或者制度安排，其能够被所有的市场主体在法律规定的范围合理使用，从而在基本面上促进交易安全和交易的规模。事实上，我国政府有关信用监管的制度建设还是卓有成效的，据学者统计，截至2020年12月，我国已经有35部法律、42部行政法规中专门规定了信用条款，[③]并且这种制度建设还在持续推进，这为我国监管部门推进信用监管提供了较为全面和丰富的依据。作为一种公共产品，企业信用监管有哪些具体的作用呢？笔者认为，这种公共产品的作用主要是相对于政府和市场主体而言的，具体表现在如下两个方面。

---

① ［美］斯蒂格利茨：《经济学·上册》（第2版），梁小民、黄险峰译，吴敬琏校，中国人民大学出版社2000年版，第140页。

② 参见［美］斯蒂格利茨：《经济学·上册》（第2版），梁小民、黄险峰译，吴敬琏校，中国人民大学出版社2000年版，第140页。

③ 参见王伟：《信用监管的制度逻辑与运行机理——以国家治理现代化为视角》，载《科学社会主义》2021年第1期。

一方面,企业信用监管通过政府权力的主导增加了市场的正外部性。从最基础的层面看,企业信用属于市场主体需要关注的结果,也是市场主体进行市场交易时必须作出的选择和甄别。客观而论,这种判断和要求在传统社会并没有太大的问题,因为整个社会要么是熟人社会,要么是半熟人社会,要么是陌生人社会但却是分割的陌生人社会——这一点在全国统一的大市场乃至全球大市场没有形成之前就是如此。同时,基于信息传播的手段和速度有限,交易的对象相对而言较为狭窄,加之交通运输条件所造成的空间制约,使这种要求市场主体进行市场信用甄别的要求不仅不过分,而且理所当然。但是,这一切因为现代交通运输的发展——如飞机、高速铁路、高速公路等——而变得逐渐不合理起来:人们忽然发现,甄别交易对象最低限度的信用状态变得非常艰难,海量的信息嫁接飞速的传播速度使过去的简单问题现在变得扑朔迷离。在这种情况下,作为公众代表进行信用管制以保障最低限度的交易安全,就是一种典型的政府提供公共产品的行为。也正是在这个意义上,对政府信用监管这种管制之接受具备了最广泛的民意基础。正如有学者所指出的,“政府的社会管制,一方面通过管制增加正的外部性,另一方面通过管制减少负的外部性,从而达到增进社会福利和维护社会经济可持续发展的目标”。[①]

另一方面,企业信用监管通过构建清晰的法律关系以在宏观上分配市场主体的权利义务。市场主体利来利往,但纷繁复杂的社会关系背后是一些最基础的东西,这就是权力与权力、权力与权利、权利与权利之间的关系,这中间实际上又涉及监管部门、市场主体之间利益的分割,在法律上便表现为权利义务关系这类法锁的确定。正是在此种认识基础上,有学者就认为,企业信用监管关系包括三对最基本的法律关系:其一,市场监管部门与企业之间的信用归集监管关系;其二,市场监管部门与信用评级机构之间的信用评级监管关系;其三,企业与信用评级机构之间的用

---

① 宇燕、席涛:《监管型市场与政府管制:美国政府管制制度演变分析》,载《世界经济》2003 年第 5 期。

信服务关系。[①] 这三对法律关系运作的结果，就是企业信用这一公共产品在市场上被使用和重复使用，市场主体基于这种信用结果对各类市场进行相对精细的形象刻画，从而形成一种基于市场主体信用的各得其所。正是在这个意义上，有学者就认为，“现代意义上的信用机制，本质上就是以分配正义的观念为支撑，基于一种共同的价值观，而形成的社会共识和个体选择，从而对守信者和失信者形成不同的对待”。[②]

2. 有效竞争理论

著名经济学家斯蒂格利茨认为，基本竞争模型的均衡需要满足三个条件：劳动市场出清、资本市场出清和商品市场出清。[③] 一句话，要使竞争有效，市场出清，就需要所能提供的产品、资金、服务正好就是所需要的产品、资金、服务，也就是社会生产和社会需求无缝衔接。达到这种状态，无疑是整个社会福利的提升和帕累托最优，但是，达到这种状态却是众多因素合力的结果。直观地看，消费者或者用户之所以会选择一种产品或者服务，直接的原因可能是这种产品或者服务本身性价比比较高，或者产品或者服务具有一些不可代替的功能，如奢侈品具有的炫耀性功能。但是，从深层次的角度看，就是消费者或者用户对该产品或者服务的信任，即认为该产品或者服务是值得被信任的，其经营者是具有信用的。一些耐用生活用品或者生产资料，消费者或者用户为什么会把自己手中的货币选票投给大的品牌，主要是基于这些品牌有良好的信用，不会中途中断自己的产品或者服务，更不会随便中止售后服务。此外，资本为什么选择 A 企业而不选择 B 企业，劳动者为什么选择 A 企业而不选择 B 企业，虽然其他的因素很多，但是企业自身的信用肯定是众多因素中最重要的因素之一。由此看来，企业的信用对于资本的选择、产品（服务）的销售、员工的

---

① 参见倪楠：《以信用为基础的新型市场监管模式：动因、框架与构建路径》，载《江海学刊》2020 年第 5 期。

② 王伟：《信用监管的制度逻辑与运行机理——以国家治理现代化为视角》，载《科学社会主义》2021 年第 1 期。

③ 参见［美］斯蒂格利茨：《经济学·上册》（第 2 版），梁小民、黄险峰译，吴敬琏校，中国人民大学出版社 2000 年版，第 289 页。

信任都具有至关重要的作用，而这种信任又是企业得以在市场经济中获取货币选票最坚实的基础。很难想象，一个从事不正当竞争（包括假冒仿冒、搭商业便车傍品牌、商业贿赂和商业诽谤等）行为和滥用自身垄断优势的企业能够真正赢得消费者的信任。正如有学者所指出的，“在市场经济的刺激下，企业为了实现盈利目的，制假售假、偷税漏税严重违背社会信用规则，假劣药问题、拖欠农民工工资问题、逃税骗税和‘假发票’问题等是治理诚信缺失的关键领域”。[①] 对这些市场主体严重的背信乃至违法的行为，不仅要在法律的层面予以规制和打击，也要在信用的范围之内给予必要的惩戒。反之，如果一个企业能够守法经营，遵守商业道德，不从事不正当竞争和不滥用垄断优势，那么这种企业之间的竞争就是一种良性的竞争，就是一种有效的竞争，就会产生“来自竞争的繁荣”。那么，企业信用监管是如何具体促进市场有效竞争的呢？

首先，企业信用监管表征着政府监管效率的提升和营商环境的改善，从而促进市场的有效竞争。从根本上讲，政府和市场之间的关系既是一个永恒的话题，也是一个没有准确答案的话题。事实上，就市场监管而言，政府介入的手段相当多，“诸如市场准入的条件和程序的设定与实施、对市场主体的运行和活动加以规范、对市场主体的违规行为进行查处等”。[②] 如此多的手段，一方面，反映出政府的监管手段确实很丰富；另一方面，也反映出监管所面临问题的复杂性。具体到信用监管方面，正如有学者所指出的，强化法律实施、维系社会秩序、促进社会稳定才是国家信用监管或者建设的目标所在，并且这是一种体现出国家信用治理意志的建设目标。[③] 进言之，国家为了营造一个良好的营商环境，塑造出自由竞争和公平竞争的规则体系，就需要对市场交易中最基础的需要——信用的需要进行监督和管理。一般来说，市场也具有信用的累积和规范功能，

---

① 李艳军：《论法律监督权在社会信用体系建设中的作用——基于拓展行政公益诉讼范围的思考》，载《重庆社会科学》2021 年第 4 期。

② 卢代富：《经济法对社会整体利益的维护》，载《现代法学》2013 年第 4 期。

③ 参见孟融：《国家治理体系下社会信用体系建设的内在逻辑基调》，载《法制与社会发展》2020 年第 4 期。

但是,正如有学者所指出的,由于市场利益的驱动,在维护市场主体的信用方面,市场机制经常会处于失灵的状态,此时,政府主导可以在一定程度上克服这种失灵状态,从而营造出一个市场交易可欲的信用环境。①

其次,企业信用监管通过惩罚失信的市场主体来净化市场竞争环境。企业信用监管如何才能发挥监管的作用,主要要看两点:(1)要及时发现失信行为。这就需要市场监管部门根据企业的行为,如该企业的行为是否合规、合法,②然后再针对这种合规和合法作出信用层面的合理评价。(2)要及时对失信行为采取措施。一方面,守信者和失信者如果得不到应有的“区别对待”,那么,守信者就可能作出逆向选择,甚至陷入“破罐子破摔”的悖论。正如有学者所指出的,守信者得不到应有鼓励,失信者得不到必要惩罚,这本身也会形成一种社会性的“逆向选择”。③ 另一方面,如果不对失信行为进行规范和治理,那么市场交易安全将面临严峻的形势,交易成本将直线上升,从而导致整个社会福利的损伤。如果这种信用的缺位不能得到及时的矫正和规制,那么其负面影响将进一步加大,在最严重的情况下,会导致社会成员、社会部门之间缺乏基本的信用,并造成整个社会信用秩序的混乱。④

最后,企业信用监管通过帮助市场主体寻找到守信的交易对象而提升市场的竞争质量。从根本上讲,市场主体交易安全的保障,包括交易对象信用信息的搜索,主要应当是一种市场行为。同时,市场机制的特点是,利润往往和风险成正比。因此,从市场行为的本质看,要求市场主体成为真正的“经济人”(自己是自己利益的最好计算者和实现者)是市场必然的逻辑。但是,从现实的角度看,市场主体之间在经济实力、信用信

① 参见李艳军:《论法律监督权在社会信用体系建设中的作用——基于拓展行政公益诉讼范围的思考》,载《重庆社会科学》2021 年第 4 期。

② 参见倪楠:《以信用为基础的新型市场监管模式:动因、框架与构建路径》,载《江海学刊》2020 年第 5 期。

③ 参见于立、于左、于宁:《信用、信息与规制——守信/失信的经济学分析》,载《中国工业经济》2002 年第 6 期。

④ 参见李艳军:《论法律监督权在社会信用体系建设中的作用——基于拓展行政公益诉讼范围的思考》,载《重庆社会科学》2021 年第 4 期。

息收集能力、信用信息处理能力等方面是参差不齐的,此时,政府推进信用监管以帮助市场主体寻找到适合自身的交易对象,也就是保障交易的信用底线就显得非常必要,因为这种保障会在某种程度上免除市场主体一些不必要的后顾之忧,从而扩大和提升竞争的范围和水平。也正是在这个意义上,有学者就认为,“企业信用监管,不仅要帮助企业评判对方信用、惩戒市场失信行为,更要关注信用建设、提升企业信用水平等问题”。① 当然,这种企业信用监管的建设和深入发展不可能是一蹴而就的,更不可能是一帆风顺的,因为这种信用体系的建设不仅自身是一个复杂的系统工程,还因为这个系统的工程镶嵌在我国法治建设的过程之中,而“后者的不成熟、不完善决定了前者的合法性危机不可避免,也不可能在短时间内克服”。②

3. 柔性监管理论

“宽进严管”背景下推进企业信用监管可以说是监管发展逻辑的自然延伸,这一逻辑的内在动因又在于假定监管对象是一个“好人”:监管机关相信市场主体提供的资料是真实的。再往前推一步,就是监管机构认为市场主体是有信用的,是“说话算数”的。同时,事前监管的放松也意味着监管机构必须找到新的监管着力点,于是监管压力自然地向事中事后转移。鉴于事后的监管主要由各种类型的法律责任兜底,因此,这与商事制度改革之前并无本质的不同。这样,传统的监管压力事实上就主要向事中监管转移。但是,如何加强事中监管(也就是日常的监管),恰恰是传统监管模式力所不逮之处。从市场经济发展的历史看,由于传统政府治理能力较为有限,因此,在市场经济的早期,自由放任往往被理论界和实务界奉为圭臬。但是,随着市场经济的进一步发展,其优点进一步凸显的同时,其缺点也被进一步放大,即出现一些市场自身不能克服的问题——市场失灵。此时,随着政府治理能力的提升,政府干预往往成为治疗(不是治愈)市场失灵的一剂良药:苦口但有时效果还不错。其间的道理在于:

① 曹兴权:《企业信用监管中行业自律的嵌入》,载《法学论坛》2014 年第 2 期。

② 沈岿:《社会信用体系建设的法治之道》,载《中国法学》2019 年第 5 期。

市场以利益最大化为导向,总是相信"私心公益"的经典判断。[①] 但问题在于:特别是在现代市场经济中,私心并不总是能汇集成公益。与此同时,基于政府监管的公共利益优势和远视优势在很大程度上俘获了民众的期待,于是,即使是经典的自由资本主义国家,其市场经济也是一种所谓的"混合经济"而不是纯粹的"市场经济"。正是在个意义上,有经济学家就认为,"在没有新的制度代替政府管制解决市场失灵问题之前,管制应该是解决市场失灵、优化资源配置的较好制度"。[②]

但是,随着市场经济的深入发展,加之管制的路径依赖和被管制者的对策行为,导致管制的效率逐渐降低并被放大、被诟病。此时,"管制理念、方法和范围如果没有根据市场经济的发展需要而做出及时的调整或改革,行政监管就会变成经济发展的枷锁"。[③] 在这种情况下,传统的以"命令—服从"为特征的管制方式必须作出回应和调整,其中所谓的简政放权、放管服改革等,无不体现了这种努力和趋势。然而,"市场监管权虽然更接近于行政权,可以大体适用规范行政权的原理,但亦有其独立性和特殊性"。[④] 但是,注意到市场监管权独立性和特殊性是一回事,如何具体落实可能又是另一回事。概言之,传统的以"命令—服从"为核心特征的市场监管模式之红利基本上释放殆尽,市场监管又一次面临新的抉择。显然,回到过去的那种理论层面的自由放任是不现实的,但是,继续现今这种监管进路也可能是同样不现实的。于是,转变监管方式就成为市场经济发展的逻辑延伸和必然要求。如果说传统的市场监管主要是一种刚性监管,那么,以企业信用监管为代表性内容的市场监管就是一种典型的柔性监管,而那些"具有非强制性,体现民主、协商、合作的新型政府监管

---

① 参见[美]拉齐恩·萨丽等:《哈耶克与古典自由主义》,秋风译,贵州人民出版社2003年版,第23页。

② See Stigler, George J., *The Theory of Economic Regulation*, Bell Journal of Economics and Management, Science Ⅱ, Spring, 1971, p. 3 – 21.

③ 宇燕、席涛:《监管型市场与政府管制:美国政府管制制度演变分析》,载《世界经济》2003年第5期。

④ 张守文:《政府与市场关系的法律调整》,载《中国法学》2014年第5期。

可以通称为‘柔性监管’。柔性监管不仅是治理理念与政府监管的最佳契合,而且将因其独特的优势而成为政府监管的重要发展方向”。① “所谓柔性监管,是一种与命令控制色彩浓厚的传统监管相对应的新型监管模式,体现了治理理念中的权力中心多元、重协调与互动、重过程的基本特点。”②应当说,这两个关于柔性监管的描述或者定义是大同小异的。事实上,作为柔性监管的典型形式,有学者认为信用监管革除了传统监管机制的诸弊端,不仅提高了监管的效率,而且推动形成了更加自由、更有活力和更加有序的市场秩序。③

那么,如何具体理解企业信用监管对监管效率和监管秩序的提升呢?总体而言,“市场秩序的维护与健康发展,从根本上仍有待于整个市场个体的诚信与行为理性。不仅法律的规范功能的发挥依赖于市民商业道德与诚信的提高,而且法治监管的最终目的也以此为依归”。④ 易言之,信用监管的这种功能是由信用本身的重要作用决定的。但是,信用监管功能的发挥也是有前提条件的,这就是事前监管压力向事中监管的转移。事实上,一个企业是否是社会帕累托最优的改进者、是不是社会福利最大化的创造者,显然不能光看企业进入市场时的“入场数据”报表,更不能在企业违法违规承担相应责任时得到充分的体现,主要还是应看企业的日常表现。从另一个角度看,正如有学者所指出的,“市场监管法运行中反映出来的诸多问题如随处可见的不正当竞争行为、频频暴露的食品安全事故等破坏市场良性竞争秩序和严重侵害消费者权益现象,无不折射出市场监管法律制度实践的软弱性”。⑤ 自然,这种传统市场监管法律制度的软弱性是多种原因综合的结果,但是,此类现象所折射出来的传统监管和监管制度的失灵也是事实。在此情况下,转变市场监管的方式,倡导柔

① 蒋建湘、李沫:《治理理念下的柔性监管论》,载《法学》2013 年第 10 期。

② 薛峰:《我国市场综合监管的理念创新与实现路径》,载《上海经济》2018 年第 4 期。

③ 参见王伟:《信用监管的制度逻辑与运行机理——以国家治理现代化为视角》,载《科学社会主义》2021 年第 1 期。

④ 蒋悟真:《市场监管法治的法哲学省察》,载《法学》2013 年第 10 期。

⑤ 蒋悟真:《市场监管法治的法哲学省察》,载《法学》2013 年第 10 期。

性监管这样一种新的监管方式就成为一种重要的进路。

需要注意的是,理解企业信用监管作为柔性监管的典型形式,还需要注意如下三个问题:(1)应当在国家治理体系现代化的背景下理解作为柔性监管的企业信用监管。正如有学者所指出的,“社会信用体系建设所涉及的不仅是加强中国的诚信建设、提高社会整体信用水平的问题,更是国家治理的问题,是国家治理体系的重要组成部分”。[①] 而在当今社会,“‘治理’已不再只是传统意义上统治的代名词,它具有‘统治’一词缺乏的重过程之特点”。[②] 当然,作为国家治理能力的一个部分,现代治理不仅是一种权力,是一种硬权力,也是一种柔性的权力。法国学者让－皮埃尔·戈丹就认为,“如果说治理是一种权力,那它表现为一种柔性且有节制的权力”。[③] (2)将企业信用监管定位为柔性监管,意味着信用监管的补充性作用和辅助性作用。事实上,既然是柔性监管,自然也就不能接续传统的“刚性兑付”的监管逻辑。这也就是说,“无论国家机关以及其他组织提供的信用评级多么具体和精准,这些评级结果都仅仅是市场主体自己进行信用评价参考的信息。因此,对企业信用的监管,无论是国家还是社会,其作用空间应主要定位于对市场主体信用评价活动提供帮助”。[④] (3)发挥企业信用监管作为柔性监管的作用,还需要对如下三个方面予以特别的注意:[⑤]一是要完善监管公开制度;二是要避免激励不足与过度激励;三是要与刚性监管有机结合。总之,作为柔性监管的表现形式,企业信用监管在一定程度上克服了现代监管发展的“瓶颈”,契合了国家对事中监管更加重视的商事改革旨趣,是国家治理能力现代化的具体体现,也是我们推进企业信用监管的重要理论基础。

---

① 孟融:《国家治理体系下社会信用体系建设的内在逻辑基调》,载《法制与社会发展》2020 年第 4 期。

② 蒋建湘、李沐:《治理理念下的柔性监管论》,载《法学》2013 年第 10 期。

③ [法]让－皮埃尔·戈丹:《何谓治理》,钟震宇译,社会科学文献出版社 2009 年版,第 4 页。

④ 曹兴权:《企业信用监管中行业自律的嵌入》,载《法学论坛》2014 年第 2 期。

⑤ 参见薛峰:《我国市场综合监管的理念创新与实现路径》,载《上海经济》2018 年第 4 期。

三、“宽进严管”背景下市场主体信用监管制度的基本走向

(一)市场主体信用监管制度不断加厚

所谓制度厚度,是指各种制度强烈地存在并交互作用,并且在部门主义与制度的博弈中能充分降低这二者摩擦的一种制度存在方式。[①] 在“宽进严管”的背景下,监管的压力不可避免地会向日常监管转移,市场主体的日常经济活动就是一系列高度同质的行为束,对这些高度同质化的监管显然会让监管机构疲于奔命:因为监管机构的监管资源是有限的,监管机构不可能对每一个行为都去监督检查。在此情况下,监管机构如果要想取得预期的监管效果,就必须寻找新的监管路径,其中对市场主体的信用监管就是一个很好的监管抓手。如前文所述,虽然市场主体的信用监管是一种柔性监管,但是这种监管还必须基于规则予以推进,因为“信用监管的全过程必须遵循依法行政、合理行政、程序法定、比例原则、有效救济等法治原则,符合‘法无授权不可为、法定职责必须为’的法治精神”。[②] 从根本上看,无论是法治原则的遵循,还是法治精神的指引,其中最重要的,落实到信用监管层面,就是信用监管必须依据制度展开。鉴于此,讨论市场主体信用监管制度的厚度问题实乃切中肯綮。宏观来看,我国市场主体信用监管制度是不断加厚的,这不仅有弥补历史“欠账”的含义在里面,也有新时代的要求在里面。

“宽进严管”商事制度改革之后的制度建构趋势意味着市场主体信用监管制度不断加厚,而营商环境改善的要求也对市场主体信用监管制度

---

① See S. Cameron et al., *The New Urban Context*, in P. Healey eds., Managing Cities, John Wiley, Chichester, Sussex, 1995, p. 91.

② 王伟:《信用监管的制度逻辑与运行机理——以国家治理现代化为视角》,载《科学社会主义》2021 年第 1 期。

的厚度提出了现实需求。随着“宽进严管”商事制度改革的深入推进，大量的市场主体如潮水般涌进了市场之中。面对如此海量的市场主体，监管机构的信用监管制度需求空前加大。根据不完全统计，“宽进严管”的商事制度改革之后，我国出台（含修改）的涉及市场主体信用监管方面的法律有多部。如表1－2所示。

表1－2　涉及市场主体信用监管的法律

法律名称	颁布（或最新修正）日期	相关条文
《中华人民共和国消费者权益保护法》	2013年10月25日修正	第56条
《中华人民共和国中小企业促进法》	2017年9月1日修正	第7条
《中华人民共和国外商投资法》	2019年3月15日	第34条
《中华人民共和国反不正当竞争法》	2019年4月23日修正	第26条
《中华人民共和国证券法》	2019年12月28日修订	第215条
《中华人民共和国民法典》	2020年5月28日	第1029条、第1030条
《中华人民共和国食品安全法》	2021年4月29日修正	第100条
《中华人民共和国广告法》	2021年4月29日修正	第66条
《中华人民共和国数据安全法》	2021年6月10日	第8条
《中华人民共和国反垄断法》	2022年6月24日修正	第64条

从表1－2中可以看出，商事制度改革以来，我国涉及企业信用监管方面的重要法律已经有9部之多（不完全统计）。此外，有关企业信用监管的行政法规除了2007年就公布的《政府信息公开条例》外，还包括《征信业管理条例》（2013年1月21日）、《企业信息公示暂行条例》（2014年7月23日）、《优化营商环境条例》（2019年10月22日）、《保障中小企业款项支付条例》（2020年7月5日）等，地方性法规更是如雨后春笋般出现。在企业信用监管的政策方面，中央层面的政策主要包括《社会信用体系建设规划纲要（2014—2020年）》、《关于建立完善守信联合激励和失信联合惩戒制度　加快推进社会诚信建设的指导意见》（国发〔2016〕33号）、《关于加快推进社会信用体系建设　构建以信用为基础的新型监管

机制的指导意见》(国办发〔2019〕35号)、《国务院办公厅关于印发深化医药卫生体制改革2021年重点工作任务的通知》(国办发〔2021〕20号)、《民政部、国家发展和改革委员会关于印发〈“十四五”民政事业发展规划〉的通知》(民发〔2021〕51号)、《国家市场监督管理总局关于加强重点领域信用监管的实施意见》(国市监信发〔2021〕28号)、《文化和旅游部关于印发〈加强导游队伍建设和管理工作行动方案(2021—2023年)〉的通知》(2021年6月10日)、《重要商品和服务价格指数行为管理办法(试行)》(2021年6月11日)、《中央宣传部、司法部关于开展法治宣传教育的第八个五年规划(2021—2025年)》(2021年6月17日)、海关总署关于《中华人民共和国海关企业信用管理办法(征求意见稿)》公开征求意见的通知(2021年6月18日)、《关于公开征求〈粮食企业信用监管办法(试行)(征求意见稿)〉意见的公告》(2021年7月5日)、《中共中央办公厅、国务院办公厅印发〈关于依法从严打击证券违法活动的意见〉》(2021年7月8日)、《国务院办公厅关于印发全国深化“放管服”改革着力培育和激发市场主体活力电视电话会议重点任务分工方案的通知》(国办发〔2021〕25号)、《关于对〈全国公共信用信息基础目录(2021年版)(征求意见稿)〉和〈全国失信惩戒措施基础清单(2021年版)(征求意见稿)〉公开征求意见的公告》(2021年7月13日)、《市场监管总局办公厅关于开展打击网售假冒检验检测报告违法行为专项整治行动的通知》(市监检测发〔2021〕54号)等。当然,制度的厚度并不当然代表市场主体信用监管制度的成熟和进步,事实上,这些制度的构建必须从科学立法、严格执法、公正司法、全民守法4个方面共同发力,方能有效推进营商法治环境的优化。[①] 如此,市场主体的信用建设也才有坚实的制度保障。

(二)市场主体信用权益保护制度不断强化

不断强化对信用主体权益的保护,可以说是我国市场主体信用监管制度建设的又一个重要趋势。从根本上来讲,针对市场主体的信用监管

① 参见姜明安:《新时代法治政府建设与营商环境改善》,载《中共中央党校(国家行政学院)学报》2019年第5期。

本身只是一种手段,而保护信用主体权益才是监管的最终目的。因此,各种类型的信用监管制度,无论其直接目的是什么,其最终的目的应当都以强化对信用主体权益的保护为依归。那么,如何具体强化对信用主体权益的保护呢?

首先,要将信用的保护作为市场主体运行的生产要素。一般认为,在市场经济条件下,资金、技术、人力、土地等具有关键的意义,属于生产的要素。在强化对市场主体信用监管的背景下,我们认为信用也应当纳入市场主体的生产要素。这是因为传统的市场监管进路主要是针对资金、人力、土地(住所)等进行监管发力,但是,在"宽进严管"的商事改革背景下,这些着力点很大程度上被弱化了。因此,市场监管要发挥其应然的目的,将其他重要因素纳入新的监管因素势在必行,而信用信息就是这样一个因素。根据原国家质量监督检验检疫总局、国家标准化管理委员会在其发布的《信用基本术语(GB/T 22117—2008)》中的界定,所谓信用信息,就是"反映或描述信用主体信用状况的相关数据和资料等",显然,信用虽然是展示市场主体"公信力"的东西,但是它本身是一种信息,当然是比较好监管的。事实上,这种针对市场主体信用的监管,目的就是突出信用在市场经济中对于市场主体的要素性价值,真正实现市场经济中信用的稀缺品特性和必需品特性。①

其次,市场主体信用监管制度建设注重对信用主体权益的全流程保护。如何具体强化对市场主体信用监管制度建设?这既包括前文所述的将信用提升到市场经济生产要素的高度,也包括建构针对市场主体信用全流程保护的相关制度。如何具体推进信用主体权益的全流程保护?从信用监管的角度,就是要扩张监管制度构建的范围:(1)从制度上树立信用监管提前介入的切入点,这就是市场主体的信用承诺制度。从根本上看,"宽进严管"的商事制度改革有一个逻辑前提,这就是"相信"待"入场"的市场主体所提供的资料是真实的,但是,市场是变化多端的,客观形

① 参见林彦:《信用惩戒制度对行政法治秩序的结构性影响》,载《交大法学》2020年第4期。

势是复杂多变的,如果监管部门真的认为那些待“入场”的市场主体提供的所有资料都是真实的,就可能出现与客观现实严重背离的现象。在这种情况下,要求待“入场”的市场主体进行信用承诺,就显得非常重要。具体的操作方式为:信用监管机构一次性告知待“入场”市场主体信用承诺的条件和标准,以及无法实现承诺时在信用监管方面的责任,然后以书面的形式固定下来,作为日后对企业进行市场信用监管的依据。应当说,这一制度安排为信用监管的提前介入提供了基础和依据,大大提升了市场主体的信用质量,也一定程度上缓和了市场准入重大变化带来的冲击。(2)要针对市场主体失信重点行业建立信用监管重点名单目录。具体来讲,这一目录有三个方面的重要指示作用:其一,如果待进入的市场主体属于目录上的领域,则要对其加强信用信息核查。其二,针对目录上的市场主体,在日常的信用监管中也需要进行重点关注,从而集中信用监管执法资源,集中执法力量。其三,对市场主体而言,要充分认识自身所从事行业的敏感性,从而放弃侥幸心理,扎实维护自身的信用。(3)建立市场主体信用监管的奖惩制度。要对市场主体进行信用分类,用好信用评价制度,提供守信的“红名单”和失信的“黑名单”,并在各行各业形成守信者处处方便、失信者处处受限的商事环境。(4)建立市场主体信用修复制度。信用监管本身是手段,信用惩罚或者奖励本身也是手段,但最终还是要企业守信。同时,鉴于失信记录的形成具有复杂性,而且市场主体本身也是一个动态的发展过程,例如,一个市场主体,虽然主体名称没有改变,但是其治理结构中出现了较大的人事变动,这就很可能成为企业信用改变的一个重要动因。当然,市场主体的信用修复重点在于信用修复的标准和信用修复的程序,明确不可修复行为与可修复行为的边界、修复主体、修复方式措施以及如何监督监管信用修复。[①] (5)建立市场信用监管异议处理制度。信用监管具有持续性压力的特点,因此福柯就认为信用惩罚机制是一种理性的惩罚模式,而且是一种不需要司法权力但通过社

---

① 参见王伟:《信用监管的制度逻辑与运行机理——以国家治理现代化为视角》,载《科学社会主义》2021 年第 1 期。

会反应就可以实现的社会公正。[①] 但是,这样一种惩罚模式,在某种程度上会达到一种"众口铄金"的可怕程度,因此,如果没有信用监管异议制度(也就是救济制度),那么,这种依托社会的惩罚机制就无法形成一个闭合的制度安排,最终就会偏离保护市场主体信用权益的宗旨。因此,"赋予信用主体对相关信用信息的知情权、查询权、异议权以及信息更正或删除权等必要的权利"是一种逻辑的自然延伸。[②]

最后,要注重行业协会对市场主体的信用权益保护。如前文所述,信用保护其实也是一种基于社会力量的保护,行业协会在市场经济中具有越来越重要的作用,有学者认为行业协会既是特殊市场需要的供给者,也是经济民主的回应。[③] 具体在市场主体信用监管领域,对于市场主体信用权益的保护,行业协会有着无可比拟的信息优势——而这恰恰是信用监管的技术前提,"在政府逐步退出对市场具体行为和行业协会的直接管理之后,行业协会的行业专门信用信息系统将越来越重要"。[④]

(三)市场主体信用监管制度有边界

作为一种新的监管方式,针对市场主体的信用监管在去除传统监管模式不足的同时,也带来了一些新挑战。特别是在制度构建层面,立法者要把握好市场主体信用监管制度的边界,既不缺位,也不宜越俎代庖,更不能因为市场主体信用监管制度的推行而造成一些新的不公平和不正义。需要指出的是,任何制度的边界都很难把握,市场主体信用监管制度的边界更是如此,因为这一制度至少对我国而言就是一个新事物。新制度的形成要么是自然演进的结果,在此期间因为各种矛盾和抵牾得到了较充分的展开乃至博弈,这种制度安排实践起来就显得理所当然,制度摩擦的成本也比较小。但显然,市场主体信用监管制度在我国并不是一个

---

① 参见[法]米歇尔·福柯:《惩罚的社会》,陈雪杰译,上海人民出版社2018年版,第87~88页。

② 参见王伟:《信用监管的制度逻辑与运行机理——以国家治理现代化为视角》,载《科学社会主义》2021年第1期。

③ 参见鲁篱:《行业协会经济自治权研究》,法律出版社2003年版,第30~44页。

④ 曹兴权:《企业信用监管中行业自律的嵌入》,载《法学论坛》2014年第2期。

自然演进的制度,而是一个主要由政府主导推进的制度,此时,这种制度虽然经过了立法者的民主程序——如立法前的调研和讨论、征求社会意见等,但是,从理论上的法变成实践中的法总是有差距的,一些制度试错的成本可能也是无法避免的。自然,此时把握市场主体信用监管制度的边界既有相当大的挑战,当然也意味着其不言而喻的重要价值。本研究认为,把握好市场主体信用监管制度构建的边界,须特别关注如下几个方面。

首先,区分失信行为和违法行为。从最一般的意义上来看,失信行为和违法行为的区分度是非常清晰的,毕竟,“信用”和“法律”的分野也是很清晰的。但是,在市场主体信用监管制度迅速发展的过程中,我们发现越来越多的失信行为和违法行为被同等对待,这一点和社会的常识性认知出现了较大的抵牾,这就引发出一系列的问题,失信行为是违法行为吗?失信行为和违法行为之间到底存在什么关系?应当如何对待失信行为和违法行为?不可否认,市场主体失信行为“既给失信者带来失信收益和失信成本的影响,也给社会带来因经济、法律和道德秩序的破坏而额外增加社会运行成本的影响”。① 因此,科学地区分失信行为和违法行为显得非常重要:(1)失信行为和违法行为是有区别的。这一点非常重要,承认这一点,才能更好地分辨失信行为和违法行为,并对这两类行为作出恰当的反应。事实上,“失信与违法的概念本不应当被混淆,因为守信在本质上属于商业伦理以及民法对民事主体的行为期待”。② 在经济学界,张维迎教授甚至将这种区分提升到法律与社会规范分野的地步,认为“法律不应向社会规范抢夺地盘,不要把‘没有法律的秩序’(order without law)变成‘没有秩序的法律’(law without order)”。③ 我们不一定完全赞同这个观点,但这种严格区分法律和其他社会规范(包括信用规范)的理念既

① 胡朝阳:《社会失信行为的法律规制——基于外部性内在化的法经济学分析》,载《法商研究》2012 年第 6 期。

② 林彦:《信用惩戒制度对行政法治秩序的结构性影响》,载《交大法学》2020 年第 4 期。

③ 张维迎:《法律制度的信誉基础》,载《经济研究》2002 年第 1 期。

符合常识,也最能为理论和实务界接受。(2)失信行为和违法行为之所以会被混淆,是因为失信行为本身的复杂性。一种观点认为,失信行为可以分为不履行契约义务的行为和不履行法定义务的行为,前者可进一步细化为不履行先合同义务的行为和不履行合同义务的行为;而后者包括不履行法律规定义务的行为、不履行行政决定义务的行为和不履行司法裁判义务的行为。[①] 如果以这种观点定义失信行为——不履行契约行为和不履行法定义务的行为,则失信行为基本可以和违法行为等同。另一种观点认为,失信行为应同时满足违法性与严重性两个要件,除此之外的失信行为就是一般失信行为。[②] 同时,失信行为包括社会学和法学意义上两种类型,前者囊括了违法行为、违约行为以及其他违背社会责任的行为,后者一般只有两个种类,即违法行为和违约行为。[③] 由此看来,对于什么是失信行为,学术界是有不同认识的。在很大程度上,更多的人是从社会学的角度上思考失信行为的,但是,落实到具体的执法层面,失信行为又必须基于法律视角进行考量。(3)即使将失信行为缩小为上文所讲的法律意义上的含义,如何基于此对市场主体进行信用监管依然是一个很大的挑战。根据学者的研究,虽然同为失信行为,但根据失信行为的原因,可以划分为由客观因素(主要是不可抗力)所致的社会失信行为、由主观因素(故意或者过失)所致的社会失信行为以及由于第三方失信在先而导致的失信行为。[④] 显然,从信用监管的角度看,只有第二种行为可以视为典型的失信行为,至于第一种和第三种,很难说这个市场主体信用就是不行的,或者该市场主体要接受信用惩罚,因为归根结底,“社会失信行为的

---

① 参见杨丹:《联合惩戒机制下失信行为的认定》,载《四川师范大学学报(社会科学版)》2020年第3期。

② 参见杨丹:《联合惩戒机制下失信行为的认定》,载《四川师范大学学报(社会科学版)》2020年第3期。

③ 参见柯林霞:《失信惩戒制度下失信行为的范围及限度》,载《河南社会科学》2021年第1期。

④ 参见胡朝阳:《社会失信行为的法律规制——基于外部性内在化的法经济学分析》,载《法商研究》2012年第6期。

法律规制机理主要在于合理抑制理性经济人作出失信行为的机会主义倾向”，[①]反过来，如果市场主体不是基于机会主义等道德风险而导致的失信行为，则对其进行监管和惩罚就不能和违反法律一样一概而论。

其次，要注意信用监管与传统监管之间的互补性作用。“宽进严管”的商事制度改革后，特别是优化营商环境等一系列政策性措施的推出，市场主体的信用监管被提到了一个相当的高度。但是，信用监管有信用监管的优势，传统监管有传统监管的优势，我们不能用传统监管代替信用监管，反之亦然：(1)信用监管本身还处在一个不断发展的过程之中，信用监管的依据也处在不断完善的过程中。从市场的具体情况来看，市场主体除了失信行为外，违法行为也不在少数，因此，加强传统的监管是非常必要的，因为“政府对企业信用的监管既要重视柔性监管，也不能一味弱化刚性监管”。[②] (2)作为一种新的监管方式，企业信用监管体现了政府主导对市场主体的生产和经营活动的信用状况作出的评价和处理，是一种典型的公权力的监管行为。[③] 既然是一种公权力的监管行为，就需要注意政府失灵的情况，比如寻租等情况的发生。虽然管制在理论上是代表和保护公众的利益和公共利益而推进的，但在实践中，管制机构是有可能蜕变成有组织的团队实现其利益最大化乃至侵害其他市场主体利益工具的。[④] 由此看来，既重视传统监管的作用，也重视信用监管的作用，发挥两种监管方式的优势，形成一种互补和一定程度上的竞争关系，方能最大限度地发挥政府监管的效果：毕竟无论是传统监管还是信用监管，都是政府监管的一种表现形式。

最后，把握市场主体信用监管的边界需要慎重对待失信惩罚中的连

---

① 胡朝阳：《社会失信行为的法律规制——基于外部性内在化的法经济学分析》，载《法商研究》2012年第6期。

② 钱弘道、徐博峰：《企业信用监管中行政处罚的法治化指标研究》，载《浙江大学学报（人文社会科学版）》2017年第4期。

③ 参见钱弘道、徐博峰：《企业信用监管中行政处罚的法治化指标研究》，载《浙江大学学报（人文社会科学版）》2017年第4期。

④ 参见王锡锌：《利益组织化、公众参与和个体权利保障》，载《东方法学》2008年第4期。

带责任问题。连带责任简单地讲就是“代人受过”,“是指按照法律规定或者当事人约定,共同责任人不分份额地共同向权利人或者受害人承担民事责任”。① 在市场主体的信用监管过程中,为了提升信用监管的可信度和公信力,需要对失信的主体进行惩罚。根据过错责任原则,某一个市场主体如果有失信行为,其接受信用监管机构的处罚只要过罚相当、程序公正,一般来说是没有争议的问题。但问题在于,一个市场主体有失信行为,其他相关的市场主体是否应当承担责任?以品牌“株连”为例,“三鹿奶粉”事件暴发之后,消费者对整个国产奶粉在很长一段时间信心受到重挫,“三鹿”奶粉自身更是受到毁灭性的打击。在这个案例中,作为始作俑者的“三鹿”奶粉受到市场的信用惩罚可以说是“罪有应得”,但是,当时整个中国乳业因此承担了消费者信心下滑、销量下降的损失,可以认为这种责任的承担是很不公平的。因此,我们在看到信用监管作为一种新的监管模式所带来的消除信息失灵、防止道德风险与逆向选择等方面的重要作用时,也要看到信用监管在实现的过程中可能产生的副作用,特别是连带责任泛化可能带来的责任分配不公平的问题。事实上,按照连带责任的法律含义本意,要承担连带责任需要有法律的规定或者当事人的约定方有存在的余地,否则,代人受过就不具有正当性。道理很简单,在市场经济条件下,每个主体都是法律上独立的主体,其承担责任的基础一般只能是基于过错责任的逻辑推导,否则就是法律责任的不当泛滥,因为“信用惩戒法律制度应当在回归市场经济逻辑的基础上加以构建”。② 同时,上升到法律责任层面,一般来说,要遵守“法无明文规定不处罚”这一基本的法治共识,有学者甚至进一步认为“惩戒机关施行失信惩戒的依据必须是成文法,而不能是政策、惯例或者现实需要”。③ 应当说,这种理解充分体现了市场主体信用监管制度的作用边界,体现了市场主体信用监

① 王利明主编:《民法》,中国人民大学出版社 2000 年版,第 534 页。

② 林彦:《信用惩戒制度对行政法治秩序的结构性影响》,载《交大法学》2020 年第 4 期。

③ 柯林霞:《失信惩戒制度下失信行为的范围及限度》,载《河南社会科学》2021 年第 1 期。

管基于法治的谦抑性,其对市场主体信用监管的健康持续发展是颇有助益的。

(四)市场主体失信惩戒制度注重精细化

作为信用工具的一种,市场主体信用监管在一定程度上超越了传统监管工具的刚性不足,成为监管机构在“宽进严管”商事制度改革背景下颇受青睐的新宠儿。从根本上讲,“信用工具正是在监管机构应对纷繁复杂的监管任务、寻求有效事中事后监管手段的背景下兴起的”。[①] 但是,作为信用监管的信用工具要真正发挥作用,还是离不开市场主体失信行为惩戒制度的构建,因此,信用监管要真正成为市场监管的中流砥柱,强化市场主体失信监管制度将是不可避免的趋势,而这从根本上讲也是由惩戒的本质性功能决定的。正如有学者所指出的,“惩罚易引起过度的激情、深层的利益冲突以及难解的争论……原因在于我们一直试图将深层的社会议题转化成专门制度下的技术任务”。[②] 由此看来,惩戒本身是非常复杂的,要认识惩戒,我们就必须深入探究其后面深层的社会问题,克制立法者乃至法学界过度的激情,平衡好惩戒背后深层的利益冲突与争论。一句话,如果要懂得惩戒,功夫在惩戒之外。笔者认为,这一关于惩戒的认知同样可以适用于我们在构建市场主体失信行为的惩戒制度的过程中。总体而言,市场主体失信行为的惩戒制度之构建在我国信用监管制度的构建进程中是非常重要的一环,但是,对什么情况下惩戒、由谁来惩戒、惩戒的目标是什么、惩戒的程序是什么、如何来救济等问题展开深入的思考,也是我们构建这一制度不能回避的重大议题。具体而言,要使我国市场主体失信行为惩戒制度更加精细化,需重点关注如下几个问题。

首先,市场主体失信惩戒的原则。制度总是有限的并且制度的构建有一个过程,对于市场主体信用监管而言更是如此。在这种情况下,确立市场主体失信惩戒的原则就显得非常必要:(1)在市场主体失信惩戒已经

---

① 王瑞雪:《政府规制中的信用工具研究》,载《中国法学》2017年第4期。

② 参见[德]汉斯·约格·阿尔布莱希特:《安全、犯罪预防与刑法》,赵书鸿译,载《人民检察》2014年第16期。

存在规则的前提下,市场主体失信惩戒原则的确立有助于约束该制度的不当扩张。以失信行为的认定为例,有学者认为目前我国失信行为的认定已经存在随意化、"黑名单"泛滥、惩戒措施过罚不当、联合惩戒适用泛化等突出情形,并且已引发各方面的担忧和批评。① (2)在市场主体失信惩戒规则缺失的情况下,信用惩戒措施的运用就很可能成为市场主体正当权益的巨大威胁,市场主体失信惩戒原则的确立将在很大程度上对这种公权力的活动程度进行宏观上的调控和制约,发挥法律原则"超级规则"的作用。② 那么,市场主体失信惩戒的原则到底应当是什么呢?笔者认为,鉴于市场主体失信惩戒体现的是公权力的运用,因此,"法无明确规定不得为"应当是首要的原则,至于还存在其他什么原则,可能公说公有理,学术界对此也可以基于实践工作经验进一步提炼,如有学者就认为应当包括失信惩戒法定原则、过罚相当原则、责任自负原则三项原则。③

其次,市场主体失信惩戒的泛化问题。市场主体失信惩戒泛化其实有深刻原因:从监管机构的角度看,没有惩戒,无法对市场主体的失信行为进行真正的监管和震慑;从市场主体的角度看,没有失信惩戒措施的监管就是"一只没有牙齿的老虎",自然大可不必理会;从社会的角度看,没有失信惩戒措施将会使信用监管变得没有公信力,并会产生"羊群效应"和"破窗效应"。因此,信用惩戒被提到一种相当的高度其实也是势所使然。作为此种逻辑的一个结果,加之信用监管本身的制度厚度相对不足,于是市场主体失信惩戒被泛化也就"顺理成章"了。具体来看,此种泛化表现为两个层面:(1)惩戒措施被滥用导致的泛化。这一泛化在实践中的表现是,市场主体信用监管机构对失信行为不予必要的区分,动辄实施信用惩戒,超越行政法要求的"比例原则",做了"大炮打蚊子"这样不恰当的事情,造成"个别地方、个别部门不区分违法行为的严重与否,动辄采用

---

① 参见王锡锌、黄智杰:《论失信约束制度的法治约束》,载《中国法律评论》2021年第1期。

② 参见[美]弗里德曼:《法律制度》,李琼英、林欣译,中国政法大学出版社1994年版,第46页。

③ 参见王伟:《论社会信用法的立法模式选择》,载《中国法学》2021年第1期。

信用手段实施信用惩戒”。[①] (2)市场主体信用监管机关因为对失信行为认知不清而导致的信用惩戒的泛化。如果说前面那种泛化体现的是有的行政机关在行使行政权力时的恣意,那么后面这种泛化体现的就是有的行政机关在行使行政权力时的糊涂。从实践来看,有的信用监管机关不仅认为违法行为和违约行为是失信行为,而且认定一些败德行为也是失信行为,[②]甚至是曾经当过被告也是失信行为,这个就非常值得商榷了,毕竟,当过原告或者被告本身并不是错,而是诉讼法规定的一个角色。虽然很多情况下被告是侵权人,很可能就是失信者,但是,仅仅成为被告是不能同失信行为等同的,因为诬告是客观存在的,败诉的原告也是大有人在。

再次,市场主体失信惩戒的规范化问题。市场主体有失信行为,市场主体信用监管机关对其进行惩戒可以说是天经地义的事情。但是,如何惩戒还是存在一个规范化的问题。以信用惩戒中用得比较多的“黑名单”为例,至于在哪些情况下可以使用“黑名单”,早在2013年,最高人民法院发布的《关于公布失信被执行人名单信息的若干规定》(2017年修订)就明确了对象范围:“有履行能力而拒不履行生效法律文书确定义务的;以伪造证据、暴力、威胁等方法妨碍、抗拒执行的;以虚假诉讼、虚假仲裁或者以隐匿、转移财产等方法规避执行的;违反财产报告制度的;违反限制消费令的;无正当理由拒不履行执行和解协议的。”也就是说,虽然“黑名单”是一项信用惩戒措施,但是,其运用是有范围限制的,不是任何一种失信行为都可以被纳入“黑名单”的。事实上,从信用惩戒的社会后果看,如果大范围和大规模的市场主体都进入了“黑名单”,那么,这个“黑名单”就只剩下了惩戒的作用,其对于市场主体的指引性功能就消失殆尽了——市场主体可以不和某一个进入“黑名单”的市场主体进行交易,但是,如果其面对的是一大群的“黑名单”市场主体,就不得不考虑“黑名

① 王伟:《论社会信用法的立法模式选择》,载《中国法学》2021年第1期。
② 参见柯林霞:《失信惩戒制度下失信行为的范围及限度》,载《河南社会科学》2021年第1期。

单"的作用。此外,市场主体失信惩戒的规范化还包括信用惩戒决策作出的规范化、信用惩戒程序推进的规范化、信用惩戒不当救济的规范化、信用惩戒监督的规范化等。[①] 只有规范化的信用惩戒方式,才能使这一制度可能产生的制度阻力减到最少,也才能真正提升信用惩戒的社会公信力。

最后,市场主体信用惩戒的适度性问题。度的把握历来是制度和文化中最为艰难的问题,但又是我们必须面对的问题。之所以认为市场主体信用惩戒要注意适度性问题,主要基于两个方面的考虑:(1)针对市场主体的信用惩戒实质上是国家公权力的运用。"社会信用机制也无疑增强了国家治理能力",[②]而"信用惩戒制度是由国家机关,尤其是行政机关主导建立的,通过收集、使用、分享公民、法人守法履约状况方面的基础数据,为行政管理和审判执行等提供信息支撑,并促使公民、企业遵守法律、诚实守信",[③]因此,无论是信用监管所形成的社会信用机制,还是直接体现国家公权力的信用惩戒制度,都是妥妥的国家权力介入现代市场经济的具体体现。相对于国家的公权力,个人的私权显得非常的弱小,因此,讲究市场主体信用惩戒的适度,对于市场主体正当权益的保障具有非常重要的意义。(2)针对市场主体的信用惩戒本质上是一种社会利益的分配和再分配。利益的分配和再分配不可回避的一个事实是,必须打破传统的利益格局,而这很可能会让一部分市场主体的利益受损,同时让另一部分的市场主体受益。但是,需要进一步考虑的问题是,市场主体信用监管机关面对的都是市场主体,说白了"手心手背都是肉",在一些情况下,监管机关损害了一部分市场主体的权益或者维护了另一部分市场主体的权益,但很可能对整个社会的经济发展或者福利水平而言并没有多大的作用和提升。同时,信用惩戒制度有一个值得斟酌的前提,即认为市场主

① 参见钱弘道、徐博峰:《企业信用监管中行政处罚的法治化指标研究》,载《浙江大学学报(人文社会科学版)》2017年第4期。

② 胡凌:《数字社会权力的来源:评分、算法与规范的再生产》,载《交大法学》2019年第1期。

③ 林彦:《信用惩戒制度对行政法治秩序的结构性影响》,载《交大法学》2020年第4期。

体是不诚信的,甚至被推定为有违法的冲动或者惯性,而监管机关则是被假定为奉公守法的。[1] 客观而论,在大多数情况下,这个假设是成立的,但是,这种假设和事实并不总是一致的。在这种情况下,慎重使用信用惩戒这一强力措施,注重市场主体失信惩戒的适度性问题,就不仅是实事求是,而且具有科学合理性。总之,信用惩戒措施不仅要审慎使用,还应当将其纳入最严格的法治轨道,[2]这是我们在进行信用惩戒制度精细化建设时尤其需要高度注意的。

① 参见林彦:《信用惩戒制度对行政法治秩序的结构性影响》,载《交大法学》2020年第4期。

② 参见王伟:《论社会信用法的立法模式选择》,载《中国法学》2021年第1期。

第二章 “宽进严管”背景下市场主体信用监管制度的实践探索

作为以市场主体信用为切入点的新型监管机制，市场主体信用监管一方面有利于降低监管成本和引导失信主体履行义务；另一方面能为市场主体营造诚实守信、公平竞争的市场环境。市场主体信用监管制度由市场主体信用信息采集归集、市场主体信用信息公示、市场主体信用信息使用、市场主体守信激励、市场主体失信惩戒、市场主体信用修复等方面构成。在“宽进严管”商事制度改革深入推进的背景下，我国从中央到地方都进行了一系列市场主体信用监管制度的改革和探索，并在主要领域和关键环节取得了一定成效。在制度建设方面，我国已有35部法律、42部行政法规涉及专门的信用条款，而天津、浙江、辽宁、河北、浙江、上海、山东、湖北、河南等9个省市出台了地方性的信用法规。当然，我国市场主体信用监管实践也暴露出了一些问题，具体体现在市场主体信用监管体系的创新、市场主体信用监管方式手段的革新、市场主体信用监管中信用标准的确立、市场主体信用监管中信息平台的搭建等方面。因此，需要国家积极推动市场主体信用监管方面的制度建设，总结地方实践经验，[①]弥补信用监管的不足，最终将市场主体信用监管纳入法治轨道。

① 参见杨鹏、张丽：《信用监管的背景及建议》，载《中国国情国力》2020年第9期。

一、一体化、数据化、多元化市场主体信用监管体系的构建

(一)市场主体信用监管体系的一体化设计

目前,我国市场主体信用监管主要依托“信用中国”这一公共数据管理平台,借助信用信息数据,调用“应用支撑系统”中的身份认证、用户授权、地理信息服务、区块链等工具,针对市场主体、自然人、社会组织、事业单位、政府机构等,结合信用信息发布、信用信息查询、信用异议、信用修复等信用工具,形成信用档案、信用评价、红黑名单、信用指数、信用预警、信用关系、行业信用评价、专项信用数据等信用产品,以此为市场主体信用监管提供支撑。一体化的市场主体信用监管体系提高了监管的效率,保证了监管效果的科学性和公正性。从实践来看,江苏省和湖南省永州市江永县在市场主体信用监管体系一体化设计和推进中的做法比较典型。

以江苏省盐城市为例,该市基于市场主体信用监管一体化建成的“市县一体化信用信息系统”,着力打造“一网—五库—十二子系统”的基础系统(见表2－1),结合门户网站、App等平台进行全方位的信用信息公众服务,形成了开放、公平、规范的一体化市场主体信用信息监管体系,不仅提升了信用信息的使用效率,还最大限度地发挥了信用监管的功能,起到了很好的守信联合激励和失信联合惩戒作用。

表2－1　江苏省盐城市“一体化信用信息系统”

	一网	五库	十二子系统
市县一体化信用信息系统	“信用盐城”门户网站	中间库	市县一体化信用信息归集子系统、信用应用子系统、信用信息共享子系统、信用服务超市等
		企业法人库	
		非企业法人库	
		自然人库	
		应用库	

为推进市场主体信用监管体系的一体化建设进程,江苏省制定了政府机关和公务员信用信息归集目录以及行业信用分级分类管理的规范,旨在打破“信息孤岛”,提升江苏省的信用信息服务水平和信用监管体系的一体化建设水平。创新举措包括:不断优化升级公共信用信息系统、以清单的方式归集信用信息、以上下联动的形式实现信用信息共享交换、拓展信用信息系统的服务功能,创新“事前监管—事中监管—事后监管”的“全链条”信用监管模式。为构建一体化的信用监管体系还采取了以下举措:组织市场主体进行市场准入前的诚信教育;开展信用分级分类监管;拓宽失信联合惩戒;采取“放”“管”结合、“宽进”与“严管”的办法推进国家信用建设示范城市的创建和复评;推进“信用长三角”国家示范区建设;深化联合奖惩的协同合作;塑造一体化的信用信息平台;建立区域统一的信用信息互认机制。①

湖南省永州市江永县在市场主体信用监管体系的设计中,以公共信用信息共享系统为根基,以信用奖惩联动机制为监督手段,加强构建以信用为核心的新型市场监管体系,逐步形成了常态化、系统化、规范化的信用记录归集与信用信息服务机制;深化了守信激励和失信惩戒机制;拓展了“红黑名单”管理制度;全面推广使用信用记录和信用产品,最终打造“有信可查、守信激励、失信必究、市场规范”的社会信用体系。在此过程中主要围绕统一社会信用代码制度的适用、信用信息服务的推广、信用信息应用的拓展、守信激励和失信惩戒联动机制的实行,目的在于形成以信用为核心的市场监管体系。

(二)市场主体信用监管的大数据手段

在大数据时代,市场主体信用监管应当定位于以大数据为基础、以信用评价为依托的精准监管。信用监管借助“互联网+”、大数据、人工智能的支撑,整合公共信用信息、市场主体信用信息、投诉举报信息等相关信息,在市场主体信用监管中充分保障了信用监管数据的可比对、可追溯。

---

① 参见《2020年江苏省社会信用体系建设计划发布》,载《新华日报》2020年4月20日,第2版。

在大数据路径下，市场主体信用监管的一大优势是可以基于数据和有关法律风险点，建立风险模型，对数据进行比较，测试并优化模型，克服“抽样调查”和“个案试点”等方式所做推测和评判造成的信息误差，全面提高市场主体信用监管的可靠性和科学性，为市场主体提供准确的风险预警。例如，浙江省义乌市专门建立了市场主体信用信息及评价信息数据库，及时向社会公布逃匿的失信外贸主体，警示经营户防范外贸风险。[①]市场主体信用监管体系以社会信用信息数据共享机制为建构基础，该机制的运行依托区块链、云平台和大数据中心等，政府部门、第三方征信机构等运行主体实现社会信用信息数据的共享，并据此建立区块链市场主体诚信监测系统。而信用区块链监测系统的独特优势在于实时的数据分析能力、预警能力和回溯功能，落脚到市场主体的信用监管上，还有对市场主体监管政务诚信考核数据分析，能充分保障市场主体信用监管的动态化和全流程化。

在实践中，大数据手段的运用打破了信用监管中的“信息孤岛”和“部门藩篱”，有效地整合了政府部门之间、市场主体与政府部门或其他组织之间，市场主体之间的信息和资源，提高了市场监管的效率。这源于大数据技术的数据整合、数据分析、判断以及预测功能，除了本身的功能外，大数据技术也为市场主体信用监管提供了新的监管思路和监管路径。经对比分析发现，比较普遍的做法是建立政府部门与第三方机构合作共享的信用监管大数据库，同时，将区块链、云平台、大数据库等技术全面融入动态化、多元化、全程化的信用监管机制。具体到监管过程中，主要表现为：其一，在监管的标准确立阶段，借由大数据分析模型明确市场主体事前信用监管的指标和具体标准。其二，在监管的实施阶段，通过信用区块链监测系统对政府进行监测，并利用信用公示制度确保市场主体的知情权、参与权等相关权益。而多元参与的信用市场主体以听证会、信息平台、第三方信用评价机制等方式，加强与政府部门或其他组织之间的信用

① 参见肖振宇、孙阳、翁后茹、周雨：《多元全程信用监管机制构建研究——以服务型政府建设为视角》，载《征信》2020年第8期。

信息共享、信用信息反馈、决策支持、日常随机监管、分级分类监管和监督。其三,在事后监管的处置阶段,大数据和云计算分析技术有助于清洗和筛选"红黑名单",实施联合奖惩。①

综上,市场主体信用监管中大数据手段有效地迎合了市场信用需求,促进了政府部门和市场主体在市场准入、政府采购、招标投标、债券发行、资质审核、资金扶持等市场行为中使用信用产品和服务,②为市场主体信用监管制度的实施创造了有利条件。

(三)市场主体信用监管的"一主多元"参与

多元参与的市场主体信用监管体系可以概括为"一主多元"模式(见表2-2),即强化政府部门在市场主体信用监管中的主导地位,企业、事业单位、自然人、行业协会、中介机构以及媒体等众多主体协同参与,形成完备的市场主体信用监管主体架构。"一主"中的中央政府与地方政府分别从中央和地方两个层面制定实施市场信用监管制度;"多元"则是多个参与主体以听证会、信用信息平台、第三方信用评价、舆论监督、监督权行使等方式参与信用信息共享、舆情反馈和决策支持,保证市场主体信用监管行为的合规性、科学性。

表2-2 市场主体信用监管的多元参与模式("一主多元")

主体模式	主体名称	角色	参与信用监管的事项
"一主"	中央政府部门	宏观调控的核心	制定全国性信用制度与信用惩戒机制的责任与义务
	地方政府部门	具备调控者与执行者的双重身份	制定地方性信用制度与信用惩戒机制,执行上级相关信用监管制度

① 参见肖振宇、孙阳、翁后茹、周雨:《多元全程信用监管机制构建研究——以服务型政府建设为视角》,载《征信》2020年第8期。

② 参见陈海盛、白小虎、郭文波、吴淑君:《大数据背景下信用监管机制构建研究》,载《征信》2019年第5期。

续表

主体模式	主体名称	角色	参与信用监管的事项
“多元”	企业、自然人	市场主体	被监管，行使监督权利
	信用行业协会、商会	社会组织	行使部分信用监管职能，收集市场信用信息，加强行业自律
	会计师事务所、律师事务所、重点行业研究机构和信用服务机构等	第三方机构	为政府提供相关信用监管服务
	从事信用领域研究的智库、高等院校、学会等机构的专业人才	专家	通过实地调研了解多元信用监管在构建过程中的现状与问题，并提出相应的政策建议
	报刊、网站等	媒体	信用监管的监督

例如，江苏省南京市江宁区在市场主体信用监管制度构建过程中大力培育市场主体和其他组织，目的是增进市场主体信用监管中“一主”与“多元”主体的信用信息共享，具体措施是合理搭建常态化、长效化的政府与市场主体、网民、社会组织、媒体等主体之间的信息综合协商沟通平台。

（四）市场主体信用监管体系构建的“深圳经验”

从全国范围来看，在市场主体信用监管体系构建方面有代表性的是深圳市，它是国内较早开展社会信用体系建设的城市，①深圳市在构建信用监管体系中秉承“先行示范”的标准，以稳定、公开透明、可预期的国际一流法治化营商环境为目标导向，在打造一流营商环境过程中牢牢把握信用体系建设这一核心环节，以强化信息化建设为基础，不断探索推进信用奖惩机制的适用。目前深圳市的商事信用监管体系已成型，并起到了很好的示范引领效应。具体实践做法归纳如下：

① 深圳市自2001年开始就率先全面启动了社会信用体系建设，率先在政府层面成立信用机构，率先构建了企业信用信息应用体系。

1. 建章立制,构建系统性的商事信用规则体系

2002 年,深圳市在全国率先制定《深圳市企业信用征信和评估管理办法》,首次对企业信用信息征集、信用信息披露、信用评级等信用活动进行了较全面的规范。2017 年,深圳市制定《深圳市公共信用信息管理办法》,明确了公共信用体系的基本框架,属于广东省首部宏观层面的综合信用立法。在配套制度建设上,深圳市设计并实施了 10 个有效的制度,具体包括公共信用信息查询制度、信用报告的标准格式、异议处理方面的数据管理制度、信用档案制度、安全管理制度、绩效考核制度等。核心制度与配套制度的出台,使深圳市的社会信用建设日臻完备。与此同时,深圳市的信用监管还遍布各个行业和领域,例如统筹全市各相关部门建立失信企业协同监管和联合惩戒机制,在交通运输领域、工程建设领域、知识产权保护领域、环境保护领域,在重大税收违法、严重拖欠工资、安全生产等环节重点推行联合惩戒备忘录制度,在海关高级认证企业方面签署了联合激励备忘录。上述的"核心制度 + 配套制度 + 重点行业和领域"的特色制度,共同构成了深圳市的系统性商事信用制度体系。① 这些系统性的商事信用规则体系为市场主体信用监管的开展提供了制度支持。

2. 以公共信用平台为载体,为市场主体信用监管助力

深圳市的公共信用平台建设始于 2002 年,以征信系统、信用信息披露、信用信息应用及联动信用惩戒等为核心板块并不断优化,为市场主体信用监管提供了全方位的有力支撑。具体举措包括:第一,全面的信息归集。公共信用平台在 2020 年之前已经归集的信息就涉及全市 78 家信源单位,涵盖 7355 个数据项,包括整个深圳市的 513 万家商事主体(含注销、吊销)的信用信息共 1.02 亿条,其中有投诉举报信息、抽查检测信息等。第二,以科技手段保障信息获取的便捷性。深圳市设计了与公共信用平台对应的移动客户端 App("深信 App"),使用该移动端可一键查询全市的市场主体信息和 18 万条商品信息,并自动关联个人名下的商事主

① 参见石珍、杨海军:《构建商事信用监管体系的若干思考》,载《特区实践与理论》2020 年第 5 期。

体，该信用 App 获得了全国政府类示范推广项目奖。第三，对外服务功能集成了服务与监管双重功能。公共信用平台具有“信用动态”“红黑名单”“双公示”以及信用报告的自动生成打印、在线校验、异议处理、信用承诺等诸多功能选项，查询方式也很便捷。此外，2019 年，该公共信用平台与中国银行、招商银行签署了信息共享协议，引入南方大数据中心等市场主体，进一步实现了粤港澳企业信用信息共享，为市场主体信用监管拓展了数据资源和监管路径。

3. 强化信用信息应用的同时狠抓信用监管举措的落实

在具体的市场主体信用监管措施上，深圳市采取了以下 4 项特色制度措施：一是构建信用风险预警机制。自 2019 年起，深圳市开始推行信用承诺制度，涉及的领域有市场主体（业务）许可登记、市场主体信用修复、市场主体经营异常名录移出等，在监督方式上结合市场主体的信用信息档案采取分级分类信用监管和差异化信用监管。① 二是探索信用联合奖惩机制。深圳市建立健全市场监管领域“红黑名单”的认定机制和对应的奖惩规则。② 三是推行个性化的信用评价。深圳市以信用数据为依据，利用大数据分析技术进行市场主体信用评价，形成了大数据的“引领管理—驱动监管—精准扶优”信用监管机制。深圳市不断优化市场主体信用评价的指标，分别将经营指数、合规指数、履约指数、荣誉指数应用于市场监管过程。四是重点推行市场主体信用监管的跨区域协作机制。深圳市突破地域的限制，与浙江省、湖南省、重庆市、福建省、黑龙江省、辽宁省、成都市、香港特别行政区等展开合作，实现了区域间的信用信息共享，可进行联网查询，同时还与广东省内的东莞、惠州、汕尾、河源等地市签署

---

① 对出现异常情形的市场主体在办理商事登记及相关事项时，从严审核，对有些业务进行直接拦截。

② 从实践落实情况看，“红黑名单”认定和对应的奖惩规则纳入了全市 12 个部门的工作流程，在 2021 年之前已经在深圳市首批 83 项重点事项中试点应用，2020 年累计实施激励措施 737 次。既保证了“秒批”业务的加快审批，也自动拦截了失信主体。

区域间的信用合作备忘录，推行区域信用信息共享，建立信用奖惩联动机制。[①]

二、市场主体信用监管方式方法的革新

(一)市场主体信用分类监管的践行

我国企业信用分类监管制度肇始于2003年。企业信用分类监管有别于传统的监管模式，是一种精细式、精准化监管，是指市场监管部门在全面归集企业信用信息的基础上，根据一定的标准对企业的信用信息进行分类，对不同信用等级的企业进行不同类别的监管。

1. 市场主体信用分类监管的制度基础牢固

我国的社会信用体系建设初见成效，市场主体的信用信息归集、信用联合奖惩制度的设计和推行为市场主体信用分类监管奠定了基础，具体有如下表现：(1)信用信息共享机制日臻完善。我国已借助"信用中国"等网站逐步实现了各级信用门户网站在信用信息上一定的互联互通和数据共享，逐步实现了全国信用政务服务体系的一体化。国家发展改革委公布的2020年数据表明，全国信用信息共享平台已链接了46个部门和所有的省区市，这些信息共享平台归集了各类信用信息超过500亿条。[②]信用信息平台的建立和信用信息的归集为市场主体信用分类监管提供了支撑。(2)守信联合激励和失信联合惩戒为信用分类监管提供了根本保障。截至2020年6月，国务院各部委签署了50部联合奖惩合作备忘录，为市场主体信用分类监管制度的落实提供了重要的依据。国家发展改革委公布的2019年的数据表明，[③]开展联合奖惩的效果明显，辅之以守信联

---

① 参见石珍、杨海军：《构建商事信用监管体系的若干思考》，载《特区实践与理论》2020年第5期。

② 数据来源：https://www.ndrc.gov.cn。

③ 全国法院累计发布失信被执行人名单1443万人次，累计限制购买飞机票2682万人次，限制购买动车高铁票596万人次，437万失信被执行人慑于信用惩戒主动履行法律义务。

合激励机制，达到了鼓励诚信，惩戒失信的目的。① 上述制度的深入推行为市场主体信用分类监管注入了活力。

2. 市场主体信用分类监管的“漯河经验”

概言之，“漯河经验”可以总结为如下两个方面：

一方面，扎实有效地开展企业信息数据库的建设。为累积信用信息数据，河南省漯河市采取了“横向 + 纵向，线上 + 线下”的信用信息共享模式，即在同级部门之间进行信用信息的横向联通，在对口部门之间进行信用信息的纵向贯通，同时对于信用信息的归集管理采用了线上线下两种方式，并实现了两种方式的互联互通。以“国家企业信用信息公示系统”的数据信息为基础，查阅了 28 个政府部门、167 套系统，漯河市的企业信用风险分类管理系统共收集了 4 万余家企业的 75 类共计 340 余万条信息，②信息涵盖市场主体基本信息、市场监管信息、市场主体产品抽检信息、市场主体荣誉信息、市场投诉举报信息、市场主体社保信息、市场主体纳税信息、市场主体高管人员信息、舆情信息等方面。

另一方面，结合行业特性，进行专项的信用监管。食品是漯河市的主导产业，在企业信用评价标准的制订过程中，漯河市率先制定了食品行业分类管理标准。为加强和落实食品安全监管制度，漯河市制定了一套针对食品企业信用风险的专项指标体系，先后出台了《漯河市食品行业信用风险分类监管办法》《漯河市食品行业信用风险分级评价细则》《漯河市市场主体信用风险分类监管暂行办法》。根据上述办法和细则，结合市场主体的多维度指标信息，按照风险的高低以及信用监管工作的实际，赋予其不同的权重，对市场主体的信用等级进行划分，③针对不同风险级别的市场主体设置不同的监督管理方式，例如抽查中设置的比例、概率等，并最终形成信用信息同步、信用标准一致、信用监管措施统一的信用监管

---

① 参见杨鹏、张丽：《信用监管的背景及建议》，载《中国国情国力》2020 年第 9 期。

② 数据来源：http://drc. luohe. gov. cn。

③ 依据信用信息赋值进行企业信用分类，并根据分级标准，将企业分为 A 级信用良好企业、B 级守信企业、C 级信用一般企业、D 级失信企业、E 级严重失信企业 5 个级别。

制度。

3. 市场主体信用分类监管存在的难题及应对思路

(1)当前我国市场主体信用分类监管存在的难题

第一,市场主体信用监管的机制不够完善。信用监管制度的设计各地有不同的做法,这虽然符合各地市场主体信用监管的实际,但在强制性制度方面还缺乏统一性,比如各地针对同一市场主体或同类市场主体针对采取的监管措施差异较大,这有违市场公平原则。

第二,市场主体的信用信息获取不全面。当前的大部分数据分析系统汇集了内部信息和外部信息,在信用信息的实时对接上有偏差,导致信用信息归集得不及时、不全面,具体到信用风险分类而言,从哪些信用信息上进行风险识别缺乏统一的标准,无法产生权威的数据,这影响了市场主体信用监管的科学性、有效性和规范性。①

第三,大数据语境下市场主体信用分类监管面临技术支撑不够、社会认知不足、制度保障乏力的问题。当前大数据的技术应用面临以下两个难题:一是在信用信息数据的采集、过滤与处理上,如何运用有效的方式把信用信息进行海量的归集。二是在数据共享上,如何建立健全跨部门、跨区域、跨行业的信用信息共享机制。社会公众对大数据背景下的信用分类监管认知比较模糊,而信用监管本身是一种新型的监管方式,存在信息安全的风险,加之缺失参与信用监管的途径,导致信用监管的意识不足,公众参与度不高。目前,我国在数据相关行为方面的法律定位不是很明确,容易造成信用惩戒措施的泛化与滥用。

(2)当前我国市场主体信用分类监管难题的应对思路

第一,国家层面上应当尽快出台信用风险分类监管的立法。从实践来看,国家和地方搭建和启用了“企业信用风险分类管理系统”,有些地方也出台了企业信用分类监管方面的地方规章,例如海南省、南通市、淄博市等,但国家层面的立法还需要加强,应就建立统一的市场主体信用风险

---

① 参见吴海广:《信用监管工作中的主要问题及对策研究》,载《中国市场监管研究》2020年第3期。

发现、信用风险分类和处置,结合信用风险的类型,对信用分类监管的基本问题作出规定。

第二,拓展信用风险分类监管的数据基础。按照国家“互联网 + 监管”系统的信用数据标准,各地建立健全“互联网 + 监管”数据“三清单”及数据资源目录,归集市场监管领域各有关部门在履职过程中产生的各类信用信息。根据确定的标准对信用信息与信用风险进行分类,分门别类地进行风险识别,建设完整的信用信息数据库。

第三,充分利用大数据、云计算等技术,探索创新市场主体信用监管方式,推动形成智慧型、精准化、有效性的市场主体信用监管模式。借助信用信息基础数据库打破各主体之间的信息壁垒,建立健全跨部门、跨区域、跨行业的协同监管机制。

(二)市场主体信用监管协同共治的探索

1. 市场主体信用监管协同共治的“浙江经验”

在协同平台建设方面,浙江省建立了“浙政钉”①和省公共信用信息平台。借助这些平台,浙江省不断推进市场信用以及市场主体信用监管制度在各领域的应用,例如,出台市场化守信激励措施,为信用优秀、“红名单”主体在市场行为方面提供便捷和优惠。② 具体经验如下:

第一,贯彻“政府主导 + 法治先行”的理念,构建“实施意见 + 清单 + 评价指引”③的市场主体信用监管规则体系,一个实施意见、三个清单(目录)和一个评价指引规范,基本囊括了市场主体信用信息的归集、信用信息的共享和信用信息的应用等关键环节。这极大地促进了信用信息应用

---

① “浙政钉”是掌上浙江·掌上办公的承载平台,目前主要包括掌上 OA、掌上执法和掌上基层三大内容。为规范“浙政钉”整体架构体系,按照统分结合原则,由省政府办公厅统一设计整体工作界面和系统框架,统筹指导全省统建应用建设,各单位根据自身业务特点分别自建应用,最终形成全省统一的政府系统掌上协同办公平台。

② 参见陈海盛、应瑛、温赢:《信用监管数字化转型的“浙江模式”》,载《团结》2019 年第 5 期。

③ 即《关于推进信用应用业务协同的实施意见》《浙江省公共信用信息目录(2019 版)》《浙江省守信激励与失信惩戒措施参考清单(2019 版)》《关于印发信用协同业务任务清单的通知》《浙江省五类主体公共信用评价指引(2019 版)》。

落地以及公共信用与政府职责的深度融合,为市场主体信用监管协同共治提供了制度支持。

第二,借助一体化信用信息平台,实现市场主体信用的协同监管。浙江省的公共信用信息平台建设初步形成了"两库+两端+一网+一后台"①的框架体系。该框架体系联通了浙江省市县279个信用信息业务系统,为市场监管的协同共治夯实了根基,保证了市场主体信用评价、市场主体信用档案、"红黑名单"等信息的互通和市场主体信用激励、信用惩戒措施的自动推送和反馈。该框架体系下的系统可以兼容实现市场主体信用档案的查询、市场主体信用评价的查询、"红黑名单"的查询、市场主体信用数据共享接口、市场主体信用修复、政务服务网信用服务提供、信用异议受理、专门网站查询等功能。

第三,建立健全公共信用产品体系,为信用监管协同共治创造条件。浙江省开发并推行了包括信用评价、信用档案和"红黑(严重失信)名单"在内的三类公共信用产品。2019年7月,浙江省已基本实现了公共信用评价"全覆盖,无死角"的目标,市场主体信用评价包含了243万家企业、424万余名18周岁以上自然人、4853家政府机构、3.4万家事业单位和5.4万家社会组织。其中,上述5类主体的信用档案(包括主体的基础信息、守信信息、不良信息及其他信息)已实现全覆盖。此外,浙江省自行认定的"红名单"36条,"黑名单"5669条,涉及海关、环保、食品药品等诸多领域。② 这些多元的主体分类和海量的主体信用信息为信用监管的协同共治创造了条件,借助完备的信用产品体系,信用监管的协同共治更趋完善。

第四,促进信用业务大协同,为信用监管协同共治提供实践基础。浙江省积极推进系统(平台)的升级改造,主要涉及的领域有审批服务、行政监管、公共服务、公共资源交易和其他政务事务等。升级改造的核心是对

---

① "两库"是指公共信用库和信用产品业务主题库,"两端"是指掌上办公"浙政钉"和掌上办事"浙里办","一网"是指"信用浙江"网,"一后台"是指后台管理系统。

② 参见陈海盛:《浙江信用协同监管的困境与优化》,载《江南论坛》2019年第12期。

这些系统(平台)设置了信用数据共享接口,使信用成为监管共治的重要支撑。再通过公共信用产品和开放信用数据的供给,拓宽社会与市场的协同应用。从浙江省范围来看,杭州市、衢州市等相继推出了信用积分的“钱江分”和“信安分”,在诸多领域拓展信用的应用。这既落实了协同共治的理念,也丰富了信用监管协同共治的平台。

2. 市场主体信用监管协同共治面临的困境及应对思路

(1)当前我国市场主体信用监管协同共治面临的困境

当前我国市场信用监管协同共治面临的主要问题有:一是各地在进行信用数据共享接口嵌入改造时往往涉及众多的系统(平台),如何建章立制,通过协调各部门的职责以保证信用信息的及时、准确、完整面临挑战;二是公共资源交易等领域内的信用信息应用与信用监管协同共治不太匹配,例如公共资源交易范围一般面向全国,但各个地区的信用信息归集标准不一致、信息归集水平不一,应用不当容易滋生地方保护主义和市场不公等问题。

(2)我国市场主体信用监管协同共治困境的应对思路

针对当前我国市场主体信用监管协同共治存在的上述问题,具体应对的突破口在信用信息的应用,如何提高信用信息应用的协同水平是实现协同共治的根本出路。具体思路如下:

一是明确信用监管协同共治中各信用主体的权利和义务,厘清信用监管部门相应的职责和分工,尤其是部门统一协调机制的建立和完善。应重点针对“信息孤岛”问题、信用信息的公开和应用以及隐私保护问题寻求信用数据共享解决方案,也需要对公共信用信息在各环节的使用程序作进一步的规范。在市场主体信用信息的采集归集、综合评定、市场使用、守信激励、失信惩戒、信用修复等方面,做到标准统一,这是实现市场主体信用信息共治的基本前提。

二是拓宽信用信息的应用范围,加强信用监管的协同联动。鼓励各地整合信用信息平台,开发具有地方特色和行业特色的信用产品,例如,在“信易贷”“信易行”“信易游”等“信易＋”一系列场景的基础上开发更多的应用场景，推广应用区域性或行业性的信用产品。浙江省的实践经验值得推广，即推动基层治理平台，加强金融风险监测防控系统并实现与信用信息平台的融合对接；以信用数据和信用产品以及各自的场景数据为基础，设计信用风险预警（评价）模型，进而列出信用监管重点对象，并对其实施分类信用监管措施，动态、联动、全面地实现信用监管的协同治理。①

（三）市场主体信用监管方式方法革新的典型实例

1. 建平台、聚信息、强运用的“贵州经验”

第一，完备的市场主体信用监管规则体系建设。贵州省出台了一系列信用信息及其监管方面的规章和规范性文件，②形成了完备的市场主体信用监管制度体系，具体包括市场主体信用信息年报、市场主体信用信息公示、市场主体信用信息归集、市场主体信用信息抽查、市场主体信用信息查询、市场主体信用信息运用、守信联合激励、失信联合惩戒、市场主体信用平台运行管理9个板块。

第二，立足平台实现信息互联互通，构建信用监管协同机制。贵州省按照国务院办公厅于2015年8月发布的《国务院办公厅关于推广随机抽查规范事中事后监管的通知》，在全国率先建成国家企业信用信息公示系统（贵州）和企业信用监管过程中随机抽取检查对象、随机选派执法检查人员、抽查情况及查处结果及时向社会公开的“双随机、一公开”工作机制，全覆盖、高效地完成了信用信息归集和传递，解决了“信息孤岛”和“信息壁垒”，实现了信用信息的互联互通，秉承“公示即约束”的理念，逐步形成了协同监管的新局面。

---

① 参见陈海盛：《浙江信用协同监管的困境与优化》，载《江南论坛》2019年第12期。

② 例如《贵州省企业信用信息征集和使用管理办法》《国家企业信用信息公示系统（贵州）使用运行管理规则（试行）》《贵州省政府部门涉企信息归集资源目录（2017版）》《贵州省政府部门涉企信息归集数据标准（试行）》《省人民政府办公厅关于在全省市场监管领域全面推行部门联合“双随机、一公开”监管的实施意见》《贵州省工商行政管理系统企业经营异常名录管理实施办法（试行）》《贵州省工商行政管理局关于“先照后证”改革后加强事中事后监管的实施意见》《国家企业信用信息公示系统（贵州）使用运行管理》等。

第三，按照“共享即监管”的理念，实现信用信息共享。贵州省在全国率先与银行、征信机构等部门共享市场主体信用信息。对银行、行业协会、商会、征信机构、律师事务所、会计师事务所等批量开放市场主体信用数据，发挥它们在信用监管中的作用，助推社会各界参与信用体系建设，形成了协同监管的合力。①

2. 辽宁省海城市信用监管“131”协同工作法

辽宁省海城市市场监督管理局实践探索的信用监管“131”协同工作法的基本思路是“全域覆盖—分层推进—定向抽查——抽多检—联合惩戒”，该监管模式有利于提高事中、事后信用监管的效能。

“131”协同工作法中的“1”是一体化的监管格局。海城市成立了专门的工作领导小组，党政主要领导为组长，海城市市场监督管理局是主要的牵头部门，其他部门协同配合，明确了全市上下“一盘棋”的格局。“131”协同工作法中的“3”是三级督查，具体分为三个等级，形成了“成员单位—自查”“领导小组办公室—督查”“市委市政府督查室—督办”的架构。该架构推进了层级之间、部门之间信用监管的协调联动，在工作机制上既促进了信用监管部门之间的职能衔接，又破除了政策对接的壁垒，增强了工作的合力。“131”协同工作法中的另一个“1”是一平台监管。② 海城市市场监督管理局与“辽宁省互联网＋监管”平台进行了全面对接，保证了“一网多能”互联互通。

3. 浙江省信用监管的数字化转型创新实践

信用监管的数字化转型是浙江省市场化改革的头号工程，有助于构建“政府有为，市场有效”的新型监管体制。浙江省通过建立信用信息数据共享机制和业务协同机制，保障了市场主体信用数据共享的全面性、规范性和常态化、动态化信用信息协同，实现了市场主体信用监管的数字化

① 参见冯倩：《贵州：建立新型监管机制全力提升市场主体信用监管效能》，载微信公众号“天眼新闻”2020年7月2日。

② 参见海城市市场监督管理局：《海城创新信用监管服务举措，持续激发市场主体活力》，载《鞍山日报》2021年1月26日，A03版。

转型。浙江省推行的信用监管数字化转型能够打破“信息孤岛”和“信息壁垒”,通过信用信息业务的流程再造,实现了市场主体信用监管的有效性、及时性和精准性。主要举措包括:在数据资源系统中开辟公共信用信息库,收集归集全省的市场主体信用信息等公共信用信息;信用产品则被收入信用产品主题库;通过增加信用数据共享接口等方式,实现信用数据共享,以信用产品方式在信用信息业务应用系统中为政府和市场主体提供信用服务,实现业务协同。① 此外,浙江省推进信用监管数字化发展,不断拓展信用数据和信用产品,形成了市场化、社会化协同应用、“跨部门—跨层级—跨区域”的信用综合监管格局。

综上,中央和地方在市场主体信用监管方式方法的改革上进行了大量的制度创新,市场主体信用监管的成效显著。但在制度设计和实践运行中也存在一些问题,诸如信用监管工作存在多头管理、交叉管理的现象,影响了信用信息归集;信用信息上报中存在市场监管信息系统与工作不完全匹配的情况;多个平台之间的标准不统一导致信息共享出现疏漏。据此,应当有针对性地创新信用产品,拓展与多元信用监管匹配的信用信息平台功能,强化政府主导,加强市场主体信用监管的配套制度建设。②

三、市场主体信用监管中信用标准的确立

信用标准是我国社会信用体系的重要“基石”,是实现市场主体信用信息多元采集归集、市场主体信用信息共享和信用评价结果统一化的重要支撑。③ 我国在推进市场主体信用监管实践中注重信用标准的建设,形

① 参见陈海盛、应瑛、耿得科:《双重视角下浙江信用监管数字化转型》,载《浙江经济》2019年第20期。

② 参见肖振宇、孙阳、翁后茹、周雨:《从“门槛管理”到“信用管理”——以南京市江宁区为例》,载《征信》2020年第7期。

③ 参见梁文艳、韩鹏栓:《周莉:标准化是支撑社会信用体系建设的关键》,载《中国产经新闻》2019年11月6日,第6版。

成了一些比较好的实践做法，切实解决了实务中面临的许多问题。

（一）社会信用标准化技术委员会的成立

在国家层面，我国在2016年7月15日成立全国社会信用标准化技术委员会。地方层面也相继成立了社会信用标准化技术委员会。例如，2019年11月4日，天津市社会信用标准化技术委员会成立；2019年11月12日，北京市社会信用标准化技术委员会成立；2020年6月30日，广东省社会信用标准化技术委员会成立。实际上，国家和地方层面社会信用标准化技术委员会的成立标志着我国社会信用标准化工作进入新的阶段，有利于夯实信用标准化技术基础，推动市场主体信用监管制度规范性、有序性和精准性发展。

（二）信用标准的主要制度安排

1. 国家社会信用标准化技术委员会发布国家标准

国家社会信用标准化技术委员会吸纳了国家发展和改革委员会、中国人民银行等30余家社会信用体系建设部际联席会主要成员单位代表，搭建了与社会信用体系发展相适应的社会信用国家标准体系框架，发布了数十项社会信用国家标准，这些国家标准覆盖了基础通用标准，公共信用信息、企业信用管理、公共资源交易、电子商务信用标准等诸多方面，为各领域、各行业和地方社会信用体系的建设提供支撑和参照。

2. 企业信用标准体系

2014年原国家工商行政管理总局从企业和品牌是否具有社会影响力、合同信用管理体系是否健全、合同行为是否规范、合同履约状况是否良好、经营效益是否达到较高水平、社会信誉是否良好6个方面，设计了“守合同重信用”企业信用标准体系。各地方也据此设计了标准体系。2018年，国家发展和改革委员会与中国标准化研究院等单位共同编制了公共信用信息方面的一系列标准和规范，①并率先应用于全国信用信息共

① 具体包括《公共信用信息标准体系框架》《公共信用信息分类与编码规范》《公共信用信息资源目录编制指南》《公共信用信息基础数据项规范》《公共信用信息交换方式及接口规范》《公共信用信息公示规范》。

享平台项目建设。中商信国际信用管理有限公司组织相关行业内专家制定了《CE－315/CES 001—2017 企业信用评价标准》,该标准对企业信用评价主体、企业业务评价状况、企业管理与监督情况、企业发展状况、企业履约情况、企业社会信用等内容进行了规范。该评价标准借鉴信用的有关国家标准、行业标准和地方标准,在 CE－315/CES 001—2015 信用管理体系标准基础上充分参考了国际信用评价机构的管理经验,并结合我国实践和实际业务开展情况进行编制。

(三)市场主体信用监管中信用标准的未来走势

1. 基础标准和重点标准应当与社会信用体系的新需求紧密衔接

从基础性的通用标准向重点的行业性和领域性信用标准转变,这是国际上信用标准化的发展趋势。当前我国的社会信用标准体系日臻成熟,内容也逐步完备,信用标准制定应当充分考虑与我国社会信用体系的发展需求相衔接,行业性和领域性的信用标准建设恰恰也是目前我国信用建设标准化工作的重心。当然,在信用标准制定过程中,既要注重信用标准的科学性和实用性,又要不断完善基础通用类信用的国家标准,充分发挥信用标准化指南的基础作用,尤其在重点领域和重点行业,对信用问题突出、影响力大、关注度高的情况要积极推动标准的制定工作。①

2. 信用的标准类型日趋丰富,标准体系更加科学

当前我国的信用标准体系中包含了以下类型的标准:基础类标准、管理类标准、信息类标准和服务类标准。不同类型的标准,其内涵和用途有较大差异(见表 2－3),对于信用的评判内容和评判结论也会不同。当然,这些标准在制定过程中必须考虑信用监管的需求和最终的监管目的,还要统筹考虑诸如食品领域、药品领域、特种设备领域等重点监管领域和特定行业的属性,换言之,标准既要有信用监管的主线条,也要体现重点

① 参见周莉:《社会信用标准化发展现状及展望》,载中国标准化研究院官网 2021 年 4 月 18 日,https://www.cnis.ac.cn。

领域和行业的细线条，兼顾标准的科学性和适用性。[①] 随着行业的发展和领域的扩大，今后信用的标准类型也会增加，因此在架构信用标准体系中要在考虑适用性的同时兼顾科学性。

表 2－3　信用标准的类型化及其功能定位

类型	基础类标准	管理类标准	信息类标准	服务类标准
定位	信用的基本术语、标准化工作指南	聚集企业内部诚信管理和企业信用分类监管	围绕信用信息归集、信息共享、应用等关键环节	面向信用服务市场
功能	为市场监管领域信用标准化工作提供基础性指导	为市场主体诚信自律和信用监管工作提供标准化技术支撑	为市场主体信用信息全流程、全周期、全领域管理提供标准化技术指导	为规范信用服务机构和信用服务产品提供标准化指导

3. 信用标准体系架构中领域和行业因素将加重

如前所述，市场主体信用监管制度的构建需要重点着眼于标准化领域，要全面考虑信用信息监管的各个环节，按照“急用先行”的原则重点开展包括市场主体信用信息归集规范、市场主体信用监管档案数据规范、市场主体信用监管承诺格式规范、市场主体信用风险评价标准、市场主体信用信息公示规范和市场主体信用修复基本要求等方面的标准制定，以加快推动市场监管中信用标准体系建设工作。[②] 从另一个角度看，市场主体信用监管中信用标准体系的总体架构是指导标准的制修订和实施进行的规划，并提供依据，这属于标准化的顶层设计。市场主体信用监管面临的市场情况越来越复杂，行业特色也越来越显著，在信用指标体系设计时这

① 参见刘碧松、周莉、赵燕、江洲：《市场监管领域信用标准体系建设和发展探讨》，载《中国标准化》2020 年第 11 期。

② 参见刘碧松、周莉、赵燕、江洲：《市场监管领域信用标准体系建设和发展探讨》，载《中国标准化》2020 年第 11 期。

是必须要考虑的因素,加之信用标准会直接影响到信用监管的效果,因此必须要凸显行业性因素和领域性因素在信用标准制定中的作用。

综上,信用标准化在市场主体信用监管中发挥的作用可以落脚在"信用信息业务协同、信用信息共享、信用信息安全保密、信用信息规范服务"方面,信用标准化能够有效统筹和规范各类主体信用信息的采集、应用、共享以及信用评价、信用管理、信用信息服务等环节的工作,是社会信用体系建设的重要技术支撑。今后信用标准化的顶层设计将适当倾向于行业性、领域性,甚至地域性。

四、我国市场主体信用监管中信用信息平台搭建的典型实例

信用信息平台是市场主体信用监管中信用信息的重要载体,平台的搭建与"宽进严管"的监管理念完全契合,既可以为"宽进"提供便捷的信用信息服务,又能利用平台优势,达到"共享即监管"的目的,形成协同监管的合力。

(一)智慧监管的探索——"深信 App"

1."深信 App"的定位

智慧监管是商事制度改革后进一步强化事中事后监管的创新,可以解决市场主体的诉求、信用风险与监管手段之间的矛盾。为实现智慧监管,深圳市市场监督管理局创新性地打造了"深信 App",它是为了搭建统一的商事信用平台、优化信用环境而开发的应用程序。该 App 集合了各类信用及其相关信息,将市场主体、市场行为、行业情况、区域状况等有关联的相关信息归入企业选项,可以免费提供权威、准确的信用信息,并接收处理社会公众对市场主体的投诉与举报,在确保企业信用信息服务的同时,提高了社会公众参与信用监管的积极性。

2.“深信 App”的综合功效

“深信 App”旨在构建商事综合信用信息系统,实现信用信息的即时查询、[1]信用风险的监测与预警、信用惩戒、信用信息数据的分析应用 4 个功能,在实践中有利于破解信用统筹规划不足、信用信息数据不足、信用奖惩联动性不高、信用信息无关联等问题,实现市场主体信用信息的“大归集、大应用、大防控、大监管、大奖惩”,发挥了信用在公平竞争秩序维护等方面的重要作用。[2] 此外,“深信 App”还拓展开发了“监管版”,专门供政府部门使用,由此实现政府部门之间信用信息的共享,也为市场主体信用协同监管创造了条件。

(二)运行一体化的天津市信用信息共享平台

1. 平台的目标

2018 年 6 月 29 日,天津市信用信息共享平台(以下简称天津市信用平台)开通运行。搭建该平台的目标是,充分发挥信用信息平台和“信用中国(天津)”(以下简称天津市信用网站)的基本功能,开展信用信息的归集、信用分类监管、信用信息的应用、信用惠民便企、诚信宣传教育等。天津市信用平台的运行采用一体化方式,采取“1 库 +1 平台 +1 网站 + N 系统”的框架。“1 库”即信用信息数据库,该数据库中的数据类型包括政务诚信数据、商务诚信数据、社会诚信数据和司法公信数据;“1 平台”即信用平台,在电子政务外网运行,主要是为政府部门提供信用信息服务;“1 网站”即信用网站,为社会公众提供信用信息的发布、信用信息的查询、信用修复等信用信息服务;“N 系统”是以信用数据为基础,主要覆盖信用信息的查询、“红黑名单”“双公示”系统、信用联合奖惩等内容的应用系统。目前,天津市已形成“天津市信用信息平台—天津市信用网站—微信公众号—信用 App”的应用架构。

---

① “企业查一查”模块方便市民快速查询深圳企业相关信用信息,包括基本信息、许可资质信息、诚信守法信息、信用舆情信息、历史变更信息和关联图谱信息。另外,市民可通过“产品扫一扫”功能,扫描产品上的条形码来查询深圳 30 万条产品相关信息。

② 参见曹威、苏波、赵歆、陈孝华:《深圳:构建统一的商事信用平台 探索信用监管新模式》,载《中国市场监管研究》2020 年第 9 期。

2. 平台目标的实现路径

天津市信用信息平台目标实现的路径具体包括：(1)搭建“归集 + 共享”的网络格局，建立上联下通的纵向数据共享机制，开发信用信息资源统一共享交换平台。(2)形成“信用 + 监管”的功能模式。天津市信用信息平台提供与信用相关的信息服务，在满足社会服务需求的同时，也达到了市场主体信用监管的协同。(3)实现“信易 + 应用”的创新。将市场主体信用纳入行政审批事项时，综合考量信用承诺审批负面清单，进行信用承诺审批，支持“信易贷”服务中小企业。①

(三)“5 + 3 + 1 + X”模式的浙江省公共信用信息平台

浙江省公共信用信息平台建设模式可以概括为“5 + 3 + 1 + X”。(1)“5”指的是5种主体类型，包括企业、自然人、社会组织、事业单位和政府机构。对这5类主体全面开展信用评价，并建立各自的信用档案。(2)“3”指的是三大体系日臻完备。首先，公共信用标准化程度不断提高。其次，市场主体的统一社会信用代码实现100%赋码。在此基础上编制公共信用信息目录，涵盖近50个省级部门的100多个信息项、2000多个数据项，2020年之前纳入信用档案数据1亿多条。最后，信用综合监管责任体系业务协同能力不断增强，与30个省级部门和10个设区市(除杭州外)进行信用协同应用，形成“事前—事中—事后”的全流程闭环监管体系。(3)“1”指的是一个平台的功能初步形成。按照浙江省市场主体信用监管数字化转型的定位，加快建设全省一体化的公共信用信息平台。(4)“X”指的是X项应用。以信用信息应用为切入点，在政务服务系统中开设信用信息共享接口，促进公共信用信息与政务服务事项的对接。②

综上，我国信用信息平台在市场主体信用监管中发挥了重要作用，但是信用信息平台本身及其运行中仍然面临一些问题，诸如相关立法层级

① 参见金双龙：《基于天津社会信用体系建设现状探索“信用天津”高质量发展思路》，载《信息系统工程》2020年第2期。

② 参见吴小蕾、史迪钢、梁伟：《浙江省“最多跑一次”改革信用监管体系研究》，载《合作经济与科技》2019年第20期。

不高、信用标准不够统一、分类监管标准不统一等，而信用服务市场发展比较缓慢、信息互联共享尚未完全打通等现实制约也是客观存在的。对此，应该以信用信息平台为核心，信用服务与信用监管协同，在科学的信用标准下实现信用信息的共享和分类监管。

第三章 “宽进严管”背景下市场主体信用监管制度的域外考察

市场主体信用监管制度滥觞于西方国家,呈现出一个逐步完善与发展的过程。其征信业发展的历程并非一帆风顺,最终成效也非最好。市场经济发达国家和地区在市场主体信用监管方面的诸多探索以及进程上的差异反映了这些国家对该制度的不同认识,但市场主体信用监管制度的发展也存在诸多共性。

一、市场经济发达国家和地区市场主体信用监管体制的形成

(一)英国市场主体信用监管体制的形成

英国是现代意义上公司制度的发源地,也是最早建立信用评级体系的国家。英国市场主体信用监管的发展大致经历了两个阶段:一是信用行业探索阶段(20 世纪 70 年代以前)。英国最早的信用监管法律可以追溯到 1854 年的《销售证法案》(Bills of Sale Act, 1854)。在此阶段,围绕着公司法律的完善,英国主要通过规制特定对象(如放贷人)来实现市场主体的信用监管。二是信用行业全面发展阶段(20 世纪 70 年代以后)。在此阶段,英国市场主体信用监管以《消费信贷法》(Consumer Credit Act,包括《1974 年消费信贷法》和 2006 年修订的《2006 年消费信贷法》)、《数

据保护法》(Data Protection Act, 1998)、[①]《信息自由法案》(Freedom of Information Act, 2005)[②]为核心,监管部门颁布的其他单行法或规则指引为补充。在随后的发展过程中,信用信息采集与使用的目的、市场主体的隐私及商业秘密保护、跨境数据的流动等方面得到了突出强调。

(二)美国市场主体信用监管体制的形成

美国市场主体信用监管的发展大致经历了三个阶段:一是信用行业自由发展阶段(20 世纪 60 年代之前)。美国在这一阶段尚未制定出台信用立法,出现了大量欺诈、坏账等失信情况。在此背景下,大量能够提供信用服务的中介公司应运而生。这就是市场主导型信用监管的雏形。二是信用行业规范确立阶段(20 世纪 60 年代之后)。在此期间,信用信息的获取如何与市场主体的商业秘密保护相协调成为争议焦点;在自然人信用监管方面,争议焦点则是如何平衡消费者的隐私保护与信用信息的获取之间的矛盾。1970 年美国《公平信用报告法》(Fair Credit Reporting Act)的出台,标志着美国信用行业从市场主导转向法律规制方向。三是信用行业快速发展阶段(20 世纪 70 年代之后)。在这一阶段,信用服务业逐渐形成完整的产业,其主要内容包括资信调查、信用产品开发、信用产品应用、信用管理服务等部分。[③] 学界将此种市场主体信用监管模式概括为“市场主导型”。此种模式下,市场与政府合理分工:一方面,征信机构以营利为目的,收集、加工市场主体的信用信息,为信用信息使用者提供独立的第三方服务;[④]另一方面,政府积极促进信用监管立法,监督相关

① 被征信主体的相关数据如果被采集并录入数据库,被征信主体有权知道,代理中介机构如果收集到市场主体的信用信息并录入数据库,采集录入前应该告知数据主体其采集该信息的目的、采集与录入的内容以及其将来可能的使用者。参见唐明琴、叶湘榕:《〈征信业管理条例〉与欧美征信法律的比较及影响分析》,载《南方金融》2013 年第 5 期。

② 《信息自由法案》不仅解决了政府信息“保密与公开”的问题,而且对不同政府信息“是否收费以及如何收费”作了原则规定。

③ 参见陈新年、曹文炼:《美国信用服务体系发展状况及对我国当前社会信用体系建设的启示》,载《经济研究参考》2005 年第 8 期。

④ 参见河南省市场主体信用评价体系构建及应用研究课题组、雷云生等:《国内外市场主体信用监管的主要模式研究》,载《中国市场监管研究》2016 年第 1 期。

法律的实施。

（三）欧盟市场主体信用监管体制的形成

欧盟国家信用法律体系尤以德国、法国为代表。虽然两国的市场主体信用监管存在部分要素差异（诸如法国完全由政府主导、德国则兼带有私营机构补充作用），但两者的信用监管类型均可归纳为政府主导型。鉴于此，本研究将通过展示德国、法国市场主体信用监管体制的发展历程，以期揭示政府主导型监管类型的两种路径。

德法两国市场主体信用监管的发展大致经历了两个阶段：一是信用监管探索阶段（20 世纪 80 年代以前），这一阶段信用监管完全由政府主导（私营信用服务系统亦在信息采集上依赖公共信用信息）。此外，破产法院破产记录、地方法院工商登记簿、地方法院债务人名单等，也为市场主体信用监管提供相应信息。二是信用监管成熟阶段（20 世纪 80 年代后），随着市场主体信用监管的不断发展，私营信用机构的作用适当地被强化。然而，德法两国形成了两种不同的进路，其中，德国强调私营信用机构在信用监管过程中的作用，在后期的发展中私营信用机构的作用被进一步放大；法国则维系政府完全主导的局面，并未提供私营信用机构的发展空间。这两种完全不同方案的存在，证明了政府主导型信用监管类型的多样性，并为后来者在其他方向尝试提供了实践基础。

（四）日本市场主体信用监管体制的形成

日本市场主体信用监管的发展大致经历了三个阶段：第一阶段是信用市场探索阶段（20 世纪 60 年代以前），在此期间，日本信用市场从无到有，并发展至一定规模，日本于 1892 年成立了商业兴信所，成为该国最早的征信公司，这一时期，市场主体对征信机构持警惕态度，一般较为排斥信用调查。第二阶段是信用市场规范阶段（20 世纪 60 年代至 20 世纪末），在这一阶段，随着政府干预的持续加强，政府支持下的行业协会主导信用市场发展的格局基本形成，并且征信机构的集中度不断加强。伴随信息技术的大量使用，信用信息的采集规模不断变大，及时性与准确性都有明显提高，因此，从这一时期开始，市场主体对征信机构的态度明显好转,在后期积极参与信用监管的情况也非虚言。第三阶段是信用监管完善阶段(21世纪初至今),在这一时期,政府将主要精力逐步放在信息披露方面,并颁布了《政府信息公开法》。此外,行业协会的主导作用不断增强,也意味着私营信用机构难以为继。从市场的成熟程度来看,外资与本地资本的合作可被视为日本信用市场建设的阶段性成果。

二、市场经济发达国家和地区彰显“严管”的市场主体信用监管类型

从发展历程来看,以美国为代表的市场主导型信用监管类型、以欧盟国家为代表的政府主导型信用监管类型、以日本为代表的社团主导型信用监管类型成为发达国家和地区市场主体信用监管的典型类型。本研究将围绕此三种类型,在展现各个类型主要内容的基础上,分析其优缺点及成因,探究市场主体信用监管制度产生与发展的客观规律,进而为相关实践探索提供相应的参考。

(一)以英美为代表的市场主导型信用监管类型

1. 市场主导型信用监管的主要内容

美国的信用监管采用市场主导型类型,具有独立、公正且市场化运作的特点。[①] 加拿大、英国和北欧国家均采用此类型。[②] 这种类型最突出的特点是市场化运作程度高,在信用行业的每一个环节都尽可能让市场机制发挥作用,政府在其中只起到辅助的作用。[③] 在此过程中,政府主要发挥的作用有二:一方面是推动市场主体信用及信用监管方面的立法;另一

---

① 参见[美]查尔斯·沃尔夫:《市场或政府:权衡两种不完善的选择/兰德公司的一项研究》,谢旭译,中国发展出版社1994年版,第67页。

② 参见河南省市场主体信用评价体系构建及应用研究课题组、雷云生等:《国内外市场主体信用监管的主要模式研究》,载《中国市场监管研究》2016年第1期。

③ 参见陈建中等:《社会信用管理体系建设构想》,中国经济出版社2009年版,第97页。

方面是监督市场主体的信用以及市场主体信用监管方面的法律能够得到相应的贯彻和执行。考虑到英美两国同为英美法系国家，在信用基本法律结构上较为类似，囿于篇幅，本书主要选取美国作为市场主导型信用监管类型的代表加以考察。

(1)信用法律体系基本情况

与市场主体信用监管相关的立法可以分为两类：第一类是规制信息披露运用的法律。这要求明确贷款条件的真实性、信用报告的授权使用规则以及信用主体的异议权、修复权、删除权等。第二类是规制信用评级市场的立法，主要涉及信用评级机构的市场准入、信息披露、竞争行为等方面内容。

在信用披露立法层面，美国于20世纪60年代末开始制定与信用管理有关的法律，至今制定了超过17项的基本信用管理法律，且几乎每一项法律都进行了若干次修改。[①] 其中，《公平信用报告法》[②]对滥用信用信息的行为规定了严格的侵权责任以保障信用信息主体的合法权益，[③]成为规范信用报告行业的基本法；[④]其余法律主要包括美国1975年《平等信用机会法》(Equal Credit Opportunity Act，1975)、1988年《公平信用和贷记卡公开法》(The Fair Credit Reporting Act，1988)、1978年《电子资金转账

---

① 参见刘肖原等：《我国社会信用体系建设问题研究》，知识产权出版社2016年版，第63页。

② 该法于1970年由美国联邦贸易委员会制定，并经过1996年、2002年、2003年3次重大修改。其主要在征信业务和授信业务两方面进行了法律规制。在征信业务方面，对于信息采集的范围以及边界作了界定，比如说信息的采集不得涉及个人宗教信仰以及性取向等隐私性信息；公司内部和分支机构之间的交易往来等也不属于信息采集范围。在授信业务方面，对于信息的处理、信息使用都作了一定的合理限制。例如只有在政府部门、联邦调查局执行公务需要或者信息主体进行应聘等12种情况下才可以使用个人信用报告，否则视为违法。

③ 参见安瑞萍：《美国征信业发展和管理经验对我国的启示》，载《征信》2011年第1期。

④ 即便是对于个人信用信息的使用，美国《公平信用报告法》规定，征信机构无须得到本人同意，只要在法律限制的范围之内就可以使用消费者个人的信用数据。河南省市场主体信用评价体系构建及应用研究课题组、雷云生等：《国内外市场主体信用监管的主要模式研究》，载《中国市场监管研究》2016年第1期。

法》(Electronic Fund Transfer Act,1978)、1975 年《公平信用结账法》(Fair Credit Billing Act,1975)、1969 年《诚实租借法》(Truth in Lending Act,1969)、1970 年《信用卡发行法》(Credit Card Accountability Responsibility and Disclosure Act,1970)、1978 年《公平债务催收作业法》(Fair Debt Collection Practices Act,1978)、1980 年《储蓄机构解除管制和货币控制法》(Depository Institutions Deregulation and Monetary Control Act,1980)、1982 年《甘恩—圣哲曼储蓄机构法》(Garn-St Germain Depository Institutions Act,1982)、1987 年《银行平等竞争法》(Competitive Equality Banking Act, 1987)、1975 年《房屋抵押公开法》(Home Mortgage Disclosure Act,1975)、1988 年《房屋贷款人保护法》(Home Equity Loan Consumer Protection Act,1988)、1989 年《金融机构改革、恢复、执行法》(Financial Institutions Reform, Recovery, and Enforcement Act, 1989)、1977 年《社区再投资法》(Community Reinvestment Act,1977)、1996 年《信用修复机构法》(Credit Repair Organizations Act,1996)、《信用控制法》(Credit Control Act,于 20 世纪 80 年代被终止效力)。在此法律框架内,信用信息的获取、信用信息产品的生产、销售、使用过程以及信用产品市场的管理都有章可循。这保证了信用市场的规范化,也为市场主体信用监管的进一步发展提供了稳定的根基。

在信用评级市场监管立法层面,美国以 2001 年为标志划分为两个阶段。在 2001 年之前,美国的评级机构一直处于弱监管状态。虽然美国证券交易委员会(United States Securities and Exchange Commission,SEC)在 1975 年通过“无异议函”(no-action letter)建立了“国家认可的评级机构”(Nationally Recognized Statistical Rating Organization, NRSRO),并要求银行在金融实践中引用 NRSRO 的评级结果,①但其仅在监管法律中引用评级结果,并未涉及机构和业务的监管,而评级行业仍以自主管理为主。在

① See Caitlin M. Mulligan, *From AAA To F: How the credit rating agencies failed America and what can be done to protect investors*, 50 Boston College Law Review, 2009, p. 1275.

市场主导型信用监管模式下，很多征信企业在向信息需求者出售征信对象的信用信息时，还负责对征信对象的信用状况进行风险评级，为公众投资或交易提供参考。因此，征信对象主动向征信企业付费购买信用评级，成为征信行业的重要业务。征信企业向征信对象提供信用评级服务，收取的费用高于向信息需求者出售信用信息的收入。为此，在利益驱动下，少数征信机构放弃自律，对评级对象作出不实的信息公示、失真的信用评级，给投资者和市场造成重大打击。[①] 在2001年Enron（安然公司）破产事件（the Enron Incident）以后，美国开始注重对评级机构的监管。2006年，美国出台《信用评级机构改革法》（Credit Rating Agency Reform Act），授权美国证券交易委员会监管信用评级，并在信用评级机构的市场准入、信息披露、竞争行为等方面作了详细规定。[②] 美国次贷危机爆发后，美国积极推动金融监管改革，颁布了《多德—弗兰克华尔街改革与消费者保护法案》（Dodd-Frank Wall Street Reform and Consumer Protection Act, 2010），该法案中有关信用评级监管规则的立法改革主要集中在4个方面：NRSRO及其信用评级的监管引用；强化信息披露要求，加强公众监督；注重公司治理与利益冲突管理；规定信用评级机构的民事责任。[③]

（2）信用信息采集、评价及其监管

由于美国征信业采取完全市场化的运作模式，[④]政府在信用行业管理中的作用比较有限。美国法律未规定专门的征信监管部门，而是由相关

---

① 参见姜楠：《信用评级机构监管研究——后危机时代》，经济日报出版社2014年版，序言。

② 参见杨勤宇、陶丽博：《国外信用评级监管法律框架概述及启示》，载《征信》2013年第10期。

③ 参见赵学清、周嘉：《欧美信用评级监管规则的最新发展》，载《西南政法大学学报》2015年第3期。

④ 实际上，美国民间机构开展信用信息调查和评估的活动很早就存在，但真正被赋予权威性则经过了很长一段时间的探索。1936年，货币监管局和纽约市中央储蓄银行进一步规定，银行持有的所有债券必须经过至少两家评级机构的公开评级，将此类信用评级机构的调查数据用作银行监管，实际上承认了此类调查数据的权威性和官方性。随后，美联储、纽约市联邦存款保险公司等部门也开始应用邓白氏等企业征信评测机构的调研结果，用来评价债权资产等。私人调研机构作为信用甄别和征信评价方式以制度的形式得以确定。

法律确定的监管主体在其职权范围内对征信业进行监管。美国征信监管部门主要分为两类：一是与金融相关的监管主体，包括财政部货币监理局、联邦储备委员会和联邦储备保险公司，主要负责监管金融机构的信贷业务；二是与金融不相关的监管主体，包括司法部、联邦贸易委员会和国家信用联盟总局，主要负责对征信业和商账追收业的监管。①

在信用信息的采集和使用方面，美国为征信业的发展提供了较宽松的监管环境，民间机构在此过程中发挥主要作用。目前来看，美国市场主体信用信息服务已发展出三个类型：消费者、企业、资本。具体而言，消费者信用信息调查和评估主要由 Equifax、Trans Union、Experian 三大公司提供；企业信用信息调查和评估主要由 Dun & Bradstreet 提供；资本市场信用信息的评估主要由 Moody、Standard & Poor 承担。上述市场主体信用评级机构的信用信息的来源极为广泛，除银行及其他相关金融机构外，各类行业协会、财务公司、信用卡发行公司和商业零售机构等也是相关信用信息的来源。② 与此同时，政府、企业、个人和其他组织被要求披露和公开其掌握或反映自身状况的各种信息。通过信用信息系统，上述信用评级机构向银行、企业法人、自然人、政府部门等提供信用调查、信用评级等服务。总的来看，美国的信用管理与服务都是由独立于政府的民营机构承担，并按照市场化方式运作，面向全社会提供信用信息服务。也正是由于美国在建立信用体系上过于依赖市场机制，政府在企业信用监管方面发挥的作用不足，故而有批评指出，从 2001 年的安然破产事件到 2002 年的 World Com 破产事件，再到 2007 年引发的世界金融危机，这些事件无一不与征信企业向公众提供失真的企业信用评级报告导致投资者错误投资有关。③

在“市场主导型”信用监管类型下，市场主体的信用监管完全由信用

---

① 参见中国人民银行《中国征信业发展报告》编写组：《中国征信业发展报告（2003－2013）》，中国金融出版社 2014 年版，第 23 页。

② 参见吴晶妹：《三维信用论》，当代中国出版社 2013 年版，第 229 页。

③ 参见姜楠：《信用评级机构监管研究——后危机时代》，经济日报出版社 2014 年版，序言。

产品交易群体在交易过程中完成，政府只需要维护信用产品市场的良性运转即可。在此期间，主要涉及两个问题：第一，如何采取措施将信用信息的采集与市场主体的商业秘密的保护相平衡；第二，如何在维持信用市场高效运转的同时，保障交易安全，最终营造良好的营商环境。就前者而言，美国在市场主体征信制度建设上对商业秘密的保护采取比较宽松的态度，主要依靠征信机构的自我约束和行业协会的监督来保护商业秘密。① 在信用信息的采集和归集程序方面，美国不要求采集信用信息必须征得信息主体的同意，征信机构只是作为社会的普通一员而享有获得有关信息的知情权利，对商业秘密的保护则更多地体现在信息的使用和争议处理方面。在美国当局看来，如此操作的理由主要在于对数据收集和使用过程中过多、过严的限制，不利于征信行业的发展和相关目标的实现。因而，在美国，是否有权获取信用信息取决于是否出于“合理目的”，而非本人或者其他形式的许可。②

（3）信用体系的运作机制

在守信激励方面，市场主体积极参与信用评级过程，不仅是因为失信惩戒的警示效果，还因为市场主导型信用监管类型确实能够降低交易成本。由于信用主体的经济利益与其信用状况直接挂钩，一旦被市场判定为失信市场主体，那么其他市场参与者便会减少，甚至取消与该失信市场主体的交易，大幅增加交易成本。这在一定程度上实现了政府对失信市场主体的管理矛盾转化为失信市场主体与整个市场的管理矛盾，最终形成对失信市场主体的市场联防机制。事实证明，征信机构在信用交易中具有许多积极的作用，很多市场主体愿意将自己的信用信息主动提供给征信机构，由征信机构出具相关信用报告，以期提高交易效率，降低交易成本。③

---

① 参见杜金富等：《征信理论与实践》，中国金融出版社2004年版，第22～27页。

② 参见谈李荣：《金融隐私权和信息披露的冲突与制衡》，中国金融出版社2004年版，第183页。

③ 参见[美]玛格丽特·米勒编：《征信体系和国际经济》，王晓蕾、佟焱、穆长春译，中国金融出版社2004年版，第95～98页。

美国是建立失信惩戒规则较早的国家。美国关于失信惩戒的主要内容包括两方面:一是通过披露负面信用信息和实施一定期限的行为限制,使失信主体的行为和声誉受实质影响,“寸步难行”;二是通过信用评级机构降低失信主体的信用等级,提高或限制其融资门槛和数量,极大地加重其失信成本。例如,纳税人一旦欠税,相关欠税记录便会进入征信机构的信用报告。根据美国《公平信用报告法》,欠税记录在信用报告中的保存期限长达10年。① 即便纳税人随后完整履行纳税义务,补缴欠税,相应欠税记录也不会立刻消失,而是将会继续在信用报告中存在,直至7年后才可以在其信用报告中撤销欠税记录。② 政府管理机构可以对失信市场主体作出处罚,并将处罚信息对外公开和传播,告诫其他主体不要与失信市场主体交易。信用评级机构可以将失信市场主体和法律法规的处罚意见,通过信用报告的形式向社会公告。同时,失信市场主体的信用记录保存在相应的信用数据库,社会公众可以向信用评级机构购买信用报告而不与失信人交易。这些信用记录会对市场主体产生重大的影响,例如,在办理企业注册、申请银行贷款、办理个人信用卡等业务时,企业和个人需要提供信用报告和被查询信用报告。③ 此外,政府可以将市场主体信用信息应用到政府的社会管理活动中,对失信市场主体给予制约,提高企业的失信成本。④

在信用修复方面,美国是对此事项专门立法的唯一国家。⑤ 1996年,美国制定《信用修复机构法》(Credit Repair Organization Act,1996),主要用于打击市场中大量出现的虚假信用修复机构。事实上,该法未专门界

---

① 参见张为民:《美国纳税信用治理的经验及借鉴》,载《国际税收》2018年第12期。

② See Nabil Captan, *How to remove federal tax lien from consumer credit file*, https://www.inman.com/2015/09/18/how-to-remove-notice-of-federal-tax-lien/, last accessed on 25 August 2020.

③ 参见朱毅峰、吴晶妹:《美国信用管理体系简介》,载《中国金融》2003年第5期。

④ 参见张俊林、吴春燕、蒋翼:《企业信用监管制度探讨》,载《中国工商管理研究》2015年第10期。

⑤ 参见徐志明、熊光明:《对完善我国信用修复制度的思考》,载《征信》2019年第3期。

定“信用修复”,而是将信用修复机构界定为“通过各种方式向客户提供(或表明可提供服务或咨询),帮助客户改善信用记录、信用历史或评分,并由此获取经济回报的机构”。这一界定实质上内含“信用修复”的基本内容。同时,该法还确定了信用修复机构在信用修复过程中被禁止的行为,确立了信用修复机构的信息披露义务,并要求其不得作出误导性或不实陈述。此外,该法明确要求“信用修复”必须采用书面合同,且失信主体具有合同解除权。① 在信用修复过程中,信用修复机构的主要职能是通过合法途径消除负面记录,帮助市场主体加强信用管理,提升信用评分,以及与信贷机构沟通,为市场主体争取利益。②

总体来看,美国市场主体信用监管制度的主要特点有二:一方面,其建立了完备的市场主体征信和评估数据库;通过法律明确规定信用管理和服务机构可以向交易各方、授信主体、雇主以及政府有偿提供信用调查报告,构建起全社会联合响应机制,有效实现失信市场主体的联合惩戒,实现了市场主体信用监管制度与市场机制的融合运用。另一方面,美国的信用管理与服务由独立于政府的民营机构承担,并按照市场化方式运作,面向全社会提供信用信息服务。这造成了美国在建立信用体系上过于依赖市场机制,从而导致政府在企业信用监管方面发挥的作用不足,产生了一些重大破产事件和金融危机。这与征信企业向公众提供失真的企业信用评级报告导致投资者错误投资有关,反映了这一市场主体信用监管类型存在的相应问题,需要严肃对待。

2. 市场主导型信用监管的主要特点

(1)强调“事前”与“事后”监管

回顾美国市场主体信用监管的发展历程可以发现,尽管美国在信用监管领域立法较多,但很多时候都是在“事后”补救相关漏洞。例如,制定

① 参见梁薇薇、陆信宇、黄曦:《借鉴美国信用修复经验 建立并规范我国信用修复市场发展》,载《征信》2017 年第 4 期。

② 参见徐昭、姜弘毅:《破产重整企业信用修复的实践与思考》,载《征信》2018 年第 6 期。

美国《信用修复机构法》便是回应信用修复机构采用违法手段帮助市场主体恢复信用状况的实践问题。又如,美国《信用评级机构改革法》便是对征信机构提供虚假评价的回应,以纠正信用市场的失灵。因此,现在的美国信用监管体系的发展过程也并非一帆风顺。从另外的角度看,这种类型是否适合其他国家仍存有较大疑问,其他国家应从具体国情出发,和实际相结合,而不能完全照搬,否则会出现“水土不服”。一方面,由于这种类型对市场化程度要求很高,新兴本土企业能否及时满足市场需求将存很大疑问;另一方面,有的国家信用市场并不发达,容易被域外大型征信机构占领市场份额,不利于本国市场的发展。

在市场主导型信用监管模式下,信用机构按市场化方式运作,面向全社会有偿提供信用信息服务,包括资信调查、资信评级、资信咨询、商业信用研讨等。按上述分析,美国企业和消费者信用信息的征信和评估实现了社会化分工。[①] 例如,企业信用调查和评估绝大部分由邓白氏(Dun & Bradstreet)公司提供。因此,从这个角度看,市场主导型信用监管类型也具有“事前”监管的特点。虽然目前我国正推进“宽进严管”的市场主体信用监管,很多研究将其称作“事中”或“事后”型监管模式,但这不意味着“事前”的信用信息采集过程可以被忽视。

(2)完全市场化运行,政府监管成本较低

从信用信息的来源、流向及使用等方面来看,美国市场主体信用监管体系完全由以营利为主要目的的商业征信机构运作,通过收集各类信用信息,为各类客户提供所需的信用服务。这样设计的好处有三:一是信用信息来源广泛,覆盖了银行及其他金融机构、市场主体乃至政府、司法机关等。[②] 二是信用信息内容全面。美国征信机构收集的市场主体信用信息不限于财务方面的信用资料,甚至包括个人的经历和学历,以及利用征集信息源综合而成的信用报告和信用评级。三是信用信息服务的价值可

---

① 参见赵艳:《西方社会信用体系模式及其启示》,载《中国改革》2008 年第 4 期。

② 参见[美]查尔斯·沃尔夫:《市场或政府:权衡两种不完善的选择/兰德公司的一项研究》,谢旭译,中国发展出版社 1994 年版,第 67 页。

被量化。因为借助信用信息生产出的信用产品将被有偿提供，一方面，征信机构可以按照需求方的要求定制专门的信用报告，按照市场化原则议价；另一方面，需求方也可以购买普通的信用报告。同时，由于征信机构众多，在信用报告的准确性、及时性等方面，各家征信机构之间必然存在激烈的竞争。故只要信用市场不出现相应的失灵现象，借助市场化的运行，整个信用市场也将愈加有效率。由于完全采取市场化运作，因而政府无须投入大量精力在信用产品的生产与流通阶段，而只需关注信用市场的运行情况，及时纠正与补救市场监管漏洞即可。与此同时，其不需要政府的巨额投资，也不会过多浪费社会资源。因此，这种纯市场化运行的信用监管模式可以大大降低政府监管的成本。

(3)强调市场主体正面信息的采集和运用

由于采取市场化运行模式，征信机构需要全方位收集市场主体的信用信息，以保证信用报告客观真实，而无论是负面的还是正面的信息。负面信息的确能够反映出市场主体的运行情况，但这种信息得出的结论必将是负面评价。在限制失信市场主体的活动范围方面确实可以起到“强监管”的作用，但是对于守信市场主体或渴望变得守信的市场主体而言，便没有多少激励效果。美国对正面信息予以关注。例如，美国《公平信用报告法》针对不同类别的信息确定不同的保存期限。其中，正面信息的保存期限为10年，不良信息的保存期限要按照不同情况设置不同的期限，仅对以下负面信息设定的保存期较长：法院的拖欠税款记录、民事裁判记录的保存期限是7年；破产信息的保存期限是10年；情节特别恶劣的刑事犯罪和违约记录属于永久保存的情况。从保存期限来看，对正面信息的重视明显高于一般的负面信息。因此，对市场主体正面信息的强调可以反映一国信用监管类型的成熟程度。当然，这也为守信激励的有效展开埋下了伏笔。

(二)以欧盟国家为代表的政府主导型信用监管类型

德国等欧盟国家的市场主体信用监管类型采用的是政府主导型。其以中央银行建立的“中央信贷登记系统”[①]为主体,兼有私营征信机构的市场主体信用体系。在19世纪中后期,德国银行业的逐渐成熟和工商业的发展催生了德国早期的信用服务,著名的“全国信用合作联盟”就是在这一时期成立的。[②] 从时间上看,欧盟国家的市场主体信用监管起步时间与美国大致相同,但由于欧盟国家更重视个人隐私保护,对征信机构的限制较多,导致这些机构的运作成本较高,最终使欧盟国家的信用监管发展落后于美国。[③] 有研究指出,20世纪80年代以前,欧洲各国银行基本上能够满足客户对资金的需求,所以欧洲几乎不存在对信用评级以及监管的需求。出于吸引美国投资者的动机,欧洲各国倾向于按照美国投资者

---

① 中央信贷登记系统是由政府出资建立的、非营利性的、直接隶属于中央银行管理的全国数据网络系统,其收集的信息数据主要源于各贷款机构义务提供的企业信贷信息和个人信贷信息。参见卜庆军主编,古赞歌、孙春晓副主编:《企业信用管理》,中国水利水电出版社2011年版,第13~14页。

② 德国是典型的大陆法系国家,至今仍然保留着最低注册资本额的法律规定,但是随着经济全球化以及欧盟经济交易的持续性发展,从20世纪末到21世纪初的这段时间,欧盟各成员国之间通过设立公司来吸引投资的竞争日趋激烈。在成员国之间的竞争中,严格的德国公司法没有办法与更加宽松灵活的英国公司法抗衡,这导致《德国有限责任公司法》不仅在海外的影响日益降低,甚至德国人成立公司也不再局限于本国有限责任公司的相关规定,纷纷转而采用注册资本要求更加低廉的英国公司形式,从而出现了一种怪异但常见的情形:资本是德国资本、股东为德国股东、主要业务范围在德国境内,公司注册地为英国。德国为了改变在竞争中的劣势地位,德国立法者通过颁行修正案的方式对1898年制定的《德国有限责任公司法》进行了重大修改,该修正案于2008年10月23日颁布,同年11月1日生效,名为《德国有限责任公司法现代化及反滥用法》。[参见 Vgl. Das Gesetz zur Modernisierung des Gmbh-Rechts und zur Bekempfung von Missbreuchen (MoMiG)]根据德国联邦最高法院2002年6月24日——ⅡZR300/00的判决内容,法院主要从基于资产而非资本的角度出发,更加强调公司资产的偿债功能。这说明传统的大陆法系德国无论在立法还是司法方面都更加注重公司整体性的资产,充分体现了资产信用的理念。参见赵旭东:《从资本信用到资产信用》,载《法学研究》2003年第5期;蒋舸、吴一兴:《德国公司形式的最新变革及其启示》,载《法商研究》2011年第1期。

③ 参见河南省市场主体信用评价体系构建及应用研究课题组、雷云生等:《国内外市场主体信用监管的主要模式研究》,载《中国市场监管研究》2016年第1期。

的要求开展信用评级与监管工作。[①] 由于该体系并非市场发展的产物，所以各个国家的信用评级体系基本是在政府主导下完成的。[②] 需要注意的是，为了维护欧洲市场的公平性，欧盟在此过程中也会推动建立统一的信用监管规则。

1. 政府主导型市场主体信用监管的主要内容

与美国市场主导型类型不同，市场主体信用监管的政府主导型强调注重市场主体信用信息的采集与运用，同时关注市场主体信用信息的安全。从这个角度看，政府主导型市场主体信用监管的发展史就是一部数据开放和信息安全的平衡史。在平衡数据开放和信息安全的问题上，政府主导型信用监管的实践显然比市场主导型更严格。

（1）信用法律体系的基本情况

政府主导型市场主体信用监管相关的立法可以分为两类：第一类是设定信息披露义务的基础法律。通常这类规定散见于民法、商法等基本法律中；第二类是规制信用信息滥用行为的法律。欧盟在协调成员立法事项上也多以此为出发点，这类法律或通过赋予市场主体反对权、被遗忘权等权利，或通过惩罚信用信息使用主体的滥用行为，保护市场主体的隐私与商业秘密。在欧盟国家，第二类法律更受重视，也更有针对性。有研究指出，世界为数不多的几个颁布了数据保护法律的国家往往受欧洲模式影响。截至 2005 年 8 月，全球有 24 个国家相关法律的制定是基于《欧盟数据保护指引》或受其启示。数据保护也成为欧盟在探索标准方面较

① 以法国为例，法国的信用评级是由管理当局直接推动的。法国政府希望扩展和完善资本市场，拉动美国对本土的投资，于是就把信用评级作为政府发展战略的一个重要内容。法国的证券发行都必须由具有政府认可的资信评估资格的评估机构进行信用等级评估，否则发行公司不能进行投资活动。同时信用评估机构是否具有评估资格也由政府进行判定，外国投资者或是投资机构想要进入当地的资本市场，必须经过信用评级并达到相应的标准，信用评级已经成为法国资本市场准入和投资的固定规则。参见林浩鼎：《信用监管视角下的我国信用体系完善研究》，载《哈尔滨师范大学社会科学学报》2019 年第 5 期。

② 参见马玉超、黎继梓：《发达国家信用评级制度借鉴》，载《商业研究》2006 年第 22 期。

之美国更成功的几个领域之一。①

在设定信息披露义务方面,德国与法国有关信用监管的法规散见于民法、商法、信贷法和数据保护法等各类法律法规中。例如,德国《商法典》(Handelsrecht)规定,企业已经将企业经营状况信息进行登记或者公示,社会第三人就必须承受该事实的效力,但是对在企业公示后15日内实施的法律行为,能证明其不知道也不应当知道的除外;对企业已经进行登记公示的企业信息,在登记的公示信息与实际信息不一致时,社会第三人可以援用市场主体已经登记公示的信息进行对抗,但第三人已经知道的除外。② 从这个角度来看,德国的市场主体信用监管也是建立在市场主体信用信息登记基础之上的。法国的商事登记是相关义务人按照《商法典》或者《商事登记法》等立法规定,向商事登记机关提出申请注册登记、由登记机关核准注册以及公告的法律行为。法国法律严格要求由商事主体承担商事登记义务,并将应登记事项记载于登记簿。这是因为,商事登记制度具有公示、信息披露、监督等重要功能。商事主体应当严格承担商事登记的义务,方便第三人以及社会公众查阅商事主体的相关情况,并据此决定是否与该商事主体进行交易,从而保护商事主体的利害关系人和社会公众的利益。商事主体可以根据法律规定注册登记的有关事项对抗第三人;若该事项未被注册登记,则无法对抗第三人。

在规制信用信息滥用行为方面,德国于1976年和1977年先后制定的《一般交易条件法》(AGB-Gesetz, 1976)和《联邦数据保护法》(Bundesdatenschutzgesetz, 1977)就针对信用信息采集的格式条款以及采集过程中的侵权行为予以回应。德国市场主体信用监管立法以德国《联邦数据保护法》为主,辅以德国《信贷法》和德国《商法典》及德国《破产条例》等多部与信用相关法律。德国法律规定,任何信用监管机构必须配有

---

① 参见张帆:《欧洲征信数据保护法律立法实践及对我国的启示》,载《征信》2010年第1期。

② 参见[德]罗尔夫·施托尔贝:《商事登记簿与行会》,载范健主编:《中德商法研究》,法律出版社1999年版,第44~50页。

专人从事数据保护，数据保护人员必须有一定的独立性，且能和公众保持不间断的联系。德国的政府监管在中央层面主要是中央银行和联邦金融服务监管局，以及中央、地方两级政府的个人数据保护监管局。此外，德国在2010年通过立法规定信用服务机构每年有义务向公民或企业提供一次免费查询服务。①

法国尊重和保护人权的文化传统在信用体系建设过程中主要表现为对公民个人隐私以及商事主体商业秘密保护的重视。法国的信用立法以社会公共利益、维护人格尊严和利益平衡等为基本原则，非常强调信用数据与公民隐私、商业秘密的合理边界。② 法国议会曾在1972年提议进行个人数据保护立法，但当时法国国内对于《法国民法典》(Civil Code)第9条规定的隐私权与计算机处理的个人数据之间的关系并没有达成共识——民法典的隐私权范畴只是由法院来界定的，而在实践中个人能够对计算机处理的个人数据提出何种主张并不确定。③ 直到1978年，法国才通过《数据处理、数据文件与个人自由法》(Data Processing, Data Files and Individual Liberty)，首次超越《法国民法典》有关隐私的规定，明确赋予法国公民对其个人数据享有知情同意权、反对权、获取权、修改权、被遗忘权(the Right to be Forgotten)等一系列权利。其中，法国国家信息技术和自由委员会是主要的监管机构，其成员由来自议会和最高法院的17名成员组成，并直接向最高立法机构负责，具有高度的独立性。数据控制者收集和处理个人数据必须基于合法目的，且须事先获得数据主体的同意。④ 概言之，法国的这一立法严格规定了市场主体信用信息的获取、储

---

① 参见冯春晓：《关于德国社会信用体系建设模式的若干思考》，载《北方经济》2014年第8期。

② 参见孙杰：《可资借鉴的国外信用文化》，载《中国经贸导刊》2002年第7期。

③ 参见张金平：《跨境数据转移的国际规制及中国法律的应对——兼评我国〈网络安全法〉上的跨境数据转移限制规则》，载《政治与法律》2016年第12期。

④ 参见《个人数据保护：欧盟指令及成员国法律、经合组织指导方针》(中英文对照)，明俊等译，法律出版社2006年版，第183页。

存、使用、传播等内容,征信机构必须公正、合理地收集市场主体的信用资料。① 此外,在信用监管方面,与德国不同的是,法国并不存在私人征信机构。②

在市场主体信用评级监管方面,欧盟各国主要由欧盟负责统筹。欧盟的相关监管立法大致经历了三个发展阶段:第一阶段,在总结金融危机教训的基础上,出台规制评级机构的《信用评级机构监管法规》[Regulation Ⅰ (EC) No. 1060/2009],初步形成信用监管的基本框架。第二阶段,在2010年成立欧洲证券和市场管理局(European Securities and Markets Authority,ESMA),启动欧盟评级机构注册与认证工作。同时,修订2009年监管法规[Regulation Ⅱ (EC) No. 513/2011],③重点强调强制性信息披露的要求。第三阶段,在总结欧债危机教训的基础上,再次提出修改前述监管立法,致力于保证稳定的主权发行,减少市场对评级的依赖性,提升结构化产品评级的质量,使评级活动更加公开透明。④

客观来看,在信用立法方面,欧盟国家更倾向于保护信息主体的合法权益,对于隐私及商业秘密给予最高程度的保护。个人书面同意方可处理和利用个人数据,是欧盟《数据保护指令》和德国《联邦数据保护法》明确设定的规则,同时信息主体对征信机构收集、保存的本人信用档案情况拥有知情权。相关立法禁止在消费者信用报告中公开消费者收入、银行

---

① 参见刘肖原、张蕊、秦琳等:《我国社会信用体系建设问题研究》,知识产权出版社2016年版,第71~72页。

② 参见河南省市场主体信用评价体系构建及应用研究课题组、雷云生等:《国内外市场主体信用监管的主要模式研究》,载《中国市场监管研究》2016年第1期。

③ 主要修订内容为:在欧盟区域内建立信用评级机构的集中监管框架,授权具体执行机构欧洲证券与市场管理局从2011年7月开始取代欧盟证券委员会(Commitee of European Securities Regulators,CESR)正式行使评级监管权,对评级机构发放执照并进行监管;ESMA可以根据实际情况制定监管技术标准(Regulatory Technical Standards,RTS),经欧盟批准后实施;明确评级机构监管费用必须与评级机构的营业收入成比例。相关内容可参见中债资信:《欧盟信用评级机构最新监管草案解读》,载https://www.chinabond.com.cn/resource/1472/1488/1505/18472/41428/14364483/14364647/13438079970507061950 97.pdf。

④ 参见赵学清、周嘉:《欧美信用评级监管规则的最新发展》,载《西南政法大学学报》2015年第3期。

存款、消费习惯等有关信息。此外，为保护信息主体数据，德国还要求从事个人征信业务的机构应当委托一名具备专业知识和可信度的数据保护官。[①]

(2)信用信息采集、评价及其监管

政府主导型市场主体信用监管类型在信用信息的采集、评价方面呈现出以政府为主导的态势，市场在信用行业中所起的作用有限。在此模式下，一般将信用信息系统分为公共信用信息登记系统和私营信用信息服务系统。但作为例外，法国仅有公共信用系统。欧盟国家围绕这两类信用信息系统，逐步探索出一条与市场主导型监管类型不同的全新发展道路。

政府主导型信用监管体系下的信用信息分为正面信息和负面信息。在信息来源方面，相较市场主导型信用监管类型下征信机构的自由发展，公共信用系统在采集信用信息时所受限制较多，获取信用信息的渠道较少。具体来说，主要表现为：一是公共信用信息系统没有纳入非金融机构的信息。二是在该系统中搜索不到企业所在地、业务范围和资产损益表等基本信息以及企业破产记录、受处罚记录、被追账记录等公共信息。以德国为例，其公共信用机构的信用信息来源较为狭窄，不包括法院信息和非金融机构的信息。三是公共信用登记机构的信用信息也仅向金融分局机构提供，不面向其他主体。

在信用信息采集归集与使用方面，政府主导型信用监管类型采取分类采集和使用两种方式。不同类别的信用系统，信用信息的采集与使用也有所不同。在信息采集成本方面，基于对象不同有所差异，但政府部门和法院的相关信用信息，征信机构一般均可免费获取；对于私人信用信息，则须按照“知情同意机制”解决。只有加入该组织的金融机构才有权

① 参见中国人民银行《中国征信业发展报告》编写组：《中国征信业发展报告(2003—2013)》，中国金融出版社2014年版，第24页。

取得相关的信用信息，其并不为其他社会组织或民众提供服务。[①] 这一非营利方式和对等的原则，体现出其为国家管控金融、调节经济服务的工具性。

德国的市场主体信用体系由公共信用信息登记系统和私营信用服务系统组成。在信息采集方面，公共信用信息登记系统依托互联网平台建立统一的、全国性的社会信用信息平台和信用数据库，由政府出资，以法律的形式强制登记。公共信用信息登记系统收集的信用信息主要是银行和金融机构日常产生的数据，且收集的相关信用数据主要用于银行和其他金融机构内部信用风险管理。德国公共信用征集系统强制要求所有被监管的金融机构必须参加公共信用登记系统。在政府主导模式之下，德国几乎全部的金融机构都处于公共登记系统的覆盖范围内。在信息使用方面也有着严格的规定和限制，采用封闭模式，不面向社会公开，只对金融机构提供信用数据。私营信用服务系统采取的是合作采集信息模式。有研究指出，从 SCHUFA 公司获取的信息构成就可以看出，其 95% 的信用信息来自合作友好伙伴机构，5% 来自政府机构。[②]

法国在此方面与德国则有较大不同。在法国，公共信用信息登记系统发挥主要作用。法国于第二次世界大战后建立了以法兰西银行为中心的公共信用信息登记系统，并通过强制性规范确保信用数据来源的广泛性和真实性。早在 1976 年，法兰西银行就建立了企业信用信息登记数据库，该数据库由个人信用登记系统和企业信用登记系统两个子系统组成。区别在于个人信用系统只征集个人的负面信用信息，而企业信用系统征集的信用信息则较为全面。一方面，法国政府通过强制性规范要求特定主体参加，并遵守统一性规则，这使公共信用信息系统以高效的运作模式，统一采集信用信息，且在最短时间内建设成熟；另一方面，信用信息采

① 参见王小奕主编：《世界部分国家征信系统概述》，经济科学出版社 2002 年版，第 58 页。

② 参见陈婉玲：《德国信用合作在我国的传播及立法技术运用》，载《辽宁大学学报（哲学社会科学版）》2012 年第 4 期。

集具有高门槛性。因为公共信用信息系统的建设初衷是为政府部门金融监管和货币政策的实施提供标尺，只有对国家宏观政策有决策影响的信用数据才会收入该系统中。因此，法兰西银行设立商业信用局，作为对公共信用系统的有效补充。商业信用局的信用信息来源更为广泛，包括保险公司、商业银行等商业机构，以及司法机关、税务机关等公共机构。商业信用局与上述信用信息的提供者之间属于互惠互利和信息双向流动关系。商业信用局对信用数据进行采集归集、整理、系统分析并建立信用信息数据库；当信息提供机构有需求时，可向商业信用局申请获得目标主体的信用档案。① 需说明的是，虽然中央银行下设商业信用局，但是与德国的私营信用服务系统性质完全不同。

在监管评级机构的运作方面，政府主导型监管模式呈现出从严监管的政策取向。政府通过设置专门的信用监管部门对征信机构进行监管，有效保护信用信息。例如，法国、德国、意大利等国均指定中央银行作为信用监管部门。值得一提的是，德国建立的“双向”机制。一方面，出台规定，对企业和个人课以提供信用信息的义务；另一方面，又通过设立多级数据保护部门对征信机构进行监管，以保证有关数据保护立法得到充分有效实施。

政府主导型市场主体信用监管模式的特点，在于政府全程参与市场主体信用信息的采集、使用，并严格监管征信活动。从这个角度来看，只要政府监管不出现失灵等问题，整个信用监管体系便不会出现风险。但结合实践来看，对信用信息的高度垄断似乎不见得是一件好事情。由于政府掌握大量信用信息，这种模式对个人隐私与企业商业秘密的保护并非处于最佳状态。从欧盟反复强调个人信息保护来看，对此问题似乎尚

① See Nicola Jentzsch, *An economic analysis of China's credit information monopoly*, 19.4 China Economic Review, 2008, p. 537 – 550.

未形成一个较为完善的解决方案。① 根据欧盟的“知情同意”机制，公民的隐私权以及对自己信用信息的知情权、更正权、删除权等合法权益受到保护。除非是在公共利益及合法提供信息的情况下，否则公民有权拒绝征信机构以任何方式处理自然人信息数据。欧盟《通用数据保护条例》(General Data Protection Regulation，GDPR，2016)颁布后，欧盟大幅改革《数据保护指令》，提高用户同意的要求，新增被遗忘权、数据可携权等规定，强化数据主体的权利，为数据控制者增设了数据泄露告知、任命数据保护官员、进行隐私影响评估等义务。随着商业秘密的保护逐步加强，市场主体信用监管在强调信用信息披露义务的同时，也将加强市场主体的商业秘密保护，提高整个信用监管体系的效率。

(3)信用体系的运作机制

在失信惩戒方面，很多研究指出，政府主导型市场主体信用监管类型采用的是社会联防机制。② 但从信用信息来源来看，这种模式更加强调对金融市场的监管，与私营征信机构相比，信用信息面较窄。不仅是正面信息如企业基本信息、经营信息、债权信息、投资情况等不包含在内，就连违法违规信息、债务情况、损益信息等都不在其中。换言之，政府主导在信用监管过程中占据主导地位，整个监管体系均围绕政府需求展开。例如，

---

① 欧盟委员会《关于个人数据处理的个人权利保护及此类数据自由流动的指令》(Directive 95/46/EC of the European Parliament and of the Council of 24 October 1995 on the protection of individuals with regard to the processing of personal data and on the free movement of such data，1995；以下简称《数据保护指令》)强调，征信机构在加工、使用个人数据时，还需要满足严格的限制条件：(1)必须征得公民的明确同意；(2)履行合同的必要；(3)基于公共利益；(4)为了作为数据主体的公民的重大利益；(5)数据控制人或第三方享有的合法权益，但不得侵犯相关公民的隐私权。相关内容请参见《个人数据保护：欧盟指令及成员国法律、经合组织指导方针》(中英文对照)，明俊等译，法律出版社2006年版，第184～185页。

② 参见福建省工商局课题组、黄培惠：《市场主体“宽进严管”视角下的企业信用监管研究》，载《中国工商管理研究》2015年第1期。

德国失信惩戒既包含了对失信者的行为限制，也包含了惩罚措施，[①]失信者的失信记录会被保存和公示，期限是5年。有过不良信用记录的市场主体会受到诸多限制，如申请分期付款被拒绝、贷款需要支付高利率等。又如，若某人在德国开车闯红灯，其将要支付比以往更多的保险费，同时在银行分期付款时也仅允许较短的年限。需要注意的是，虽然德国、法国并未设立守信激励相关制度，但这种社会联防机制使市场主体的失信成本大幅上升，间接促进了市场主体积极守信，实现了与守信激励制度类似的效果。

在信用修复方面，由于中央银行的数据库主导了失信记录的数据，市场主体的失信记录经过保存与公示期限后，自然会在中央银行的数据库中删除。之后，市场主体的市场活动便可恢复正常。与之相关的是，由于在失信期间相关机构可以知悉市场主体的失信情况，从而在交易时作出相应调整。这种非官方记录实际上也能反映出市场主体的失信情况，但并不会自动消失。在大数据时代，数字信息逐渐显现出“永恒记忆”“无法遗忘”的特点。因此如何处理这类问题成为政府主导型信用监管类型面临的严峻挑战。目前，欧盟国家的监管模式主要涉及“被遗忘权”的设计问题，但被遗忘权只涉及自然人。欧盟《通用数据保护条例》关于“被遗忘权”的内容包括删除和限制信息，当数据发生一些情况时，数据主体有权删除与其自然人相关的个人信息，避免信息被散布，甚至从第三方处删除这些信息的相关链接和复制品。这些情况包括数据处理与采集目的不相符、超过期限的存储、处理不合法等。

2. 政府主导型信用监管的主要特点

（1）“双向”机制监管信用、强调私权保护

政府主导型市场主体信用监管不仅需要考虑信息披露的问题，也需

---

① 例如，在德国，根据《刑法典》第265条“窃取服务罪”的规定，故意逃票是以欺诈方式获取服务的行为，可以判处一年以下有期徒刑或处以罚款，自然也会记入信用记录。逃票导致信用受损，其背后的逻辑有二：其一，逃票人不尊重规则，而且还擅于发现规则漏洞并恶意使用；其二，逃票人不值得信任，实际生活和工作中的许多事情必须依靠信任才能维系下去。参见罗培新：《信用监管：构建新型监管机制之基石》，载《中国银行业》2019年第8期。

要考虑信息滥用行为的监管,这也是其与市场主导型监管模式最大的不同,这种机制以德国表现最为明显。一方面,市场主体向政府征信机构承担着强制性信息披露义务,在此过程中,法律需要明确规定市场主体应及时披露全部信息;另一方面,又要制止政府征信机构的权力寻租问题,这反映为政府主导型信用监管往往需要两套机构才能正常运转。其中,一套机构负责监督市场主体信息披露义务的履行,而另一套机构则负责保护市场主体的私权(隐私与商业秘密),同时监督前一套机构,防止发生权力寻租现象。

虽然政府主导型信用监管强调公共信用信息登记系统的作用,但部分欧盟国家也允许私营征信机构的运营。就公共信用信息登记系统而言,私权的保护主要体现为采集的市场主体信用信息限于特定范围,超出范围的信息不需遵守强制披露的义务;就私营征信机构而言,私权的保护主要体现为“知情同意机制”,采集市场主体信用信息往往需要其书面同意。但随着互联网技术的广泛运用,这种模式又面临着新挑战。一方面,在社会联防机制下,失信记录与后续交易条件等要素密切关联,即便失信记录被删除后,仍然可以通过后续交易条件等要素的苛刻推测出之前存在的失信记录,导致市场主体受到的失信惩戒持续时间更长、范围更广;另一方面,随着信用信息的电子化,数据控制者可能因技术问题泄露相关信息或因其他目的而超出法定或约定信息储存时间,而使市场主体陷入不利的地位。因此,在这种背景下,欧盟近年来积极推动确立和保障“被遗忘权”,尝试通过此种途径回应前述问题。

(2)初始监管成效快、后续监管成本高

在政府主导型市场主体信用监管类型下,由政府监管部门设立的公共信用信息登记系统是主要的信息采集系统。虽然没有专门的信用信息披露立法,但可通过散落在商事法律体系中的强制登记义务实现信用信息采集,迅速建立起覆盖全国的信用信息数据库,这样安排有利于信用信息的集中管理。这个优点在市场信用体系建设的初期反映得尤为明显。申言之,在市场主体信用体系建设的初期,这样安排具有强制性,制度约束力强，短时间内能较快改善市场主体信用监管的状况，并且信用信息的真实性与可靠性能够得到保证。此外，政府在遇到数据分散难以采集的难题时，能够运用行政手段强制要求有关单位及时报送数据并对数据的真实性负责，如此，就能够在较短的时间内集中力量建成覆盖全国范围的征信数据网络。此外，信用信息系统直接与金融机构对接，在防范银行坏账继而引发系统性风险方面有着显著的作用。

虽然政府主导型信用监管类型有以上优点，然而这种模式似乎与市场化趋势有着些许偏离。一方面，由于被采集的信用信息主要集中于金融领域，市场主体的其他信用信息并未被采集。因此，在政府主导型信用监管类型下，市场主体的信用状况并未被全面反映出来。虽然后续发展出私营征信机构，但其所起到的补充作用相对于整个信用监管领域而言微乎其微。另一方面，这种政府主导的非营利性项目，其后续维护费用越来越高，信用系统的建设日益艰巨。此外，两套机构同时运转，如何充分实现机构的监督也是需要考虑的问题。总体来看，后续监管的成本必然将远超市场主导型信用监管类型。

(3)信用监管难以满足市场化需求

在信用监管政府主导的背景下，不以营利为目的的市场主体信用监管类型由于未引入市场机制，导致信用信息利用的商业化程度较低，无法满足日益复杂的市场需求。这个问题源于两方面的原因：一方面，政府出资设立公共信用信息登记系统，主要借助强制性披露义务实现信息的采集，在信用信息服务的供给侧，由于公共征信机构并没有采集信息的自愿性、主动性，所以，即便存在相关渠道方便信用信息需求者获得所需的信用信息，但这些信息的供给也是一个较大的问题。另一方面，公共信用信息登记系统在绝大多数情况下不对社会公众开放，共享程度较低。而私营征信机构的信用信息采集受限于“知情同意机制”，很难采集到充分的信用信息来满足市场所需。因此，如何在现有信用监管框架内满足市场化需求，是政府主导型市场主体信用监管类型面临的又一挑战。

(三)以日本为代表的社团主导型信用监管类型

日本的市场主体信用监管类型历经了从政府主导到自主经营，再到社团主导型的变迁。随着行业协会组织的发展，日本政府逐渐放权，发挥相关市场主体的积极作用。在此背景下，行业组织占据日本征信市场的绝对主导地位。与市场主导型和政府主导型信用监管类型不同，社团主导型作出折中的选择，在已有经验下，考虑将信用市场的功能及效率进一步优化。具体而言，这种类型是由一种非营利组织为主导进行企业信用征集和管理的，政府在信用监管过程中占辅助地位，政府在市场主体信用监管过程中的干预度比较小，失信惩戒的机制为行业联防机制。①

1. 社团主导型信用监管的主要内容

(1)信用法律体系基本情况

相较于西方国家，日本信息资源共享机制建设起步更晚，但发展迅速。日本关于信用的最早立法，是1961年颁布的日本《分期付款销售法》(Installment Sales Act, 1961)。② 该法的主要目的，在于平衡采用分期付款方式的消费者与销售者之间的关系，并明确信用信息的利用方式及其限度。此后，日本相关机构和日本政府先后出台了信用信息的采集和日常管理以及对信息主体的保护等方面的具体法律规定。③ 在1980年，日本政府颁布《个人信息保护法》(Act on the Protection of Personal Information, 1980)、④《政府信息公开法》(Law Concerning Access to Information Held by Administrative Organs, 1980)等多部法律，用以规范和促进信息资源共享，尤其是明确规定了政府信息公开的种类和范围，以及政府应向社会免费公开其掌握的大量信息。

在信用信息披露立法方面，日本主要通过改革公司法实现相关信用信息的披露。日本《商法典》规定，企业应当登记企业信息；若这些信息未经登记并公示，则不得以之对抗善意第三人，但第三人因正当事由不知的

① 参见福建省工商局课题组、黄培惠：《市场主体“宽进严管”视角下的企业信用监管研究》，载《中国工商管理研究》2015年第1期。

② 该法最近一次修订时间为2016年。

③ 参见刘肖原、张蕊、秦琳等：《我国社会信用体系建设问题研究》，知识产权出版社2016年版，第73～75页。

④ 该法最近一次修订时间为2017年，并最终于2017年5月30日生效。

除外。日本《商法典》第14条强调企业因故意或者过失登记企业信息不实也不得以登记事项不实对抗善意第三人。在2002年10月发表的《公司法治现代化要纲》中,日本政府开始审议对商法和有限责任公司法的现代化问题。2005年颁布的《中小企业生产促进法》①(Act for Facilitating New Business Activities of Small and Medium-sized Enterprises,2005)规定,公司自设立之日起5年内得以免除最低资本金的义务。② 2005年制定的《日本公司法》③则从根本上修改了公司资本制度。该法第27条规定:“股份公司章程中,必须记载或记录下列事项……(4)设立时出资财产的价额或其最低额。”这说明,法律本身并不强制规定公司设立时的最低资本金数额,而是将数额的确定交由公司章程自主决定,即法律不再要求必须具备一定的资本额,而是直接以实际缴纳给公司的财产作为资本。该法还规定,“股份有限公司在定期股东大会结束后必须尽快地将资产负债表予以公告”,④即要求公司对其资产负债表进行公开。新法将资产负债表分为资产栏、负债及净资产栏两部分,立法对资产负债表的格式进行了修改,更加便于公司的交易相对人和股东从公司资产的角度考量公司的信用。由此,日本对市场主体“宽进严管”的格局开始显现。

在信用市场监管立法方面,由于现阶段日本侧重行业自律监管,政府监管在其中起辅助作用,故而在市场主体信用监管领域主要强调信息安全与信息共享。为了保证信用信息互换平台的信用信息安全,日本颁布了相关法令,禁止行业协会的成员向非成员单位的个人或组织提供信息,杜绝数据外流隐患。同时,平台内部并非毫无保留地向所有成员开放信

① 也可译为《中小企业新商事活动促进法》,本书采取学界通常译法。

② 参见徐浩:《日本公司资本制度的变迁》,载《财经界(学术版)》2011年第14期。

③ 《日本公司法典》是于2005年制定、2006年正式实施的,在此之前,日本公司法的相关制度一直规定在日本商法典的第二编,此次修改可以说是日本百年一次的重大法律修改,特别是对资本制度相关内容进行了修改。

④ 参见《日本公司法典》第440条第1款。最新讨论请参见吴建斌编译:《日本公司法:附经典判例》,法律出版社2017年版。

息,而是仅在协会成员有调查个人信用需求时才授权其使用有关信息。[①]此外,日本通过立法推动信息共享,鼓励自由竞争。日本《政府信息公开法》规定将政府掌握的信用信息免费向社会公开,这些信息包括企业登记、土地房屋状况、企业纳税、破产申请等资料。这方面的规定,极大地推动了征信业的发展。在征信市场监管上,日本政府有意识地弱化行政干预,把重点放在制度设计上,突出法律约束作用,规范信用信息保护和信用信息使用范围,明确信用评级机构监管模式、重视信息公开。

此外,日本现行相关立法鼓励非公有制机构开展行业自律,规范信息采集归集、加工等过程,监督信用信息机构开展信息使用等业务活动。同时,行业协会在监管个人信用信息的采集归集与使用中发挥了重要作用,通过制定行业自律规则,促进行业内各征信机构的科学发展,弥补政府监管的不足。[②]

(2)信用信息的采集及其监管

在社团主导型信用监管类型下,行业协会主要负责以下工作:一是收集与加入社团的私营公司以及个人相关的信用信息;二是要求已加入社团的成员提供真实有效的信用信息,接受社团的管理监督,严格遵守社团的规章制度;三是营造一个共享的信息平台,保证信用信息的收集、统计、保存工作的完成。内部会员只需缴纳最基本的成本费用,在信息收集和信息使用方面互通有无。但非社团成员不能像社团内部成员那样获取信用信息。由此看来,该协会具有明显的非营利性。社团主导型信用体系与其他信用体系的最大区别在于,征信机构的职能只是收集归纳所需的信息数据,并建立一个公开信息平台,但仅对市场主体信用信息的真实性负责,不做主观分析与评价。[③]

---

① 参见谭中明等:《社会信用管理体系——理论、模式、体制与机制》,中国科学技术大学出版社 2005 年版,第 175 ~ 178 页。

② See Federico Ferretti, *The Regulation of Consume Credit Information Systems: Is the EU Missing a Chance*, Legal Issues of Economic Integration, 2007.

③ 参见河南省市场主体信用评价体系构建及应用研究课题组、雷云生等:《国内外市场主体信用监管的主要模式研究》,载《中国市场监管研究》2016 年第 1 期。

在信用信息采集方面，除市场主体的强制披露义务外，相关信用信息的采集主要依靠共享机制实现流通。信用信息互换平台的建立主要由行业协会负责，为征集和使用更多的信用信息，各会员在行业协会内部实现信用信息的共享。① 在日本现代信用体系发展起来以前，其信用信息中心是独立运营的，即依据信用信息的来源建立行业信用系统和私营信用系统，数据信息仅在行业体系内进行共享互换，信用信息的流通性相对不高，整个信用市场的效率偏低。

为了促进信用信息资源的交流，1987 年 3 月，在三大行业协会②的推动下，日本成立跨行业信用信息共享网络——信用信息网络中心（CRIN），以实现不同征信机构之间的信用数据共享。与此同时，日本还同步制定了信用数据交流纲领、基本要求和数据共享施行细则。CRIN 的成立对日本各行业信用中心之间“信息孤岛”的打破与信息共享发挥了重要作用。当然，日本也存在私营征信机构。此类征信机构一般属于特许经营，由政府认定有资质的大企业采集信用信息，最后汇总至政府建立的数据库。企业查询信用信息，需要向信用信息采集企业支付相关费用。

私营征信机构呈现双寡头垄断态势。在行业发展初期，日本政府在资金和业务上给予私营征信机构一定支持。例如，早期建立的东京兴信所与商业兴信所，在成立时每年获得日本银行补助金分别为 3000 日元和 2000 日元（相当于现在的 400 万日元和 260 万日元）。东京商工所（Tokyo Shoko Research Ltd）和帝国数据银行（Teikoku Data Bank Ltd）两大企业信用服务机构几乎垄断了 90% 以上的信用市场份额，而地方性中小征信机构及邓白氏等海外公司无论在实力、规模、销售额等各方面都不能与两巨头相比。在业务发展步入正轨后，日本政府就逐渐淡出市场培育，不干预业界经营，以此保持信用调查的公平、独立和调查结果的客观。

---

① 参见河南省市场主体信用评价体系构建及应用研究课题组、雷云生等：《国内外市场主体信用监管的主要模式研究》，载《中国市场监管研究》2016 年第 1 期。

② 三大行业协会具体为：由日本银行行业系统负责的“银行个人信用信息中心”（KSC）、日本消费信贷业系统建立的“日本信用信息社”（JICC）和日本信用产业协会主办的“株式会社信用中心”（CIC）。

两者间的定位更接近主顾关系，政府对外免费公开信息，同时有偿使用业界的服务，如破产分析、行业预测等。①

在社团主导型信用监管类型下，日本现阶段的信用监管包括政府监管和协会监管且以后者为主，政府监管在信用业发展前期的作为较多，尤其注重前述数据保护立法及信息公开立法。但发展至今，政府监管已远不如行业协会的自我监管。日本的行业协会都会制定会员的信用规范，协会会员不能随意使用信用信息。各行业协会的会员章程，既给予会员平等的使用权，也通过制定机制约束会员随意使用信用信息行为。同时，各行业协会之间按照协商好的信用信息标准规范，使任一会员的信用信息都能得到其他行业协会成员的认可，极大地降低了交易成本。

(3)信用体系的运作机制

社团主导型信用监管类型的重点并不在于评判信用程度的高低，而是尽可能全面、客观地展示信用信息记录。社团主导型信用监管类型遵循细化原则，信用信息的采集归集极其具体，诸如客户的自然情况、贷款情况以及违约记录等信息。这些信息将有助于分析客户偿还能力与支付能力的高低。在此基础上，失信惩戒机制主要体现为社团联防机制。其严厉性体现为信用信息征集利用的详细程度以及保存公示的时间长短。在日本，个人征信机构在收集客户信用信息时，要详细记录包括债务逾期、预期回收、代理偿还、强制回收、强制解除贷款合同、票据拒付等在内的客户所有违约信息。违约信息记录成为个人重要的信用记录，一般将被保存和公示5～7年。② 在用信方面，金融机构和信用卡公司等往往根据消费者的信用记录决定是否对其授信。

社团主导型信用监管类型的守信激励体现为市场主体积极参与信用体系的运作。一般来说，市场主体对信用信息的公开持赞同态度，其越是与金融机构联系紧密，越是乐于提供信用信息。这样便会在信用监管领

① 参见孙红、金兵兵:《日本征信市场的特点及启示》，载《征信》2015年第6期。

② 参见河南省市场主体信用评价体系构建及应用研究课题组、雷云生等:《国内外市场主体信用监管的主要模式研究》，载《中国市场监管研究》2016年第1期。

域形成一个“守信者恒强、失信者恒弱”的两极分化现象。具言之,高信誉度的市场主体由于其良好的信用记录,在贷款等信用活动中将获得各种优惠条件;反之,低信誉度的市场主体在信用活动中将面临更多的信用审查与评估,交易效率与成本都将受到明显影响。在这样的环境中,客观来看,理性的市场主体不得不选择积极参与信用体系的运作。其中既有政府在信用监管类型设计中因势利导的积极作用,也有政府不直接参与评价市场主体信用状况的制度基础,降低了市场主体参与信用监管抵触情绪的作用。

2. 社团主导型信用监管的主要特点

社团主导型信用监管类型吸收了市场主导型信用监管类型和政府主导型信用监管类型的优势,是一种以政府机构与商业机构“双核心”同时发挥作用的监管类型。一方面,政府机构主导更易获得社会公众认可,保证信用监管的顺利推进;另一方面,商业机构间的市场竞争更有利于形成差异化的监管格局以及提供灵活性的信用服务。

(1)从政府主导到行业主导的转变

从制度变迁的视角来看,社团主导型信用监管模式的建立与发展必须依赖于政府主导,因为在信用市场发展初期,其基本处于无序与失序的交织状态,只有借助政府主导,信用产业才有发展的可能。帝国数据银行的实践表明,日本政府在早期对行业的发展给予了一定的支持,在融资和协助银行开展信用调查方面更是重视。等到信用市场的基础设施建设完毕,政府主导必然面临低效率带来的一系列问题。从社团主导型信用监管类型的发展历程来看,这种转型最终体现为行业主导,即借助行业协会的力量进一步优化整个信用监管体系。根据前述分析,社团主导型类型的优势就在于行业协会建立的征信体系。具体而言,行业协会建立信用信息中心,协会成员自愿提供信用信息到交换平台,信用信息在协会成员间共享。行业协会提供信用产品只向会员收取成本费用,信用信息查询服务仅限于协会的成员,其目的并非营利。在这种类型下,政府在信用监管中的作用日益减弱,行业的自律效应逐步放大。

由于政府可以不参与采集、公示信用信息，监管也在很大程度上借助行业组织来实施，这可以显著降低政府监管的成本。此外，在行业协会主导下，本土企业在信用市场中更具优势。在征信、信用评级等领域，最具规模和市场影响力的机构都是本土企业，美国、欧洲等著名信用服务公司基本选择了与本土企业合作的运营模式。因此，本国信用市场不易被跨国企业控制。当然，也有批评指出，这种模式存在可推广性不足的局限，因为不少国家的行业协会没有得到充足有效的发展或者发展不平衡，普遍缺乏影响力，难以形成以行业协会为中心的征信模式。

(2)保证信用信息客观真实，不作主观评价

社团主导型信用监管类型下征信机构只需客观采集信用信息，而不进行资信评级或者信用评估。一方面，因为行业协会对其成员可以采取限制、取消会员资格等措施，加之威慑力较强的行业内部规章，所以即便没有主观评价环节，该信用监管体系依旧可以有效运转。从预期效果的角度看，信用市场中的主观评价环节可被相关措施代替。另一方面，缺少主观评价环节能够明显降低信用市场失灵的可能。这样将反过来使信用信息采集的范围更广、内容更细。单就信用市场而言，这无疑是个向好的趋势。但是，反对观点认为，这不利于将市场主体的信用信息打造成信用产品投入市场，从而渗透到社会的各个领域，推动信用市场的产业化进程。此外，该模式下征信机构仅限于向协会会员提供信用信息需求服务，而不向社会提供，使得信用信息共享范围较小，经济效益和社会效益均较低。

(3)信用监管差异化，无法全面反映信用状况

社团主导型信用监管由于强调行业协会在信用监管中的主导作用，在充分发挥行业协会自我服务和自我管理优势的基础上，分行业建成的信用信息中心能够有针对性地向各自的会员采集信息并且向业界其他会员提供同行的信用信息。不同行业对于信用信息的理解与运用也不甚相同，这会导致不同行业可能呈现不一样的风格，最终形成监管差异化的现象。具体而言，行业协会信用信息中心所采集的信用信息数据仅限行业

协会内部使用,每个行业协会采集的信用信息数据不会共享和对外公开,而各信用信息中心属于不同的行业协会管理,因此,虽然信用信息在协会成员之间交换通畅,但不同行业协会之间的信息壁垒难以避免,如何建立信息共享机制、降低数据流转成本,便成为困扰日本社会信用体系发展和完善的一大难题。从信用信息的来源来看,社团主导型信用监管类型存在信息来源单一的问题。这既有信息采集过程的问题,也有信息共享过程的问题。但就最终的结果来看,市场主体的信用状况无法被全面反映是不争的事实。如何预防信用监管过程中的"系统性风险"有待考察。因此,社团主导型信用监管并未完全回应市场需求,仍主要围绕信用监管展开。随着各行业在数字技术影响下的进一步融合,这种监管模式能走多远仍是未知数。

三、"宽进严管"背景下市场主体信用监管制度的域外做法

回顾三种国家市场主体信用监管类型的发展历程可以发现,尽管其各自选择的路径不相同,存在这样或那样的一些问题,但其内容主要有以下几个层次。

(一)完善信用立法奠定制度基础

市场经济发达国家经过多年的发展,营业自由的理念日益得到张扬,立基于这种理念的"宽进"市场进入格局也已经形成。但在这些国家,对于市场主体进入市场后的监管并未放松,只是在充分尊重市场主体自由经营的前提下,更多地采取了一种与命令控制色彩浓厚的传统监管相对应,"体现了治理理念中的权力中心多元、重协调与互动、重过程的基本特点"的柔性监管。① 市场主体信用监管正是这种柔性监管的典型形式。

① 参见薛峰:《我国市场综合监管的理念创新与实现路径》,载《上海经济》2018年第4期。

作为柔性监管的市场主体信用监管并不意味着监管力度的放松,也不意味着监管仅仅建立在倡导性、引导性的“软法”基础之上;相反,市场主体进入市场后的监管不断强化,并以强化信用约束为重点,以具有权威性、强制性的“硬法”作为保障,形成市场主体“入市”后的“严管”制度格局。在这些国家,从信用信息的采集到信用信息产品的生产、销售与使用,再到失信惩戒与守信激励的展开,都十分注重通过立法进行相应的制度构建。当然,信用法律制度的建设是一个长期过程。从各国的实践来看,信用监管体系从探索到成熟一般需要50年左右的时间,各国信用立法的反复修订与不断新增,也意味着信用管理法律体系的健全不可一蹴而就,更不可能是一帆风顺的。

(二)全面信用监管提高失信成本

全面信用监管的最大意义在于可以减轻市场失灵的风险。从信息经济学的角度来看,信息的获取必然存在成本,并且这种成本会在很大程度上影响到市场配置资源的方式和效果。在市场经济体制中,无论是社团主导型下行业协会对各行业的全面监管,还是市场主导型下私营征信机构对市场主体信用信息的采集与掌握,抑或政府主导型下中央银行对信用信息的排他性控制,其核心目标都在于保障市场的正常运行,不因市场主体的信用状况不明而影响市场竞争机制。从横向来看,信用信息的采集与使用必然会降低市场主体获取相关信息的成本,对于交易安全的提升具有不言自明的重要意义。从纵向来看,无论是失信行为还是守信行为,其都会在行为发生后的很长一段时间内继续存在于征信系统中。这样既会提高失信主体继续失信行为的成本,又会激励市场主体保持守信状态。

市场监管的重点向事中、事后转移,意味着信用监管不再是事前的预防措施。前述三种信用监管模式虽然在具体监管方式上存在一些差异,但从制度变迁的视角来看,三者的监管范围均呈现出一个不断扩大的趋势。从交易安全的角度看,随着交易方式的不断复杂化、精细化,信用监管的方式也需随之调整。虽然市场经济发达国家对企业信用监管的类型和路径选择有别，但不难发现，随着市场经济的发展，为应对在市场主体信用监管上不断涌现出的新问题，所有国家都会不断修订或及时增补相应的信用监管法律以回应这些新问题。因此，结合目前已有研究，可以得出一个基本判断：一方面，交易方式的进化促使信用监管必须随之因应；另一方面，信用监管的优化也为交易方式的进一步优化提供了稳定基础。两者之间的互动变迁构成了现代信用体系的“螺旋式”发展进路。

（三）严格信用奖惩推动制度运行

失信惩戒中的即时惩罚措施与后续失信记录在信用监管中占有重要地位。无论是市场联防机制，还是社会联防机制，抑或行业联防机制，其本质均在于限制失信主体的经营行为、提高失信主体的经营成本，借助趋利避害的行为模式假设，实现信用市场的有效监管。短期来看，失信惩戒机制的有效实施能够减少失信行为的发生；长期来看，行之有效的失信惩戒机制能够促进信用制度得到广泛遵守，明显提高社会信用意识。有研究指出，可按文化差异区分为低信用的社会与高信用的社会。其中，低信用的社会指的是信用只存在于血亲关系上的社会，高信用的社会超越亲缘关系。[①] 实际上，这种信用文化类型的区分一定程度上也与制度设计密切关联。

与失信惩戒相比，守信激励的设计则更为巧妙。仅仅强调失信惩戒无法回应这样一个悖论：当市场主体持续失信，已经对失信惩戒无所畏惧之时，如何处理这种情况？守信激励不足的问题在很多监管实践中均存在。在现有信用监管实践中，一些国家的监管规则仅强调负面信息的运用，对正面信息有所忽视。客观而言，信用信息不仅包含负面信息，也包括正面信息。尽管所有信用监管体系都会强调负面信息，但是对正面信息的强调已经出现在部分国家的实践中，比如西班牙设计了正面信息的付费共享机制；美国、加拿大和智利既允许共享正面信息，也允许共享负面信息。长期来看，守信激励对于营造信用监管的良好生态不可缺失。

---

① 参见[美]弗朗西斯·福山：《信任：社会美德与创造经济繁荣》，郭华译，广西师范大学出版社2016年版，第6~10页。

(四)适当权利保护避免监管失灵

从历次信用监管失灵的教训来看,相关信用信息的滥用是关键原因之一。无论是征信机构作出的虚假征信报告,还是市场主体的商业秘密泄露,信用信息的采集与使用环节必然存在问题。故是否注重商业秘密与隐私的保护可以作为信用监管体系成熟与否的衡量指标。研究发现,关于企业信用信息与商业秘密的边界,尚存诸多实践争议。例如,有关企业财务会计、银行贷款等信息是否属于商业秘密。在美国,财务会计信息作为经营秘密,企业可以自主决定是否公开、是否向征信机构提供财务会计报表等信息并回答征信机构的提问。[①] 在英国,财务会计信息归类为应当公开的信用信息而非秘密信息。政府规定企业必须向征信机构提供财务会计报表等资料并接受征信机构的调查。需要注意的是,保护商业秘密与隐私并非从保护私主体利益的角度展开,而是从避免信用监管失灵的角度论证。

这样安排的基础在于,信用信息的采集与使用行为本身就构成对市场主体经营活动的干预。虽然在经济发展过程中逐步证成了这种干预目的的必要性,但就市场主体而言,干预手段与干预目的是否符合比例原则的要求是信用监管进化过程中不可逾越的安全底线。如果单纯为了市场的交易安全,不考虑整个市场环境中的其他因素,强制性地采集市场主体的全部信用信息,显然忽视了干预的有限性原则,是“干预万能论”的另一种表现。因此,将“成本—收益”分析框架引入信用监管制度的设计中,是信用监管制度能否有效运行的关键因素。避免信用监管的失灵,不应单靠行政性力量的自我约束与监督,还需要借助权利(利益)保护的形式由市场机制来约束。这样既能降低监管成本,又能有效避免监管失灵。《公平信用报告法》等域外实践已经印证了这样设计的必要性与可行性。

---

① 参见林钧跃主编:《征信技术基础》,中国人民大学出版社2007年版,第75页。

第四章　“宽进严管”背景下市场主体信用监管制度构建的理论逻辑

理论是实践的先导,创新则是理论的生命。我国市场主体信用监管制度建设作为商事制度改革的重要实践,需要构建具有适应性的市场主体信用监管理论。目前,我国尚无国家层面的统一信用立法,相关地方立法仍处于摸索阶段。[①] 我国市场主体信用监管制度构建亟须厘清内在依据和相关关系,探索适应性的理论进路。同时,我国商事制度改革相关理论和实践具有较强的时空性,意味着我国市场主体信用监管理论构建仍须坚持科学体系和创新意识。为此,我国市场主体信用监管制度构建应当把握好“四端”:一是适应性,即符合我国市场监管理论的显著特征,适应我国商事制度改革的基本方向;二是实践性,即应当立足中国实践,把握我国市场主体信用监管的时空性,符合“宽进严管”背景下市场主体信用监管的中国实际及其监管要求;三是协同性,即面向市场主体的多元性、市场主体信用的复杂性以及市场主体信用监管的多元性,在协调处理好相关政策与立法、政府与市场关系的框架内,形成社会共治的市场主体信用监管制度;四是发展性,即所构建的市场主体信用监管制度在未来相当长一段时期内符合帕累托最优,是适应我国市场主体监管制度时空性的最优选择。

---

① 参见罗培新:《善治须用良法:社会信用立法论略》,载《法学》2016 年第 12 期。

一、“宽进严管”背景下市场主体信用监管制度构建的基本理念

法律理念作为法及其适用的最高原理,[①]乃是正义的实现。[②] 重视法律理念,是对事物内在的阐发。[③] 可以说,法律理念已成为现代法治框架中各部门法基本法理建构的重要范畴;任何一项法律制度都是在相应法理理念指导下的体系化构造。在市场主体信用监管中提炼法律理念,就是要从复杂的“具体法形态”中探寻市场主体信用监管制度的“本体的存在”。[④] “宽进严管”背景下市场主体信用监管制度的创新性构建,须从“相关立法及法之运用”[⑤]以及市场主体监管的时空性,探索其内在的“法律目标指向”。[⑥] 市场主体信用监管制度的基本理念成为市场主体信用监管制度构建所遵循之价值、原则的理论根源。跨越部门法,透过市场监管实践,探寻应有之理念,成为市场主体信用监管制度构建的重要理论进路。

(一)社会共治理念

“治理”(governance)一词源自拉丁文和古希腊语,原意为操纵、引导和控制。在现代法治社会,治理即是一套只有被多数人接受才有效的规

---

① 参见史际春、李青山:《论经济法的理念》,载《华东政法学院学报》2003年第2期。

② [美]E. 博登海默:《法理学——法哲学及其方法》,邓正来、姬敬武译,华夏出版社1987年版,第163页。

③ 参见王申:《理念、法的理念——论司法理念的普遍性》,载《法学评论》2005年第4期。

④ 江山认为:“法理念既是具体法形态的内在,同时也是法之本体的存在。”参见江山:《中国法理念》,中国地质大学出版社1989年版,第2页。

⑤ 史尚宽:《法律之理念与经验主义法学之综合》,载刁荣华主编:《中西法律思想论集》,台北汉林出版社1984年版,第272页。

⑥ 刘作翔:《法律的思想与法制理论》,西北工业大学出版社1995年版,第27~28页。

则体系,[①]可划分为自我治理、科层治理、共治等类型。[②] 1989 年,世界银行首次使用“治理危机”(crisis in governance)一词用于描述当时非洲的情况,随后,“治理”一词开始,特别是在经济学等领域中被广泛使用。加强和创新社会治理,是中国特色社会主义社会发展的客观规律和必然要求,是人民安居乐业、国家长治久安的重要保证。在风险社会背景下,我国经济正处于一个挑战与机遇共存的重要发展时期,面临来自方方面面的冲突矛盾和各种各样的社会问题,[③]唯有不断推进国家治理体系和治理能力现代化,方能实现我国经济持续、健康、稳定发展。

1. 社会共治理念的历史维度

社会共治理念源自协商民主。我国协商治理成为协商民主的具体实现。早在新民主主义革命时期,中国共产党就领导人民开展协商治理实践。尤其是围绕民族救亡和人民解放,中国共产党与不同的社会阶级、阶层、集团、派别和政党、团体进行政治协商,为实现抗日战争和人民解放战争的胜利奠定了基础。[④] 从《中国共产党在民族战争中的地位》中关于与“民主党派和民主人士”“一道商量问题和一道工作”,到陕甘宁边区按“三三制”建立各级政权组织,再到 1949 年 9 月召开的中国人民政治协商会议第一届全体会议,直至党的十八届三中全会明确提出“协商民主是我国社会主义民主政治的特有形式和独特优势,是党的群众路线在政治路线领域的重要体现”。我国通过协商治理实现了在非竞争性体制内引进多元参与,实现了通过协商力量对抗缺乏“竞争性民主”和“内在合法性”制约的“公”权力监督的目的。[⑤] 我国协商治理的理论和实践探索为社会

---

① 参见[美]詹姆斯·W. 罗西瑙:《没有政府的治理》,张胜军、刘小林等译,江西人民出版社 2001 年版,第 9 页。

② Kooiman, Jan, *Governing as Governance*, London: Sage, 2003: 26.

③ 参见吴大华、杨青贵:《在依法治国方略下不断推进社会治理创新》,载《贵州日报》2017 年 3 月 29 日,第 6 版。

④ 参见王浦劬:《中国的协商治理与人权实现》,载《北京大学学报(哲学社会科学版)》2012 年第 6 期。

⑤ 参见陈剩勇、何包钢主编:《协商民主的发展》,中国社会科学出版社 2006 年版,第 168 页。

共治提供了重要理论渊源。

以协商治理为核心的社会共治,已成为我国经济社会发展相关问题治理的重要理念。社会共治的相关内容和要求已体现在现行《宪法》第2条、第17条、第27条、第111条关于人民通过各种途径和形式,管理国家事务、经济和文化事业、社会事务以及一切国家机关和国家工作人员接受人民群众意见和建议、开展人民监督等规定中。《城市居民委员会组织法》《村委会组织法》《关于进一步推进和谐社区建设工作的意见》《2015年度全国城乡社区治理研究指引》,以及四川省发布的《全面深化改革加强基层群众自治和创新社区治理的通知》等许多地方社会治理的相关文件,亦坚持并深刻体现了上述宪法精神。这说明,尽管我国现行立法并未直接明确、具体规定协商治理,但相关立法和政策已充分肯定并贯彻落实多元主体参与的社会共治。这为社会共治有效融入“宽进严管”背景下市场主体信用监管制度奠定了重要的法理基础。

2. 社会共治理念的现实维度

党的十九届四中全会明确强调,要“坚持和完善共建共治共享的社会治理制度”“完善……社会协同、公众参与……的社会格局”。《“十三五”市场监管规划》明确规定,市场监管改革的主要目标是“到2020年,按照全面建成小康社会和完善社会主义市场经济体制的要求,围绕……完善商事制度框架……初步形成科学高效的市场监管体系,构建以法治为基础、企业自律和社会共治为支撑的市场监管新格局,形成有利于创业创新、诚信守法、公平竞争的市场环境,形成便利化、国际化、法治化的营商环境”。[①] 但我国市场主体监管制度建设仍然具有从计划经济体制向市场经济体制转轨过程中“自带”的一些特殊性。这些特殊性对市场主体信用监管制度建设形成了制约。这也是长期实行行政权主导的公权力治理模式的实践与社会主义社会共治理念之间的适应性问题。有学者认为,

① 周文翠、陈自才:《社会治理制度效能提升的三个着力点》,载《理论探讨》2020年第4期。

转变政府的传统社会控制思路，需要政府“放弃社会控制”。① 对此，社会共治内含对行政权力的适度约束，应着重关注行政权及其行使者的非完全理性问题。地方领导的更换以及不同领导对市场监管中的社会共治的认知和重视程度的不同，影响了市场监管的有效性。同时，相关理论准备不足、参与性不够、协同性不强、平等对话机会和有效表达平台缺乏、社会共治程序规范化程度低等现实窘境，也是社会共治有效融入市场监管制度建设的制约因素。

从目前及长远来看，社会共治作为治理理念的新发展，已成为国家治理体系和治理能力建设的重要法律理念。多元主体共同参与治理公共事务，以集体行动实现共同利益，②成为法治社会实现多元主体参与、多元利益调整的基本路径。社会共治的多元特质也印刻在我国市场主体监管制度的建设中。尽管我国宪法、相关法律以及政策已将社会共治作为社会主义民主的重要实现形式，但并未直接明确提出在市场监管制度建设中坚持社会共治理念。况且，在理论研究和治理实践中亦存在将社会共治与协作治理、协同治理、合作治理、社会共治等概念混用的现象。事实上，这在很大程度上源于对社会共治的内涵和内容的不准确界定。同时，社会共治具有主体多元、利益多元、价值多元等特性，加之对社会共治的理论研究和实践探索亦面临诸多制约，因而有关社会共治的界定、内容设计等，大都形成多样化的理论认知、体系构造，实践样态亦是多样性的。在此背景下，社会共治的价值取向是对共治目标的凝聚，内含共治主体的地位平等、共治过程的公开、共治方式的包容、共治原则的直接参与等要求，集中表现为对平等、公正、包容等多元价值实现的目标诉求。③

3. 社会共治理念的实践维度

法治社会是共治社会，是“国家在社会中”的稳定结构。④ 社会共治

① 参见张康之：《论主体多元化条件下的社会治理》，载《中国人民大学学报》2014年第2期。

② 参见王名、李健：《社会共治制度初探》，载《行政论坛》2014年第5期。

③ 参见王岩：《协商治理的价值诉求》，载《光明日报》2015年6月13日，第7版。

④ 参见江必新、王红霞：《法治社会建设论纲》，载《中国社会科学》2014年第1期。

则是国家与社会良性互动的理念依据，协调市场主体监管中第一方治理者（行为者自我实行规则并制裁）、第二方治理者（合同双方通过要约和承诺的内容，治理双方行为）、第三方治理者（社会大众、社会组织——非政府的科层制、政府机关——国家的科层制）之间的关系，[①]使其有效参与市场主体信用的共治监管。社会共治既是市场主体信用监管的重要理念，更是解决其中利益冲突、利益矛盾，调整相关经济关系的基本路径和实现方式。一般而言，关于市场主体监管的相关治理体系和治理能力现代化内含的理论依据和实现方式应当是多元的。社会共治仅仅是实现国家治理体系和治理能力现代化的重要选项，却非唯一选项。市场主体信用监管中社会共治理念的有效实现，同样离不开两种重要机制即法治机制和自治机制的有效协调整合。这也是市场主体信用监管中社会共治理念的重要要求。[②]

市场主体信用监管中的社会共治理念，并不能简单归类为私法理念、公法理念或者第三法域理念，[③]而是更多具有兼顾三者内在特质之综合性优势。其在市场主体信用监管中更多体现在顶层设计层面，具体指导市场主体监管价值和原则的设计。考虑到社会共治的较强理论性以及市场主体信用监管的复杂性，市场主体信用监管中的社会共治理念是难以直接界定其确定性内容的，更多是从总体性、原则性方面加以考量的。换言之，市场主体信用监管中的社会共治理念属于市场主体信用监管制度建设的内在、本质，而非一个或几个可直接实施的具体的治理方案或对策措施。尤其是在相关理论准备严重不足、社会共治实践存在主观认识和客观能力局限等现实困境的情况下，我国市场经济建设涉及的主体存在多元性，利益复杂，区域差距明显，故而市场主体信用监管更应当坚持社会

① 参见［美］罗伯特·C. 埃里克森：《无需法律的秩序——邻人如何解决纠纷》，苏力译，中国政法大学出版社 2003 年版。

② 参见燕继荣：《社会变迁与社会治理——社会治理的理论解释》，载《北京大学学报（哲学社会科学版）》2017 年第 5 期。

③ 参见陈兴华：《市场主体信用承诺监管制度及其实施研究》，载《中州学刊》2019 年第 5 期。

共治理念，将社会共治理念的相关内容和要求有效融入市场主体信用监管制度。

市场主体信用监管作为商事制度改革背景下市场主体监管的制度内核，旨在构建政府、市场、社会共同参与的协同共治。① 按照社会共治理念的要求，在市场主体信用监管制度建设中应当把握好如下要点。

其一，系统化和整体性是市场主体信用监管制度的基本思路。塞尔兹尼克有言，“制度化并不仅仅是简单地履行其基本功能，更是对行为主体产生意义，因此，制度化是一个充满价值的结构”。② 社会共治确实是一个系统性、复杂性的社会治理工程，在内容和路径上具有突出的整体性、复杂性特点。以系统性、整体性思维，协同推进市场主体信用监管制度建设，是社会共治理念的内在要求。在此指导下，市场主体信用监管制度的建设，应当从法律理念到法律价值，再到法律原则，进而形成科学完善的机制和制度，将社会共治的基本要求贯穿其中。尤其是建立以信用约束为核心的社会共治机制，成为“宽进严管”背景下市场主体信用监管制度建设的内在要求。③

其二，共治共享共担是市场主体信用监管制度建设的基本主线。实施“宽进严管”的改革，极大地降低了市场准入门槛，导致大量市场主体涌入。市场的健康运行事关资源的有效配置，与每个市场主体的个体利益，乃至社会公共利益密切相关。市场主体信用的培育是一项复杂的系统工程，政府、行业组织、市场主体等主体均为相关者。在有效识别利益相关者的基础上，以共治共享共担为指引，探索形成相关者有效参与市场主体信用监管的体制机制制度，实现多元主体协同共治局面。④ 这既需要加强

---

① 参见李平原、刘海潮：《探析奥斯特罗姆的多中心治理理论——从政府、市场、社会多元共治的视角》，载《甘肃理论学刊》2014 年第 3 期。

② Philip Selznick, *Foundations of the theory of organization*, American Sociological Review, Vol. 13:1, p. 25 – 35(1948).

③ 参见王伟：《构建新型市场监管体制的法治逻辑》，载《中国工商报》2017 年 9 月 21 日，第 7 版。

④ 参见张文显：《共治：补齐治理短板》，载《北京日报》2020 年 8 月 3 日，第 9 版。

确保有效参与的共治机制、制度的建设，也离不开加强相关者共同协商、共同治理、共享收益、共担风险的意识，完善科学、合理的责任分担制度。

其三，激励与约束并举是市场主体信用监管制度建设的基本手段。通过角色、定位与功能来界定主体的相互关系，①是法治调整法律关系的重要路径。政府、行业组织、市场主体在市场主体信用监管制度建设中扮演不同的角色、处于不同的地位，这也是市场主体信用监管制度中确定不同主体职能定位及其实现路径的基本依据。国家肩负推动“宽进严管”背景下市场主体信用监管制度建设的基本职责，尤其要注重通过政府实现对市场主体的信用监管；行业组织作为“第三类主体”，依托行业自治权，通过发挥公平的第三方评信等方式，参与并实现有效的市场主体信用监管；市场主体则是市场主体信用监管制度建设的重要力量，既是市场主体信用监管的对象，也是市场主体信用监管中的社会监督者。在此框架中，对政府职能有效行使的约束、对行业组织和市场主体有效参与的激励，是市场主体信用监管制度建设的主要方面，依托于实现激励与约束并举为方向的系统设计。

其四，多样化共治平台是市场主体信用监管制度建设的基本抓手。社会共治实践表明，“社会协商会议”“社区网络平台”“社区组织综治服务室”等符合实践需要的多元化社会共治平台，是将社会共治理念有效融入相关制度的基本抓手。行业领域的特殊性、行业主体的复杂性使不同行业领域的市场主体信用监管面临诸多的特殊性。但市场主体信用监管制度作为一项全国性、系统性的法律制度，应当平衡规则设计的普遍性与特殊性要求，在全国性规定的基础上，引导各行业及其市场主体，探索建立有效实现市场主体信用监管目标要求的多样化共治平台。

（二）适度干预理念

市场经济健康发展离不开国家干预，这几乎得到了历史证成，成为市场经济发展的实践选择和理论共识。党的二十大报告提出“充分发挥市

---

①　参见姚海放：《经济法国家观研究：基于社会本位与国家概念的展开》，载《政治与法律》2016年第12期。

场在资源配置中的决定性作用,更好发挥政府作用”“深化简政放权、放管结合、优化服务改革”“完善产权保护、市场准入、公平竞争、社会信用等市场经济基础制度,优化营商环境”等重大举措,深刻体现了在科学处理市场与政府关系基础上的“适度干预”要求。适度干预也成为“宽进严管”背景下市场主体信用监管制度建设所不可或缺的重要理论渊源。

1. 适度干预理念的适应性

我国实施商事登记制度改革后,大大降低了市场准入门槛,大量主体涌入市场。加之市场主体信用监管制度改革尚未探索成熟,企业及其法定代表人“失联”等问题频现。信息不对称、负外部性、公共产品、垄断或不正当竞争等市场失灵现象,成为商事登记制度改革背景下市场主体监管面临的尚难以或无法由市场机制自发解决的突出问题。根据现代法治理论,唯有国家适度干预才能有效克服传统部门法无法有效应对的市场失灵问题。适度干预已经成为现代市场法治发展中的重要理念,成为中国特色社会主义法律体系建设的路径。《中国特色社会主义法律体系》白皮书实际上指出,“防止市场经济的自发性和盲目性所导致的弊端”,需要“国家对市场经济进行适度干预”。适度干预已经成为现代市场法治发展中的重要理念,成为是中国特色社会主义法律体系建设的重要路径。目前,适度干预作为法律理念,已成为国家适应商事登记制度改革,“加强事中事后监管”①的内在依据。

《注册资本登记制度改革方案》指出,构建市场主体信用信息公示体系,建立经营异常名录制度,进一步推进“黑名单”管理应用,建立联动响应机制,完善信用约束机制,并发挥社会组织的监督自律作用,加强市场主体经营行为监管,以严格市场主体监管,维护市场秩序。随着商事制度改革的深入推进,《国务院关于加强和规范事中事后监管的指导意见》(国发〔2019〕18 号)进一步提出,“充分发挥市场在资源配置中的决定性作用,更好发挥政府作用”,“加快构建……的事中事后监管体系,形成市场

① 参见《国务院关于加强和规范事中事后监管的指导意见》(国发〔2019〕18 号)。

自律、政府监管、社会监督互为支撑的协同监管格局”。在此背景下,市场主体信用监管作为“创新和完善监管方式”的重要举措,是在坚持市场在资源配置中决定性作用之基础上,按照“管出公平、管出效率、管出活力”的要求,适度发挥政府、社会中间层主体在信用监管中的协同作用,“提高市场主体竞争力和市场效率,推动经济社会持续健康发展”。① 这在本质上属于适度干预理念的逻辑延伸和法理实现。

2. 适度干预理念的现实性

结合《国务院办公厅关于加快推进社会信用体系建设构建以信用为基础的新型监管机制的指导意见》(国办发〔2019〕35 号)的相关要求,可将“宽进严管”背景下市场主体信用监管制度建设目标分解为如下三个方面:其一,信用监管是市场主体监管的着力点,应当以此为重要依据开展监管理念、监管制度和监管方式之创新。其二,以信用监管为着力点的市场主体监管制度建设,应当坚持“依法依规、改革创新、协同共治的基本原则”,属于提升国家治理能力、实现国家治理现代化的重要体现。其三,市场主体监管贯穿市场主体的全生命周期,衔接事前、事中、事后全监管环节。在此指引下,我国探索建立的市场主体信用监管制度的重点,在于通过以信用为抓手的监管方式和手段,有效纠偏市场主体失信行为,开展守信激励,并从监管权配置、监管权行使、监管责任等方面实现监管法治化。处理好商事登记制度“宽进”与传统监管制度和机制存在的适应性问题而引致的风险,以及确保在尊重市场主体私权之基础上实现公权实施监管行为的有效性,是市场主体信用监管制度建设的两个核心问题。适度干预理念作为公权对市场及市场主体行为的有限干预,②与“宽进严管”背景下市场主体信用监管制度建设的要求高度契合。

适度干预作为市场主体信用监管制度的理念指导,既有利于有效解决市场主体失信等市场失灵问题,又能够促进国家治理能力提升和治理体系现代化。详言之,适度干预理念的理论指导主要体现为:一是以市场

① 参见《国务院关于加强和规范事中事后监管的指导意见》(国发〔2019〕18 号)。
② 参见李昌麒主编:《经济法理念研究》,法律出版社 2009 年版,第 190 页。

机制在资源配置中有效发挥作用为基础,尊重市场主体的私权。在中国特色社会主义市场经济中,市场机制仍是资源配置的基本依据,以市场机制及其作用的有效发挥为基础所形成的市场主体及其权利结构,仍以包括商事登记制度改革在内的相关法律制度和法律机制建设为前提和基础。坚持市场主体平等、有序参与市场竞争,是尊重市场主体人格、充分保护市场主体合法权益的重要路径。① 二是以信用为指引,系统规范市场主体行为。从中国特色社会主义市场经济发展的实践来看,市场资源的有效配置、公平竞争的有效开展、市场主体的权益保障,均须发挥相关制度优势,科学调控经济结构,规范市场主体行为。为适应商事登记制度的改革,我国以信用建设为重要抓手,创新事前环节信用监管,加强事中环节信用监管,完善事后环节信用监管,强化信用监管的支撑保障。三是从赋权与限权的角度,化解公权介入市场可能引起的弊端。引入适度干预理念,并非要否定私法优先,②而是以发挥市场机制的有效作用,尊重和保护市场主体权益为基础,通过赋权和维权促进监管的有效性;同时,还须从监管程序、监管方式、监管手段乃至监管责任等方面合理“限权”。

3. 适度干预理念的可操作性

适度干预理念具有较强的理论性和兼容性。将适度干预理念作为“宽进严管”背景下市场主体信用监管制度的理论依据,亟须解决市场主体行为失范、市场结构不合理等问题以及信用监管所面临的信息、程序、寻租与创租等方面问题。要在市场主体信用监管制度中贯穿“适度干预”,实现监管目标,应当落实好如下基本要求。

一是坚持发挥市场机制的优势功能。党的二十大报告提出,坚持和完善社会主义基本经济制度,“充分发挥市场在资源配置中的决定性作用,更好发挥政府作用”,“完善产权保护、市场准入、公平竞争、社会信用等市场经济基础制度,优化营商环境”。这意味着,在充分发挥市场在资源配置中的决定性作用的基础上,应当以保护产权、市场准入、公平竞争、

---

① 参见周永坤:《社会优位理念与法治国家》,载《法学研究》1997 年第 1 期。

② 参见晓南:《当前我国法学研究中的若干问题》,载《求是》1996 年第 5 期。

社会信用为靶向,改革和完善中国特色社会主义市场经济基础制度。从《国务院关于建立完善守信联合激励和失信联合惩戒制度加快推进社会诚信建设的指导意见》(国发〔2016〕33号)等相关文件来看,市场主体信用监管制度建设的目标在于通过有效措施,促进广大市场主体诚信作为,营造好的诚信环境。这是市场主体信用监管制度建设的基本立足点。

二是通过实体法与程序法的协同建设实现干预法治化。赋权与限权是现代国家法治化治理的重要改革主线。党的十九届四中全会《中共中央关于坚持和完善中国特色社会主义制度、推进国家治理体系和治理能力现代化若干重大问题的决定》指出,在“厘清政府和市场”的基础上,既要“完善政府经济调节、市场监管……职能”,还要“深入推进简政放权、放管结合、优化服务,深化行政审批制度改革”。足见,市场主体信用监管制度建设本就属于国家治理的重要方面,仍然以协同推进针对市场失灵的监管“赋权”和针对监管失灵的监管“限权”为基本要求。在国家干预视域下,按照适度干预理念,唯有坚持实体法与程序法的协同建设,才是实现市场主体信用监管“赋权”和“限权”法治化的基本思路。这意味着,市场主体信用监管制度设计应当坚持实体规则与程序规则的协同推进。

三是强化信用信息在监管中的作用。信息不足、信息不对称、信息失真是适度干预所面临的突出问题。市场主体信用监管制度的有效性,尤其需要解决好市场主体信用信息采集归集、市场主体信用信息公示、市场主体信用信息使用等方面存在的信息失灵问题。一方面,需要廓清市场主体信用信息的范围,按照一定标准将市场主体信用信息进行科学分类,为市场主体信用监管提供充分的信息支持;另一方面,在协调好市场主体信用信息的隐私性与公开性、私利性与公益性等关系之基础上,厘清相关主体的权利与义务、职权与职责关系,探索建立适应多法益目标要求的市场主体信用信息采集归集、公示、使用、惩戒、修复等方面的制度规则。

四是明确市场主体信用监管的边界。市场主体信用监管并非万能。“宽进严管”背景下市场主体信用监管制度亦应当秉持适度干预理念所主张的“有所为、有所不为”这一基本取向。为此,市场主体信用监管制度建设应当协调好几对基本关系:其一,政府与市场关系的协调,应当坚持市场机制在资源配置中的决定性作用,针对市场机制自身无法及时、有效解决的市场问题,在国家能够提供最优解的前提下,方可纳入监管范畴。其二,市场主体权益保护与市场主体信用监管的关系,需要在保护市场主体商业秘密等合法权益的基础上,通过市场主体信用监管制度,“规范市场秩序,优化营商环境,推动高质量发展”。其三,坚持市场主体信用监管的主导性与多元化。国家监管、行业自律、社会监督是市场主体信用监管的基本构成。其中,国家是市场主体信用监管制度建设的责任人,政府是市场主体信用监管制度实施的职责人,征信、评信等领域的社会经济团体则是“政府干预的延展和内化”。[①]

(三)社会本位理念

“法律应该以社会为基础。”[②]法律本就是社会发展的产物,以特定社会关系为调整对象,以具有社会性的功能为基本导向。随着经济社会的发展,法律的部门化、学科化越发明显,利益类型化则成为法律部门化和科学化的重要特征和基本依据。在此进程中,法学界关于法律指向的根本利益的划分也从个体利益、公共利益二分法发展到个体利益、社会利益、国家利益三分法,进一步提升了法律部门化和科学化发展的高度。然而,作为法所指向的根本利益,是否能成为法律理念,尚无定论,但以社会利益为指向而形成的社会本位,早已被接纳为事关基本价值判断和根本立法取向的一种利益本位,[③]并被经济学、社会学、法学等学界普遍认可为一种法律理念。

1. 社会本位理念的契合

法的本位是我国学者在20世纪初提出。利益作为法律关注的根本问题,成为法学研究的基本范畴。在此背景下,从以个人利益为内核的权

---

① 参见邱本:《社会经济团体与政府适度干预》,载张守文主编:《经济法研究》,北京大学出版社2003年版,第148~149页。

② 《马克思恩格斯全集》(第6卷),人民出版社2006年版,第291~292页。

③ 参见张文显、李步云主编:《法理学论丛》(第1卷),法律出版社1999年版,第541、518页。

利本位到社会本位,彰显了法律社会化发展的重要趋向。法律所关注的利益的细化则是法律社会化发展的内在动因。而法律社会化作为经济社会现代化发展的重要产物,彰显了“法律由保护个人利益,转而注重社会公益,由以个人利益为中心,转而以社会公共利益为中心”①的发展趋势。在此背景下,学界基于社会与个人、国家的相对性,以及社会主体利益需求的类型化、价值的系统化,按照个体利益、国家利益和社会利益,相应形成利益本位之三分法:社会本位、个体本位、国家本位。其中,社会本位是在认可个体的独立性及其利益诉求合法化之基础上,②以“社会利益”为中心,注重社会整体的发展,追求整体利益的提高,③成为以维护和实现社会利益为主要诉求的部门法的理念诉求。

社会本位作为一种理念,已经取得普遍认同。④ 但凡促进社会生活之共同利益之法,必以社会为本位。⑤ 在“宽进严管”背景下,市场机制作用的有效发挥、市场秩序的健康运行、市场主体合法权益的实现,本就属于市场主体合法权益保护基础之上的社会利益的范畴,反映的是全体市场主体的共同利益。换言之,个体利益和社会利益均为市场主体利益的范畴,但个体利益相对社会利益而言,对于市场主体具有更强的直观性和感知度;而社会利益更容易被市场主体所忽略,面临公共性危机。在此背景下,市场主体信用监管制度成为“规范市场秩序,优化营商环境,推动高质量发展”⑥的立法供给。社会本位理念完全契合“宽进严管”背景下市场主体信用监管制度的内在和本质。当然,法学上的语词意义并非一成不

---

① 林纪东:《“中华民国宪法”释论》,台北,大中国图书公司 1981 年版,第 53 页。

② 参见薛克鹏:《论经济法的社会本位理念及其实现》,载《现代法学》2006 年第 6 期。

③ 参见李昌麒主编:《经济法理念研究》,法律出版社 2009 年版,第 151 页。

④ 学界普遍认同社会本位理念。参见李昌麒主编:《经济法理念研究》,法律出版社 2009 年版;蒋悟真:《预算法社会本位理念及其规范化表达》,载刘剑文主编:《财税法论丛》(第 13 卷),法律出版社 2013 年版,第 289 ~ 303 页;丁南:《中国民法典与社会本位》,载《政法论丛》2020 年第 4 期。

⑤ 参见欧阳谿:《法学通论》,上海会文堂编译社 1933 年版,第 242 页。

⑥ 参见《国务院办公厅关于加快推进社会信用体系建设构建以信用为基础的新型监管机制的指导意见》(国办发〔2019〕35 号)。

变的,关于市场主体信用监管制度中社会本位的解读及其在市场主体信用监管制度建设中的体现,应当在具体语境中方可确定。①

2. 社会本位理念的要求

社会本位作为一个有着自身规定性和历史正当性的概念,以社会整体为中心和起点,②成为市场主体信用监管制度及其建设的理念依据。市场主体信用监管制度规则是社会本位理念实践转化的基本形式。从法律价值到法律原则,再到法律规则、法律功能,构成了社会本位有效融入市场主体信用监管制度的基本路径。详言之,社会本位理念对于构建市场主体信用监管制度提出的要求,主要包括以下几个方面。

一是在市场主体信用监管制度中确认和实现社会本位。市场主体信用监管制度兼具公私性,其调整对象具有复杂性、综合性等显著特征。传统的民商法通过对纯粹私法关系的调整,对广大市场主体的权利义务进行模式化配置,推动了以社会本位为理念依据的着力克服市场机制局限及传统民商法不足所引起的市场失灵的立法形成。这些立法以维护社会利益为主要诉求,确认并规范公权力对私权关系的重新调配。市场主体信用监管制度是确认和规范公权力对市场主体相关私权关系进行调整的法律规范的总称,要求确认社会本位理念,明确社会本位理念的实现路径,同时,又要在私权保护之基础上,通过市场规制、宏观调控以及对政府行为的规范,贯彻实现社会本位。

二是坚持市场主体信用监管制度构建的导向性与兼容性。社会本位以个人本位和国家本位为基础而形成,仍以个体利益的确认和保障为基础。如何协调市场主体的个人利益与市场经济中社会利益的关系,始终是市场主体信用监管制度建设的重要着眼点。这意味着,一方面,市场主体信用监管制度应当以社会本位为主要导向,并以之为依据构建具体的实体规则和程序规范;另一方面,市场主体信用监管制度还应当兼容市场

① 参见张文显主编:《马克思主义法理学——理论与方法论》,吉林大学出版社 1993 年版,第 105 页。

② 参见薛克鹏:《论经济法的社会本位理念及其实现》,载《现代法学》2006 年第 6 期。

主体的个体利益和特定情形下的国家利益。确认和维护市场主体的个体利益,是市场主体信用监管制度建设的前提和基础;切实维护相关国家利益,则是市场主体信用监管制度建设的应有之义。

三是坚持市场主体信用监管制度构建的科学性与系统性。市场主体信用监管制度建设,旨在“加强社会信用体系建设,深入推进‘放管服改革’,进一步发挥信用在创新监管机制、提高监管能力和水平方面的基础性作用”,[①]是中国特色社会主义法治体系的重要组成,是推进国家治理体系和治理能力现代化的基本方面。从国家治理的现代化角度,探寻市场主体信用监管制度建设思路和方案,是维护和实现社会本位的要求。市场主体信用监管制度应当坚持社会参与,尤其是利益相关者的有效参与。利益相关者尤其是市场主体作为市场运行所产生的各种关系的基本构成,“处在各种社会关系、团体和社群中”。[②] 市场秩序在根本上所反映的社会利益,则是市场主体作为“成员共同享有的利益”。[③] 但市场主体往往容易忽视对社会利益的维护。[④] 对此,唯有引入社会共治,方能激励市场主体对市场主体信用的培养与维护、市场主体信用监管的积极参与。

四是注重防范滥用社会本位的问题。其一,确认和保护市场主体的权利,并以之为基础寻求实现社会利益的途径,乃是防范滥用社会本位的基本前提。其二,在处理市场主体利益与社会利益冲突时,应当坚持维护市场主体合法利益,兼顾社会利益实现。哪里有利益,哪里就有市场主体实现利益的努力。[⑤] 在法律的视域中,市场主体对利益的追求存在合法与否的价值判断。市场主体的合法利益诉求,仍然面临与社会利益相冲突的可能。但坚持对市场主体合法权益的确认和保护,乃是现代法治之现

① 参见《国务院办公厅关于加快推进社会信用体系建设构建以信用为基础的新型监管机制的指导意见》(国办发〔2019〕35号)。

② [美]罗斯科·庞德:《法理学》(第3卷),廖德宇译,法律出版社2007年版,第20页。

③ [美]曼瑟尔·奥尔森:《集体行动的逻辑》,陈郁、郭宇峰、李崇新译,上海三联书店、上海人民出版社1995年版,第7页。

④ 参见[古希腊]亚里士多德:《政治学》,吴寿彭译,商务印书馆1983年版,第48页。

⑤ 参见邱本:《社会经济团体与政府适度干预》,载张守文主编:《经济法研究》,北京大学出版社2003年版,第145页。

代性的基本要求。在确认和保护市场主体合法权益的前提下兼顾社会利益,成为市场主体信用监管制度的基本定位。其三,重点防范监管者泛化甚至滥用社会本位。"如果没有坚实的社会基础,有序的法治社会建设,法治政府和法治国家根本无从谈起。"①市场主体信用监管中的监管者以公权身份介入私权关系。为防范其对社会本位理念以及依此形成的相关职权的滥用,有必要从监管权配置、监管程序、监管方式、监管手段、监管责任等相关方面,系统构建市场主体信用监管制度。

二、"宽进严管"背景下市场主体信用监管制度构建的基本原则

法律原则是法律制度构建所遵循的基本准则,也是法律制度功能生成的重要依据。在"宽进严管"背景下,构建符合中国实际的市场主体信用监管制度,仍然离不开基本原则的指导。同时,确立市场主体信用监管制度的基本原则有利于市场主体信用监管制度的实施,并在特定情况下具体适用于个案,实现法律原则的裁判功能。② 但仍然应当在法治原则的基本框架内确定市场主体信用监管制度的基本原则,③按照市场主体信用监管制度的基本理念,在市场主体信用监管法治化的语境中加以识别,服从于市场主体信用监管制度的目标要求。

(一)合法原则

法治原则是一条基本的文化公理,是人类文明的现代形态对公共生

---

① 参见杜晓、许尚楸:《权威解析三个"法治"为何要"一体建设"》,载《法制日报》2013年3月1日,第4版。

② 参见舒国滢:《法律原则适用中的难题何在》,载《苏州大学学报(哲学社会科学版)》2004年第6期。

③ 参见葛洪义:《法律原则在法律推理中的地位和作用——一个比较的研究》,载《法学研究》2002年第6期。

活规范和秩序的特殊理解。[①] 合法性则是法治原则在社会生活中的基本“写照”。市场主体信用监管制度作为开展市场主体信用监管活动的制度依据,将其纳入立法并由立法予以规范设计,是合法原则的首要且核心的要求。这就需要将市场主体信用监管纳入立法,在市场主体信用监管制度构建中秉持合法性原则。究其原因,主要包括以下几个方面。

一是市场主体信用监管以市场主体信用信息为基础,涉及市场主体的隐私权、商业秘密权以及其他信息形态的权利。无论是市场主体信用信息收集、利用,还是市场主体守信激励、失信惩戒、信用修复,在实质上都会影响市场主体的经营自主权以及前述相关信息形态的权利。无论是对市场主体相关信息形态权利的保护,还是规范市场主体相关信息形态权利的行为,不但要合乎《立法法》规定,也要符合相应立法位阶的要求。[②]

二是市场主体信用监管主要属于公权力主导的国家干预。在社会共治理念下,尽管行业组织的行业监管、其他主体的社会监督均属于市场主体信用监管的组成部分,但公权力主导开展的市场主体信用监管立法、市场主体信用监管执法以及市场主体信用监管司法仍然是市场主体信用监管制度的主要方面。将公权力纳入法治框架,规范公权力的运行,既是现代法治的重要要求,也是协调市场主体信用监管权与保护市场主体合法权利的必然选择。

三是市场主体信用监管制度属于基本制度。依据《立法法》第 8 条的规定,市场主体信用监管制度作为“基本经济制度”属于“只能制定法律”的事项。《国务院办公厅关于加快推进社会信用体系建设构建以信用为基础的新型监管机制的指导意见》(国办发〔2019〕35 号)也从“制定社会信用体系建设相关法律”“公共信用信息管理条例、统一社会信用代码管理办法”“全国统一的信用监管规则和标准”“信用监管急需的国家标准”

---

① 参见郑成良:《论法治理念与法律思维》,载《吉林大学社会科学学报》2000 年第 4 期。

② 参见袁文瀚:《信用监管的行政法解读》,载《行政法学研究》2019 年第 1 期。

等方面，提出“建章立制”的任务要求。这说明，市场主体信用监管制度是一个体系性、复杂性的国家层面的重要制度，同时也是中国特色社会主义市场经济的核心法律制度。

合法性原则针对市场主体信用监管制度构建，提出如下主要要求：一是理清市场主体信用、市场主体信用信息的类型以及二者的边界，在市场主体信用监管制度中处理好政府与市场关系、多维目标实现与市场主体权利保护关系、监管权的纵横配置与有效实现关系、监管制度的普适性与差异性关系。二是协调好市场主体信用监管制度的全国性立法与地方性立法、市场主体信用监管制度立法与市场主体信用监管政策的关系，并在此基础上探索市场主体信用监管制度内容。三是在市场主体信用监管制度立法中坚持信用信息分类监管、信用监管多元化、信用监管标准体系性等基本要求，实现市场主体信用监管的一体化、全流程、协同性。四是将市场主体信用监管制度作为市场主体信用监管的具体依据，协同推进市场主体信用监管立法、执法及司法。

（二）关联原则

法律原则是法律内容及其实施活动的基本原理和准则，相比法律规则更能反映法的本质、法的要求。一项原则要能够成为法律原则，必须具有抽象性、原理性、本质性和指导性。由是观之，关联原则并不直接符合法律原则的特征要求，但作为法律制度和法律机制设计所应当遵循的基本指导，是完全可行的。市场主体信用监管制度构建涉及大量的主体类型，在信息类别、信息使用方式、监管主体、监管环节、监管标准等方面具有明显的现实性和复杂性特征。如何在复杂性中把握市场主体信用监管制度的科学性，尤其要围绕市场主体信用监管制度的目标要求和主要功能，理清相关方面的关联性，将关联原则作为市场主体信用监管制度构建的基本原则。市场主体信用监管制度构建所应坚持的关联原则，主要体现在如下方面。

一是市场主体信用监管制度建设与实施应当与市场主体信用监管的目标要求直接关联。这意味着，既要将市场主体信用监管的多维目标作为一个整体,按照先后顺位确定目标要求,又要在市场主体信用监管制度建设与实施中确保与市场主体信用监管的多维目标的一致性。

二是多元化背景下市场主体信用监管中政府监管与行业监管、社会监督的关联性。一方面,市场主体信用监管制度设计中,市场主体信用监管的立法、执法及司法之间应当关联建构、协同设计,实现三者的协调统一;另一方面,市场主体信用监管中的政府监管、行业监管、社会监管之间存在主次关系,但相互间须协调配合。这既是国家治理体系和治理能力现代化建设的要求,也是市场主体信用监管制度科学构建的基本思路。

三是市场主体信用信息的征集、公示、使用应当符合市场主体信用监管制度的价值要求。泛化市场主体信用信息范围以及市场主体信用信息征集范围,既不符合科学构建市场主体信用监管制度的要求,也容易侵犯市场主体的合法权益。市场主体信用信息公示不足,不利于交易相对方对交易安全的预判,不利于遏制个别市场主体的违法行为;市场主体信用信息公示过度,虽利于增加市场主体及市场交易的透明度,但不利于对市场主体商业秘密权等权利的保护。此外,市场主体信用信息使用中的政府使用、特定市场主体使用等,亦存在上述类似问题。对此,需要立足市场主体信用监管制度的价值要求,把握好限度,一体设计市场主体信用信息的征集、公示、使用等方面的规则。

四是市场主体信用监管应当与市场主体特定行为相关联。守信激励、失信惩戒、信用修复是市场主体信用监管制度的主要内容,均以特定市场主体的市场行为的法律评价为适用依据。在市场主体信用监管制度设计中,坚持关联原则,应做到两点:其一,守信激励、失信惩戒以及信用修复相关规则设计,应当以市场主体信用信息为依据,以市场主体信用信息平台为依托。其二,守信激励、失信惩戒以及信用修复应当直接与市场主体的相关行为相关联。其中,符合法定标准的守信行为,应当获得守信激励;达到法定标准的失信行为,应当受到失信惩戒;达到法定标准的修复行为,应当获得信用修复。

(三)适当原则

适当原则是适度干预理念在市场主体信用监管制度构建中的基本要求和具体体现。市场主体信用监管制度构建中的适当原则,主要指要按照市场主体信用监管制度构建的理念要求,立足中国特色社会主义市场经济发展需要,按照普适性与差异性兼容的立法框架,合理处理市场主体信用监管中的相关关系并以此为基础设计相关法律规则。详言之,市场主体信用监管制度构建中的适当原则主要体现在如下方面。

一是合理划定市场主体信用监管中政府监管与行业监管、社会监督的边界。三者在市场主体信用监管制度中具有一致性、统一性。这是市场主体信用监管制度构建中应当坚持的主要方面。在一致性和统一性基础上,合理划定三者的边界,就要坚持和落实好社会共治的理念,着力处理好市场主体信用监管中政府与市场的关系。在此基础上,探索建立适应这一要求的市场主体信用监管制度。

二是合理确定市场主体信用信息征集类型,明确市场主体信用信息公示范围,细化市场主体信用信息使用范围。市场主体信用信息类型、市场主体信用信息公示范围、市场主体信用信息使用渠道的确定,既是市场主体信用监管所要实现的适度干预理念的重要着力点,也是市场主体信用监管制度构建中关涉多元监管目标实现与市场主体权利保护关系、监管权科学配置与有效实施的重要内容。坚持适当原则,就是要依据市场主体信用监管制度的目标要求和价值诉求,合理确定市场主体信用征集的信息类型及其公示的范围,细化市场主体信用信息使用主体、途径、方式和限度。

三是合理确定市场主体失信惩戒与市场主体的违法行为规制、司法裁判以及司法失信行为认定、信用修复之间的衔接关系。首先,市场主体的违法行为不一定都属于市场主体信用信息征集范围;即使属于征集范围,也不一定触发失信惩戒规则的适用。市场主体信用监管制度宜明确引起失信惩戒的违法行为的范围或要件,即唯有特定违法行为方可引起失信惩戒。其次,不宜将市场主体涉及的司法行为全部纳入市场主体信用监管范畴;能够引起失信惩戒的司法行为,仅限于符合市场主体信用监管范围和要求的司法失信行为。[①] 此外,失信惩戒与信用修复之间的关联性和差异性并存,但仍应当肯定失信惩戒主体具有信用修复的可能性。这就需要在市场主体信用监管制度构建中以类型化为思路,确定失信惩戒主体修复信用的法定渠道、判断标准、法定方式、法律效果等内容。

(四)比例原则

比例原则往往被认为是一项公法的原则,其精髓在于“禁止过度”,却对整个法律秩序都发生作用。[②] 将比例原则作为市场主体信用监管制度构建的基本原则,有利于限制市场主体信用监管立法者、执法者以及司法者的“目的设定裁量”,保护市场主体权利,实现实质正义。[③] 在市场主体信用监管制度的构建中,比例原则的主要要求如下。

一是科学把握市场主体信用监管制度设计的必要性。必要原则作为比例原则中的子原则之一,要求市场主体信用监管制度构建应当坚持必要性这一基本标准。例如,确定市场主体信用征集的信息范围,应当立足我国市场的监管实际,符合我国市场主体信用监管的目标要求;划定市场主体信用信息公示类型,必须权衡市场主体权利保护与市场监管之间的关系,符合市场主体监管理论和监管实践的需要;市场主体信用惩戒法定情形的设计,尤其是失信惩戒的具体方式,应当兼顾现有相关法治理论、法律制度以及市场主体作为相对人的行为矫正需要。[④] 这些需要实则属于市场主体信用监管制度设计中必须把握好的必要性要求。

二是均衡设计市场主体信用监管立法、执法以及司法的相关规定。[⑤]

---

① 考虑司法裁判中一些可纳入市场主体信用信息监管平台的特定违法行为,本就属于市场主体市场行为的范畴而纳入信用信息征集范围,因此司法机关仍负有提供相关信息的职责。但考虑到该类行为并非产生于司法活动中,因而本处仅考虑司法活动中产生的司法失信行为。

② 参见郑晓剑:《比例原则在民法上的适用及展开》,载《中国法学》2016 年第 2 期。

③ 参见刘权:《目的正当性与比例原则的重构》,载《中国法学》2014 年第 4 期。

④ 参见袁文瀚:《信用监管的行政法解读》,载《行政法学研究》2019 年第 1 期。

⑤ 参见张明楷:《法益保护与比例原则》,载《中国社会科学》2017 年第 7 期。

全国性市场主体信用监管立法与地方性市场主体信用监管立法之间、不同层级的市场主体信用监管执法之间以及市场主体信用监管的相关司法活动,均应当在坚持一体性的基础上加以协调、平衡,实现市场主体监管立法、执法和司法的科学统一。这一均衡实质指向的是市场主体信用监管对社会利益、集体利益、个体利益的均衡保护。比例原则对于贯彻法益保护原则具有方法论的意义,要求在市场主体信用监管制度构建中将行业性的集体利益融入社会利益,在保护市场主体权利的基础上,注重社会利益的实现。

三是确保市场主体信用惩戒与信用激励的"均衡性"。"均衡性"是比例原则的重要子原则,对市场主体信用监管制度构建提出相关要求:失信惩戒与守信激励作为市场主体信用监管制度的两大核心构成,相互间应当处于"宽严得当""协同并举"的状态。尽管在具体构成、判定标准、利益影响等方面存在差异,但两者作为同一制度的组成,相互在立法、执法、司法中不可偏颇。即使单从失信惩戒或守信激励来看,同种行为也应当受到相同的对待。① 这是实现市场主体信用回应性监管的基本要求。②

四是相关方案选择,应当秉持针对相关市场主体损害相对最小,有利于实现社会公共利益的原则,选择合理性方案。③ 无论是失信惩戒,还是守信激励,抑或是信用修复、信用监管标准的设定,都是对市场主体信用监管中复杂、多元利益关系的调整。包括确定失信惩戒的法定情形在内的相关制度设计,坚持损害最小化,是市场主体信用监管制度现代性的重要体现,构成市场主体信用监管制度的重要内容。

---

① 参见[德]卡尔·拉伦茨:《法学方法论》,陈爱娥译,商务印书馆2003年版,第212页。

② 参见王湘军:《商事登记制度改革背景下我国市场监管根本转型探论》,载《政法论坛》2018年第2期。

③ 参见刘权:《论必要性原则的客观化》,载《中国法学》2016年第5期。

三、“宽进严管”背景下市场主体信用监管制度构建中重大关系的协调

高水平的社会治理有赖于社会主体的自我服从，而自我服从又源于社会主体的高度认同。① 如果市场主体信用监管立法滞后、监管理念滞后、监管方式陈旧、社会参与严重不到位，②“宽进严管”背景下市场主体信用监管制度建设将受到影响。市场主体信用监管作为市场治理的主要依托，其有效性既取决于相关主体对市场主体信用监管的共性认知和有效参与，也有赖于为解决市场监管转型滞后针对体制、机制和制度障碍所建立的协同方案，旨在建立符合中国特色社会主义市场经济发展需要的社会共治的市场主体信用监管制度。“宽进严管”背景下市场主体信用监管制度建设，须着力协调好四对关系。

（一）市场主体信用监管中的政府与市场的关系

政府与市场的关系是市场经济法治建设的基本范畴。科学界定政府与市场的关系，也是推动政府职能转变的基本共识。信用以信任为基础，被认为是维持市场有序运行、降低成本的基本机制。③ 然而，市场主体的牟利性以及信息失灵等成因加持，以致信用的维持往往面临较大的机会成本，甚至严重破坏诚实守信这一基本市场道德。市场信用的建设，既是市场主体的个体权益，也事关市场主体的健康发展，更关乎市场的健康运行和市场机制功能的有效发挥。政府将市场主体信用建设作为一项重要

---

① 参见江必新：《以党的十九大精神为指导　加强和创新社会治理》，载《国家行政学院学报》2018 年第 1 期。

② 参见中国（海南）改革发展研究院课题组：《监管变革：由传统市场监管向治理创新转型》，载《上海证券报》2016 年 3 月 26 日，第 6 版。

③ 参见张维迎：《法律制度的信誉基础》，载《经济研究》2002 年第 1 期。

的公共产品，根植于市场并且为市场存在。[1] 在政府与市场的互动中，市场主体信用监管理论得以生成，市场主体信用监管制度得以发展。

党的十八届三中全会指出，转变政府职能是处理好政府和市场的关系的关键。“宽进严管”的商事登记制度改革后，与之相适应的市场主体市场监管制度建设亟待推进。市场主体信用监管成为市场主体监管制度建设的重点。从传统的市场监管方式转向社会共治下的市场治理创新，[2] 无论是对转变监管理念的要求，还是建立多元共治格局的监管框架，市场主体信用监管制度建设均以处理好政府与市场关系为基本主线。市场主体信用监管制度建设中政府与市场关系的协调，仍然以有效发挥市场机制功能和保护市场主体合法权益为基础，着力规避传统市场管理模式的弊端，提升监管的精准性、有效性，[3]实现市场主体信用监管中的公私法协同。[4]

在规制或监管理论发展中，信用监管的研究相对较新、理论建构相对薄弱，其价值却得到了一致认同。[5] 唯有协调好政府与市场的关系，方能把握市场主体信用监管制度建设的基本逻辑，实现市场主体信用的优势功能。“宽进严管”背景下市场主体信用监管制度构建中政府与市场关系的协调，集中体现在市场主体信用监管制度构建中的“向度”“精度”“宽度”三个方面。

明晰市场主体信用监管制度的“向度”，是市场主体信用监管中政府与市场关系协调的基础逻辑。市场主体信用监管作为国家干预的重要方式，亟须按照“两个需求”“两个适应”明确市场主体信用监管的边界。

---

① 参见姜明安：《论法治国家、法治政府、法治社会建设的相互关系》，载《法学杂志》2013 年第 6 期。

② 参见中国（海南）改革发展研究院课题组：《监管变革：由传统市场监管向治理创新转型》，载《上海证券报》2016 年 3 月 26 日，第 6 版。

③ 参见袁文瀚：《信用监管的行政法解读》，载《行政法学研究》2019 年第 1 期。

④ 参见吴宏伟、金善明：《社会本位观：反垄断法立足之本》，载《法学家》2008 年第 1 期。

⑤ 参见谢新水、檀阳：《论基于共享经济“软基础”的信用监管》，载《理论与改革》2020 年第 5 期。

“两个需求”分别是市场发展的需求和科学监管的需求;“两个适应”则是适应市场健康发展和适应科学社会治理。同时,市场主体信用监管与相关方面的关系厘清,亦为市场主体信用监管制度建设的重要向度。主要涵括:一是服务“放管服”改革。“放管服”改革中的“管”意指创新监管,“服”即为高效服务,实质指向的是市场经济发展中政府角色、边界的科学定位。市场主体信用监管属于“放管服”改革的重要方面,是“放”的改革后与之相适应的“管”和“服”的重要内容。二是面向供给侧结构性改革。市场主体信用监管的守信激励和失信惩戒,是规范市场主体行为的重要方式。将相关目标要求有效融入市场主体信用监管制度,成为促进实现供给侧结构性改革的重要进路。三是致力改善营商环境。明晰政府与市场边界,是改善营商环境的内核。市场主体信用监管制度建设,要求明晰政府与市场边界。这也成为改善营商环境背景下市场主体监管的基本抓手。

厘清市场主体信用监管制度的“精度”,是市场主体信用监管中政府与市场关系协调的基本主线。其主要要求:一是精准定位市场主体信用监管中的政府角色。国家是市场主体信用监管中的“当为者”,扮演着市场主体信用监管制度的设计者、立法者、执法者、实施者等多重角色;政府则是市场主体信用监管的主要承担者。二是区分市场主体信用监管与行政审批。市场主体信用监管是“宽进严管”背景下市场主体监管的核心制度。其制度绩效在极大程度上取决于规则的科学性、实施的专业性、适用的有效性。三是区分市场主体信用监管与行政处罚。依法监管,是法治社会有效规范市场主体行为的基本思路。市场主体信用监管的本质是国家适度干预,具体内容涵盖市场主体信用信息征集、平台建设、信用评价、信用信息利用、守信激励与失信惩戒等方面。即使是市场主体信用监管制度中的失信惩戒亦由多层次内容构成,仅部分在性质上属于行政处罚。

拓展市场主体信用监管制度的“宽度”,是市场主体信用监管中政府与市场关系协调的重要抓手。政府在克服市场失灵中具有征税权、禁止权、处罚权和较低的交易费用等优势，[①]但极易陷入政府失灵的困境。[②]为此，现代社会共治理论发展呼唤的是大监管，重视其他利益相关者参与监管，由政府、市场主体、其他利益相关者共同承担市场监管责任。[③] 市场主体信用监管制度构建的方向即为强化政府监管、行业自律与社会监督并行的多元主体监管模式。[④] 政府的外部监管、主体的内部控制、行业的自治监管、社会的举报监督等，共同构成了现代市场主体信用监管制度的体系格局。政府的外部监督是市场主体信用监管的主导。政府依托建立信用监管平台和信用监管体系，实现信用信息的归集利用，实施守信激励和失信惩戒，落实监管责任。市场主体依托信用信息，实现自我行为纠偏，增强信用等级，同时实现社会监督的权利。行业组织连接政府与市场主体，通过搭建关联性平台、聚焦行业政策、共享信用信息，[⑤]通过使规范和管理共同体及其成员具有认同感、组织力、志愿性，[⑥]以及建立信用评估机构实施自主评估，共同构成行业的自治监管。足见，企业信用监管体系具有突出的主导性、多元性、复杂性特征，是社会信用体系建设的重要内容。企业信用监管制度的建设，有利于推进社会信用体系建设，实现“市场联防”。[⑦]

---

① 参见[美]斯蒂格列茨:《政府为什么干预经济——政府在市场经济中的角色》，中国物资出版社1998年版，第74页。

② 参见[美]道格拉斯·C.诺思:《经济史中的结构与变迁》，陈郁、罗华平等译，上海三联书店、上海人民出版社1994年版，第22页。

③ 参见王湘军:《商事登记制度改革背景下我国市场监管根本转型探论》，载《政法论坛》2018年第2期。

④ 参见顾敏康:《新时代呼唤市场监管新理念》，载《中国市场监管报》2020年5月23日，第3版。

⑤ 参见祝丽丽、周雨、吴瀚然:《强化行业自律:完善市场信用监管》，载《宏观经济管理》2019年第7期。

⑥ 参见石亚军、高红:《政府在转变职能中向市场和社会转移的究竟应该是什么》，载《中国行政管理》2015年第4期。

⑦ 参见林钧跃:《论政府市场信用监管的创新方向》，载国家市场监督管理总局，http://www.samr.gov.cn/xyjgs/llyj/201905/t20190528_301480.html。

（二）市场主体信用监管的多维目标实现与市场主体权利保护的关系

信用监管过度楔入私权领域，[①]是市场主体信用监管制度建设面临的重大现实困境。从现代治理理论来看，国家并不是唯一的中心角色，也不是自主于社会的力量，[②]而是承担着充分整合、发挥各方面作用的职责，以实现治理现代化、科学化的主要责任者。在此背景下，国家极力推进“宽进严管”的商事登记制度改革，完善事中事后的严格监管，致力于实现市场监管的重要目标。市场主体信用监管作为市场监管的内核，靶向实现市场监管的多维目标。《国务院关于建立完善守信联合激励和失信联合惩戒制度加快推进社会诚信建设的指导意见》（国发〔2016〕33 号）从激励和惩戒两方面提出的“简政放权和政府职能转变”“营造公平诚信的市场环境”“构建以信用为核心的新型市场监管体制”，均为市场主体信用监管的基本目标。市场主体信用监管通过公权力主导的协同监管实现多维目标，极易侵蚀市场主体的权利空间，但事实上与市场主体权利保护之间在本质上仍保持导向的一致性。

市场主体权利保护是市场主体信用监管制度建设的基础目标。财产是信用实现的物质基础。[③] 保护权利尤其是财产权利是现代社会的主要标志。尽管市场主体信用监管的多维目标以及市场主体利益诉求的多样性，本就是社会分化的重要体现，但多元理性的矛盾冲突离不开现代理性的调和。[④] 一方面，市场主体权利的范围极广，既包括财产权等传统的典型私权，也包括隐私权、信息自决权、被遗忘权等新型权利；[⑤]另一方面，若将信用监管过度嵌入私权领域，往往会造成相对人财产性权益的侵害。[⑥]

---

① 参见袁文瀚：《信用监管的行政法解读》，载《行政法学研究》2019 年第 1 期。

② 参见李姿姿：《国家与社会互动理论研究述评》，载《学术界》2008 年第 1 期。

③ 参见柴艳萍：《解读马克思的信用观——兼论诚信与信用之关系》，载《科学社会主义》2013 年第 4 期。

④ 参见李雪松：《社会治理共同体的再定位：一个“嵌入型发展”的逻辑命题》，载《内蒙古社会科学》2020 年第 4 期。

⑤ 参见罗培新：《善治须用良法：社会信用立法论略》，载《法学》2016 年第 12 期。

⑥ 参见赵宏：《信息自决权在我国的保护现状及其立法趋势前瞻》，载《中国法律评论》2017 年第 1 期。

对此,进行信用监管立法,有利于强化个人权利保护,但对信用监管立法的一些重要内容的处理,又必然影响市场主体的权利保护,比如信用信息中所涉个人信息是否为民事权利、市场主体信用信息的边界、市场主体信用信息的利用限度,等等。[①] 市场主体信用监管的多维目标实现与市场主体权利保护的冲突,实质上反映的是公益与私益失衡。本书认为,应当坚持市场主体合法权利优先保护的基本取向,并在此基础上保证现骨干规则构建的适度性。[②] 在此基础上,既要通过赋权,确定市场主体信用监管中信用信息的权利属性、边界范围,坚持许可使用为主要原则,[③]完善市场主体信用监管制度,又要适度限权,强化市场主体权利保护相关的职责、义务、程序、责任。

信用信息征集、公示与利用同商业秘密权的保护之间的平衡,是市场主体信用监管制度建设的难点。2019 年 4 月修改的《中华人民共和国反不正当竞争法》(以下简称《反不正当竞争法》)将商业秘密的范围扩大为符合保密性、价值性、无形性的商业信息,[④]并通过加重行政处罚、赔偿责任,对商业秘密实施强有力保护。[⑤] 在商业秘密方面,我国面临保护的困境与经济安全风险。[⑥] 市场主体信用监管中涉及的信用信息征集、信用信息公示、信用信息使用,本质上以维护和实现社会利益为主要诉求,与商业秘密权保护这一典型的市场主体个体利益之间存在冲突的可能性。但保护商业秘密权仍然具有一定的社会利益属性。

同时,法律赋予商业秘密以产权,是以先占原则为基础、以激励信息生产投资为目的而在信息社会作出的一种制度安排,[⑦]并不当然排除市场

---

① 参见罗培新:《善治须用良法:社会信用立法论略》,载《法学》2016 年第 12 期。

② 比如市场主体信用的守信激励、失信惩戒相关规则设计,应当坚持适度性。这意味着并非所有的守信行为都应当予以激励,也并非所有的行为都是失信行为,并非所有的失信行为都要受到惩戒;同时,并非所有的惩戒在性质上都属于行政处罚。

③ 参见罗培新:《善治须用良法:社会信用立法论略》,载《法学》2016 年第 12 期。

④ 参见《反不正当竞争法》第 9 条第 4 款。

⑤ 参见《反不正当竞争法》第 17 条、第 21 条。

⑥ 参见李薇薇、郑友德:《欧美商业秘密保护立法新进展及对我国的启示》,载《法学》2017 年第 7 期。

⑦ 参见[美]罗伯特·考特、托马斯·尤伦:《法和经济学》,张军等译,上海三联书店、上海人民出版社 1994 年版,第 185 页。

主体信用监管中的社会利益,两者间存在兼容性。对此,鉴于两者在市场经济发展中的价值和功能,在相互冲突下,需要秉持公共利益优先、兼顾经济效益原则,保护商业秘密权。[①] 一方面,市场主体信用信息的征集不存在商业秘密权保护的绝对限制,但市场主体信用信息公示则应当以“保护涉及公共安全、国家秘密、商业秘密和个人隐私等信息”为前提。[②] 例如,2014 年颁布的《企业信息公示暂行条例》第 3 条早已明确规定涉及企业商业秘密的企业信息公示,县级以上地方人民政府有关部门应当报上级主管部门批准。另一方面,应当坚持适当必要性、比例性等正当程序原则,以市场主体信用信息公示方式、内容的类型化为依据,明确哪些信息公开,哪些信息不公开,以及哪些信息属主动公开,哪些信息属依申请公开。

(三)市场主体信用监管权的横纵配置与有效实施的关系

高度集中的市场主体信用监管权配置往往更利于市场主体信用监管权的有效实施,但行政监管体制设置、市场监管权构成的认知也影响市场主体信用监管权的实践效果。尤其是市场主体信用监管权的纵向与横向配置作为市场主体信用监管权配置的关键内容,其科学性对于市场主体信用监管权实施的影响十分明显。厘清市场主体信用监管权是市场主体信用监管权科学配置和有效实施的基本前提和重要内容。关于市场主体信用监管权的构成,有研究提出,其包括监管制度制定权、直接的监督管理权、行业协会指导权。[③] 但以社会治理和适度干预理念观之,以广义与狭义的区分为依据,从广义角度界定市场主体信用监管权更契合市场监管理论和市场信用治理实践,即将市场主体信用监管权划分为市场主体信用监管立法权、市场主体信用监管执法权、市场主体信用监管司法权、市场主体信用行业组织监管权、市场主体信用社会监督权。

从横向来看,当前的市场主体信用监管以市场监督主管部门的监管

---

① 参见周澎:《中美商业秘密保护问题及对策研究》,载《法学杂志》2020 年第 9 期。
② 参见《国务院关于加强和规范事中事后监管的指导意见》(国发〔2019〕18 号)。
③ 参见吕群蓉:《论征信监管权》,载《政法学刊》2007 年第 5 期。

为主,而中国人民银行等其他相关监管机构则主要从社会信用、征信等方面,在各自职权职责范围内开展相应的市场主体信用信息监管。以企业信用信息公示为例,其他部门可通过企业信用信息公示系统或其他系统公示相关企业信息。企业信用信息公示系统与其他系统之间存在企业信息的互联共享。从纵向来看,国家市场监督管理总局是全国层面市场主体信用信息监管的主要机构,设有信用监督管理司,具体承担信用监管制度措施拟订,组织指导信用分类管理和信息公示工作,负责国家企业信用信息公示系统的建设和管理工作,以及建立经营异常名录和“黑名单”,承担市场主体监督管理信息和公示信息归集共享、联合惩戒的协调联系工作。县级以上地方人民政府的市场监管机构与其他相关机构之间亦存在类似的市场主体信用监管权配置。

足见,现有的市场主体信用监管权仍然以既有行政机构设置及其职权配置为依据,仍存在面向市场主体信用监管权有效实施的改进空间。在监管模式方面,一体化的分类监管模式是市场主体信用监管权科学配置的基本方向。一体化是指市场主体信用信息收集与利用,应当坚持以企业信用信息公示系统为统一平台,打破信息孤岛,将其他相关系统信息有效整合纳入该系统,实现市场主体信用监管权的有效实施。在一体化平台基础上,市场主体信用监管权配置应当坚持以市场监管机构为主,其他相关机构依职权参与,行业组织及其他相关主体积极参与的分类监管方式。当然,一体化的分类监管模式的有效运行还有赖于相关机构所在政府层面建立市场主体信用监管联络协调机制,协调整合相关监管机构的监管权。在前述监管权配置和监管模式选择的基础上,市场主体信用监管权的有效实施依托于四大机制。

一是全周期的信用监管机制,即对市场主体存在的全过程监管,覆盖了事前、事中、事后各个环节,是一种“侧重规范主体行为的全生命周期式监管机制”。[①] 同时,全周期的市场主体信用监管机制更加注重在监管规

① 杨柳:《新时代食品安全信用监管的逻辑起点、现实困境与政策建议》,载《中国物价》2019 年第 12 期。

则上对信用信息归集、信用信息公示、信用惩戒、信用激励的系统覆盖和体系运用。这就需要将市场主体信用信息的征集、加工、利用、共享、保护等纳入市场主体信用监管制度,制定具体的法律规则。①

二是协作监管机制。一方面,市场主体监管机构与其他相关监管机构之间需要建立信息共享、行动协调、效益协调的监管协作机制;另一方面,市场主体信用的政府监管与市场主体信用的行业监管、市场主体信用的社会监督之间同样有必要形成系统性的协作机制,以实现三者的协同作用和生成整体功能。

三是信用信息联通机制。市场主体信用信息类型繁多、内容复杂。从信用信息的生成来看,市场监管、银行、财税、海关、交通、公安、质检、环保、证券、保险、司法机构等,均在履职过程中生成大量市场主体信用信息。市场主体信用监管所依托的信用信息的征集,需要建立相关机构、单位的信用信息联通机制。同时,市场主体信用信息监管中出现的纳入“黑名单”等相关情况,还需通过信用信息联通机制,及时反馈至相关机构、单位。

四是信用信息利用机制。“通过加强对信用监管机构、征信机构的管理,加强对个体信用的评估,有利于防治信用泛化问题”,②也有利于增强市场主体信用信息利用的有效性和适度性。信用信息利用价值即是协调信用信息征集、信用信息公示、信用信息使用等信用信息监管全环节,覆盖激励、预警、惩戒、淘汰以及修复等各方面的法律机制。

(四)市场主体信用监管制度的普适性与差异性的关系

普适性与差异性是法律制度中的一个永恒话题。是否能够协调好普适性与差异性的关系,也成为衡量立法是否为“良法”的主要标志。尽管市场经济的整体性意味着市场主体信用监管制度的构建应当坚持普适性为主,但我国区域经济发展水平和程度、市场主体信用培育的成熟度等存

① 参见刘鑫:《美国企业信用体系建设借鉴》,载《中国中小企业》2020 年第 8 期。

② 谢新水、檀阳:《论基于共享经济“软基础”的信用监管》,载《理论与改革》2020 年第 5 期。

在差异,又意味着市场主体信用监管制度设计必须注重差异性。在特殊性方面,成因较多,典型的如:一是各地市场主体信用监管背景环境、适用情况等方面的特殊性。二是按照不同的标准,可将市场主体划分为不同类型。不同类型的市场主体,在信用监管中存在不同的监管要求和价值取向。三是由于市场主体信用信息类型的多样化,有必要坚持信用信息类型化的监管思路。如何协调普适性与差异性,成为我国市场主体信用监管制度构建时应当处理好的一项重要内容。坚持普适性、兼顾差异性,有利于增强市场监管的开放度、透明度,属于世界公认的国家治理现代化进路,①必然成为构建市场主体信用监管制度的基本思路。

复杂的市场主体类型、繁杂的信用信息类别、多元的监管实践特征,极大地增加了构建具有普适性的市场主体信用监管制度的难度。宏观而言,无论按照普适性要求,还是兼顾差异性需要,所构建的市场主体信用监管制度均应当坚持4条"底线":一是坚持将市场主体信用监管作为市场监管的核心抓手,将培育并规范市场主体信用作为建立健全社会信用体系运行机制的重要目标;②二是在坚持普适性的市场主体信用监管标准的前提下,以科学划分市场主体类别为基础,针对不同类别的市场主体构建特殊性的市场主体信用监管标准;三是坚持对市场主体及其相对方合法权益的保护,保护国家安全和社会公共利益;四是在科学界定市场主体信用信息的基础上,将市场主体的主体信息、财产状况、市场行为、涉司法信息及其他相关方面的信息整合,纳入市场主体信用信息系统,实现市场主体信用信息监管的协同性。

普适性内容设计是市场主体信用监管制度构建的重点。《国务院关于加强和规范事中事后监管的指导意见》(国发〔2019〕18号)提出,"加快推进相关法律法规和规章立改废释工作",这不仅为推进市场主体信用监管制度构建提供了立法依据,也内含推进市场主体信用监管制度立法

---

① 参见王敬波:《政府信息公开中的公共利益衡量》,载《中国社会科学》2014年第9期。

② 参见王伟、熊文邦:《我国信用服务业分类规制研究》,载《征信》2019年第12期。

的要求。换言之，全国性的市场主体信用监管制度立法即为普适性的要求和体现。一般而言，市场主体信用监管制度立法涉及的主要内容包括两方面：一方面是监管模式、监管思路、监管权配置（如集中与分散监管的格局）、①监管程序、市场主体权利保护、域外效力（如域外管辖权）、②法律责任等；另一方面是市场主体信用监管制度中的具体制度构成，如市场信用评价制度、信用风险预警制度、信用公开制度、协同监管制度、监管公平保护制度、激励与约束制度、惩罚性赔偿、公益诉讼制度、③信用信息交换与共享制度等。④

关于差异性的立法体现，在技术路线上建议如下：借鉴一般法与特别法之思路，形成普适性市场主体信用监管标准和特殊性市场主体信用监管标准。其中，普适性市场主体信用监管标准适用于所有类别的市场主体，特殊性市场主体信用监管标准则是在市场主体类别划分基础上确定适用范围；若有必要，还可在特殊性市场主体信用监管标准基础上，形成更为特殊的特殊性市场主体信用监管标准，即以市场主体类别的科学划分为依据，形成“普适性市场主体信用监管标准（全体市场主体）——特殊性市场主体信用监管标准（类别市场主体）——特殊的特殊性市场主体信用监管标准（类别市场主体中更为特殊的类型）”，以实现市场主体信用监管制度建设中普适性与特殊性的关系协调。

① 参见王伟、熊文邦：《我国信用服务业分类规制研究》，载《征信》2019 年第 12 期。

② 参见郑友德、钱向阳：《论我国商业秘密保护专门法的制定》，载《电子知识产权》2018 年第 10 期。

③ 参见胡仙芝、马长俊：《市场信用监管的政府责任及其实现机制》，载《中国行政管理》2020 年第 3 期。

④ 黄卓群：《我国社会信用体系机制：事前甄别还是失信惩戒——来自于创业投资的证据》，载《山西财经大学学报》2019 年第 1 期。

第五章　“宽进严管”背景下市场主体信用信息采集归集制度

信用信息采集，也称信用信息征集，指市场监管部门、市场中介服务机构等主体遵循特定的方法，对能够反映市场主体信用的相关信息依法、依约进行采集、整理、归纳、分析的行为。① 信用信息采集，是落实“宽进严管”背景下市场主体信用信息监管政策的前提与基础，同时也关系信用信息监管的水平与质量，可谓至关重要。尽管 2014 年国务院发布实施了《社会信用体系建设规划纲要（2014—2020 年）》，将信用信息监管提升到前所未有的重要战略位置，但目前我国信用信息监管尚处于起步摸索阶段，尚未有成型的市场主体信用信息采集制度。相对而言，我国当前的市场主体信用信息监管制度，比较注重信用信息公示、惩戒环节，对于信用信息采集环节的重视程度严重不足。有关信用信息采集的集中性、统一性规定，仅仅存在于原国家质量监督检查检疫总局和国家标准化管理委员会发布的《企业信用信息采集、处理和提供规范》等几部没有法律效力的示范性文件里，而且这些示范性文件的规定整体而言亦十分粗疏，多框架性、原则性规定，少精细化、科学化的具体规则。就信用信息监管问题而言，央行的征信监管积累的监管经验最丰富，但即便如此，央行 2021 年 1 月发布的《征信业务管理办法（征求意见稿）》对信用信息采集问题亦着墨不多，专门性规定仅有第 5 条的“最少、必要原则”，区区几个字，可谓粗

① 参见马国建：《构建企业信用信息征集体系研究》，载《江苏大学学报（社会科学版）》2004 年第 6 期。

疏,但仍旧被媒体给予高度肯定,由此可见当前市场主体信用信息采集规范之贫乏。然而,如前所述,市场主体信用信息采集是信用信息监管的基础和前提,信用信息采集制度不完善,其后的公示、惩戒等环节均会受影响。

一、我国当前市场主体信用信息采集情况的现状梳理

尽管“市场主体信用信息监管”的概念已经提出多年,实践中的信用信息采集工作也积累了一定的前期经验,但当前的信用信息采集尚无成型、统一的制度规则可以依循。经总结提炼国务院、央行、国家标准化管理委员会、国家发改委、国家市场监督管理总局以及各地方政府出台的一系列相关信用信息监管文件,可将我国当前的市场主体信用信息采集情况集中归纳为以下三个层面,即信用信息采集的主体、信用信息的类型和信用信息采集的基本原则。

(一)信用信息采集的主体

尽管市场主体信用信息监管作为一种新的监管概念,近几年才被提出,但是信用信息监管实践却践行久矣。相应地,市场主体信用信息采集的主体亦比较广泛。根据信用信息采集主体的不同属性、职能定位,可将我国当前的市场主体信用信息采集主体分为以下几类。

1. 市场监管机关

因职责所在,市场监管机关是目前我国最主要的信用信息采集主体,市场监管局、发改委、税务局、环保局、人力资源和社会保障局等监管机关均在各自职责领域内承担不同程度的信用信息采集职能。其中,以国家市场监督管理总局和国家发改委最具代表性,当前最权威的企业信用信息查询平台“国家企业信用信息公示系统”是由国家市场监督管理总局负责组建,国家信息中心是由国家发改委组建。从全国各地发布的市场主

体信用信息采集办法的规定情况来看,一般是由地方政府专门办公室负责市场主体信用信息采集的领导工作,由地方市场监督管理局、发改委或者经济和信息委员会负责具体的管理执行工作。如根据太原市人民政府发布的《太原市企业信用信息征集和发布管理办法》,太原市政府设立信用信息征集、管理领导组,领导组下设办公室,办公室设在太原市市场监督管理局。[①] 根据《宜兴市企业信用信息征集管理办法》的规定,宜兴市政府成立企业信用体系建设领导小组,领导小组下设办公室,该办公室设在宜兴市经济和信息化委员会。[②] 有的地方则将办公室设在发改委,由其统一负责市场主体信用信息的采集管理工作。但无论怎样设置组织领导机构,市场监管主体都是目前最主要的信用信息采集主体,也是市场主体信用信息监管的主要领导和推动部门。

2. 金融机构及金融监管部门

各商业银行、证券公司、信托公司、担保公司等金融机构基于业务开展需要采集企业等相关市场主体的信用信息,以判断交易对象的资信状况。央行作为金融监管机关,基于防范和化解金融风险之需,以征信中心为依托,建立了庞大的征信信息采集机制。同市场监管局、发改委不同,金融机构及金融监管部门所采集的信用信息比较集中,主要体现为市场主体的信贷信息,不具有系统性、全面性。近年来,央行也在逐步扩大信用信息采集范围,除信贷信息外,市场主体的纳税、社保等非银行信息也逐渐被囊括进采集范围之内,致力于使征信系统信息可以全方位反映市场主体的信用状况。[③] 在所有信用信息采集主体中,可以说金融机构及金融监管部门是最早实施信用信息监管的主体,也是当前积累信用信息采集、监管经验最丰富的主体。

---

① 参见《太原市企业信用信息征集和发布管理办法》。

② 参见《宜兴市企业信用信息征集管理办法》。

③ 参见安瑞萍:《非银行信用信息采集工作中存在的困难及建议》,载《华北金融》2011 年第 1 期。

3. 行业协会等社会中间层

以行业协会为代表的社会中间层,也是市场主体信用信息采集的重要主体。行业协会本身承担着行业内的各项管理职能,基于了解掌握行业发展情况、科学规划行业发展方向的管理需求,必然要对行业内市场主体的相关信用信息进行采集、归纳、统计、分析,然后以年报、行业报告等形式向行业成员或社会公众发布。一般来说,行业协会等社会中间层采集、管理、发布的市场主体信息多具有宏观性、整体性,重在反映行业的整体发展情况,而非反映具体市场主体的个体信用情况。因此,行业协会所采集的信用信息对于各个行业的宏观、审慎监管具有非常重要的意义。

4. 市场中介服务机构

此所谓市场中介服务机构,主要是一些以提供信用信息服务为营业范围的市场中介公司。总体而言,由于信用信息的商业价值尚未被充分挖掘出来,信用信息的评价标准有待确立、评价水平有待提升等原因,我国目前市场上这类公司还没有完全发展起来。但不可否认,这类主体相对于国家监管机关而言,由于利润动机驱动,更具全面、及时采集信用信息的主观动力,未来市场前景广阔。其实,在一些发达国家,致力于服务资本证券市场的信用信息采集中介服务机构已经发展得比较成熟,典型的代表是上市公司信用评级机构,如美国标准·普尔公司、穆迪投资服务公司和惠誉国际信用评级有限公司,已然成为世界最权威的信用评级机构。遗憾的是,目前我国资本市场上的信用评级机构尚未真正发展起来。此外,大众点评网、企查查等新型互联网平台依靠大数据信息提取、数据爬虫、人工智能、区块链等技术手段,如今在市场主体信用信息采集工作中扮演着日益重要的角色。信息信用监管是社会共治的一个重要层面,随着市场监管权的改革,未来更多的信用信息采集、加工、整理工作将主要由市场力量参与负责,市场力量甚至可能成为最主要的信用信息采集者。

(二)信用信息的类型

“宽进严管”背景下市场主体信用信息采集,到底要采集哪些信用信息,是一个至关重要的前提性命题。对于该问题,法律尚未有统一、明确的规定。2020 年两会期间,全国人大常委会委员长栗战书表示,社会信用法已经列入全国人大的立法工作计划之中,信用信息的分类问题有望在该部法律中予以明确。到底何为信用信息、信用信息究竟应当如何分类,传统观念认知主要来自征信信息,而征信信息主要是主体信息和财务信息,范围相对较窄,与当下强调的市场主体信用信息监管的监管口径并不匹配。因此可以说,信用信息监管概念下的信用信息范围要比征信信息宽泛很多。①

从目前各地出台的信用信息监管办法的规定来看,比较常见的做法是对信用信息采取明确列举加兜底条款的规定方式。其中,有的地方是根据提供信息的主体对信用信息进行分类,如《浙江省企业信用信息征集和发布管理办法》《无锡市企业信用信息征集管理办法》是根据政府监管机关、行业协会等社会中间层、市场中介服务机构等信息提供主体对信用信息进行分类。② 这类分类方法,可以明确信用信息的采集、提供义务人,但是对于信用信息本身而言缺乏规范与明确意义。贵州省人民政府发布的《贵州省企业信用信息征集和使用管理办法》则将信用分为三种类型,分别是企业身份基本信息、企业守信信息、企业失信信息。③ 这种信用信息分类方式,采用了“主体 + 行为”的规定逻辑,与市场秩序规制法、市场监管法的规制、监管逻辑一脉相承,较为科学。山东省济南市人民政府 2020 年发布的《济南市企业信用分级分类监管办法(试行)》则将信用信息分为良好信用记录和不良信用记录两类,并据此将企业的信用等级分为 A、B、C、D、E 五个不同等级。④ 该种信用信息分类方法,可以较为直观地反映企业的信用情况,便于交易相对人和社会公众作出评价,但该种分类方法需要依赖于客观、公正的信用评级标准,否则极有可能对市场主体

① 参见林钧跃:《论信用信息的界定》,载《征信》2021 年第 4 期。

② 参见《浙江省企业信用信息征集和发布管理办法》《无锡市企业信用信息征集管理办法》。

③ 参见《贵州省企业信用信息征集和使用管理办法》。

④ 参见《济南市企业信用分级分类监管办法(试行)》。

的信用情况作出武断评价。由全国社会信用标准化技术委员会发布的《信用信息分类与编码规范》将信用信息分为基础登记类信息、公共信息类信息、运营及财务类信息、金融信贷类信息、社会评价类信息及其他信用信息6种类型。该种信用信息分类的国家标准,对信息未做评价和特意加工,能够较为客观地反映市场主体的信用情况,没有越俎代庖,可供交易相对方、社会公众以及监管机关等主体根据自己的意志,理性地作出判断。

由前述梳理可知,当前我国信用信息监管实践中,比较主流的、符合趋势性的做法,是将市场主体信用信息分为以下几种类型。

一是市场主体的基本信用信息。这类信用信息包括主体名称等主体识别信息;经营范围、法定代表人、注册资本等法定登记信息;获得的营业执照、许可证、从业资质等资质信息。市场主体基本信用信息重在使监管者、交易对象和社会公众等利益相关方了解、掌握市场主体的基本能力和资格情况,目的在于强化市场主体的主体信用。

二是市场主体的财务信用信息。这类信用信息主要指可以记录、反映市场主体客观存在、发生的资金流动、流向、收入、资产负债等情况的信用信息。财务信用信息一方面可以反映市场主体的信用能力、偿债能力、担保能力;另一方面也可以反映市场主体的经营管理合规性,是交易相对方十分看重的信用信息。当然,因为财务信用信息多涉及市场主体的商业秘密,该类信用信息的采集、分类以及使用和公示方法如何设计十分关键。

三是市场主体的商务信用信息。该类信用信息包括市场主体订立合同情况;商品、货物或者服务销售情况;对外商务合作信息;金融交易情况(如银行融资信息、对外担保信息、融资融券信息);等等。商务信息能够较全面地反映一个市场主体在所处行业领域、相关市场上的横向对比情况,也能反映一个市场主体的履约守信能力。商务信息一般也会涉及市场主体的商业秘密,该类信用信息采集一般应遵循知情同意原则。

四是公共信用信息。这类信用信息主要包括市场主体涉诉的司法判决信息、仲裁裁决信息、行政处罚与行政强制信息、刑事处罚信息、日常监督检查信息、纳税信息、社保缴纳信息、劳动争议裁决信息、环保处罚信息等。这类信用信息可以反映出一个市场主体的遵纪守法意识、合规管理能力。这类信息通常由各行业监管部门、授权管理部门掌握,由它们负责采集或者提供。

五是社会评价信息。这类信用信息主要包括市场主体承担社会责任情况、市场美誉度、消费者信赖度、相关事件危机处理评价等信息。目前社会评价信息尽管尚未真正完全纳入市场主体信用信息监管体系框架之内,但是其附带的舆论监督、社会监督效应,不可小觑。有时,社会评价信息给市场主体带来的影响力、威慑力甚至远远大于其他信用信息。

(三)信用信息采集的基本原则

“宽进严管”背景下市场主体信用信息采集应当遵循哪些基本原则,目前尚未有实定法予以明确规定。国务院于2013年1月发布的《征信业管理条例》第3条规定:“从事征信业务及相关活动,应当遵守法律法规,诚实守信,不得危害国家秘密,不得侵犯商业秘密和个人隐私。”从该条规定可推知,市场主体征信信息采集应当遵循依法、诚信、不得侵犯商业秘密和个人隐私的基本原则。2021年1月由央行发布的《征信业管理办法(征求意见稿)》第5条专门对征信信息采集作出了规定,即“征信机构采集信用信息,应当遵循‘最少、必要’的原则,不得过度采集”。该条是对征信信息采集基本原则的明确规定,同时该办法第4条第1款规定:“从事征信业务及其相关活动,应当依法保护信息主体合法权益,保障信息安全,防范信用信息泄露和滥用。”该款虽然是对征信业务的总领性规定,但从中亦可提炼出征信信息采集的原则性指引。再结合全国各监管机关、各地出台的信用信息管理办法,大致可以将市场主体信用信息采集的基本原则归纳如下。

一是真实性原则。真实性是信息的灵魂,亦是信用信息监管的基石。①

① 参见孙百昌:《新形势下的市场主体信用监管》,载《中国工商管理研究》2013年第9期。

因此,真实性是市场主体信用信息采集所应遵循的第一基本原则。真实性原则可具体体现为以下几点:第一,信用信息的采集源头必须可靠。以采集第一手信息、原始数据为基本要求,对于传来信息应验证真伪。第二,所采集的信用信息质量必须可靠,有瑕疵的信息、与真实情况不一致的信息,应及时更正。如《征信业管理办法(征求意见稿)》第 7 条规定:“征信机构采集信用信息的,应当对信息提供者的业务合法性、信息来源、信息质量、信息安全、信息主体授权等进行审核,保障采集信用信息的合法、准确和可持续。”第三,应保障所采集的信用信息的客观性,不得进行篡改或做影响信用信息客观性的加工。如根据《征信业管理办法(征求意见稿)》规定,在符合必要性的前提下,应保障所采集的信用信息的全面性,不得进行不正当、不合理的选择性采集。第四,真实性不仅仅是信用信息采集者采集信息所应遵循的基本原则,同时也是信用信息提供者所承担的一定法定义务。

二是及时性原则。在当今信息社会,时效性是信用信息的重要属性,信用信息的采集亦应当遵循及时性原则。具体而言,市场主体信用信息采集的及时性原则,体现在下述几个层面:第一,信用信息采集应保持动态性、持续性,及时更新市场主体的信用信息情况。如在企查查与蚂蚁金服不正当竞争纠纷案中,企查查于 2019 年向用户推送蚂蚁金服的相关“清算信息”,引发新闻事件,而实际上该清算事件发生在 2015 年,且蚂蚁金服最终并未清算而是处于正常经营存续状态。企查查所推送的“清算信息”不可避免地对相关用户构成了信息误导。对此,企查查主张其系使用数据爬虫技术在国家信用信息公示系统直接抓取的该信息,并未作任何加工处理。① 尽管如此,我们可以看到企查查在本案中信息采集和推送的不当之处之一在于没有审查数据信息的时效性,在蚂蚁金服信用信息已经发生变化的情况下未经审查即采集推送原有信息,导致信息失真。第二,信用信息采集要讲究适时性,即数据采集主体要根据市场监管、行

① 参见浙江省杭州市互联网法院民事判决书,(2019)浙 8601 民初 1594 号。

业监管等监管工作需要以及市场主体和交易相对人的信息需求动向,适时采集监管和市场交易需要的信用信息,确保信用信息的适用性。第三,健全异议信息的及时回应机制,即当市场主体发现被采集的信用信息已经发生变化或者缺乏真实性而向信息采集、发布者提出异议时,信用信息采集主体应当及时受理、审查并在最短时间内反馈给市场主体,及时更新更正相关信用信息。

三是必要性原则。对市场主体的信用信息进行采集,尤其是市场监管者的采集行为,本质上是对市场主体的一种干预手段,而干预应以克服市场失灵为必要,因此信用信息采集并非越多越好,要以必要性为其原则,要具有合理性,符合比例原则,①避免因过度采集信用信息而侵犯市场主体的商业秘密、经营自主权乃至个人信息权。必要性原则可具体体现为以下几点:第一,信用信息采集应当具有目的正当性,不得以不当获取市场主体的商业秘密、个人隐私为目的。第二,所采集数据应当与市场主体信用之间具有关联性,对此有学者称之为"关联原则",②对于表征、反映市场主体信用无关、缺乏紧密相关性的信息,不应当进行采集。第三,最少干预原则,即信用信息采集的数量、方法,要尽量最大限度地降低对市场主体的干预,以便利性为基本采集理念。由此可见,必要性原则是最能体现优化营商环境价值理念的一条信用信息采集原则。第四,知情同意原则,即采集市场主体的信用信息时,应先履行告知义务,征得其同意方可采集。当然,知情同意原则并不是绝对的,若相关信息关乎市场信用风险、公共利益,则无须征得被采集者同意。在当前的信用信息采集实践中,知情同意原则的履行情况并不太理想,很多情况下流于形式,市场主体的知情同意具有被裹挟的特点,如有的银行在采集企业用户的信息时,在授权书中增加一系列相关第三方,使第三方可以间接采集企业用户信

---

① 参见梅杨:《比例原则的适用范围与限度》,载《法学研究》2020年第2期。
② 参见袁文瀚:《信用监管的行政法解读》,载《行政法学研究》2019年第1期。

息，而企业用户虽然签了协议，但对此很难说真正的知情同意。[①] 其实信用信息采集者与市场主体之间的地位是不对等的，而金融消费制度中的金融机构适当性义务，对于完善信用信息采集的知情同意原则具有参考借鉴意义。

四是依法采集原则。监管机关采集市场主体的信用信息本身是一种行政行为，应当遵循依法采集原则。具体而言：第一，信用信息采集的手段必须合法，不得以诱骗、胁迫、盗取等非法手段采集信用信息；第二，不得违法泄露、允许他人泄露市场主体的商业秘密以及商业主体相关人员的个人隐私；第三，不得以选择性采集信息为手段收取市场主体的相关好处、费用；第四，信用信息采集的程序必须合法。如《征信业务管理办法（征求意见稿）》第 6 条明确规定：“征信机构不得以下列方式采集信用信息：（一）以欺骗、胁迫、诱导的方式；（二）以向被采集的个人或企业收费的方式；（三）从非法渠道采集；（四）以其他侵害信息主体合法权益的方式。”依法采集原则可分为内容合法、方法合法、程序合法三个层面，目前的信用信息采集规则的主要规制面集中在内容合法、方法合法层面，对于程序合法问题，少有关注。信用信息采集的程序规则，是未来相关制度规则完善的重要题域。

五是一致性与保密性原则。根据原国家质量监督检查检疫总局和国家标准化管理委员会发布的《企业信用信息采集、处理和提供规范》的规定，一致性原则是指所采集的信用信息应当与信息提供者提供的信息完全一致，不应当进行有选择性地分割、取舍、进行不合理修改或删减，应保证被采集的信用信息的原始完整性。保密性原则，则要求信用信息采集者对所采集信息根据不同保密级别采取相应的保密手段，避免信息泄露。保密性原则还要求信用信息采集过程中要妥善把握边界与尺度，例如，根据 2021 年 6 月起实施的《广东省社会信用条例》规定，采集市场信用信息时，不得采集自然人的收入、存款、有价证券、商业保险、不动产信息和纳

---

① 参见王婉芬：《〈征信业管理条例〉实施中存在的问题及建议》，载《征信》2013 年第 12 期。

税额信息。但是,明确告知信用主体提供该信息可能产生的不利后果、取得信用主体书面同意并约定用途的除外。

二、我国市场主体信用信息采集待完善的方面

(一)信用信息采集的统一管理与联动机制

1. 信用信息多头采集、重复采集现象突出

我国当前市场主体信用信息采集存在明显的多头采集、重复采集问题,市场监管局、发改委、税务局、环保局、央行、行业协会、市场中介机构均有各自的信息采集系统,地方各级政府、各行业主管部门也在纷纷建立各自的信用信息采集系统。同一个市场主体,有可能被数个甚至十余个信息采集主体采集信息,各类采集主体所采集的信用信息彼此间有诸多交叉重复内容,这将给市场主体带来较大的信息提供负担。以企业公示信息查询系统为例,现有全国企业信用信息公示系统、企查查、天眼查等多个信用信息采集者,多家之间所采集的信用信息彼此雷同重复内容很多,信用信息重复采集带来的信息资源浪费问题突出。以部分地方建立的信用信息征集平台为例,在信用信息监管政策导向下,许多地方建立了本辖区内的信用采集平台,向辖区内各监管机关、市场主体广泛采集信用信息。这种信用信息切块化的采集模式,一方面与打破地方壁垒、行业壁垒建立全国乃至全球大市场的市场经济发展导向有所偏差;另一方面很多地方的信用信息平台建立后未能真正发挥信用信息监管的职能作用,缺乏相应配套的监管措施。并且,各地政府搭建的信用信息平台、系统,前期投资、运营维护成本是一笔不小的费用,在缺乏市场资金介入的情况下,平台、系统运营维护的可持续性也令人担忧。[①]

① 参见董玉娟、庆建奎:《地方信用信息平台建设的困境与突破:博弈视角分析》,载《上海立信会计金融学院学报》2017 年第 4 期。

2. 信用信息采集缺乏统一领导和联动性

与信用信息多头采集同时存在的问题是,信用信息采集缺乏统一领导和联动性。从纵向上看,国家发改委、市场监管总局、央行等中央部委、机关在各自条形领域内各管一摊,横向上各地政府也在各自辖区内采集市场主体的信用信息,各个采集主体目前还处于“分兵作战”“各自为政”的状态。尽管国务院对各类信用信息采集主体负有领导职责,但当前国务院就信用信息采集问题并未出台实施细则、标准、规范。加之各信息服务商也在采集市场主体的信用信息,其信用信息采集行为尚未完全纳入统一监管体系。信用信息采集的多头进行、缺乏统一领导机制的现存状态,导致的结果是各采集主体间缺乏联动性,信用信息沟通、互动、共享机制不通畅。交易相对方、社会公众若要全面了解一个市场主体的信用信息情况,不得不在多个部门、平台之间搜集信用信息,才能形成一份关于市场主体的较为完整的信用信息报告。以股权投资市场为例,投资方在决定投资于目标公司之前,要对目标公司进行尽职调查,所谓的尽职调查其实就是一个信用信息采集过程,这时投资方须聘请律师事务所到目标公司所在地的市场监管局、税务局、人力资源与社会保障局、环保局等各个部门采集目标公司的信用信息,然后进行归纳分析形成尽职调查报告,这个过程通常需要一个月左右的时间,时间成本和财务成本均较高,不可否认信用信息采集联动机制的匮乏是导致该类成本发生的原因之一。目前由国家公共信用信息中心主办的“信用中心”网站负有一定的统筹信用信息监管职能,但它更多的是统一信用信息的公示查询功能,对于信用信息的采集环节,尚未有明确的统领性方案。在缺乏联动机制、共享机制不完善的情况下,信用信息在各个采集者之间就可能形成信息垄断局面,与社会共治的信用信息监管初衷背道而驰。

(二)信用信息采集的标准与方法

当前我国尚未建立一套市场主体信用信息采集的具有效力性的国家标准,由原国家质量监督检验检疫总局和国家标准化管理委员会联合发布的《信用信息征集规范》第一部分中的总则,可作为信用信息采集的国家标准。但一方面该标准性质上是"推荐性"标准,仅供信息采集者参考,并没有效力性;另一方面,该标准是在社会信用信息监管语境下的信息采集标准,而非针对市场主体信用信息监管的信息采集标准,二者的监管逻辑并不完全一致。

造成市场主体信用信息采集标准和方法不健全的一个根本性原因是,我们至今尚未有一套关于信用信息的技术标准,皮之不存毛将焉附?① 在缺乏相应标准和方法的情况下,市场主体信用信息采集工作也就容易乱象丛生。其一,有的信用信息采集机关"眉毛胡子一把抓",要求信息提供者事无巨细地提供各类信息,给市场主体造成很大的信息提供负担。如有的地方政府将市场主体物业费、水费、天然气费缴纳信息等公共信息统统纳入采集范围,并进行信息公示,尽管这些信息对于反映市场主体的信用程度有一定意义,但未免过于严苛,不利于建立一个相对宽松的市场监管环境。我们认为,我国的市场主体信用信息监管改革尚处于起步摸索阶段,市场对信息的理性认知能力尚有待提升,在这种情况下,信息采集者对信息的甄别筛选,有利于提高市场中的信息质量,降低市场的信息筛选、判断成本。其二,信用信息采集权容易与市场主体私权发生冲突。最常见的是监管者、市场中介服务机构等信用信息采集者过度采集市场主体信息,侵犯市场主体的商业秘密、商业利益以及个人隐私。其三,与过度采集相对的现象是,对信用信息缺乏甄别能力,没有穿透式思维。以公司这类市场主体为例,实践中很多投资者是幕后投资,通过他人代持股权控制公司,而信用信息采集时若流于表面,仅采集显名股东的相关信息,幕后的实际控制人就可以顺利规避掉相关信用信息监管手段。而信用信息采集的穿透式思维,即是尽可能地采集到真正有用的、实质性的信息,让真正的市场主体的相关信用信息浮出水面、暴露在阳光下。其四,对信用和信息之间的关联性缺乏清晰的认知。不同的信息对应、表征着市场主体的不同信用侧面,并且不同信息在反映市场主体信用程度的能

① 参见蓝寿荣、董灵娟:《论信用信息的征集、使用与被授信主体权益保障》,载《情报理论与实践》2010年第6期。

力上权重有所差异。因此,信用信息采集应当删繁就简、去粗取精。当前的信用信息采集,尤其是地方政府信用信息采集,往往缺乏该种关联性思维,对不同信息之间缺少精细化的甄别、筛选方案。其五,部分信用信息采集者的信息加工处理能力有限,对原始信用信息缺乏提炼能力,导致信息的信用质量不高。

(三)市场主体信用信息提供的积极性

我国当前的市场环境下,很大一部分市场主体提供信用信息的配合积极性不高,具体表现和原因如下。

第一,部分市场主体对信用信息监管和采集的理解存在一定偏差。这些市场主体对信用信息监管的认识和理解不到位,认为信用信息监管就是要对自己的经营行为进行监督管控,进而认为提供自己的信用信息可能会导致自己被处罚,所以不情愿提供信息。还有一部分市场主体主观地认为自己的信用信息被采集容易导致商业秘密泄露、被竞争对手掌握,所以拒绝提供信息。即使迫于无奈不得不提供相关信息,也会遮遮掩掩,甚至提供虚假信用信息,给信用信息采集工作带来诸多不便。① 很多中小企业只有在向银行贷款时才会有积极性向银行等信用信息采集者提供信息,而一旦贷款发放以后,就失去了提供信用信息的动力。②

造成这种认识的部分原因是,当前我们的信用信息采集宣传工作不到位,导致市场主体对信用信息采集的理解停留在监管面向,而不了解信用信息采集的积极意义。其实,对于市场主体而言,积极配合信息采集工作,真实、客观、全面地提供相关信用信息,对于提升自己的市场信用十分有利。一个市场主体的信用信息越全面、越透明,则其获得交易机会的可能就越大,交易成本也会越低。

第二,部分市场主体经营管理的规范性不足,没有建立完整真实的财

---

① 参见文彬:《中小企业信用信息采集工作存在的问题及建议》,载《征信》2013 年第 4 期。

② 参见郭颖:《县域中小企业信用信息征集难的原因分析及对策》,载《内蒙古金融研究》2013 年第 9 期。

务会计制度,注册成立公司或者合伙企业仅仅是为了通过工商登记、领取营业执照,而公司或者企业一旦成立,根本没有合规意识,经营行为脱离于公司、企业之外。自身的财务会计制度要么完全没有建立,要么依赖于中介服务机构做账,而中介服务机构本身未参与这些市场主体的经营管理,所以由他们做的财务会计报告也多是为了应付市场监管机关。这就导致这些信用信息的真实、客观性大打折扣,根本无法客观反映市场主体的信用情况。因此可以说,无论是信用信息采集还是公示、监管,均应当以市场主体建立完善的合规管理制度为前提,否则无异于沙中垒塔。

第三,不仅市场主体存在积极性不高的问题,部分公共信息掌握者的信息提供积极性也不高。如在实践中比较普遍的是,银行在采集市场主体的纳税、环保等公共信息时,既有实定法并未规定这些公共信息掌握机关对银行的信息提供义务,这些公共信息的掌握机关经常并不愿意积极配合提供。有的公共信息提供者认为,银行采集他们管理范围内的公共信息,是越俎代庖,由于担心信息泄露,导致产生排斥情绪;有的公共信息提供者则要求银行系统为其更新信息系统作为交换信息的对价。总体来说,在实定法未对公共信息、市场信息持有者的信用信息提供义务作出明确规定的情况下,他们是没有足够的动机积极配合提供相关信用信息的,这是一个机制性问题。

此外,除了信用信息的提供者积极性不高的问题以外,部分信用信息采集者本身的积极性也有待提升。相对而言,市场上的中介服务机构基于利润动机,其采集信用信息的积极性和动力均不存在太大的问题。但是监管机构作为信用信息采集者时未必尽然。以央行征信信息采集为例,尽管央行每年均会向各商业银行下达征信信息、非银行信息等信用信息采集任务,但是各商业银行对于影响市场主体贷款资质、还款风险外的其他信息显然缺乏积极采集的动力,因为在它们看来,这些信息与其业务风险管控相关性不大,在没有相关约束或者激励措施的情况下,必然会影响这类信用信息的采集数量、质量。其他信用信息监管者也存在同样的问题,以国家市场监督管理总局、国家发改委为例,这两个国家机关的信用信息采集工作必然也是要下沉到地方各下级机关,对于地方各下级机关而言,它们或许也会认为采集信用信息并非本部门的主要职责内工作,缺乏成效激励,积极性也不会高。尤其是当信用信息采集工作还需要同级的其他政府机关、监管部门予以配合提供时,其积极性更会大打折扣。2021 年 5 月发生的南通市民房女士的个人征信报告中出现侮辱字眼的新闻事件,后证实系房女士与之签订合同的晋商消费金融分支机构提供的征信信息。笔者揣测,尽管该案例比较极端,但是该新闻事件反映了有的信用信息采集者在采集信息时的管理不当、权责不清、形同儿戏的现象,这很值得我们深刻反思。

三、我国市场主体信用信息采集制度的完善进路

我国当前的信用信息监管存在重信用信息公示和惩戒、轻信用信息采集和管理的问题。然而,实际上,信用信息采集工作的质量,在某种程度上决定了信用信息公示、惩戒以及激励机制的实施效果。因此,信用信息监管立法应突出对信用信息采集问题的规定,在吸收既有信用信息采集规定的基础上予以统合立法。当前全国人大常委会法工委已经将社会信用法列入立法工作计划之中,笔者认为制定社会信用法时可对信用信息采集问题专章作出规定,对市场主体信用信息采集作专节规定。

在“市场主体信用信息采集”专节,逐一对下述问题予以统合规定:第一,市场主体信用信息采集的多元主体设置,秉持监管机关、行政主管机关、市场中介服务机构、行业协会等多元共治的信息采集主体配置模式,贯彻信用信息采集的社会共治理念;第二,规定市场主体信用信息采集的联动协作机制,对信用信息采集过程中的信息提供、信息共享、主体责任、政府购买服务等问题予以规定;第三,规定市场主体信用信息采集的原则、标准与方法,提升市场主体信用信息采集的规范性、科学性;第四,规定市场主体信用信息采集的激励与约束机制,明确信用信息采集过程也

是服务市场主体过程的功能定位。

（一）建立信用信息采集的联动协作机制

“宽进严管”背景下市场主体信用信息采集，本质上是一个社会共治问题，需要不同信用信息采集者联动协作。具体而言，信用信息采集的联动协作机制可重点从以下几个方面着手建设。

一是信用信息监管部门与市场中介服务机构建立信用信息采集合作机制。如前所述，我国当前信用信息采集工作存在明显的多头采集、重复采集现象，在一定程度上弱化了信用信息采集的质量与效率。尽管信用信息监管机关与市场中介服务机构采集市场主体信用信息的目的、用途并不一致，但二者可以联动协作的连接点非常多。虽然由监管者采集市场主体信用信息具有市场中介服务机构采集所无法比拟的权威性、公信力，但是客观来说，信用信息采集并非监管者的专长领域，而市场中介服务机构则是专司此业。并且，市场主体信用信息采集是一项专业性、技术性非常强的工作，需要依赖于互联网系统和专业化的大数据提取系统，在这些技术应用方面，市场中介服务机构已经投入了巨大的前期沉淀成本，借助它们的技术网络系统采集信用信息也具有成本优势。当前，信用信息监管机关其实已经与部分市场中介服务机构进行了多层次的合作，但是主要集中在技术层面的政府购买服务，合作程度还不够深入。具体而言，我们认为，监管部门与市场中介服务机构的联动合作，可以作以下统筹：第一，监管机关将部分不涉及国家安全、经济安全和系统性金融风险的信用信息采集工作交由市场中介服务机构采集，通过公私合作、政府购买服务的方式予以完成，降低监管机关的信用信息采集负担。这部分信用信息由市场中介服务机构采集，经监管部门审核后上传至信用信息采集系统。第二，通过监管机关购买服务的方式，鼓励市场中介服务机构制作、出具市场主体信用信息报告。第三，由监管机构负责采集的信用信息可通过政府购买服务的方式交由市场中介服务机构进行整理、加工。

二是建立信用信息监管部门的信用信息采集协作机制。有学者指出：“由于平台建设在信息的收集、加工及维护方面都需要相应的成本，消耗参与部门的内部资源,在条块分割的政府治理情况下,如果没有明确的激励和考核机制,仅希望通过技术或部门间协调来实现信息共享是不切合实际的,因而,必须建立完善的考核激励机制,提高参与主体的合作收益,加大不合作的机会成本。”①诚哉斯言,以市场监管局、发改委或者信用信息委员会为核心依托,统筹整合市场监管、税务、环保、人力资源与社会保障、银行、保险等各信用信息监管、生产、持有机关,明确前述各类机构、企事业单位的信用信息提供责任,分别采取重大信息即时报送、基本信息准时报送、一般信息年度或者季度定期报送的方式向统一的信用信息采集机关提交相关信息。将信用信息提供义务履行情况纳入各公共信息持有机关、监管机关、企事业单位的年度考评指标,对于违反信用信息提供义务,未及时、全面、积极配合信用信息采集的国家机关、企事业单位,计入其信用评价记录。对于积极有效提供信用信息的单位,在年度考评中给予一定的激励奖励。

此外,目前全国有几大市场主体信用信息监管公示平台,各地也纷纷建立本辖区内的信用信息监管发布平台,各个平台之间的信用信息采集共享机制也就变得十分必要。②“一方面,全国自然人和法人的公共信用信息远远不止当前各平台、系统归集的这些,仍有大量的信用信息没有得到归集;另一方面,由于信用信息管理的条块分割、部门分割等问题长期存在,客观导致了公共信用信息跨部门、跨地区共享不足,造成一些失信行为主体难以得到及时有效的惩戒和监管,给失信分子以可乘之机,甚至存在一些行为主体在很多领域存在失信行为,但在其他领域、其他地区却被列为奖励对象的现象。”③随着人工智能、区块链技术的发展,建立信用信息共享清单,市场主体信用信息的分布采集、录入,各个平台一体共享

---

① 董玉娟、庆建奎:《地方信用信息平台建设的困境与突破:博弈视角分析》,载《上海立信会计金融学院学报》2017 年第 4 期。

② 参见国务院办公厅发布的《关于运用大数据加强对市场主体服务和监管的若干意见》。

③ 王博涵、曹佳:《我国公共信用信息共享现状及对策》,载《电子政务》2016 年第 10 期。

的机制有望通过技术手段予以实现。当然,也有学者对信用信息采集的共享模式表示了担忧,即市场主体的信用信息尤其是负面信用信息在不同监管机关、行政主管部门、不同地域、行业领域内被随意分享,会造成失信市场主体“一处失信、处处受限,一时失信、长期受限”的监管过度现象。① 对此我们认为,这实际上并非由信用信息共享导致的,信用信息监管必然意味着信用信息的共享,没有信用信息的公示、共享,信用信息监管将失去其意义。对于前述过度监管问题,可通过调整失信惩戒机制、信用修复机制予以解决,如受限期间的长短设计、受限行业领域的限定、信用修复后删除失信记录等途径予以解决。

(二)完善信用信息采集标准规范

当前市场主体信用信息采集工作面临的最关键的制度“瓶颈”是尚未建立一套统一的一般性信用信息采集标准。尽管央行发布的《征信业务管理办法(征求意见稿)》、原国家质量监督检查检疫总局和国家标准化管理委员会发布的《企业信用信息采集、处理和提供规范》以及各地出台的信用信息征集管理办法等相关规范性文件、示范性文本均或多或少地对市场主体信用信息采集的原则、标准问题有所规定,然而就整体而言,一方面,既有信用信息采集标准效力层级普遍比较低,有些甚至完全不具法律效力,规范和引导力比较弱;另一方面,前述规范对于信用信息采集标准的规定总体而言还处在摸索阶段,相对粗疏,可操作性和科学性均有待进一步提升。具体而言,建立市场主体信用信息采集标准规范,至少应从下述几个重要层面着手。

1. 建立信用信息分级、分类采集标准

严格来说,目前市场信用信息采集也好、公示也罢,均尚未有一套统一明确的信用信息分类标准。根据本章第一部分所述,当前实践与理论研究中采用的信用信息分类标准,主要是根据信用信息的内容将其分为

① 参见刘维:《论我国征信使用泛化的立法控制——以信用信息的收集和使用为视角》,载《辽宁师范大学学报(社会科学版)》2021 年第 2 期。

基本信息、信贷信息、商务信息、公共信息等几种类型，[1]这种分类标准，最大的优点是相关信息归口明确，便于确认信用信息提供和采集义务人，还有一个优点是便于不同监管机关归口监管。然而，单纯依靠该种分类方法采集信用信息有一个明显的弊端，即缺乏层次性，不能突出重点。在信用信息公示环节，其实我们有另一套信息分类标准，即可根据信用信息的公开程度分为：(1)社会公开类信用信息，该种信用信息可向全社会开放查询；(2)部门共享类信息，该类信息一般在监管机关内部公开；(3)授权查询类信息，这类信息通过申请可以查询。这种信用信息分级、分类方法尽管主要适用于信用信息的公示环节，但是对于信息征集环节，同样具有借鉴意义。

综上所述，市场主体信用信息采集可综合运用分级与分类两种采集标准。具体而言，在分级采集方面，社会公共类信息可通过完全市场化运作或者政府购买服务的方式由市场中介服务机构予以采集。甚至未来可以由社会公众予以采集，经验证后上传信用信息采集系统。目前百度百科、搜狗百科词条全部可由社会公众自行采集，经审核验证上传，这样信用信息的采集效率极大提高，这种模式可以考虑；部门共享类信息则由各监管机关分别采集、一体加工；授权查询类信息，介于前述两种信息之间，可以采用公私合作的方式予以采集。在信用信息分级采集的基础上，兼用分类采集，即根据各类信息不同的部门归属，由对口部门负责采集。不同级别、不同类型的信息，分别设置严密程度不同的信用信息采集标准、加工标准，可以极大提高信用信息采集和加工效率。当然，亦有学者提出通过不同的信用信息分类采集标准，如李向华等人提出应采用“线分类法”和“面分类法”相结合的“混合分类法”，即“首先按照面分类法分为信用主体和信息类型两个方面，其次，分别按照线分类法对信用主体和信息类型进行分类，其中信息类型被逐层分类，形成体系”。[2] 我们认为，这种

---

① 参见王宁江：《信用信息分类及释义》，载《浙江经济》2016 年第 6 期。

② 李向华、江州、周莉：《公共信用信息分类方法研究》，载《标准科学》2018 年第 12 期。

所谓的面线结合的混合分类法,其实就是按照信息的主体和信息的内容逐级分解,并无任何特别精准、新奇之处。另有学者主张,信用信息采集标准规范可根据其调整面分为“社会信用基础层标准,主要包括社会信用标准体系的总体架构、社会信用基本术语和社会信用主体识别等基础性标准;社会信用通用层标准,主要包括社会信用体系中信用信息征集、信用信息共享和信用信息应用等通用性标准;社会信用应用层标准,主要包括社会信用体系中信用信息征集、共享和应用分别在政府信用、公务员诚信、生产流通领域信用、产品安全质量信用、电子商务信用等领域中的专用性标准”。[①] 笔者认为,该种信用信息分类标准虽未针对市场主体信用信息,但是其由宽到窄、由一般到具体的信用信息分类标准极具参考价值,值得深挖。

2. 建立信用信息采集的行为标准

本章第一部分总结了当下信用信息采集行为理论和实务界提出的几种原则。真实性、必要性、及时性等几个原则对信用信息采集行为确实发挥了比较好的规范作用。但是从进一步规范信用信息采集行为的角度而言,应尽快以前述原则为依托,建立明确规范的信用信息采集行为标准。具体而言,我们认为至少应有以下标准:第一,第一手标准。即信用信息采集者必须确保采集的信息是第一手信息。需要说明的是,第一手标准,是要求第一个经手采集的人获得的信息是第一手信息即可。比如,税务部门采集了企业的纳税信息,并将信息提交给信用信息集中采集部门,税务部门采集的信息即是第一手信息,不必再要求信用信息集中采集部门也要采集第一手信息。第二,非经验证不得上传标准。即任何上传至信用信息系统的信息必须经过人工或者系统验证,非经验证的信息不得上传。前文中提及的南通市民房女士的个人征信报告中出现侮辱性词汇的新闻,问题就出在信用信息的验证环节。第三,非公益不采集标准。信用信息监管本质上是一种公共性干预行为,应坚持公共性原则,信用信息采

① 周莉、刘碧松:《我国社会信用标准化建设及体系框架研究》,载《标准科学》2014 年第 1 期。

集亦是如此。有学者称之为“监管信息的公共性”。① 因此,信用信息采集行为应秉持非公益不采集标准,即如果某类信息到底应否采集缺乏明确依据时,要审查该信息是否属于公益性类型,若非公益类信息则不能予以采集,以免过度干预市场主体的信用信息权和个人隐私权。第四,一致性标准。即所采集的信用信息在内容上应当与信息源保持一致性,不得进行改变信息基本、主要、核心内容的加工。一致性标准是衡量信用信息质量和可信度的一条重要指标。第五,非必要不重复采集标准。即同一信用信息以一次性采集为原则,避免不同监管机关分别采集信用信息,导致市场主体反复向不同机关提供同样的信息,不当增加市场主体的信用信息整理提供成本。第六,程序性标准。即应尽快建立明确的、流程化的信用信息采集、加工程序规则,违反重大程序规则、基本程序规则采集的信用信息属无效信息。第七,保密性标准。即建立一套完整的信用信息采集保密规则,使保密义务规则化、科学化。

(三)完善信用信息采集激励与约束机制

在本章第二部分,笔者提及当前制约市场主体信用信息采集工作的一大瓶颈是信息提供者乃至采集者积极性不足。积极性不足,部分原因是各类主体对信用信息采集工作的意义认识不够,如部分监管机关停留在传统的监管逻辑里,认识不到信用信息采集本身也是监管职责之一;部分市场主体认为自己的信用信息被采集后会造成商业秘密泄露以及会被重点监管等。观念性、认知性层面的问题,需要持续地宣传并在实践工作中点滴推进。导致积极性不足的另一重要原因,是当前信用信息采集的激励和约束机制尚未建立、完善。

1. 明确信用信息采集的主体责任

主体责任不明确,是造成部分监管机关、公共信息持有者履行信用信息采集、提供义务积极性不足的重要原因。对此,我们认为应从下述三个层面予以明确:第一,明确规定市场主体信用信息生产者、持有者的信用

① 袁文瀚:《信用监管的行政法解读》,载《行政法学研究》2019 年第 1 期。

信息提供义务。即“谁主管、谁提供、谁负责”,“各信用信息提供主体应对其所提供的信用信息的真实性、准确性、完整性、时效性、可用性以及合法性负责”。① 监管机关、行政机关、行业协会无正当、合理理由怠于履行信用信息提供义务的,其具体负责人应承担相关行政责任、管理责任;市场主体、市场中介服务组织无正当、合理理由怠于提供信用信息、拒不提供信用信息的,计入其信用记录,对其采取失信惩戒措施,即信用信息提供本身也是市场主体信用评价的内容之一。第二,明确信用信息提供、采集、加工、管理行为的监督管理职责行为属性,即信用信息提供、采集、加工、管理本身也是监管机关、行政管理机关、行业协会的监督管理职责之一,各相关机关、组织单位应设立专岗、专人予以负责,改变过去部分主体对信用信息提供、采集“事不关己高高挂起”的错误态度。第三,各地政府建立的信用信息平台、系统作为地方上最大的信用信息采集终端,其运营维护问题也涉及信用信息采集的激励问题。对此,我们建议可以将平台、系统的部分建设职责交给市场力量完成,交换对价是部分信用信息的市场化利用营收权,这样才能保证各地信用信息平台、系统运营的可持续性。

2. 明确信用信息采集过程亦是服务市场主体过程的功能定位与激励举措

很大一部分市场主体对提供信用信息的积极性不高,其中除有对信用信息采集的意义认知不足的原因之外,还有很重要的一个原因,就是这些市场主体感受不到信用信息采集的积极意义。信用信息采集过程应当与服务过程并重,同时进行,否则所谓的信用信息采集就仅仅是采集信息,最后的信用信息监管也会在一定程度上沦为形式。信用信息采集过程本身也是一个问题发现和改进的过程,应当在这个过程中服务于市场主体,优化营商环境。以中小企业信用信息采集为例,实践中很多中小企业并没有完整的财务会计报告,公司财务管理比较混乱,当监管机关采集此类企业的财务信息时,针对该类问题,应予以指导,引导其建立规范的

① 参见《湖南省人民政府办公厅关于印发〈湖南省政务领域信用信息记录征集管理暂行办法〉的通知》。

财务会计制度、企业合规规范,而非一采了之。这样,市场主体就可以比较直观地感受到信用信息采集的积极、规范意义,其提供信用信息的积极性也会提高。行业协会的信用信息采集工作也是如此,“在政府逐步退出对市场具体行为和行业协会的直接管理之后,行业协会的行业专门信用信息系统将越来越重要”,①其完全可以将行业内市场主体信用信息采集工作与相关培训学习工作、行业标准设计工作统筹在一起完成,引导、帮助行业内企业建立完善的内部管理规范,促进其依法诚信经营、合规经营。如行业协会完全可以根据领域内市场主体信用信息采集摸底反馈情况,针对行业内企业出台相应的经营管理合规标准。

另外,不利信息通知规则,②也不失为提高市场主体信用信息提供积极性的一种有效方案。单纯的信用信息采集,市场主体很难知晓每项信用信息的监管意义,也未必明了各项信用信息对其后续经营行为具体会产生何种影响。因而,对其而言,信用信息的采集就有一种对未知的畏惧感。不利信息通知规则,要求信用信息采集者在发现市场主体的失信信息、不利信息后及时通知提供信息的市场主体,以使其知晓该不利信息、失信信息对其后续经营行为将产生何种影响,以便其积极采取补救措施。这样,对于市场主体而言,提供信用信息类似于进行一次免费信用体检、合规摸底,其积极性自然会提高。另外,在市场主体信用信息监管逻辑下,市场主体对信用信息采集亦负有相应的义务。具体而言这包括:第一,提供真实信用信息的义务;第二,对信用信息采集工作进行积极协助的义务;第三,对信用信息采集工作的忍耐义务。③ 一方面违反前述义务,市场主体需要承担相应的法律责任,如提供虚假信息的惩戒责任等;另一方面,亦可以通过相应的激励措施,鼓励市场主体积极履行前述义务,如对特定信用信息实行付费采集;免费向提供信用信息的市场主体提供信用信息查询报告等。

---

① 曹兴权:《企业信用监管中行业自律的嵌入》,载《法学论坛》2014 年第 2 期。

② 参见孙志伟:《信用信息收集和使用的基本原则探讨》,载《征信》2015 年第 4 期。

③ 参见于立深:《论政府的信息形成权及当事人义务》,载《法制与社会发展》2009 年第 2 期。

第六章 “宽进严管”背景下市场主体信用信息公示制度

从广义上讲，凡是依法具有市场主体信用信息公示职权职责的行政机关、司法机关和社会中介机构、依法具有市场主体信用信息公示经营权的企事业单位以及依法具有公示其信用信息义务的市场主体，通过各种方式将市场主体信用信息向社会公开，都是市场主体信用信息公示。在民法上，公示还有更宽泛的指向，例如，就物权而言，不动产物权以登记作为物权公示的方法，动产物权除法律另有规定外以交付作为物权公示的方法；机动车辆、船舶、民用航空器等必须以登记作为物权的公示方法。由于诸如物权公示等民商事领域的公示也属于信用信息公示，因而针对市场主体所进行的这些公示，亦可以归入广义的市场主体信用信息范畴。如果从广义上把握市场主体信用信息公示，那么可以说，市场主体信用信息公示在我国源远流长。为了使讨论更为集中，本章并不对如此宽泛的市场主体信用信息公示全面予以涉及，而仅限于在“宽进严管”市场监管制度改革中由官方主导并作为回应“宽进”可能引发的问题的“严管”新举措的市场主体信用信息公示。① 应当说，如同市场主体信用信息采集、归集一样，在我国“宽进严管”的市场监管制度改革中，这种意义上的市场主体信用信息公示及其制度建设也受到了高度重视并取得了明显成效，以“国家企业信用信息公示系统”为代表的市场主体信用信息平台

① 当然，鉴于本章专门讨论的市场主体信用信息公示之外的其他公示毕竟具有“市场主体信用信息公示”的性质，故而本章在行文中也免不了会有所涉及。

建成并有效运行,以《企业信息公示暂行条例》为代表的市场主体信用信息公示专门立法出台并产生了良好的制度绩效,这些都是我国市场主体信用信息公示及其制度建设的显性成果。当前,在“宽进严管”市场监管制度改革中应运而生的市场主体信用信息公示制度已运行多年,认真检视这一制度,总结并肯定其成效,发现其问题并寻求应对之策,这是十分必要的。

一、“宽进严管”背景下市场主体信用信息公示制度的意义

在我国“宽进严管”的市场监管制度改革中确立市场主体信用信息公示制度究竟有何意义?对此在我国不同的相关官方文件中虽然有分散的论述,但仍然是一个需要从理论上进行系统探究的问题。也正是基于相关官方文件的表述,我们可以总结出在我国“宽进严管”的背景下确立市场主体信用信息公示制度至少具有两方面的重大意义:一是助益于维护交易安全;二是助力于强化市场主体信用监管。

(一)助益于维护交易安全

维护交易安全无疑是国家、社会和诚信的交易当事人共同追求的目标。“交易安全”虽然在学界是一个解读颇多的词汇,但无论何种解释,都包含了“当事人进行交易能够实现其各自合理合法的信赖利益”之基本内涵。交易安全的维护有多种路径,对此学界已有不少探讨,法律也提供了多种制度。总体而言,交易安全与交易风险是对立的;交易风险又是商品交易中的伴生现象,维护交易安全需要预防和化解交易风险。在奉行“每个人都是自己利益的最好判断者”的当今社会,除系统性风险等负外部效应明显的交易风险需要由国家采取积极的干预措施进行防范和化解外,当事人对交易风险的识别和规避主要由其自己负责;国家在这方面的作用,主要在于为市场主体识别和规避交易风险创设条件并为风险事实出

现后的纠纷解决提供制度。市场主体信用信息公示制度正是国家为市场主体识别、规避交易风险和处理交易纠纷作出的重要安排。就“宽进严管”背景下的市场主体信用信息公示制度而言,其对维护交易安全的意义,主要体现在其有助于保障交易中的一方当事人知悉对方当事人的信用状况上。申言之,就一项特定交易的一方当事人而言,其进行交易的合理合法的信赖利益的实现,当然有多种途径来保障,但该方当事人对对方当事人的信用作出清晰的了解和评价,进而作出合理的交易决策和有效的风险防控,这是该方当事人实现交易合理合法的信赖利益的理性选择。应当承认,交易的一方当事人对对方当事人信用信息的知情,可以通过委托专业的社会信用评价机构、律师事务所等社会中介机构对对方当事人进行资产信用调查并出具专业信用调查报告来实现,也可以通过汇集对方当事人的零散信息或者要求对方当事人提供信用信息来达致,但毋庸置疑的是,以上途径虽然具有实用性,但仍有不足。就一方当事人委托社会中介机构对对方当事人进行资产信用调查并出具专业信用调查报告而言,虽然其专业性和针对性强,但成本高昂且耗时长,难以满足当事人对商事交易效益和效率的追求。就一方当事人汇集对方当事人的零散信息而言,虽然其成本低,但缘于人的有限理性和对方当事人公开的信息的不足,故而通过这种途径所获取的对方当事人的信用信息难保准确、完整,进而也难以据此对对方当事人的信用状况作出全面的了解和评价。就一方当事人要求对方当事人提供信用信息而言,这虽然在实践中经常采用,但缘于市场交易当事人的经济人自利秉性,故而很难保证获取信用信息的全面、真实、可靠。

市场主体信用信息公示即是在“宽进严管”市场监管制度改革中确立的一项旨在拓宽市场主体信用信息公开渠道、弥补市场主体信用信息公开其他方式的不足的重大举措。按照我国市场主体信用信息公示的实践和相关规定,作为市场主体“宽进”后“严管”的举措,市场主体信用信息公示,要求市场主体自身、行政机关或其他组织将与市场主体信用评价有关的信息及时地上传至作为互联网平台的市场主体信用信息公示系统的方式,以向社会公开。显然,确立这样的市场主体信用信息公示制度,对于保障市场主体的交易相对人对该市场主体信用信息的知情,进而维护交易安全具有积极效应。通过作为互联网平台的市场主体信用信息公示系统公示市场主体信用信息,就能使该市场主体的交易相对人在任何时间、任何地点方便、快捷地查询到该市场主体的信用信息,且只要上传至互联网平台的市场主体的信用信息全面、无误,就能够满足交易相对人对该市场主体信用评估的准确。这显然是传统的工商登记簿查询方式完全不能比拟的。此种便捷的市场主体信用信息获取渠道,对于交易相对人及时、全面识别和防控交易风险,保障交易安全无疑具有极大的助益。

(二)助力于强化市场主体信用监管

应当说,我国“宽进”的市场监管制度改革,对市场主体“严管”提出了严峻挑战。申言之,在市场监管制度“宽进”改革中,通过减少和下放行政审批权、放宽注册资本登记制度、“先照后证”、“证照分离”等一系列“宽进”举措,极大地放松了对市场主体准入的管制,促进了市场主体的加快发展。据统计,在注册资本实缴制改革为认缴制的 2014 年,企业新增设立数高达 347.1 万户,接近 2013 年企业新增设立数 180.2 万户的 2 倍,更是 2012 年企业新增设立数的 3 倍之多。在商事登记制度改革的 6 年中,我国企业实有数量由 2013 年年末的 1527.8 万户快速增长至 2019 年年末的 3858.3 万户,[①]企业数量暴增到 2.5 倍之多。在改革开放之初,我国仅有 49 万户市场主体,而到 2018 年年底我国已有 1.09 亿户市场主体,数量增长了 222 倍。[②]“宽进”造就了大量市场主体,在相关市场形成了竞争主体多元的格局。可以说,“宽进”制度成效卓尔。但是,“宽进”改革也潜藏着一系列值得关注的问题(见表 6-1)。

---

① 数据来源:国家市场监督管理总局官网,http://www.samr.gov.cn。

② 参见《市场主体数量增长 222 倍　中国营商环境排名大幅上升》,载国家市场监督管理总局官网,http://www.samr.gov.cn/zt/scjghy/mtjj/201812/t20181226_289947.html。

表6-1 各年度企业实有数和新增登记数

年度	企业实有数/万户	企业当年新增登记数/万户
2012	1366.6	113.5
2013	1527.8	180.2
2014	1819.2	347.1
2015	2186.7	443.9
2016	2596.1	552.8
2017	3033.7	607.4
2018	3474.2	670.0
2019	3858.3	739.1
2020(前三季度)	暂未公布	589.8

数据来源:国家市场监督管理总局综合规划司官网,http://www.samr.gov.cn/zhghs。

例如,市场准入行政审批制度改革使大量市场主体的资质不再经过行政机关的严格审核,由此给市场秩序埋下隐患;商事注册登记制度由实缴制改为认缴制并取消最低注册资本制度,虽然降低了公司设立的成本,但进入市场后的公司的资信令人担忧;"先照后证"和"证照分离"改革尽管提供给市场主体在获准经营许可前从事一般性经营项目的机会,但可能出现无证经营等违法违规行为。总之,我国"宽进"改革极大地降低了市场准入门槛,但由此也提出了强化市场主体事中事后监管的课题。面对"宽进"改革造就的数量日益庞大的市场主体及其所引发的监管难题,唯有改变监管思维、创新监管方式才能有效应对。"强化信用监管,促进协同监管,提高监管效能;通过加强市场主体信息公示,进一步扩大社会监督,促进社会共治。"①正是应对"宽进"改革中出现的监管难题的重要总体目标。仅以《企业信息公示暂行条例》的规定为例,通过其对市场主体信用信息公示的某些规定,就不难解读出其中蕴含的强化市场主体信用监管的旨意。

① 《国务院关于印发注册资本登记制度改革方案的通知》(国发〔2014〕7号)。

1. 市场主体信用信息公示范围涵盖市场主体的主要信用信息

应当说，市场主体信用信息的公示范围越宽，市场主体信用监管的效能就越明显。因此，在依法保护国家秘密、国家安全和社会公共利益，依法保护市场主体商业秘密和个人隐私的前提下尽量扩大市场主体信用信息公示的范围，这是很有必要的。根据《企业信息公示暂行条例》的相关规定，我国应当公示的信息包括：(1)市场监管部门在履行职责过程中产生的注册登记、备案信息，动产抵押登记信息，股权出质登记信息，行政处罚信息等；(2)其他政府部门在履行职责过程中产生的行政许可准予、变更、延续信息，行政处罚信息等；(3)有限责任公司股东或者股份有限公司发起人认缴和实缴的出资额、出资时间、出资方式等信息，有限责任公司股东股权转让等股权变更信息，行政许可取得、变更、延续信息，知识产权出质登记信息，受到行政处罚的信息等。以上信息，能够反映市场主体的基本情况、经营资格，在一定程度上也能体现市场主体的资信状况和违法记录，为交易相对人判断市场主体信用、政府有关部门和社会监管企业信用提供了依据。

2. 市场主体信用信息公示及公示中的信用监管彰显效能精神

首先，这体现在将企业年检制度改为年度为企业年报制度上。在“宽进严管”市场监管制度改革前，企业需每年提交经由会计师事务所审计的年度审计报告，由市场监管部门进行年审。“宽进严管”市场监管制度改革后，因“宽进”改革造就了数量庞大的企业，若仍然实行年检制度，就不但会增加社会成本，而且更为重要的问题是市场监管部门将不堪负重。因此，作为企业年检制度的替代制度，企业年报制度应运而生。实行企业年报制度后，企业虽然不用每年强制性地进行年审，但需要通过企业信用信息公示系统报送年度报告；年度报告中应当包含的信息有：企业通信地址、邮政编码、联系电话、电子邮箱等信息；企业开业、歇业、清算等存续状态信息；企业投资设立企业、购买股权信息；有限责任公司、股份有限公司的股东或者发起人认缴和实缴的出资额、出资时间、出资方式等信息；有限责任公司股东股权转让等股权变更信息；企业网站以及从事网络经营的网店的名称、网址等信息。这些信息也是企业的基本信用信息;经公示后,不但交易相对人可以查询并用于交易决策、交易风险防控和处置,而且政府监管部门、社会公众也能容易地获取,从而作为企业信用协同监管、社会共治的重要依据。

其次,这体现在市场主体信用信息公示的及时性与获取信息的便捷性上。按照规定,市场监管部门在履行职责过程中产生的信息,应当自产生之日起20个工作日内予以公示;企业公示的信息,应当自信息形成之日起20个工作日内公示。对于市场监管部门以外的其他部门在履行职责过程中产生的信息,《企业信息公示暂行条例》虽然未规定公示的时间,但也有及时的要求。同时,市场主体的信用信息通过作为互联网平台的企业信用信息公示系统进行公示,任何人在任何时间、任何地点都能够方便、快捷地查询,从而使市场主体信用信息的获取不受人员、时空的限制成为可能。这种及时、高效的市场主体信用信息公示及充分考量市场主体交易相对人获取便捷的公示,加上任何人发现市场主体公示的信用信息虚假都可以向市场监管部门举报并由市场监管部门及时处置等规定,可以实现对企业信用的全程监管和社会共治。

最后,这体现在市场主体信用信息随机摇号抽查上。按照规定,国务院市场监管部门和省、自治区、直辖市人民政府市场监管部门按照公平规范的要求,根据市场主体注册号等随机摇号确定抽查的市场主体,组织对企业公示信息的情况进行检查;抽查市场主体公示的信息可以采取书面检查、实地核查、网络监测等方式;抽查结果通过企业信用信息公示系统向社会公布。显然,面对“宽进”所产生的数量庞大的市场主体,相较于企业年检制度,这种市场主体信用信息随机摇号抽查是更为务实、更具可操作性的市场主体信用监管方式。

3. 发挥市场主体信用信息公示与失信惩戒的联动效应

按照《企业信息公示暂行条例》的规定,市场主体未按规定期限公示年度报告,或公示信息隐瞒真实情况、弄虚作假的,由县级以上市场监管部门列入经营异常名录,并通过企业信用信息公示系统向社会公示;满3

年未按规定履行公示义务的，由国务院市场监管部门或者省、自治区、直辖市人民政府市场监管部门列入严重违法企业名单，并通过企业信用信息公示系统向社会公示。对列入以上名录的市场主体及其法定代表人、负责人进行失信惩戒。市场主体信用信息公示是确立失信惩戒机制的基础性工作，列入经营异常名录或者严重违法企业名单并予以惩戒的信息又作为市场主体信用信息公示的内容，这种以市场主体信用信息公示支撑的失信惩戒机制，以失信惩戒落实市场主体信用信息公示目的的制度安排，有利于发挥二者的协同效应，提高监管效能，实现信用监管的社会共治。

二、我国市场主体信用信息公示制度建设的现状

（一）我国市场主体信用信息公示制度建设概况

我国的市场主体信用信息公示制度目前主要是围绕市场监管部门的企业信用信息公示系统建设展开的，同时其他行政机关也设立了相应的官方公示系统公示其分管的市场主体的信用信息。对于行政机关需要履行的公示义务，《企业信息公示暂行条例》规定，市场监管部门应当将履行职责中产生的以下企业信息向社会公示：注册登记、备案信息、动产抵押登记、股权出质登记、行政处罚等信息；其他行政机关也应当公示履行职责过程中产生的行政许可、行政处罚信息。为了更加准确地反映企业的信用，应在系统显著位置标注行政处罚撤销或改变情形，让交易相对人可以通过查询系统，了解到行政案件处理的全过程。考虑到保护企业的信用利益，《工商行政管理行政处罚信息公示暂行规定》规定了企业的被遗忘权，即行政处罚信息在公示满 5 年后，可转为仅登记在系统中而不对外公示。此外，关于交易安全与国家秘密、商业秘密、个人隐私之间的平衡问题，市场监管部门建立了行政处罚信息保密审查机制，对会泄露国家秘密的信息不得公示；涉及商业秘密和个人隐私的信息一般不予公示，但市

场监管部门认为应当公示的,经上级部门批准后,可以进行公示。

企业是市场主体信用信息公示制度中最主要的公示主体,负有即时公示和报送年度报告的义务。按照《企业信息公示暂行条例》的规定,企业应当在每年6月30日前通过企业信用信息公示系统报送上一年度的报告。年度报告应当包含企业的基本经营信息、股权信息、对外担保等强制公示信息和资产总额、负债总额、对外保证、营业额等选择公示信息。其中部分强制公示信息需要企业即时履行公示义务,以维护交易相对人的交易安全和强化对市场主体的信用监管。即时公示信息因为对债权人的利益有较大的影响,对交易相对人与企业交易的成功与否也会产生明显作用,因此企业需要在信息形成之日起20日内及时公示。这些措施不仅仅是针对公司资本设定的规则,更是在放松资本管制后转而求助的其他替代措施。①

《企业信息公示暂行条例》不仅规定了公示内容,还规定了监督主体。行政机关发现公示的内容错误时,应该立即更正。企业也负有自我纠错、主动自新的责任,在发现登记信息错误时,应及时更正。此后,市场监管部门将随机抽查公示信息的真实性。公众在发现信息错误时,也可以进行检举,市场监管部门应当予以及时处理,从而形成市场主体的自我监督、社会监督、行政监督三方联动的新格局。

《企业信息公示暂行条例》还创新性地设立了失信企业名录制度,该名录制度分为两个失信评价等级,即以企业失信的严重程度为评价标准,将失信程度较轻的企业列入经营异常名录,将失信程度严重的企业列入严重违法企业名单。在企业信用信息公示系统对失信企业的失信评价等级进行公示,直观地展示企业的信用,以提升交易相对人的交易安全。在企业未依法履行公示义务时,将被列入经营异常名录;被列入经营异常名录的企业满3年未依规履行义务的,将被列入严重违法企业名单。

对于失信企业信用评价名录的具体评判标准,市场监管部门出台了

① 参见施天涛:《公司资本制度改革:解读与辨析》,载《清华法学》2014年第5期。

《企业经营异常名录管理暂行办法》。企业被列入经营异常名录的失信事由有4种:一是公示年报不合规的;二是即时信息公示不及时的;三是信息公示不真实的;四是无法取得联系的。市场监管部门会将发生上述情形的企业列入经营异常名录中。失信企业也可以修复其信用,被列入经营异常名录的企业在3年内履行公示义务的,可以申请移出经营异常名录。比经营异常名录的失信评价程度更严重的是严重违法企业名单,企业满3年仍拒不履行公示义务的,应被列入严重违法企业名单。被列入严重违法企业名单的企业需要满5年未实施失信行为的才能被移出该名单。上述两种失信企业名录是企业信用信息公示法律制度中最直观的企业信用信息之一,对维护交易安全和监管市场主体信用都发挥了至关重要的作用。

(二)我国市场主体信用信息公示制度的实施概况

近年来,我国市场主体信用信息公示制度在建立健全社会信用体系,优化营商环境中起到了重要的作用,为交易相对人提供了一定的市场主体信用信息,有效维护了交易安全,并有力强化了市场主体的信用监管。在2014年以前,我国市场主体信用信息公示制度主要表现形式为交易相对人可以通过行政机关和司法机关管理的互联网公示网站或登记簿,查询有关的市场主体信用信息。在《企业信息公示暂行条例》颁布实施后,市场主体的部分经营信息、物权信息、股权信息等信息的公示平台变更为企业信用信息公示系统,“一站式”查询模式极大减少了交易相对人的查询成本,有力助推了交易相对人评估市场主体信用的成效,激发了全民查询市场主体信用信息的热潮。

市场主体的司法信息是交易相对人极为关注的信用信息,司法裁判信息可能包含了市场主体的失信违约行为或须承担的损害赔偿,司法执行信息展示了市场主体的财产是否被执行或其是否被列为失信被执行人。裁判文书网在2014年应运而生,为公众提供关于自然人、法人和非法人组织的司法裁判信息。在过去7年中,裁判文书网的访问次数突破100万次,共有3247万篇裁判文书载入了裁判文书网,其中有596.83万篇是执行裁判文书,2014.36 万篇是民事裁判文书,108.15 万篇是行政裁判文书。交易相对人通过查询裁判文书网,可以便利地知悉市场主体涉及的裁判和执行信息,数量庞大的裁判文书给市场主体信用评估提供了有利的参考。据统计,裁判文书网的裁判文书量每日新增 5 万余篇,并且访问量以每秒上千次的数量增长,①可以预见,裁判文书网将来会继续在市场主体信用信息公示制度中占据极为重要的地位。此外,为了使交易相对人更清晰地了解执行情况,最高人民法院设立了执行信息公开网。通过执行信息公开网,交易相对人可以查询失信被执行人,也就是俗称的"老赖"。截至 2021 年 3 月,正在公布的失信被执行人共有 638 万人。交易相对人通过查询交易市场主体是否是失信被执行人,可以降低交易风险,提高交易安全。通过执行信息公开网,执行案件信息和财产拍卖信息对社会即时公示,截至 2021 年 3 月,已有 116 万件执行案件信息和 77 万件财产拍卖信息在执行信息公开网对外公示,对保护交易相对人的知情权、实现市场主体信用监管社会共治作出了重要贡献。

国家信息中心主办的信用中国网站为社会各界提供了失信惩戒对象、守信激励对象、行政许可和行政处罚、统一社会信用代码等企业信用信息的查询途径。除此之外,信用中国网站还汇集了各个地方的信用网站,以供交易相对人和社会公众更加有针对性地进行信用查询。2019 年政府网站工作报告显示,信用中国 2019 年的访问量高达 137.6 亿次,发布信用信息共 36380 条,②有力支撑了交易相对人和社会公众希望了解市场主体信用的意愿。中国人民银行在 2021 年 1 月 1 日设立的动产融资统一登记公示系统为市场主体的资产变动情况提供了又一个公示平台。交易相对人可以在动产融资统一登记公示系统查询企业的动产抵押、应收账款质押、转让等信息,该公示系统能够即时反映市场主体资产信用的变

① 参见《中国裁判文书网总访问量突破百亿》,载中国法院网 2017 年 8 月 24 日,https://www.chinacourt.org/article/detail/2017/08/id/2976306.shtml。

② 参见《2019 年政府网站工作年度报表》,载信用中国 2020 年 3 月 5 日,https://www.creditchina.gov.cn。

动状态,有利于交易相对人快速做出交易决策。尽管动产融资统一登记公示系统存续时间较短,但发展前景极好。在2021年1月,动产融资统一登记公示系统的累计查询量已达163.3万笔,新增登记达到23.3万笔。①

在现行的市场主体信用信息公示制度下,大部分经营信息、物权信息、股权信息都集中在企业信用信息公示系统中对外公示,交易相对人通过查询企业信用信息公示系统,就可以快速、全面地知悉全国企业的信用状况。在企业信用信息公示系统的社会使用情况方面,根据国家市场监管总局的分析报告,企业信用信息公示系统的累计访问量从2016年的319亿人次增长到2019年的1181.1亿人次,累计查询量从2016年的157.7亿人次②增长到2019年的229.6亿人次。③ 在短短的3年时间内,企业信用信息公示系统的累计访问量增加了862.1亿人次,快速增长到2016年累计访问量的约3.7倍,累计查询量也增加了71.9亿人次,接近2016年累计查询量的1.5倍。由此可见,企业信用信息公示系统已成为交易相对人和社会公众了解市场主体信用的有力工具。近年来,企业信用信息公示系统在企业年度报告公示方面也取得了很大的成效,企业年报率由2014年年度的85.89%④增长到2018年年度的91.47%,⑤超过了改革前的企业年检率,这表明企业的自律意识在逐渐地增强。就企业的

---

① 参见《升级改造后的动产融资统一登记公示系统运行平稳 已新发生登记23.3万笔》,载新华社网2021年1月25日,https://baijiahao.baidu.com/s?id=168986675402000 8620&wfr=spider&for=pc。

② 参见《工商总局发布2016年度全国市场主体发展等情况》,载中国打击侵权假冒工作网,http://www.ipraction.gov.cn/article/gzdt/bmdt/202004/62550.html。

③ 因国家市场监督管理总局暂未公布2020年的市场环境分析报告,因此无法获得2020年数据,故暂且列明2019年相关数据。参见《2019年前三季度市场环境形势分析》,载国家市场监督管理总局官网,http://www.samr.gov.cn/zhghs/schjxsfx/202003/t20200305_312540.html。

④ 参见《工商总局举行2017年市场环境形势相关情况新闻发布会》,载国务院新闻办公室网2018年1月22日,http://www.scio.gov.cn/xwfbh/gbwxwfbh/xwfbh/gszj/Document/1618496/1618496.htm。

⑤ 参见《2019年前三季度市场环境形势分析》,载国家市场监督管理总局官网,http://www.samr.gov.cn/zhghs/schjxsfx/202003/t20200305_312540.html。

即时公示信息而言,国家市场监管总局公布的 2017 年数据显示,累计有 324.4 万户企业公示了 816.1 万条即时信息,平均每个企业公示了 2~3 条即时信息。①

经营异常名录和严重违法企业名单是市场监管总局主导公示的失信企业名录,为交易相对人提供了关于企业信用的重要参考指标。根据市场监管总局公布的数据,全国实有被列入经营异常名录的市场主体数量由 2015 年的 271.44 万户②增加到 2019 年的 591.42 万户,企业信用信息公示系统向各部委提供了 1475 万条经营异常名录信息;全国实有被列入严重违法企业名单的市场主体数量由 2017 年的 5938 户③快速增长至 2019 年的 75.93 万户,公示系统向各部委提供了 115 万条严重违法失信企业名单(见表 6-2)。从以上数据分析中可以看到,上述两种失信企业名录在市场主体信用信息公示制度中发挥了举足轻重的作用,为社会公示了数百万的企业失信情况,降低了交易相对人在不知情的情况下与失信企业交易的风险,便于市场信用监管的联动、共治。随着失信企业名录数据库的累积和大数据分析技术的发展,失信企业名录制度也将会更好地服务于维护交易安全、强化信用监管。

表 6-2 各年度全国被列入经营异常名录的市场主体数量

统计截止年月	全国被列入经营异常名录的市场主体/万户
2019 年 9 月	591.42
2018 年 9 月	513.6
2017 年 1 月	515.1
2016 年 1 月	304.5
2015 年 7 月	271.41

数据来源:国家市场监督管理总局综合规划司,http://www.samr.gov.cn/zhghs。

① 国家市场监督管理总局并未公布 2018~2020 年的即时公示信息数据。

② 参见《271.44 万户市场主体被列入经营异常名录》,载中央政府门户网,http://www.gov.cn/xinwen/2015-09/18/content_2934225.htm。

③ 因为严重违法企业名单适用条件的特殊性,直到 2017 年才有第一个企业被列入严重违法企业名单。

通过建设以上所列举的信用信息公示平台，我国市场营商环境得到了极大的优化，国家信息中心通过大数据技术分析了1372万条互联网信息，研究发现随着市场主体信用信息公示制度等诸多信用监管制度的完善，我国网民对市场竞争的公平公正秩序的信心大幅提高，网民对竞争环境的正面评价占比80.4%，相比上一年增加了2.9%。① 可见，我国市场主体信用信息公示制度得到了社会各界的充分肯定与认可。

三、“宽进严管”背景下市场主体信用信息公示制度待完善的方面

市场主体信用信息公示制度在深化商事制度改革，完善市场监管长效机制中发挥了重要的作用，但现行市场主体信用信息公示制度还存在一些问题。梳理和总结这些问题，对于完善我国市场主体信用信息公示制度是大有裨益的。

我们经分析后认为，现行市场主体信用信息公示制度，最为突出的问题概括起来，就是对交易安全的维护不足。②

（一）强制公示信息范围

1. 企业信用信息公示系统公示的信息较少

现行的企业信用信息公示系统的强制公示信息范围较窄，无法客观全面地展示企业的资信状况，交易相对人在与企业交易时也缺少必要的参考信息，交易安全得不到强有力的保障。《企业信息公示暂行条例》仅规定了企业应向市场监管部门登记较基础的经营信息，并将其中部分信息对社会强制公示。就选择公示信息部分而言，企业应当通过年度报告

---

① 参见《2019年前三季度市场环境形势分析》，载国家市场监督管理总局官网，http://www.samr.gov.cn/zhghs/schjxsfx/202003/t20200305_312540.html。

② 也正是基于此，本章对“宽进严管”背景下市场主体信用信息公示制度的不足及其完善进路的讨论，将主要以交易安全的维护为视角。

向市场监管部门进行登记,由企业自己选择是否对外进行公示。目前企业的强制公示信息,都是企业最基础的信息,例如企业社会信用代码、企业类型、通信地址、经营范围、存续状态、动产抵押登记、知识产权出质登记、企业对外投资、企业股东的出资、有限责任公司股权变更、企业所受行政处罚、企业所获行政许可等信息。但以上强制公示信息只能初步展示企业的情况,难以全方位地反映企业的经营状况和履约能力。交易相对人在知悉上述信息以后,通常只能判断出该企业是真实存在并经过合法登记的。企业股权变更、动产抵押登记、知识产权出质等信息,也只是企业诸多经营信息的冰山一角,仅反映了一部分信用情况,无法反映企业整体的信用情况。企业无动产抵押、知识产权出质等情形,不一定代表企业信用优良,也有可能是企业无动产可抵押,无知识产权可出质,企业资产的价值额不高。企业无股权变更情形,有可能是因为股东会内部结构稳定,股东对企业的发展前景很有信心,也有可能是因为投资人不看好该企业的发展前景,无人受让该企业的股权。因此由上述分析可知,现行法律法规规定的企业强制公示信息,只能确保交易相对人知晓企业设立的真实性和合法性,防止受到假冒企业的欺骗。对于企业的具体信用情况,现有的强制公示信息所能提供的信息并不充分,交易相对人可能只能得到似是而非、模棱两可的结论,现有的市场主体信用信息公示制度提供给交易安全的保障是不充足的。

现有的选择公示信息内容能较为全面地反映了企业的信用情况,交易相对人在交易过程中,为确保交易安全,提升债权的实现率,也会主动地进行调查。选择公示信息包括企业从业人数、资产总额、负债总额、对外提供保证担保、所有者权益合计、营业总收入、主营业务收入、利润总额、净利润、纳税总额信息。上述的选择公示信息更为客观地反映了企业的经营状况,对交易相对人评估企业履约能力、交易风险大小,进而做出交易决策等有极大帮助,能有效地维护交易相对人的交易安全。但绝大部分企业出于保护商业秘密的考虑,选择仅向行政机关登记上述信息而不对外公示,导致上述信息实质上对交易相对人是保密的,交易相对人在作出交易决策时无法获得充足的企业信用信息,交易安全无法得到充分的保障。

2. 部分信用信息未被纳入企业信用信息公示系统

除了以上提到的强制公示信息和选择公示信息外,还有一些企业信用信息对降低交易相对人的交易风险,维护交易安全具有至关重要的作用,但未被纳入现有的企业信用信息公示系统中的强制公示信息中。例如,物权信息、债权债务信息、财务报表、司法判决信息、司法执行信息、税收违法失信信息、不动产抵押登记信息、动产质押登记信息、权利质押登记信息、所有权保留登记信息等。尽管其中部分信息可以通过其他渠道进行查询,例如,不动产抵押登记信息可以在当地房屋管理局查询;司法判决信息可以通过中国裁判文书网进行查询;司法执行信息可以通过中国执行信息公开网进行查询;税收违法失信信息可以通过国家税务总局重大税收违法失信案件信息公布栏进行查询;动产抵押、部分权利质押信息以及所有权保留登记信息可以通过中国人民银行动产融资统一登记公示系统进行查询;上市公司的财务报告可以在公司的官网或对应的证券交易所官网上进行查询。但上述信息来源分布复杂,交易相对人获取企业各项信息的成本高昂,需要花费大量时间去寻找各项信息的查询来源。商事交易时机瞬息万变,交易相对人甚至可能因为调查过程过于烦琐耗时,而放弃全方位地调查企业信用信息。而且并非所有的交易相对人都具有专业的企业信用调查知识,分散化的企业信息来源会使交易相对人忽略或遗漏某些重要的信用信息,交易相对人由此可能作出错误的决策,不利于对交易安全的维护。而集中化的企业信用信息公示系统,就可以避免这种情形的发生,更好地保障交易相对人的交易安全。

除了上述来源分散化的信用信息外,还有一部分信息对交易安全的维护起着举足轻重的作用,但是暂无官方的公示来源,只能由交易相对人亲自调查。较大的调查难度和高昂的调查成本阻碍了交易相对人对企业信用作出准确评价,交易相对人为了确保交易安全,往往需要付出不成比例的代价。企业信用的砥柱是资产信用,资产信用是通过所拥有的所有权、用益物权、担保物权、债权,所负担的债务、对外担保等体现的。所有权、用益物权、担保物权等虽然大多需要经过占有或登记进行公示,并非保密,但实际上交易相对人如若不经过专门的调查询问,难以知道企业具体的资产信息。交易相对人知道特定的动产或不动产信息后,自然可以通过占有或登记等公示方式,确定企业享有该物的所有权或者使用权;但交易相对人知道某个特定企业后,却难以知晓其拥有的资产构成情况,因为现在还暂无官方的资产信息公示系统,而是需要交易相对人自行调查企业的资产构成情况。同时,企业也无法定义务向交易相对人告知具体的资产构成情况,尤其是交易相对人在对市场中的企业进行调查比较,还未确定具体的交易对象前,企业更不会主动提供资产构成清单。在这个“货比三家”的阶段,恰恰是交易相对人最需要企业信用信息的时候,这些信息决定了之后的交易是否安全可靠。现行市场主体信用信息公示制度对企业资产公示的缺失,将会对交易安全的维护带来极大的阻碍。

债权债务信息也对企业信用的评价起着至关重要的作用。企业的债务信息直接决定着企业的负债总额大小,影响着市场主体的债务清偿能力。企业负担的或有债务越多,如大量动产对外设立抵押、质押,大量不动产对外设立抵押,其将来遭受的经营风险就越大,资产信用也就越低,交易相对人为了交易安全就会避免与之交易。企业的债权信息决定了企业的资产构成,拥有债权越多,相应的资产越多,清偿债务能力就越强。企业的财务报表则是以数据的形式呈现债权债务信息。市场主体中只有上市公司有义务公布公司的财务报表,虽然并非事无巨细地对外公示所有的债权债务信息,但以大量数据为载体呈现的财务报表也能让交易相对人更深入地了解上市公司的经营状况,显著地增加了对上市公司信用的了解程度。目前考虑到保护市场主体的商业秘密和减轻运营成本,市场主体的债权债务信息还未能进行公示,非上市公司也无义务对外公示其财务报表,需要交易相对人自行发掘该类信息。但并非所有交易相对人都有能力调查到该类信息,绝大部分交易相对人与企业都处于严重的信息不对称当中,极大地影响了交易安全的维护。

市场主体的违法失信记录也是市场主体信用信息公示的重要环节之一，但现行的市场主体信用信息公示制度并未将之进行全面的公示。《企业信息公示暂行条例》规定，企业被列入经营异常名录或严重违法企业名单后，将通过企业信用信息公示系统对外进行公示，在企业满足移出条件后，就会移出经营异常名录或严重违法企业名单，而不再对外公示。由此可知，现行的公示制度只要求公示企业当前的失信状态，而不对企业以往的失信记录进行公示。但很显然，假如两个企业目前都被列入经营异常名录，曾被多次列入经营异常名录的企业的信用要低于仅是初次被列入经营异常名录的企业。又如，曾被列入经营异常名录的企业因履行公示义务而被市场监管部门移出经营异常名录，该企业的信用并不会因此恢复到和其他守信企业的信用相同的水平，会因其曾经的失信记录，而呈现较低的信用水平。以上的两种例子皆表明市场主体的违法失信记录也是信用的重要衡量标准，对维护交易相对人的交易安全有着重要的作用。除了经营异常名录和严重违法企业名单两种失信记录以外，企业的违法失信记录还可以包括各类不良经营行为，例如，食品加工类企业生产不合格食品的记录，或者是企业不正当竞争行为的记录；又如，企业借款后未按时履约归还的记录。总言之，凡是可以反映市场主体信用的市场行为的记录，都可以进入企业信用信息公示系统之中。但是现有的市场主体信用信息公示制度并未将违法失信记录作为强制公示项，交易相对人只能通过互联网等途径搜索相关信息，其中的信息难辨真伪，并且还存在企业隐藏相关报道的可能，对交易安全的维护带来了很大挑战。

（二）严重违法企业名单制度适用范围

在现行市场主体信用信息公示制度中，市场监管部门也能作为公示主体，其通过将失信主体分级列入失信企业名录的方式，公示市场主体信用状况，以提供给交易相对人参考，从而提升交易的安全性。现行法规设立了两种失信企业名录：第一种是失信程度较轻的经营异常名录；第二种是违法失信程度严重的严重违法企业名单。信用风险分类监管模式的精髓在于监管机构需要根据充足的市场信息来设定信用等级，进而合理划分合规风险与分配执法资源。[①] 但是现有的严重违法企业名单制度的适用标准过高，适用范围较窄，企业的失信行为持续相当长的时间才能被列入严重违法企业名单。而严重违法企业名单的适用只与失信行为持续的时间有关，与具体的失信行为的严重程度无关。大量的小微企业存续时间较短，极有可能在被列入严重违法企业名单前就退出市场，在退出市场前无论失信行为多么恶劣，都只会因为失信行为持续时间较短，而被列入失信评价较轻的经营异常名录；一些较为轻微的失信行为，则会因失信持续时间较长，而被列入失信评价更重的严重违法企业名单，这显然是不合适的。现有违法失信企业公示制度没有将每一个失信企业都纳入恰当的失信评价等级内，给交易相对人提供了错误的参考标准，不能很好地起到保护交易安全的作用。

根据《企业信息公示暂行条例》的规定，企业未在每年 1 月 1 日至 6 月 30 日报送上一年度年度报告的，将被列入经营异常名录。在企业被列入经营异常名录期间，满 3 年未履行相关公示义务的，将被市场监管部门列入严重违法企业名单。从上述规定可以推算出企业被列入严重违法企业名单的大致时间段。于此，仅将未报送年报的失信情形纳入考量，因为根据市场监管部门 2016 年的调查数据，全国共有 283.7 万户企业被列入经营异常名录，其中 268.04 万户企业未报送年报，占 94.48%；9675 户企业未按规定公示即时信息，占 0.34%；1.11 万户企业公示虚假信息，占 0.39%；23.27 万户企业无法取得联系，占 8.2%。[②] 由此可见，绝大部分被列入经营异常名录的企业是因为未在规定的期限向市场监管部门报送年报，由于其余三类原因而被列入经营异常名录的企业占比非常少，因此先暂且不论。

因为某年设立的企业，自下一年起报送年度报告，因此根据其设立时间的不同，失信企业最早被列入经营异常名录的时间大致是在 7 个月至 1

---

① 参见卢超：《事中事后监管改革：理论、实践及反思》，载《中外法学》2020 年第 3 期。

② 参见《全国 313 万多户市场主体被列入经营异常名录》，载中央人民政府网，http://www.gov.cn/xinwen/2016-04/26/content_5067937.htm。

年零7个月这个时间段。具体而言,假如一个企业是在1月1日成立的,在设立当年该企业不必向市场监管部门报送该年的年度报告,而是在下一年1月1日至6月30日才需向市场监管部门报送上一年度的报告,因此该企业最早也需要1年零7个月才会被市场监管部门以未依法履行公示年度报告的义务为由列入经营异常名录。假设该企业是12月31日登记设立的,则该企业最早于下一年的7月1日被市场监管部门以未履行报送年报义务列入经营异常名录,因此该企业最早需要7个月才会被列入经营异常名录。由此可以得出,一个新生的企业因未履行报送年报义务而被列入经营异常名录的最早时间期间为7个月至1年零7个月。

由上述分析可推算出企业被列入严重违法企业名单的最早时间期间为3年零7个月至4年零7个月,即被列入经营异常名录的最早时间7个月加上被列入经营异常名录满3年的时间,从而得出3年零7个月的结论。同理,该期间的最长时间点即为1年零7个月加上3年为4年零7个月。因此可以得出结论,企业通常最早也只有在存续了4年左右才会被列入严重违法企业名单,而真实情况是企业需要远多于4年的时间才可能被列入严重违法企业名单。

就企业平均生存时间而言,根据市场监管部门的数据,近5成企业年龄在5年以下,企业的平均寿命在6年左右,企业成立后3～7年是企业生存的“瓶颈期”,这一时期企业退出市场情形多发。多数地区企业的生存危险期为第三年。企业成立后第三年死亡的数量最多,死亡率达到最高。企业存活率与注册规模成正比,企业规模越小,存活率就越低。市场监管部门的调查报告显示,企业成立当年的平均死亡率为1.6%,企业第二年的平均死亡率是6.3%,企业第三年的平均死亡率是9.3%,概率最高。企业生存时间超过3年的概率为83.9%,企业生存时间超过5年的概率为68.9%。[①] 此外,小微企业在前四年的死亡率较高,注册资本额较高的企业的逐年的死亡率趋于平稳,没有明显的时间特征,并且小微企业

① 参见国家市场监督管理总局发布的《全国内资企业生存时间分析报告》。

的死亡率远远高于大型企业，也就是说在企业生存的前三年里，退出市场的企业大部分都是小微企业。同时数据显示，小微企业和大型企业的生存危险期为第三年，中小型企业的生存危险期为第四年，这两年里企业最有可能无法承受经营风险而退出市场。

企业被列入严重违法企业名单的最早时间约为4年，只有大约75%的企业能够在市场中存活4年。因经营不善在4年内退出市场的这一部分企业，更容易出现失信行为，甚至原本就是因为市场信用差，导致无法在市场竞争中存活。比如，一家存续期间为3年的企业，在此期间多次违反公示义务，瞒报信息，甚至弄虚作假，社会信用极差，单单将该企业列入经营异常名录已经不足以惩治该企业，但是因为将一个企业列入严重违法企业名单最早也需约4年时间，因此只能将其暂时列入经营异常名录。该类企业原本信用就较差，市场交易机会很少，理智的交易相对人都会选择避免与其进行交易，因此该企业很大概率会在4年内进行破产清算，从而严重违法企业名单制度难以管辖该部分严重失信企业。

因此，严重违法企业名单适用范围较窄使行政机关主导的企业信用评价标准出现错位的可能性，严重违法失信企业可能被纳入较轻的失信评价公示名录中，轻微失信企业有可能被纳入较重的失信评价公示名录中。准确的评级能够纠正市场信息不对称、提高市场效率和监管效率，不实的评级不仅不能真实反映被评级对象的信用状况，而且可能给市场造成重大打击。[①] 由此产生的企业信用公示信息可能会对交易相对人造成误导，对交易安全造成危害。

（三）公示信息的真实性审查

市场主体信用信息公示制度还存在公示信息的真实性审查欠缺的问题。公示信息对交易安全的维护是建立在信息真实的基础之上的，假如公示信息是虚假伪造的，那么交易对象人的交易安全不仅得不到保障，反而会遭受更大的交易风险。同时经过市场监管部门抽查后的企业信用信

---

① 参见方添智：《信用评级利益冲突规制研究——以美国为中心的研究与借鉴》，中国商务出版社2015年版，第2～3页。

息的真实性也远高于未经抽查的信息，因此有必要对信息是否经过真实性审查进行公示。但现有的企业信用信息公示系统并未将市场监管部门的抽查结果作为强制公示信息进行展示，也没有公示企业每次接受市场监管部门抽查的时间。这使交易相对人在获取信息作出决策时，会陷入真伪难辨的困境，影响了市场主体信用信息公示制度对交易安全的维护。

同时，市场监管部门对公示信息的抽查频率也较低，使企业公示信息的真实性难以得到保障，对交易安全的维护产生了不利的影响。根据《企业信息公示暂行条例》的规定，市场监管部门于每年年度报告公示结束后，通过随机摇号的方式抽取辖区内不低于3%的企业，对其信息公示情况进行抽查。假如市场监管部门每年仅抽查3%的辖区企业，抽查完半数企业需要17年时间，在这期间许多小微企业早已经消亡。这也意味着一些小微企业在存续期间可能不会受到市场监管部门的抽查，其公示信息的真实性自然无法得到认可。对于此类公示信息未经过检查的企业，市场监管部门也没有通过企业信用信息公示系统特别标注公示信息并未经过验证，告知交易相对人需要谨慎参考。交易相对人因此可能会误认为企业信用信息公示系统中的公示信息皆是经市场监管部门验证无误的，从而对交易相对人的交易安全带来巨大的威胁。

（四）市场主体信用信息公示纠纷的法律责任

现有的法律法规并没有明确市场主体信用信息纠纷的法律责任，在对交易安全的维护上还存在一定漏洞。市场主体信用信息纠纷的主体主要一般是行政机关、企业以及交易相对人，三者之间可能存在以下的纠纷：第一，行政机关错误登记并公示企业的信用信息，交易相对人对该错误信息产生信赖，因此遭受损失；第二，企业错误登记并公示企业的信用信息，交易相对人对此信息产生信赖，并遭受损失；第三，行政机关因工作失误，向第三人泄露了企业选择不公示的选择性公示信息，企业因此遭受损失；第四，交易相对人以合理原因向行政机关查询了企业选择不公示的选择性公示信息后，未尽到保密义务，向第三人泄露了企业选择不公示的选择性公示信息，企业因此遭受损失。以上四种情形在企业信用信息公示中极有可能发生,主要可归纳为交易相对人的信赖利益或企业的商业秘密受到侵害,其中对交易相对人的信赖利益保护是维护交易安全的重要环节。倘若交易相对人善意无过失地信赖了错误的企业信用信息,并根据错误的信息作出了错误的决策,利益就有可能蒙受损失。为了保护交易相对人的信赖利益,维护交易安全,有关责任方应当赔偿交易相对人的损失。但是现行市场主体信用信息公示制度并未明确各方的法律责任,企业的利益以及交易相对人的交易安全都可能因此遭到侵害。

四、“宽进严管”背景下市场主体信用信息公示制度的完善路径

市场主体信用信息公示制度目前对交易安全的维护还不是持别的充分,具体问题体现在强制公示信息范围较窄,严重违法企业名单制度的适用范围较小,公示信息真实性审查欠缺,尚未建立查询非公示信息的相关制度,市场主体信用信息公示纠纷案件的法律责任尚不明晰。通过完善市场主体信用信息公示制度能更充分地保障交易相对人的交易安全,事中事后有全方位、多层次的信息公示和市场监管部门的严格监管,纠纷产生后有完善的法律制度对交易相对人的权利进行救济。为了完善市场主体信用信息制度,首先需要厘清市场主体信用信息公示制度中若干价值的利益平衡,以作为完善市场主体信用信息公示制度的原则。

(一)市场主体信用信息公示制度若干关系的利益平衡

1. 交易效率促进与交易安全维护之间的利益平衡

市场主体信用信息公示制度的不少设计都体现了对交易效率的促进,如将企业信息通过互联网平台进行公示,减少了交易相对人获取信息的成本;又如,取消企业年检制度,改为企业每年报送年度报告,从而减少企业的运营成本,促进交易效率。在注重交易效率的同时,也应当将交易安全的维护纳入考量。因为交易不再安全时,效率再高也无任何意义。

商事注册登记制度改革，在放松市场准入的同时，应加强事中事后监管，在增加市场经济活力，促进经济发展的同时，严守交易安全，安全和效率必须兼顾，必要时应优先保障交易的安全。目前商事法律制度的设计中在不少地方都体现了效率和安全的平衡。在注册资本实缴制改为注册资本认缴制后，企业的实有资本和认缴的注册资本之间有很大差距，在方便企业设立的同时，有可能导致在企业破产时注册资本尚未缴付完毕，从而导致债权人利益受损。为了平衡效率和安全之间的关系，在企业破产时，股东会丧失期限利益，股东出资将加速到期，进而保护债权人的利益，维护交易安全。在完善企业信用信息公示法律制度时，也应注重效率与安全之间的平衡。在取消企业年检制度之后，由于企业不用再向市场监管部门提供年度资产负债表、损益表、会计师事务所出具的审计报告等文件，省去大量烦琐的程序，增加效率的同时，也给交易相对人带来了极大的商业风险。为了平衡因增加效率带来的风险，必须要求企业将其对交易安全有重大影响的经营信息通过企业信用信息公示系统对外公示，以达到维护交易相对人的交易安全的目的。效率和安全并不是完全对立的两面，在交易的安全性得到充足的保障后，交易相对人可以更快地做出决策，更快地完成交易，从而促进交易的效率。准确、全面、及时的信息披露可促进投资者保护、提升市场效率。[①] 换言之，牺牲了个体的效率，从而实现整体的高效和安全。市场主体信用信息公示制度对交易安全的维护也有其边界，公示制度的建立健全不代表交易风险的完全消失，公示制度的最终目标应当是尽可能地降低个人负担的交易风险，同时消除系统性风险，维护市场的公平竞争秩序。法律制度确保交易的成功并不是绝对的，商事交易必将伴随着风险，风险越大，收益越大，这些风险是交易相对人需要自己面对的，在对待风险问题上，法律一方面在于防控系统性风险，另一方面在于为系统性风险和当事人应当自担的风险所引发的风险事故设置处理的规则。

---

① 参见解正山：《大额持股披露义务规制》，载《现代法学》2018 年第 3 期。

2. 商业秘密保护与交易安全维护之间的利益平衡

市场主体信用信息公示制度的完善还需注意交易安全与商业秘密保护之间的价值平衡。将企业的经营事无巨细地向社会全部公示，交易相对人在破除了信息壁垒的情况下，能更理性地作出交易决策，必然会极大地增加交易安全。但将企业信息全部公示后，市场竞争者就会通过公示系统了解为企业提供竞争优势的商业秘密，从而进行模仿，这会导致企业丧失之前的竞争优势地位。这些商业信息为企业提供经营收益，经营收益又激励着企业探索更多的商业信息，在市场大部分企业都为这些商业信息进行奋斗时，市场就会激发出大量的活力，促进经济高质量发展。将提供竞争优势的商业信息向社会公示，则会抑制市场主体探索奋斗的动力，虽然可能维护了交易安全，降低了交易风险，但是从整体上来看，会导致市场经济像一潭死水，发展停滞不前。因此市场主体信用信息公示制度必须找到一个平衡点，使商业秘密得到保护，促进市场经济发展，与维护交易相对人的交易安全共同推进、相生相成。要保护商业秘密，找到信息公示的边界，就必须厘清商业秘密的定义。

根据《反不正当竞争法》，商业秘密是指不为公众所知悉、具有商业价值并经权利人采取相应保密措施的技术信息、经营信息等商业信息。即商业秘密具有秘密性、价值性、保密性的特征，同时应是商业信息。商业秘密也是自然人与法人享有的一种民事权利，是一种特殊的知识产权。①物权虽然是经营信息的一部分，所有权、土地使用权、地役权、抵押权、质权等物权因具有对世性，或通过占有向外公示、或通过在登记机关登记簿上登记公示，所以物权信息不是商业秘密，因此为了维护交易相对人的交易安全，可以对外公示企业的物权信息。

企业享有的债权可能是经营信息，债权具有相对性，一般只为权利义务的双方所知，相关的信息没有进入公共领域，一般公众也不能轻易了解到，因此具有秘密性。债权信息也有可能具有价值性，“商业秘密权利人

① 参见唐海滨、孙才森、梁彦等：《有关商业秘密立法的重点难点问题》，载《中国法学》1999 年第 4 期。

拥有了秘密技术或信息的竞争优势，也就拥有了商机和利益”。[①] 根据2020年出台的司法解释《最高人民法院关于审理侵犯商业秘密民事案件适用法律若干问题的规定》的规定，与技术有关的方法、步骤、数据、文档、电脑程序等以及与经营活动有关的创意、计划、销售、财务、客户信息等都可被认为是企业的商业秘密。比如，利用信息的时间差抢先收购或贩卖货物从而获取利润的债权信息；又或是经销商通过大量的市场调查发现了一个物美价廉的供货商，通过差价赚取了大量的利润，该特定的交易对象的知悉即是企业的竞争优势，可以看作企业的商业秘密。同时，企业应当采取保密措施，如签订保密协议，让知情人士承担保密义务，符合商业秘密三个特征的债权信息，才能成为商业秘密的客体。

对于债权而言，认定其是否具有秘密性和保密性相对容易，但判断其是否具有价值性则十分复杂，需要代入具体的商业环境中进行具体判断，由行政机关工作人员、法官行使自由裁量权，判断该债权是否具有价值性，是否应当作为商业秘密进行保密。债权和债务相伴相生，如果债权被认定为商业秘密，那么债务的公示一定也会受到相应的限制。企业的债权债务信息属于商业秘密还是属于可公示信息，很难作一个泾渭分明的判断，因此宜将大部分债权债务信息作为选择公示信息，由企业自身选择是否公示。对于一些特定类型的债权债务信息，因为其可能对交易安全造成较大影响，且不会因公示影响企业的竞争优势，因此可以强制企业进行公示。如借款合同、融资租赁合同、所有权保留买卖合同等。

还有一部分信息不能显著地提升企业的竞争优势，但可以大幅提高交易的安全性，因此也不应认为是企业的商业秘密，如资产总额、负债总额、净利润、对外保证等信息。因此只要维护交易安全给市场秩序带来的公共利益大于企业信息保密给市场经济发展带来的利益，就不应认定这部分信息属于商业秘密，应将其纳入强制公示信息的范围。

---

① 江帆：《商业秘密理论与立法探讨》，载《现代法学》2004年第3期。

3. 自由、隐私的保障与交易安全维护之间的利益平衡

在扩大强制公示信息范围，保障交易安全的同时，还应当保障企业的自由。部分信息尽管不是企业的商业秘密，但并不代表一定就应当纳入强制公示信息的范围中，唯有对交易安全有维护作用的企业信用信息才应当考虑纳入强制公示信息的范围。一些对交易安全维护帮助不大的企业信息，比如，企业员工的性别比例、企业员工的工资数额、企业对员工的奖惩信息、企业法定代表人的住所等，就应该交由企业自行选择是否对外公示。如果企业的所有信息都要求对外公示，虽然会给交易安全带来一定的提升，但这无疑会严重损害企业的自由，也会给企业造成过高的公示成本。只有在公示某个企业信息给交易安全维护带来的利益远大于损害企业自由的不利益时，才能将该企业信息纳入强制公示范围。例如，企业的动产所有权并不属于商业秘密的范畴，将动产所有权纳入强制公示信息的范畴，会一定程度地损害企业自由选择公示信息的权利，但交易相对人若清楚地知晓企业所拥有的动产，就能根据企业的资产构成，评估出企业的资产信用，做出交易决策，从而大大提升交易的安全性。物权是对世权，其中动产的所有权会时时刻刻以占有的形式对外公示，因此将动产所有权纳入强制公示范围，对企业自由的侵害较小，但能极大提升交易的安全性。因此权衡之下，宜将动产所有权纳入强制公示信息的范围。又如，企业员工的性别比例或薪资统计数据对交易安全的维护作用并不大，这些信息对企业的发展前景或者信用状况的展示作用较小，将其纳入强制公示信息的范围将会损害企业的自由。在带给交易安全维护的利益较小的情况下，应当优先保障企业自由选择公示信息的权利，因此不应当将其列入强制公示信息的范围。

此外，完善市场主体信用信息公示制度还应注意保护自然人的隐私权，且应当将保护自然人的隐私权放在优先地位，不能因为维护交易安全而肆意牺牲自然人的隐私权。自然人的部分信息也对企业的信用评价具有参考作用，有助于提升交易安全。例如，关于企业法定代表人生活作风的负面信息流传，可能会影响企业的形象，如果是上市公司还有可能造成

企业的股价下跌。又如,企业法定代表人因犯罪行为被捕入狱,这也属于自然人的信息,但对企业的信用有着巨大影响。关于自然人的信息是否应纳入企业信用信息公示中,不应一概而论。只有在对自然人的隐私侵害程度不大,且对交易安全的维护有巨大提升的情况下,才考虑将自然人的信息纳入公示信息中;即使某些自然人的信息对交易安全有着显著的维护作用,但会严重侵害个人隐私,也不应当纳入公示范围,个人隐私应当放在首要位置进行保护。

具体而言,企业股东、董事、法定代表人、实际控制人等对企业经营具有重要影响的自然人的信息,如果已经被行政机关在公开渠道对外公示,且会对交易相对人的交易安全维护具有很大帮助的,可以纳入企业信用信息的公示范围。比如,企业法定代表人因违法犯罪行为被判入狱,因为裁判文书本就会对外公示,因此公示该信息对隐私的侵害较小,且对交易的安全有很大的保护作用。或者企业的实际控制人被列入失信被执行人名单,因为该名单也是对外公示的,因此可以纳入企业信用信息公示系统。还有一部分信息虽未被行政机关对外界公示,但对交易安全的维护可以起到巨大的作用,而且不会过分侵害自然人隐私,因此也可以纳入公示的范围。比如,合伙企业的普通合伙人和一人公司的股东的个人财产状况对企业的信用具有巨大的影响。合伙企业的普通合伙人以自身的财产对企业的债务承担无限连带责任,因此普通合伙人的个人资产应当就是企业信用的一部分。一人公司的股东如果不能证明股东人格与公司人格相互独立,也需对公司的债务承担无限连带责任,因此也对企业信用有着重要影响。而且公示个人资产并不会对自然人的人格利益造成太大的侵害,个人资产或多或少也部分地对外进行公示,也并非完全的隐秘。为了保护个人隐私,还可将公示主体严格限定为合伙企业的普通合伙人与一人公司的股东,因为这两类自然人对企业的影响最大。同时,公示这两类主体的个人财产,也有助于企业破产后,债权人追回债权,提升交易的安全性。对个人隐私侵害较大的信息,无论对交易安全的维护作用有多大,也不应公示。比如,企业人员及其亲属的私人生活信息,一概都不应纳入公示系统中。

（二）扩大强制公示信息的范围

为了保障交易相对人的交易安全，应当扩大强制公示信息的范围，提供给交易相对人更多的参考信息，消除双方的信息不对称，降低商业风险。现行的市场主体信用信息公示制度将企业公示信息分为两类：第一是行政许可和行政处罚信息、通信地址、存续状态、投资信息、股东出资信息、股权变更信息、互联网类信息等强制公示信息；第二是资产总额、负债总额、利润总额、净利润、营业总收入、主营业务收入、对外提供保证担保、所有者权益合计、纳税总额信息、企业从业人数等选择公示信息。现行公示制度规定的强制公示信息范围太小，提供的企业信用信息极为有限，不能提供给交易相对人充足的信息，难以保障交易安全。

在交易中交易相对人更希望了解企业的资产总量及结构，如企业实有资产总额，负债总额，净资产总额，固定资产，流动资产，不动产、动产、权利的所有权等信息。以数值的形式来体现，即企业的资产负债率和资产流动性。企业的资产负债率越高，表明同等的资产总额的条件下，企业的负债总额越高，因此企业对债务的清偿能力就越低；资产负债率越低，表明企业的清偿能力越高，企业的清偿能力直接关系到企业的信用，是交易相对人最关注的企业信息之一。资产的流动性代表企业资产通过拍卖、变卖等方式折价清偿债务的可能性。资产在债务清偿方面的效用是以资产的可变现性和可移转性为前提的，只有可以转换价值形态尤其是可以换成流通货币的可变现资产和可以从企业手中移转到债权人手中的可移转资产才具有债务清偿的效用。[①] 例如，存量巨大的过期书刊和报纸，尽管账面的价值较大，但是将这些资产售卖出去的难度十分大，因此该类资产尽管总额大，但变现难度高，资产的流动性差，企业若是大部分资产的流动性都不高，那么企业的资产信用也不会高。假如企业的主要资产是热门地段的房产，尽管资产总额或许不高，但变现能力很强，那么

① 参见赵旭东：《从资本信用到资产信用》，载《法学研究》2003 年第 5 期。

该企业的资产流动性高，企业的财产是优质资产，企业的债务清偿能力高，相应的企业的资产信用就高。货币资产的流动性最高，所以企业拥有的可流动货币资金越多，企业的偿债能力就越强。将企业的资产负债率、资产流动性的相关信息纳入强制公示信息的范围，能有力地帮助交易相对人评估企业的信用，促进交易安全的维护。

1. 资产负债类信息

与资产负债率相关的企业信息是企业的资产总额、负债总额，企业的资产负债率即为负债总额与资产总额的比值，是企业信用最直观的体现，对交易安全有着最高效的维护作用，三项数值都应纳入强制公示信息的范围；还应当将企业的财务报表也一并纳入强制公示信息范围，以便交易相对人核对企业资产负债率的真实性。但企业的资产总额、负债总额、资产负债率、财务报表等信息也不宜作为即时公示信息，因为资产的价值会随时间不断地变化，信息更新频率越高，企业承担的成本也就越高，不利于提高交易的效率。为了保持交易效率与交易安全的平衡，可以将该类信息的更新期间限定为季度、半年度或者年度。同时，为了详细显示企业的负债情况，还应当将企业的债务信息列入强制公示信息的范围。企业的债务可以分为直接债务和或有债务，直接债务是企业已经确定负担的债务；或有债务是企业将来有可能要负担的债务，约定的事由发生时，企业才承担债务责任，或有债务分为企业对外的担保、附条件合同产生的债务等。企业为他人提供物的担保（如企业将动产、不动产抵押，动产、应收账款、股权和其他投资性权利、知识产权等质押，企业动产被留置等）的信息，因可能涉及物权变动，对交易相对人的交易安全有着极大影响，故而应当列入即时公示信息的范围，由企业随时进行公示。尽管上述部分信息可以通过其他渠道查询，例如，不动产抵押可以在房屋管理局查询，动产、应收账款抵押可以在动产融资统一登记公示系统查询，但是为了交易相对人查询的便利，降低查询成本，应当将以上信息统一纳入企业信用信息公示系统中进行公示，做到一站化查询，以促进交易效率和维护交易安全。企业的直接债务、或有债务中的保证债务以及附条件的合同，因可能涉及企业商业秘密的保护，则需分情况讨论。与经营活动有关的销售、进货、收购的直接债务和附条件合同信息，能够给企业带来竞争优势的，为保护企业的商业秘密，促进市场竞争，不应纳入强制公示信息范围。同时，保证债务具有从属性，如果公示保证债务就需要公示主债务，因此保证债务是否公示，则需要根据主债务是否公示予以确定。如何判断该债务信息是否会给企业带来竞争优势，在实务中过于复杂，操作成本也会很高。收购原材料和设备的债权债务信息，有可能会暴露企业的配方，侵犯企业的知识产权；如果公示债权债务信息，也必定会透露交易对象的信息，根据《最高人民法院关于审理侵犯商业秘密民事案件适用法律若干问题的规定》，客户信息也属于企业商业秘密的一种。[①] 因此，为保护企业的商业秘密，不宜将此类信息纳入强制公示信息的范围，但也不必阻止企业自愿公示该类信息，可将上述信息纳入选择公示信息部分，由企业自由选择是否公示。直接债务中企业向金融机构的借贷债务可列入强制公示信息范围，公示金钱债务类信息对企业的知识产权不会有太大的侵害，而且企业借贷产生的大量债务会严重影响企业的信用，威胁交易安全，因此可将企业对金融机构的金钱借贷债务列入强制公示信息的范围。还可将融资租赁合同与所有权保留买卖合同列入进强制公示信息的范围，因为企业占有、使用未取得所有权的资产，会使交易相对人对资产情况产生误判，危害交易安全，因此应当将其列入强制公示信息范围。

2. 资产构成类信息

与资产流动性相关的企业信息是企业的资产构成信息，具体而言即企业的物权、债权、知识产权、股权和其他投资性权利、网络虚拟财产、数据信息等。企业的资产构成是企业信用状况的体现，对交易安全具有重要影响，因此这方面的信息除可能侵害企业商业秘密的部分外，皆应纳入强制公示信息的范围。企业的物权信息包括企业的所有权和他物权信息。企业的所有权体现为企业拥有的动产、不动产；企业的他物权体现为

① 《最高人民法院关于审理侵犯商业秘密民事案件适用法律若干问题的规定》第1条第3款。

企业所享有的用益物权，如土地承包经营权、建设用地使用权、地役权等，以及企业所享有的担保物权，如动产、不动产抵押，动产、权利、股权、知识产权质押、留置权等。物权作为对世权，一般都需对外进行公示，只是企业信用信息还未以互联网的形式集中公开展示，而是分散进行公示。比如，动产以占有或登记在行政机关的方式对外公示；不动产、用益物权、担保物权在行政机关登记并对外公示。信用信息公示的碎片化不利于交易安全的维护，因为这增加了交易相对人的查询成本，尤其是在交易相对人不具有信用评估的专业知识的情况下，信用信息公示的碎片化很容易使交易相对人在信用信息收集中遗漏部分企业信用信息，从而对企业信用作出错误的评价。因此应当将企业的所有物权信息都整合纳入企业信用信息公示系统中强制公示信息项下，使交易相对人能够便捷地查询，以维护交易相对人的交易安全。企业的知识产权、股权和其他投资性权利同样在有关行政机关进行了登记，因此也应该整合纳入企业信用信息公示系统中的强制公示信息中。

企业的网络虚拟财产暂不宜纳入强制公示信息的范围。网络虚拟财产是财产在网络虚拟空间的表现形式，如比特币等虚拟货币或游戏账户等。网络空间具有较强的隐私性，虽然网络空间有往实名化发展的趋势，但鉴于当前的网络环境总体还是倾向于隐秘性的，因此网络虚拟财产不宜纳入强制公示信息的范围。企业的数据信息也不宜纳入强制公示信息，因为企业运用大数据分析，可以开发出新型技术，提升企业的竞争优势，该技术具有实用性和价值性，属于企业的商业秘密。《最高人民法院关于审理侵犯商业秘密民事案件适用法律若干问题的规定》也认为，与技术有关的数据信息属于企业的商业秘密，因此不应纳入强制公示信息的范围。对企业的债权信息，则应分情况讨论。企业的债权信息和债务信息是相互对应的，公示一方的债权信息，必将相应地公示另一方的债务信息，前文已对债务信息的公示方法进行了分析，此处仅简要列明。企业享有的债权信息应将金钱借贷合同对外强制公示，因为金钱的借出会极大地影响企业的偿债能力。除此之外，还应公示企业的融资租赁合同与所有权保留的买卖合同，因为以上两种合同关系到物权归属，都属于企业占有、使用未取得所有权的财产，会很大程度上影响交易相对人对企业信用的评估，因此为了维护交易安全，应当将以上三种债权信息纳入进强制公示的范围。其他类型的债权信息以及保证债权，因为判断是否属于商业秘密的难度较大，成本较高，所以不宜纳入进强制公示信息的范围，可以将其列为选择性公示信息，由企业自行抉择是否公示。

3. 普通合伙人与独资股东的个人资产信息

合伙企业的普通合伙人和一人公司的独资股东的个人资产信息也应纳入强制公示信息的范围。因为普通合伙人对合伙企业的债务承担无限（连带）责任，合伙企业是人合性企业，普通合伙人的信用也就是合伙企业的信用，普通合伙人的资产自然也是合伙企业资产信用的一部分。尽管公示普通合伙人的资产可能损害普通合伙人的部分隐私，但因为个人资产信息的公示对隐私侵害较小，且对交易安全的维护作用巨大，因此应该将普通合伙人的个人资产信息纳入合伙企业的强制公示信息范围。一人公司的股东在不能证明股东人格与公司人格相互独立时，也是以股东财产对公司债务承担无限责任，因此股东的信用即是公司的信用，因此，对于一人公司，也应当将股东的个人资产对外公示。另外，对控股股东、实际控制人应当建立严格的信息披露制度，不仅应披露其在现有企业的出资安排（是否存在代持股契约），还应披露其历史上存在的违法违规处罚情况、重大违约情况、对外负债及担保情况、净资产（法人）情况、涉及诉讼情况等。[①] 既然经营者选择了该类企业的责任形式，那么就应当放弃部分隐私权利，承担维护交易安全的社会责任。

4. 其他类型的企业信用信息

除以上应予公示的企业信息外，企业在经营活动中产生的某些其他信息，也体现了企业既往形成的商誉和潜在的发展前景，将该部分信息纳入强制公示的范围，也可以有效地维护交易安全。这些信息如企业的财

---

① 参见蒋大兴：《公司法改革的文化拘束》，载《中国法学》2021 年第 2 期。

务报表、司法裁判信息、司法执行信息、税收违法记录以及其他企业信息。企业的财务报表对交易安全的维护发挥着至关重要的作用,资产总额和负债总额可以展示企业的资产负债率,营业收入和净利润可以反映企业的经营状况,披露非经常性损益和金额可以公允地反映企业的正常盈利能力。但考虑保护普通企业的商业秘密,现行公示制度将上述大部分信息列为选择公示信息,企业将这些信息向市场监管部门登记,由企业自行决定是否将这些信息对外公示。但就实际情况而言,绝大部分企业选择不公示这部分信息,不履行选择公示义务也不会受到惩罚,履行选择公示义务也不会得到奖励,但会增加运营成本,所以企业一般不会选择主动对外公示这部分信息。这也导致选择公示制度形同虚设,交易相对人的交易安全无法得到保障的现象。为了维护交易相对人的交易安全,应当限缩商业秘密的范围。如果对外公示商业信息所能带来的公共利益远大于隐藏该商业信息所能带来的公共利益,就应该对外公示该信息,不能为了促进市场竞争就放弃了对交易安全的维护。将此类信息进行公示,并不会严重侵害被公示企业的竞争优势,却可以大大加强市场交易的安全,因此应当将企业的财务报表纳入强制公示信息的范围。

司法裁判信息、司法执行信息、税收违法信息以及行政处罚信息等,一定程度上能够反映企业以往的失信情况,对企业信用的判断具有很大的帮助。以上信息都可以通过相关行政机关的公示网站进行查询,但分散化信息公示的查询成本较大,不利于促进交易效率和维护交易安全,因此应实行跨部门联动公示,将各自管辖的信息通过企业信用信息公示系统对外公示。除此之外,还应当将企业被列入经营异常名录和严重违法名单的记录也纳入进强制公示的范围。因为企业曾经的失信行为对企业信用评估具有重要的作用,将其纳入强制公示信息之列,有利于维护交易安全,同时,也能更好地发挥失信名单的惩戒作用。

需要强调的是,强制公示信息的范围大小可以根据企业的行业类型和经营规模划分不同的层次,在交易安全与交易效率中作出恰当的平衡。对于可能严重影响公共利益、市场秩序、国家安全的行业,该行业的企业应当承担更重的公示义务，对其商业秘密的保护也应该加大限制，但涉及国家秘密的信息不应公示。对于制造、服务、运输、餐饮等普通行业，可以减轻这些行业中企业的公示义务。同时大型规模的企业的公示范围也应当大于小微企业，因为大型规模的企业会更多地与市场交易者发生商业行为，对市场秩序的影响也会更大，同时大型规模的企业也有更多的能力承担更严格的信息公示义务。如果赋予小微企业同等的公示责任，过大的经营成本可能会导致其不堪重负，影响市场经济的发展。因此，对于企业信用信息公示制度的公示信息，应当扩大公示范围，建立多层次、大范围的公示体系。

（三）扩大严重违法企业名单制度的适用范围

现行的严重违法企业名单制度的适用范围较窄，对于失信企业的分级评价制度还有一定的错位，部分严重失信企业因此被划入较轻的失信评价名单中。这种由市场监管部门主导的企业信用评价公示项目可能会造成交易相对人对企业的信用的误判，不利于交易安全的维护。被列入严重违法企业名单的事由只与未履行公示义务行为的持续时长有关，与失信程度无关，这种制度设计存在偏颇。假如一家食品企业生产有害食品，造成多人健康受损，但按时履行公示义务，按照现行制度安排，该企业不能被列入严重违法企业名单，这显然是不恰当的。而且失信企业从经营异常名录转为严重违法企业名单的期间过长，大量失信企业在此期间已经退出市场，导致惩戒制度覆盖面不广。对此，可以改为被列入经营异常名录后，满 1 年仍不履行公示义务的，即被列入严重违法企业名单，缩短失信行为的持续时长。还可以增加失信程度的评价标准，例如设置累犯加重惩罚制度，即在一定时间段内多次被列入经营异常名录的企业，将被列入严重违法企业名单；企业有严重扰乱市场秩序的失信行为的，可由市场监管部门依照实际情况裁量是否列入严重违法企业名单。通过以上完善路径，严重违法企业名单作为官方认证的企业信用公示信息，就能更精确地反映企业的信用，更有效地保障交易相对人的交易安全。

（四）保障交易相对人的查询权

在企业和交易相对人发生纠纷时，对于企业明确不予公示的选择公示信息,应当保障交易相对人的查询权。在纠纷发生后,利害相关人可以向市场监管部门申请公示相关的选择公示信息,并且提供纠纷的相关证据,说明需要查询该部分信息的原因,由市场监管部门判断是否允许利害相关人查询该部分选择公示信息。在市场监管部门驳回申请后,利害相关人可以向法院提起行政诉讼要求查询相关的信息。在民商事审判中,法院可依当事人申请向市场监管部门调查收集企业选择公示的信息,审判人员在对调查收集证据的情况进行说明后,由提出申请的一方当事人与相对方进行质证。在行政诉讼中,若市场监管部门的驳回决定错误或行政不作为,法院应判决市场监管部门履行公示义务。在交易相对人享有查询的权利的同时,也应当承担法定的保密义务。如果查询人之后将该信息泄露给第三人,企业可以请求损害赔偿,即要求侵害者赔偿权利人由于商业秘密被非法使用或泄露所遭受的损失;还可以要求法院发出禁令,以防止侵害行为的发生或制止侵害行为之继续,这在英美等国的判例中经常采用。[①] 市场监管部门如果因职责上的重大过失致使企业的选择公示信息泄露给了无关的第三人,使企业遭受了实际损失,那么市场监管部门应当对企业承担行政赔偿责任。

市场主体信用信息公示制度也可以采取在不同的交易阶段,向交易相对人开放不同程度的查询权限的模式。例如,毫无商业往来的第三人只能通过信息公示系统查询企业的强制公示信息;在交易相对人和企业缔约磋商时,交易相对人凭预约合同、企业的查询同意书、缔约磋商的有关文件,可向市场监管部门申请查询部分选择公示信息;企业在交易中,双方已开始部分履行合同义务后,交易相对人可能出现对企业履行能力不安的情况,此时交易相对人可以凭合同,向市场监管部门申请查询更多的选择公示信息;在纠纷发生后,交易相对人或主张企业的违约责任,或主张不安抗辩权,此时可以向市场监管部门申请查询全部选择公示信息,或向法院申请,由法院依职权调取信息。

---

① 参见李永明:《商业秘密及其法律保护》,载《法学研究》1994 年第 3 期。

(五)公示信息的真实性验明认证

市场主体信用信息的公示的确能有效地体现市场主体的信用,但这是建立在公示信息是真实可信的基础上的。假如企业公示的信息是虚假错误的,只会对交易安全产生负面作用,维护交易安全也将成为一纸空谈。交易相对人在确信公示信息真实之前,也只会对公示信息抱有将信将疑的态度,这并不符合企业信用信息公示系统建立的初衷。因此,市场监管部门在对企业信用信息进行抽查后,有必要将抽查结果列入企业信用信息公示系统。在企业信息中公示列明该信息是否经过抽查、真伪验明结果、该信息经过抽查的次数、每次抽查的日期等内容。只有市场监管部门主动公示企业信息真实性的抽查验明结果,交易相对人才会分情况对公示信息采取不同的参考态度:对近期才经过市场监管部门确认真实性的企业信用信息采取信任态度;对长时间未经市场监管部门抽查的企业信用信息采取谨慎参考的态度;对经市场监管部门验明虚假错误的公示信息则不予参考。同时,市场监管部门的企业信息抽查频率需要增加,采用多层次的抽查模式,对被列入经营异常名录或严重违法企业名单的企业进行重点抽查,为交易安全保驾护航。

(六)明确市场主体信用信息公示纠纷的法律责任

在这方面,应明确几类特定的市场主体信用信息公示纠纷的法律责任。信用是商法最基本的原则,即使某种商事行为法律没有明文规定为违法,只要当事人违反诚实经营的要求,就可认定其违法性,要求其承担民事责任。[①] 市场主体信用信息纠纷可以具体分为迟延登记纠纷、错误登记纠纷、虚假登记纠纷。经法定程序的登记行为因其公示后具有公信力,登记后的商事主体也具有对抗除善意第三人外一切人的效力。[②] 登记公示所产生的法律效力,使善意的交易相对人可依公示信息对抗企业,为了

---

① 参见王保树:《信用、信息和健全信用机制》,载《中国商法年刊》2002 年第 2 卷,第 4 页。

② 朱慈蕴:《我国商事登记立法的改革与完善》,载《国家检察官学院学报》2004 年第 6 期。

保护善意的交易相对人的信赖利益，在因登记公示信息发生纠纷时，应当以有利于交易相对人、不利于企业为原则进行裁判。此处的交易相对人皆为善意无过失的交易相对人，而不是恶意交易相对人。登记公示信息只对善意相对人产生法律效力，而不对恶意相对人发生法律效力，因此下文所讨论的交易相对人也皆为善意相对人。迟延登记是指因企业迟延履行登记义务，造成企业实际情况与登记情况不一致。迟延登记又可分为正当的迟延登记和不正当的迟延登记，企业的公示信息分为年报公示信息和即时公示信息，其中年报公示信息一年登记一次，即时公示信息要求在信息形成之日起20日内进行登记。正当的迟延登记，是指企业信息变动后，企业在法定变更登记期间届满前尚未通过企业信用信息公示系统变更信息，交易相对人在此期间对原信息产生了信赖，此时交易相对人了解的信息与企业的实际信息不一致，这并非企业或交易相对人任何一方的过失，而交易相对人因登记公示所形成的信赖利益又值得保护，因此可以按公平原则，平均分担损失。不正当的迟延登记，则是指在法定的公示信息变更期间届满后，企业仍未更正信息，而此时交易相对人对原登记信息产生信赖，因为该种情况完全是由企业的过失导致，所以应由企业对交易相对人因信赖原信息所遭受的损害承担赔偿责任。错误登记纠纷，指企业因过失将公示信息登记错误，从而出现登记信息与实际情况不一致的情形，因为错误登记是企业的错误所致，因此善意相对人因信赖错误信息蒙受损失的，由企业承担赔偿责任。虚假登记纠纷，是指企业故意弄虚作假登记错误信息误导交易相对人，因为此时企业负责人的主观恶意极大，给交易相对人造成严重损失的，不仅应当以实际公示的信息为准，对交易相对人遭受的损失承担连带赔偿责任，还应当追究其行政责任乃至刑事责任。例如，企业的注册资本仅有50万元，但企业的股东兼法定代表人通过公示系统虚假登记企业注册资本为100万元，造成债权人对100万元的注册资本产生信赖，企业破产后，该股东应当在虚报的50万元注册资本范围内对企业的债务承担连带赔偿责任。

对于行政机关错误地公示企业信息或将虚假错误的企业信息认证为

真实的案件,应当在行政机关工作人员存有故意或严重过失,且交易相对人因信赖该企业公示信息而遭受利益损失的情况下,行政机关才对交易相对人的损失进行赔偿。并且由于行政机关的工作量巨大,不能对行政机关施加过大的责任,造成过大的财政负担,因此宜对交易相对人给予适当的赔偿,而不是对交易相对人的可期待利益进行赔偿。

第七章　“宽进严管”背景下市场主体信用信息使用制度

无论是市场主体信用信息的采集、归集，还是市场主体信用信息的公示，其直接目的都在于市场主体信用信息的有效使用。在法治社会，如同市场主体信用信息的采集、归集和公示一样，市场主体信用信息的使用也必须建立在制度尤其是法律制度的基础上。多年来，尤其是“宽进严管”的市场监管制度改革以后，我国在市场主体信用信息使用及其制度建设方面进行了不懈探索，取得了显著成果。但从发展的角度来看，制度建设永远是一个不断完善的动态过程，尤其是在我国全面、系统开展社会信用体系及其制度建设时间不长的当下，作为信用制度重要组成部分的市场主体信用信息使用制度不完善是在所难免的。为使市场主体信用信息使用制度日臻完善，有必要从法理念出发，从应然和实然相结合的角度，对我国市场主体信用信息使用制度进行审视，并在此基础上予以完善。

需要说明的是：一方面，市场主体信用信息使用是一个涉及面很广的问题；市场主体信用信息的采集、归集、公示也涉及对市场主体信用信息的使用；市场主体的守信激励和失信惩罚更是市场主体信用信息使用的典型形式。另一方面，从我国的立法文本来看，2021 年 9 月 1 日起施行的《数据安全法》第 3 条明确规定，“数据处理，包括数据的收集、存储、使用、加工、传输、提供、公开等”。从该条来看，数据的使用是与数据的收集、存储、加工、传输、提供、公开等行为相并列的一种数据处理行为；数据的使用是与数据（信息）的收集、存储、加工、传输、提供、公开等行为不同的行为。但是,鉴于本书将市场主体信用监管中的市场主体信用信息的采集、归集、公示环节列专章进行探讨,故而本章重点涉及监管主体对市场主体进行日常监管以及市场主体信用信息其他需求者对市场主体信用信息的使用问题。当然,由于市场主体信用监管所有环节的市场主体信用信息使用都具有不少共性和共同体的基本要求,因而本章提出的观点及其论证,对市场主体信用监管其他环节的信用信息使用也具有某种程度的适用性。

一、“宽进严管”背景下市场主体信用信息使用制度的价值平衡

市场主体信用信息使用制度的构建和完善必须体现和坚持一定的价值。与任何具有外部效应的行为所关涉的价值都不是单一的且不同价值之间存在一定冲突一样,市场主体信用信息使用这种重大、具有多重目的、影响多方利益的行为更是如此。在建立和完善市场主体信用信息使用制度中,对市场主体信用信息使用的相冲突的目的、利益进行权衡、取舍并寻求其平衡点的过程,即是本章所谓“市场主体信用信息使用制度的价值平衡”。应当说,市场主体信用信息使用制度建设中需要平衡的价值是多方面的,这其中以下价值平衡应当得到突出强调。

(一)公共利益与信息主体利益之间的平衡

公共利益是指“由不特定多数主体所享有的、具有整体性、层次性和发展性的重大利益”。[①] 毋庸置疑,市场主体信用信息使用事关公共利益,也应当以实现公共利益为宗旨。从根本上讲,信用信息的使用,就是为了增加整个社会的公共福利,也可以说就是为了增进社会的公共利益。如果市场主体信用信息的使用背离了这个宗旨,那么就应当被矫正并由

① 肖顺武:《公共利益研究——一种分析范式及其在土地征收中的运用》,法律出版社2010年版,第18页。

行为人承担相应的法律后果,以此来保障公共利益。事实上,在制度层面,市场主体信用信息的使用应当遵守公共利益原则,在我国也有一定的法律依据。以个人信用信息(不排除作为个人的市场主体的信用信息)为例,从广义的角度看,个人的信用信息也属于“个人信息”的范畴。我国《民法典》规定,“个人信息的处理包括个人信息的收集、存储、使用、加工、传输、提供、公开等”(《民法典》第1035条);处理个人信息时,如果是“为维护公共利益或者该自然人合法权益,合理实施的其他行为”,那么使用个人信息无须承担民事责任(《民法典》第1036条)。按照相反解释,这意味着任何主体在使用个人信用信息时,都不得损害公共利益。作为个人信用信息的使用应当如此,作为市场主体的企业的信用信息使用同样也应如此。事实上,《企业信息公示暂行条例》第3条也规定,“公示的企业信息涉及国家秘密、国家安全或者社会公共利益的,应当报请主管的保密行政管理部门或者国家安全机关批准。”这说明,涉及社会公共利益的企业信息的公示,由主管的保密行政管理部门或者国家安全机关负责平衡公共利益与信息主体利益。鉴于企业信息公示也是一种企业信息使用,加之企业信息公示后的使用源自企业信息公示环节对企业信息的使用,故而既然前一环节的企业信息使用应当符合公共利益要求,那么后续环节使用企业信息当然也应符合公共利益。任何单位和个人都不得以损害公共利益的企业信息是公示信息为由,利用该企业信息实施损害公共利益的行为。

在现代社会,公共利益优位已经成为一项普遍的原则。在企业信用信息使用制度中,公共利益的维护需要得到突出强调。如果某人在使用市场主体信用信息时损害了公共利益,那么该行为当然是违法行为,就会产生法律上无效的后果,理当承担相应的法律责任。需要进一步说明的是,在市场主体信用信息的使用过程中,维护公共利益看似难以操作,其实在有的情况下是非常具体的。例如,如果使用者不当披露市场主体的信用信息,造成不特定多数人利益的重大损害,甚至引发系统性金融风险,则此种行为就当然是违反公共利益的典型违法行为。

除公共利益外,企业信用信息使用制度还需要特别关注的利益,是信息主体的利益。此所谓信息主体,是指产生或者形成信用信息的市场主体。显然,公共利益与信息主体的利益在企业信用信息使用中存在一种十分明显的此消彼长的张力关系。但维护公共利益并非以一味牺牲信息主体的利益为代价,在企业信用信息使用制度的构建和完善中,信息主体的合法利益仍然需要强有力的保护。例如,若撇开“公共利益就是各种个体利益的集合”以及“个人对自身利益的追求自然会达成公共利益”的判断,那么市场主体信用信息采集、归集、公示和使用的范围越广,就越有利于信用监管、维护交易安全等公共利益的实现。但是,若以这样的思维构建和完善市场主体信用信息使用制度,市场主体信用信息中涉及的商业秘密或者个人隐私很可能就会受到侵害。事实上,所谓“公共利益就是各种个体利益的集合”“个人对自身利益的追求自然会达成公共利益”,这样的判断是有条件的:市场主体信用信息中涉及的商业秘密权或者个人隐私权也应当在市场主体信用信息使用制度中得到突出体现和保护。

在此需要进一步探究的问题是:在市场主体信用信息使用制度的构建和完善中如何实现公共利益与信息主体利益之间的平衡?鉴于这是一个很难在制度设计中圆满解决的复杂问题,故而在此不作详细探讨,仅就这其中的处理原则展开讨论。

在我们看来,行政法学界首倡的比例原则,是在市场主体信用信息使用制度的构建和完善中平衡公共利益与信息主体利益之间冲突的一项最为重要的原则。比例原则又称最小侵害原则、禁止过度原则,它包括三层最基本的含义:一是要考虑目的和手段之间的关系,不能为达目的而不择手段;二是要实现公共利益与私人利益之间的平衡,不能过分强调某一方面而过度损害另一方面;三是在必须限制私人利益时,要注重手段的必要性和伤害的最小性。① 作为一项重要的法律原则,比例原则在市场主体信用信息使用方面的要求与其在传统行政法领域中的要求有相似之处,但

① 参见肖顺武:《公共利益研究——一种分析范式及其在土地征收中的运用》,法律出版社2010年版,第138页。

是也有特殊性。有学者结合德国的相关做法，认为社会信用信息的使用应当符合宪法比例原则的目的要求，[①]诚哉斯言。行政法中的比例原则与信用信息使用中的比例原则的相似之处在于，在针对行政主体（比如市场主体信用信息监管机关）使用信用信息时，比例原则是当然必须遵守的原则。因为相对公权力而言，市场主体处于一个相对弱势的地位，如果公权力的行使没有比例原则的约束，那么市场主体的权益很难得到切实的保障。在规则层面，要求与市场主体信用信息相关的管理机构的行为符合比例原则，这包含两个最基本的要求：其一，这些管理机构的行为应遵守实体法的规定；其二，这些管理机构应遵守程序法的规定。鉴于我国有关市场主体信用信息使用的实体规则还处在发展和不断完善的过程中，因此，保障相关市场主体权益最重要的依托，目前还主要仰仗程序法。因为通过公正的程序，不仅可以重建社会共识和整顿社会秩序，而且是实践发展的必然结果和今后改革深化的重要前提。[②] 道理在于，在做事的步骤上达成共识要远比做什么事容易得多。我们认为，在市场主体信用信息使用制度这样需要进一步发展的领域，强调法律程序的公正，意义十分重大。

尽管在公权力机构使用市场主体信用信息时，遵守比例原则和传统的行政法的要求并没有太多的特殊的地方，但是，市场主体信用信息的使用主体，不仅有行政机关，而且也包括信息主体之外的其他市场主体。就后者而言，应当如何理解比例原则在这其中的功能与作用呢？中国人民银行哈尔滨中心支行课题组认为"在信息主体不知道或不能控制的状态下，不能进行信息的收集、存储和披露，并设置解除信息主体不安、苦恼的救济措施；不向与信息主体不相干的第三方披露"。[③] 对此我们认为，我国有我国的国情，由于我国社会信用建设总体上还处于摸索阶段，面对失

---

① 参见刘权：《目的正当性与比例原则的重构》，载《中国法学》2014 年第 4 期。

② 参见季卫东：《法律程序的意义——对中国法制史建设的另一种思考》，中国法制出版社 2004 年版，第 14 页。

③ 人民银行哈尔滨中心支行课题组：《美国〈公平信用报告法〉对我国信用信息使用人行为规范的启示》，载《黑龙江金融》2007 年第 11 期。

信现象依然严重的现实，适当开放市场主体信用信息是实现市场主体信用监管社会共治进而强化信用监管的重要途径。同时，这种取向对于维护交易安全而言意义重大。“适当开放市场主体信用信息”，这本身就意味着我们不能完全无视其他国家保护信息主体信息权的立法和治理经验。那么，如何平衡市场主体信用信息开放与市场主体的信用信息权益呢？在我们看来，比例原则是一个基本的遵循标准。在市场主体信用信息使用主体为信息主体之外的其他市场主体时，比例原则要求：其一，信用信息使用主要应接受市场主体之间的契约约束，原则上不能受到其他规则的不当约束。但是，使用主体不能滥用权利，不能对信息主体的权利造成不当损害，更不得造成国家利益或者公共利益的损害。其二，如果市场主体所拥有的信用信息是合法的公共信息，使用就不应当受到限制。①

（二）效率与安全之间的平衡

效率与安全也是存在一定张力的两种价值。因此，如何在使用市场主体信用信息的过程中回应效率与安全的关系并平衡好这种关系，同样是在市场主体信用信息使用制度构建和完善中需要特别注意的问题。

“宽进严管”商事制度改革极大降低了市场准入门槛，由此使市场主体的数量逐年快速增长。面对海量的、良莠不齐的市场主体，监管机构若不转变监管理念、创新监管方式，则其对市场主体经营活动的监管将不堪重负；市场主体若缺少必要的资讯，则其相互之间进行交易也难以作出理性的或者最优的抉择。正因为如此，在“宽进严管”的市场监管制度改革中，为了应对“宽进”所引发的监管难题，同时助益于市场主体在市场交易中克服相互之间的信息不对称现象，我国对进入市场后的市场主体实行了以市场主体信用监管为重点的“严管”举措。这些举措在市场主体信用信息的采集、归集、公示和使用等各个环节均以便捷高效的互联网、大数据为技术支撑，极大地保证和提升了市场主体的监管和市场交易的效率。此外，为了克服以互联网、大数据为技术支撑的企业信用信息监管所面临

① 参见刘维：《论我国征信使用泛化的立法控制——以信用信息的收集和使用为视角》，载《辽宁师范大学学报（社会科学版）》2021年第2期。

的“信息孤岛”“数据壁垒”“信息碎片化”等问题,我国在国家和地方层面都展开了积极的实践和制度建设探索并取得了显著成果。因此,未来我们面临的主要任务,在于在市场主体信用监管立法中将这些成果总结、提炼成理念、原则和规则,并落实到具体的制度安排中。

我国在市场主体信用信息使用制度构建中,效率已经得到了充分释放。在对待效率与安全关系问题上,在未来完善市场主体信用信息使用制度中,重点应当体现安全价值。诚如前述,市场主体信用信息使用的效率通过现代技术手段的运用基本得到了实现,并通过前期的探索定下了基本的基调和制度规则,而企业信用信息使用如何确保安全,则是一个尚待落实到市场主体信用监管具体制度中的问题。在大数据时代,信息安全具有举足轻重的地位。随着信息处理能力、信息或数据挖掘能力的不断提升,足够多的信息可以实现对市场主体“全景式”的描述,市场主体信用信息使用中引发的安全问题变得尤为突出。

需要进一步探究的问题是:究竟如何将安全价值贯穿于市场主体信用信息使用的制度安排中?在我们看来,处理效率与安全之间的冲突,并不是禁止市场主体信用信息的合法使用,也不是放任市场主体信用信息的任何使用,关键在于把握好安全与效率之间的平衡。① 我国已有信息或者数据安全方面的立法,尤其是《中华人民共和国数据安全法》已经颁布,这为我国今后制定和完善市场主体信用信息使用制度提供了重要参考甚至直接依据。如何按照中央提出的总体国家安全观的要求,将既有信息或者数据安全立法中的相关规定和精神有针对性地体现于市场主体信用信息使用制度中,这是未来需要重点解决的问题。

---

① 参见宋慧中、吴丰光:《韩国〈信用信息使用及保护法〉修订的背景、内容及对我国的启示》,载《征信》2020 年第 11 期。

二、“宽进严管”背景下市场主体信用信息使用的限度

市场主体信用信息是有效降低市场交易风险、促进交易公平、防范逆向选择的重要资源,用好这个资源对于市场主体信用信息正外部性效应的发挥、进而推动新时代我国市场经济向高质量发展具有不可或缺的价值。[①] 在“宽进严管”的商事制度改革背景下,市场主体的数量空前增加,这就产生了三个重要的挑战:(1)对市场主体而言,如何在众多的市场主体中选择自己需要的交易对象,最大限度地保障交易安全与实现利益的最大化,市场主体信用信息显得非常关键。(2)对监管机构而言,面对如此海量的市场主体,对其日常行为进行经常性的监管将超出监管机构执法资源的能力范围,因此,如何创新监管理念和监管方式,使用好手中市场主体的信用信息,对于监管绩效的提高同样非常重要。(3)对征信机构而言,如何在采集市场主体信用信息之后对市场主体的信用状况进行实事求是的表达,并且在市场主体信用信息的提供过程中如何规范化操作以保障信息的准确性、必要性、价值性和全面性,也是一个需要思考的问题。从最直观的角度看,市场主体信用信息的归集也好,公示也罢,市场主体信用信息要发挥它应有的作用,还是需要通过对其使用来实现。但是,市场主体信用信息是市场主体的信息人格,使用不当就会损害市场主体的相关权益,乃至造成社会福利的损失,影响社会的帕累托改进。因此,思考市场主体信用信息使用的限度就显得非常必要,这也是我们构建和完善市场主体信用信息使用制度时不可或缺的重要环节。

(一)保护市场主体信用信息权益不能阻止信用信息的正常流动

市场主体信用信息权益对于市场交易特别是交易安全的促进具有非

---

① 参见项蔚然、曾晨明:《金融信用信息基础数据库信息使用者行为规范探析》,载《征信》2019年第7期。

常现实的作用,但是,市场主体信用信息要发挥这种作用,就需要将这种信用信息流动起来。正如有学者所指出的,市场主体信息(包括信用信息)在价值位阶的选择上,应当优先考虑的是促进信息流动以便于社会的利用。[①] 因为信息如果缺乏足够的流动性,信息的价值就无法发挥出来,所以市场主体信用信息的生命在于流动和传播,否则是难以发挥其市场价值的。

首先,就个人信用信息而言,要想发挥其在信贷、信用支付工具、赊购商品乃至应聘员工等方面的作用,测度这些主体的信用价值,[②]就需要个人的信用信息是可获取的、可流动的。因为只有这样,授信人才能利用这些信用信息并作出正确的决定。

其次,要发挥企业信用信息的作用,一方面,需要按照公司法和证券法的相关规定进行信息的披露,特别是关键性的信用信息(如财务信息、重大人事变动信息等信息)的披露;另一方面,为了在激烈的市场竞争中脱颖而出,特别是为了吸引投资者的资金,一些企业往往不仅按照监管机构和证券交易所的要求披露了一些应当披露的信息,还会额外披露一些所谓的自愿披露的信用信息。[③] 但无论何种动机或者目的,企业信用信息披露基本的目标指向还是在于市场能够使用这些信息,并收获因为使用这些信用信息而产生的经济价值。

最后,市场主体信用信息的流动有利于保障市场主体信用信息的真实性、准确性和完整性。市场主体对自身信用信息应当享有知情权。表面上看,市场主体对自身信用信息的知情权与市场主体信用信息的流动性和真实性、准确性、完整性没有直接的关系,但是,市场主体信用信息的真实性、准确性和完整性,恰恰可以通过市场主体对自身信用信息的知情

---

① 参见王伟:《企业信息公示机制的逻辑与立法研究——兼论〈企业信息公示暂行条例〉的修法思路》,载《首都师范大学学报(社会科学版)》2021 年第 1 期。

② 参见蓝寿荣、董灵娟:《论信用信息的征集、使用与被授信主体权益保障》,载《情报理论与实践》2010 年第 6 期。

③ 参见蓝寿荣、董灵娟:《论信用信息的征集、使用与被授信主体权益保障》,载《情报理论与实践》2010 年第 6 期。

权和市场主体信用信息的流动性来保障。其道理在于：一方面，保障信用信息主体的知情权，既能够使市场主体知晓自身的信用状况，也能及时更正或者更新自己的信用信息——因为只有信用信息主体自身才可能有最大的动力关注自身的信用信息，才能有最大的动力修正自身信用信息的不准确性、不完整性和不真实性。正是在这个意义上，有学者认为，“信息主体知情权是保障信用信息准确性的基础”①。另一方面，也正是因为市场主体信用信息有足够的流动性，才能对市场主体通过知情权的行使而完善自身信用信息提供压力。

当然，市场主体信用信息的流动性很重要，更高的流动性往往会对市场主体产生更强的约束力乃至破坏力，如果市场主体信用信息是真实无误的，那么这种高速的流动对市场主体自然是有益的。但是，在制度层面，我们往往既需要考虑理想的状态，也需要考虑一些非常态，例如，在市场主体信用信息错误的情况下，如果其流动性过强，那么将产生过大的非生产性的损害。因此，我们需要在市场主体信用信息权益的保护与市场主体信用信息的流动之间保持一个恰当的平衡，即不能为了可能发生的风险而不恰当地限制市场主体信用信息的流动，也不能因为市场主体信用信息流动可能的正面价值而忽视它可能带来的损害。

（二）征信机构信用信息使用应当有边界

奥地利著名法学家埃利希认为，“法律科学不是要用某个特定的实在法支配社会，而是要把人类社会本身当作自己的出发点”②。对于征信机构信用信息使用而言，同样也必须从我国的现实情况出发。那么，在“宽进严管”背景下征信机构信用信息使用方面有哪些界限呢？

1. 收集市场主体信用信息要注重信息的全面性和更新性

市场主体信用信息的范围是非常广泛的，“从理论上讲，一切与判断

① 孙志伟：《信用信息收集和使用的基本原则探讨》，载《征信》2015 年第 4 期。

② 参见［奥］欧根·埃利希：《法社会学原理》，舒国滢译，中国大百科全书出版社 2009 年版，第 528 页。

个人信用状况有关的信息都可以称为信用信息”①。因此,征信机构如何使用这些市场主体的信用信息是一个值得斟酌的问题。从征信机构的角度看,在所有的信息都可能成为信用信息,特别是随着数据处理能力、数据分析和择取能力的不断提升,征信机构如何具体收集市场主体的信用信息,并不是一个简单的技术问题。鉴于“个人信用信息一般分为两类,一类是负面信息;另一类是正面信息”,②因此,征信机构可以作出三种选择:其一,只收集市场主体的负面信用信息;其二,只收集市场主体的正面信用信息;其三,既收集正面的信息,也收集负面的信息。显然,要准确反映市场主体的信用信息,就需要全面收集相关的信用信息,而不能只搜集某一个方面的信息。“从信用行业发展的实践看,目前大部分国家既收集个人的正面信息,也收集其负面信息,仅在信用行业发展初期以及目前个别国家只收集个人的负面信用信息。”③此外,即使征信机构在使用个人信息时注意到了市场主体信用信息的全面性问题,还需要其注意更新信用信息。市场经济是不断发展的,市场主体的信用情况也是不断发展的,今天信用良好的市场主体,明天也有可能由于种种原因而进入征信的“黑名单”,正所谓“士别三日当刮目相看”。因此,在注重征信机构使用市场主体信用信息的全面性的同时,及时更新其信用信息也显得非常必要。

2. 兼顾征信机构的信用信息使用权利与市场主体的私法权利

总体而言,征信机构的信用信息使用的权利与市场主体的私法权利都是权利束,因此,平衡这两者之间的关系事实上也是涉及市场主体信用信息使用的限度或者合理性问题。择要论之,这其中有两对关系需要特别注意。

一是征信机构信用信息使用的权利与市场主体的同意权问题。征信机构作为市场主体信用信息的使用者,需要对市场主体的信用信息进行

---

① 孙志伟:《信用信息收集和使用的基本原则探讨》,载《征信》2015 年第 4 期。

② 蓝寿荣、董灵娟:《论信用信息的征集、使用与被授信主体权益保障》,载《情报理论与实践》2010 年第 6 期。

③ 孙志伟:《信用信息收集和使用的基本原则探讨》,载《征信》2015 年第 4 期。

使用,如归集市场主体的信用信息就一种信息使用行为。但是,哪些信用信息可以归集哪些又不可以,不仅需要遵守法律的规定,通常也需要市场主体的同意,有学者将其称为“信息主体同意权”,这是指“信息主体决定其个人信用信息是否被采集、处理和使用的权利”。[①] 应当说,倡导这种信息主体的同意权,对于保护市场主体的权益是大有裨益的,特别是对于作为市场主体的自然人而言,有学者甚至认为“完全承认信息主体同意权的国家则将隐私与个人数据保护问题视为一项基本人权与自由”。[②] 但是,如果过度强调市场主体的这种同意权,那么征信机构就无法合理地使用市场主体的信用信息,道理很简单,市场主体基于趋利避害的选择,一般不愿意征信机构使用自己的负面信用信息而更加乐意推荐征信机构使用自己的正面信息。但是,如果征信机构不能使用市场主体全面的信用信息,那么这种信用信息对市场交易的指示作用将非常有限,甚至会误导其他的用信主体。

二是征信机构信用信息使用的权利与市场主体的隐私权和商业秘密保护问题。其一,就前者而言,根据我国《民法典》第 1032 条、《征信业管理条例》第 14 条的规定,禁止侵犯隐私是征信机构使用市场主体信用信息的前提。但问题在于,“隐私是一个受时间和文化制约的概念,是一个动态的概念,其具体内容是处于不断变化之中的”,[③]因此,是否侵犯隐私并不是一个基于规则的简单概念推理,因为法律或者行政法规对隐私本身只有一个描述性的说明,而其内涵和外延其实是不太清晰的。但是,征信机构使用市场主体的信用信息要发挥其应有的作用,就需要一些适当的平衡:因为有一些信息可能既是隐私信息,但也是重要的信用信息。因此,绝对化的隐私权保护对于市场主体信用信息的质量是有重大影响的。虽然有学者认为,“如果所涉及的个人信息属于个人隐私的范畴,或违反

---

① 姚朝兵:《征信视角下个人信用信息采集和使用的法律控制——基于信息主体同意权的比较法分析》,载《情报理论与实践》2014 年第 1 期。

② 刘德良:《个人信息的财产权保护》,载《法学研究》2007 年第 3 期。

③ 孙志伟:《信用信息收集和使用的基本原则探讨》,载《征信》2015 年第 4 期。

了公平授信原则,即使该信息对判断其个人信用状况非常重要,相关机构也不得收集、传播和使用”。① 但是,实践中如果机械地践行这种隐私保护标准,那么市场主体信用信息是否还能展示其应有的效果将面临很大的不确定性。其二,就征信机构信用信息使用的权利和市场主体的商业秘密保护问题而论,鉴于商业秘密具有秘密性、非物质性和价值性三个特性,②秘密性、非物质性都是基于商业秘密作为一种信息体现出来的,这和市场主体的信用信息作为一种信息之间是存在交叉的。从实践来看,征信机构在搜集市场主体的信用信息时,一方面要保障这种信息的全面性和准确性,但另一方面也需要注意和商业秘密的保护相协调:既不能只为了保障征信机构对市场主体信用信息的使用而忽视其商业秘密的保护,也不能为了过度保障市场主体的商业秘密而无视征信机构使用信用信息的全面性。

(三)正确处理市场主体信用信息使用与数据安全保障之间的关系

一方面,大数据时代,数据安全可以说具有举足轻重的地位。随着“宽进严管”商事制度改革的不断深入推进,海量的市场主体信用信息已经成为市场经济条件下的重要资源,而数据规模的不断扩大、数据处理能力、数据挖掘能力的不断提升,又进一步提升了这些数据的价值。事实上,足够多的数据已经可以完成对市场主体的“全景式”描述,③而市场主体信用信息的累积又成为这种描述的核心资产,因此,市场主体的信用信息安全变得异常重要。根据我国《数据安全法》第 3 条的规定,“数据安全,是指通过采取必要措施,确保数据处于有效保护和合法利用的状态,以及具备保障持续安全状态的能力”。需要注意的是,在理论分析层面,有的学者认为数据和信息是不一样的,有学者为此还总结了信息和数据概念混用的三种表现形式:信息包括数据型、数据包括信息型以及信息和

① 孙志伟:《信用信息收集和使用的基本原则探讨》,载《征信》2015 年第 4 期。

② 参见张守文:《经济法学》(第 2 版),高等教育出版社 2018 年版,第 275 ~ 276 页。

③ 参见[法]米歇尔・福柯:《规训与惩罚》(第 2 版),刘北成、杨远婴译,生活・读书・新知三联书店 2003 年版,第 224 页。

数据并立型。[①] 但也有学者认为,虽然信息和数据概念具有语义和内涵上的差别,但在以比特作为信息单元的数字化技术中,两者具有高度的共生性和共通性,因此,在法律概念上对此进行区分是没有必要的。比如个人信息和个人数据所承载的利益基本相同,企业数据利益的保护最终也体现为对企业所收集的电子信息的一种保护。[②] 笔者对此深以为然。

另一方面,市场主体的信用信息与数据安全之间到底存在一个什么样的关系呢?笔者认为,在一般意义上,只要这些信用信息不关系国家的政治安全、经济安全、军事安全,其与数据安全的关系应当说是比较疏离的。也就是说,在正常的小规模使用语境下,这种市场主体信用信息的使用不会引发数据安全问题,但这一点在大数据时代并没有非常清晰的界限。以个人信息为例,正如有学者所指出的,“个人信息一般仅涉及个人权益,不会影响国家安全、公共安全,但达到一定数据量后通过搜索、比对、关联等分析,可能挖掘出数据集背后隐藏的安全信息甚至国家秘密,这种个人数据集合应该纳入重要数据范围”。[③] 而一旦涉及重要数据,那就和数据安全搭上了关系,就需要谨慎对待。同样,我们对市场主体信用信息进行使用时,在一般情况下也是不涉及数据安全的,但是,如果这种市场主体数据的量足够大,能够产生数据挖掘的效果,此时,这些数据作为一个整体就关系国家的数据安全,特别是会成为外国分析我国经济情势并采取针对性措施的基础,一旦泄露这些数据,将会对我国的经济安全等产生非常不利的影响。

综上所述,平衡市场主体信用信息的使用和保障数据安全之间还是存在一定张力的。特别是在大数据挖掘的大背景下,某一个市场主体的信用信息可能不会影响数据安全,但是,一系列市场主体的信用信息则可能成为一个数据库并产生数据挖掘的价值,此时,这些市场主体的信用信

① 参见韩旭至:《信息权利范畴的模糊性使用及其后果——基于对信息、数据混用的分析》,载《华东政法大学学报》2020 年第 1 期。

② 参见梅夏英:《信息和数据概念区分的法律意义》,载《比较法研究》2020 年第 6 期。

③ 刘金瑞:《数据安全范式革新及其立法展开》,载《环球法律评论》2021 年第 1 期。

息就会与数据安全之间形成微妙的关系:原本可能无足轻重的市场主体信用信息就会成为“重要数据”,而重要数据是构建国家数据安全管理制度的抓手,[①]因此,如何在使用市场主体信用信息的过程中回应数据安全的合理关切并平衡好这种关系,是我们在市场主体信用信息使用过程中需要特别注意的问题。当然,关键还在于如何平衡好这种关系:信息安全并不是禁止信息合法使用,关键在于把握好信息安全与应用之间的平衡。[②]

三、“宽进严管”背景下市场主体信用信息使用制度待完善的方面

发现、总结我国“宽进严管”背景下市场主体信用信息使用制度存在的问题,目的在于对该制度寻求完善对策。如同上文作出的限定那样,鉴于本书的其他章节对市场主体信用信息的采集、归集、公示、守信激励和失信惩戒涉及的市场主体信用信息使用有详细涉及,因此,本部分重点涉及监管主体对市场主体进行日常监管时对信用信息的使用以及市场主体信用信息其他需求者对市场主体信用信息的使用中存在的突出问题。

(一)向征信机构查询市场主体信用信息的监管

征信机构是依法设立的、独立于信用交易双方的第三方,主要经营征信业务的机构,其从事收集、整理、加工和分析企业和个人信用信息资料工作,出具信用报告,提供多样化征信服务,帮助客户判断和控制信用风险。在我国,对于征信机构采集归集的非通过官方信用信息平台公示的信息,逐步开放了查询业务。无论征信机构采取何种模式组建,其对市场

---

① 参见刘金瑞:《数据安全范式革新及其立法展开》,载《环球法律评论》2021 年第 1 期。

② 参见宋慧中、吴丰光:《韩国〈信用信息使用及保护法〉修订的背景、内容及对我国的启示》,载《征信》2020 年第 11 期。

主体信用信息需求者的查询都负有管理职责;国家相关部门也应强化征信业中对信息查询业务和信息查询活动的监管。但在当前,这方面的监管尚失范,主要表现为如下三个方面。

一是不当扩大信用信息查询的用户范围。哪些用户可以查询市场主体信用信息,一般是基于相关规定或者约定。但是,有的征信机构为了某些市场主体的利益需要,或者接受了一些“勾兑”之后,擅自扩大可以查询市场主体信用信息的主体范围,导致非法查询的主体数量飙升。

二是不当扩大市场主体信用信息查询的内容范围。一般说来,只有在业务需要等情况下,市场主体才能查询交易相对人的信用信息,并且查询的内容也是有限制性规定的。如果一个市场主体基于人情关系等就可以随便查询相关市场主体信用信息,那么将给数据安全和信息主体带来极大风险。此外,征信机构在开展市场主体的信用信息查询业务中,违规准许一些数据库运营机构的查询,由此引发市场主体信用信息大规模的泄露。

三是不当扩大市场主体信用信息的功能。征信机构提供市场主体的信用信息,当然应当保障这种信息的准确性,但是,征信机构毕竟资源、判断能力有限,在“宽进严管”的商事改革背景下,市场主体又空前增多,市场主体的信用信息更是呈几何级别增长。此时,如果严格要求征信机构提供的信用信息准确、真实、完整,那么,就等于给征信机构施加了不合理的要求,特别是在信用监管的初级阶段更是如此。事实上,我国《征信业管理条例》第 23 条明确规定:“征信机构应当采取合理措施,保障其提供信息的准确性。征信机构提供的信息供信息使用者参考。”从这个规定我们可以看出,该条例仅要求其提供的信用信息具有准确性,至于是否应当具有真实性和完整性,则该条文并未明文要求。同时,该条的意思也很明确,提供此种信用信息仅仅是供信息使用者“参考”,并没有将其直接作为使用者使用的依据,更不能是唯一的依据。但是,在现实中,有的市场主体在使用征信机构提供的市场主体信用信息时,对这些信用信息往往进行超限解读,并因此作出一些对市场主体不利的市场行为。

（二）市场主体信用信息使用中用户同意原则

信用信息使用中用户同意原则的推行，体现了对市场主体意思自治的尊重，对于减少市场主体信用信息运行中的制度摩擦具有不可或缺的作用，也能在很大程度上降低乃至避免非生产性损耗的发生。但是，从这一原则贯彻的实际情况来看，所谓用户同意原则已经略显僵化，难以适应现实发展的需要。

一是过度的用户同意原则容易导致征信机构在收集市场主体信用信息时的僵局状态，从而削弱市场主体信用信息的真实性、完整性和准确性。从市场主体逐利的本性来看，为了在市场竞争中获得更好的交易对手和交易机会，市场主体往往会对有关自身的负面性信用信息比较“悭吝”，而对一些正面信息则显得相当“慷慨”。问题在于，要想获取市场主体真实的信用状况，就既需要正面的信息，也更需要负面的信息。但从实践来看，“没有用户愿意信用服务机构和使用机构收集其负面信用信息并进而对其联合惩戒，因此一旦用户拒绝，那么信用服务机构便无法收集市场信用信息”。[①] 由此看来，过度的同意原则的推行，很容易导致信息收集中僵局的产生。

二是过度的用户同意原则事实上会增加行政机关用信的阻力。行政机关基于市场“个人信息自主权”的行使，[②]从而可以收集、利用市场主体的信用信息。从实际情况来看，为了执法工作的需要，行政主体对市场信用信息的使用不受约束，[③]但是，过度的用户同意原则的推行，还是会在一定程度上固化相关市场主体信用信息权利的路径依赖，从而无形之中增大行政机关使用市场主体信用信息的阻力和难度。

三是过度的用户同意原则会抵牾信用信息使用的授权。我国《征信

① 刘维：《论我国征信使用泛化的立法控制——以信用信息的收集和使用为视角》，载《辽宁师范大学学报（社会科学版）》2021 年第 2 期。

② 参见人民银行哈尔滨中心支行课题组：《美国〈公平信用报告法〉对我国信用信息使用人行为规范的启示》，载《黑龙江金融》2007 年第 11 期。

③ 参见刘维：《论我国征信使用泛化的立法控制——以信用信息的收集和使用为视角》，载《辽宁师范大学学报（社会科学版）》2021 年第 2 期。

业管理条例》第18条规定:“向征信机构查询个人信息的,应当取得信息主体本人的书面同意并约定用途。但是,法律规定可以不经同意查询的除外。征信机构不得违反前款规定提供个人信息。”但问题在于,如果信用信息主体本人已经书面同意时,用信人如何具体查询该个人的信用信息?这种同意的授权是一次性的授权同意还是持续性的授权同意?更有甚者,随着网络经济的发展,为了规避过度的同意原则带来的影响,有的市场主体通过信用信息主体在客户端(App)同意的方式授权自己行使查询的权利,但是,这种基于技术手段的授权要么造成信用信息主体的无意识授权,要么利用一大堆繁杂的条款,造成信用信息主体的过限授权。细究起来,这种“对策”行为的产生,既与市场主体的逐利本性有关,但何尝又没有过度的用户同意原则的推波助澜?

(三)市场主体信用评级报告

2019年11月26日颁布的《信用评级业管理暂行办法》第2条规定,信用评级是“指信用评级机构对影响经济主体或者债务融资工具的信用风险因素进行分析,就其偿债能力和偿债意愿作出综合评价,并通过预先定义的信用等级符号进行表示”。也有学者认为,企业信用评价就是有关机构根据企业信用的实际情况,依据一定的评级规则,对企业的信用等级、等级高低优劣作出的判断和结论。[①] 信用评级的终端成果,就是信用评级报告,这被业内称为“企业经济身份证”。[②]《国务院办公厅关于加快推进社会信用体系建设 构建以信用为基础的新型监管机制的指导意见》(国办发〔2019〕35号)明确指出,“鼓励各类市场主体在生产经营活动中更广泛、主动地应用信用报告。在政府采购、招标投标、行政审批、市场准入、资质审核等事项中,充分发挥公共信用服务机构和第三方信用服务机构出具的信用报告作用”。《上海市人民政府办公厅关于本市加快推进社

① 参见赵旭东:《商事信用的界定与制度构成》,载《浙江工商大学学报》2019年第5期。

② 参见刘新海:《征信与大数据——移动互联时代如何重塑“信用体系”》,中信出版集团2016年版,第15页。

会信用体系建设 构建以信用为基础的新型监管机制的实施意见》(沪府办规〔2020〕9号)明确,“鼓励各类市场主体在生产经营活动中主动应用信用报告、信用评价、信用风险预警等产品服务(联席会议成员单位按职责分别负责)”。由此看来,市场主体信用评级报告可以说得到空前的重视,这事实上也反映了“宽进严管”背景下政府监管方式的转变——要进行信用监管,但信用监管的信用主要是通过市场主体信用评级报告这类成果展现出来。从技术的角度看,如果仅给监管机构和市场主体一堆没有经过整理和加工的信用信息,监管机构事实上是无力基于此进行日常监管的,市场主体也难以据此作出理性的交易抉择。市场主体信用评级报告具有如此重要的地位,但其被滥用的可能也就大大增加了。

那么,市场主体信用评级报告被滥用有哪些主要表现呢?择要言之,包括如下两个方面:(1)将市场主体信用评级报告和未来的履约能力画等号。不可否认,市场主体信用评级报告需要对市场主体的经营信息特别是财务信息、需要特别说明的信息作出判断和评估。但有一点是我们必须高度注意的:市场是变动不居的,市场主体信用评级报告只是基于对过去信息的整理和评价,虽然其可以反映和预测市场主体未来的信用状况,但市场主体过去和现在的信用状况并不等同于市场主体未来的信用状况。微软创始人比尔·盖茨就有一句经典名言:微软公司距离破产只有18个月。在操作系统占据绝对资本优势和技术优势地位的微软公司尚如此,其他企业的情况可能更是如此。因此,市场主体信用评级报告可能和市场主体履约能力之间有一定的关系,但是,将这两者完全等同起来对待,就可能造成滥用市场主体信用评级报告的情况。(2)滥用市场主体信用等级报告。这会导致评级机构和被评市场主体之间的道德风险。以债券的发行为例,如果过度依赖市场主体信用评级报告,那么在利益的驱动下,国家就面临着两难选择:要么被评级的市场主体和评级机构之间构建利益同盟,从而共同“收割”债券市场;要么监管机构投入更多的执法资源制止这些可能的利益同盟行为,但是,债券信用等级如果过低,其实最终也会造成国家利益的损害。显然,在这两种情况下,都会造成社会福利的非生产性损耗,而根源又在于市场主体信用评级报告被置于一个不恰当的位置,造成该报告被滥用。

(四)市场主体信用信息质量监管

市场主体信用信息质量虽然主要是在信息采集、归集和更正等环节形成的,但市场主体信用信息的质量状况实际上是在信息使用环节才得以明显。实际上,信息使用的环节在广义上也包括了加之信息采集、归集、处理、更新。具体而言:在市场主体信用信息使用环节形成市场主体信用报告等征信产品的过程,属于市场主体信用信息使用的过程;而使用这些征信产品的行为,同样属于市场主体信用信息使用行为,即一种"使用市场主体信用信息—形成征信产品(属于市场主体信用信息)—使用征信产品"中的使用行为。由此看来,将市场主体信用信息质量监管纳入市场主体信用信息使用制度中加以探讨更为科学、合理。

在"宽进严管"的背景下,市场主体信用信息的使用可以说非常广泛:一个市场主体寻求其他市场主体的信用信息,主要是为了保障交易安全,进而实现自身商业利益的最大化;征信机构使用市场主体的信用信息,主要是为了彰显其与市场主体信用信息提供者的独立性,提升市场主体信用信息的市场公信力;行政机关使用市场主体信用信息,主要是为了更好地监督该类市场主体,达到"对症下药"的精准监管效果。值得注意的是,所有市场主体信用信息的这些使用及使用效果的达成,都依赖一个最基础的条件,这就是市场主体信用信息的质量。依此逻辑,市场主体信用信息的真实性、准确性、完整性以及及时更新,就显得非常重要,因为这才是市场主体信用信息质量的关键点。显然,保证市场主体信用信息的可信度,是市场主体信用信息使用监管最重要的目标之一。市场主体信用信息如果没有可信度,那么基于此所实施的一切行动都无异于无本之木,是"建筑在沙滩上的高楼大厦"。但是,从现实的角度来看,保障市场主体信用信息的可信度实际上是非常难的,甚至可以说,这是一项复杂的系统工程。鉴于监管的执法资源有限,因此,提升市场主体信用信息的可信度不可能"眉毛胡子一把抓",而只能通过针对一些关键的环节采取监管措施,才能达到应有的监管效果。具体来看,我国市场主体信用信息质量监管不力到底包括哪些表现呢?虽然市场主体信用信息使用监管需要达到市场主体信用信息的真实性、准确性、完整性和及时更新,但是,从实际的制度运作层面看,主要是在准确性和及时更新的监管方面亟须完善。

1. 市场主体信用信息准确性须完善

造成市场主体信用信息质量监管不力的重要原因,在于我国信用监管方面的法律法规尚处在完善之中。市场主体信用信息到底应搜集哪些?对此在规则层面主要是大概的规定,并没有非常成熟的标准。这就可能引发一个问题,信息归集机构在归集市场主体信用信息时,会一股脑地将所有有关市场主体的信用信息搜集起来,虽然这样做确实也有它的用处,特别是在大数据时代,数据处理和挖掘能力空前增强,更多的数据往往意味着更大的价值,但是,这一做法在面上铺开后,在各地数据处理的基础设施水平参差不齐的情况下,大量“无关痛痒”的市场主体信息的收集,事实上会模糊市场主体的信用面目。这种没有经过分析的数据的简单聚合,要想其在信用监管中发挥基础性作用,在现实中是非常难的,甚至可以说是不太可能的。因此,加强对市场主体信用信息的准确性监管就显得非常必要,而这也是我国目前存在的一个比较突出的问题。当然,要达到信用信息的准确性,需要在为数众多的市场主体的信用信息中去伪存真、去粗取精,这不仅涉及更多的资源投入问题,也需要有制度化的机制予以保障,并且需要对没有保障市场主体信用信息准确性的后果规定相应的责任,如此才能真正将市场主体信用信息准确性的提升落到实处。

2. 针对市场主体信用信息更新的监管须完善

所有的信用监管都是基于市场主体的过往信息而后采取的措施。从可操作性的角度看,任何主体也只能按照市场主体的以往信用信息对该市场主体的信用状况作出判断。从这个角度看,有关市场主体信用信息的及时更新就显得尤为重要。但是,目前在这方面尚存在问题:(1)正因为所有的信用信息都是对以往信息的归集,那么只要相关的主体在收集这些信用信息时是合法有效的,其接下来合法性必然在时间的一元性维度里得以延展。但是,这样的信用信息库也会带来一个问题,就是用信主体可能没有动力去及时更新这些信息,这可能导致这些市场主体的信用信息陈旧。在"宽进严管"背景下,由于市场主体数量空前增加,造成市场主体信用信息的量也相应增加,在这种情况下,更新信息的难度又有所增大,而相关主体基本没有更新这些信用信息的动力。(2)如果市场主体的信用信息是负面的,那么市场主体信用信息的更新将面临更加尴尬的局面:一方面,监管机构往往无法及时获取这些信用信息;另一方面,市场主体对自身的负面信用信息可能"捂"得比较紧,更加没有动力申请相关机构更新这些信用信息。(3)如果市场主体的信用信息是正面的,那么在理论上,市场主体将有动力更新自己的信用信息,但是,目前的程序规定在很大程度上浇灭了市场主体这种更新信用信息的热情。"信息主体异议权的对象针对的是信用信息收集和保存的专业机构。这些专业机构在收到信息主体的异议后,必须向信息来源机构如授信机构或其他第三方发出核实和重新调查的通知。"①从现实的角度看,这样一个"收到异议—发出核实或者重新调查的通知"并不是那么顺理成章,或者运作起来并不是那么一帆风顺。同时,发出核实的通知后,核实后到底情况是怎么样的、如何运用这种核实的后果、如果遗漏了核实内容如何处理等,这一切并不是那么确定无疑。

四、"宽进严管"背景下市场主体信用信息使用制度完善的路径

(一)加强对向征信机构查询市场主体信用信息的规范

总体而言,如何规范向征信机构查询市场主体信用信息的行为是非

① 孙志伟:《信用信息收集和使用的基本原则探讨》,载《征信》2015年第4期。

常复杂的,因为从根本上讲,征信机构本身就是一种依法成立的市场主体,而信息查询又是一个要讲究意思自治的行为,因此,具体的行为样态必然是非常多元的。鉴于此,这里仅撷取其中一些关键节点予以规范。

1. 征信机构对市场主体信用信息进行分类管理

如前文所述,在“宽进严管”的背景下,市场主体数量空前增多,在此情况下,如何基于信用监管这种新的监管方式达到“严管”的目的,其中的措施之一就是加大市场主体信用信息的使用广度和深度。一方面,从申请信用信息使用的主体来看,以银行是否向市场主体发放贷款为例。银行为了确定是否同意申请人的贷款请求以及以何种利率发放贷款,可向信用服务机构申请查询贷款人的信用报告,这些信用报告中包括金融信息,如破产申请、判决和抵押、抵押赎回、支票账户等信息。[①] 显然,对一家银行而言,贷款人的此类信用信息就非常必要,因此,其查询的市场主体信用信息报告中也被期待有这些信息,因为这是银行作出商业判断的关键。另一方面,从征信机构的角度看,虽然征信机构自身也是依法成立的商事主体,但这种商事主体是经过行政许可的商事主体,具有特殊性。因此,从市场主体信用信息安全等角度来看,征信机构有权要求信用信息查询者提供相应的证明,包括自己的主体身份、将如何使用这些信息等。事实上,这本身也是信用信息查询者信用信息的组成部分。从制度构建的角度看,以美国《公平信用报告法》的规定为例,该法不仅要求信息使用者履行对自己的身份证明义务,还要求该信息使用者证明自己采取了哪些合理的手段(包括实体和程序性的手段)以确保该信息的使用符合法律规定的范围。[②] 应当说,从规范我国市场主体信用信息查询的角度看,此种规定可以参考。此外,从上述分析也可以看出,虽然各市场主体都在查询(使用)信用信息,但是,其使用的目的是不一样的,因此,其使用的信用信

① See Solove JD, Paul MS, *Information Privacy Law*(*6th ed.*), Wolters Kluwer, 2018, p. 972.

② 参见人民银行哈尔滨中心支行课题组:《美国〈公平信用报告法〉对我国信用信息使用人行为规范的启示》,载《黑龙江金融》2007 年第 11 期。

息报告也应当以契合该信用信息使用者的目的来提供,这就需要为市场主体信用信息查询的规范化上两道“防火墙”:一道是靠信用信息使用者的自律;另一道是征信机构根据其不同的使用目的匹配不同类型的信用信息,从而实现对市场主体信用信息的分类管理。

2. 明确信用查询(使用)人的法律义务

征信产品(信用信息产品)一旦从征信机构进入使用人手中,征信机构事实上已经无法对其控制。因此,在使用人查询市场主体信用信息并得到相应的征信产品后,如果再向征信机构施加过大的法律义务,就违背了基本的法理。因此,从制度安排合理性的角度看,此时明确信用信息使用者的核心义务就显得非常必要。概言之,这些核心义务包括:采取措施保证征信产品在申请的范围内使用;不得将征信产品转让给他人甚至买卖谋利;作出对当事人不利的决定时有告知义务——告知具体提供征信产品的征信机构;发生侵权行为(如不当使用征信产品导致侵害他人商业秘密、个人隐私等)时承担相应的侵权责任乃至刑事责任。

3. 合理确定市场主体信用信息查询的费用

市场主体向征信机构支付信用信息的查询费用,是市场主体查询信用信息应当承担的主要义务之一。① 其主要的理由在于:(1)征信机构本身就是市场主体,没有合理的利润是无法持续发展的,也不符合市场经济的基本原则。(2)如前所述,征信机构将为不同的信用信息使用主体匹配不同版本的征信产品,显然,不同版本的征信产品就应该有不同的价格;否则,要求征信机构对征信产品分类管理的目标就会完全落空;这其中的道理很简单,如果所有的版本收费都一样,那么,征信机构就只好什么都给、然后什么版本都是一个样,最终,在市场经济中“同样的商品只能卖同样的价钱,不同的商品才能卖不同的价钱”这一规律的作用下,所有的征信产品就会趋同,分类管理也就成为一句空话。(3)我国正处在信用监管发展的初级阶段,如果不合理确定查询的费用,征信机构将举步维艰,因

① 参见人民银行哈尔滨中心支行课题组:《美国〈公平信用报告法〉对我国信用信息使用人行为规范的启示》,载《黑龙江金融》2007年第11期。

为一个市场发展起来总是有一个过程的，在这个过程中会有很多非生产性的损耗，而征信产品本质上是一种“声誉产品”，是半点都不能马虎的，一旦征信产品陷入信任危机，则这种作为监管基础依据的征信产品将地位不再，整个信用监管就无法持续下去。在这种情况下，我们要保障好征信产品的质量，当然要靠制度、规则，更严厉的执法等，但经济保障绝不能缺席，特别是缺失这种基于制度层面的经济保障。

4. 建立市场主体信用信息查询应急制度

市场主体信用信息查询应急制度之所以非常必要，其根本原因在于：市场主体信用信息本身就是信息的一种，信息除非没有人知道，否则总是存在被传播的可能性，特别是在当今摄像技术、监控技术、人工智能等空前发达的情况下更是如此。信用信息的查询和获取已经到了不得不依赖信息平台的程度，这一方面是传统的纸质信息载体无法应对现实的信息记载和市场需求，另一方面是只有基于平台市场主体的信用信息才可能被整合和利用，真正发挥信用信息作为商业行为或者监管行动依据的作用，也才能真正有助于对商事主体的监督管理。① 市场主体信用信息作为信息以及平台化管理的现实，使被查询到的信用信息出现一些突发事件（如意外泄密、“黑客”入侵等）就是可能的现象。因此，从制度安排的角度看，征信机构一方面要加强其与司法机构及通信运营商等单位的合作，共同建立信息泄露通知规则和应急处置制度；②另一方面，考虑到征信机构毕竟只是市场主体，因此对其加强监管也是题中应有之义，这包括非现场监管指标的精细化、约谈制度的构建、现场监管震慑制度的推进等。总之，要形成征信机构在处理信用信息突发事件上有作为、能作为、必须为的监管状态。

（二）变同意原则为原则同意

市场经济瞬息万变，市场主体信用更是变动不居。在“宽进严管”的

---

① 参见钟瑞栋、刘奇英：《商事登记制度改革背景下的行政管理体制创新》，载《管理世界》2014 年第 6 期。

② 参见李敏：《人民银行个人信用报告查询中的问题分析与应对》，载《征信》2016 年第 6 期。

背景下,要真正管好用好市场主体信用信息,实行监管思维和监管方式的创新就势在必行。如前所述,信用监管作为一种柔性监管,克服了传统监管的缺点但又有一个非常致命的缺陷,即对市场主体信用信息的过度依赖。没有市场主体信用信息的及时、全面提供,信用监管就找不到着力点,信用监管的愿景就很可能落空。但是,市场主体信用信息经处理后方可形成信用监管的市场主体信用信息。市场主体信用信息的处理又有一整套规则体系。如前所述,我国市场主体信用信息使用制度的一个问题就是"用户同意原则";也就是说,原则上,用户要使用市场主体的信用信息,需要征得该市场主体的同意。从这一原则的出发点来看,其无非是为了更好地保障市场主体的信用利益,特别是在信用监管的初始阶段更显得非常必要,因为这一原则性的规定较好地把改革的力度与社会的可接受度有机结合起来了。但是,随着市场经济的发展,特别是市场主体信用信息使用制度走入"深水区",这一原则的僵化性也不断体现出来。以市场主体中作为自然人的个人信息处理为例,我国《民法典》第 1035 条对此明确规定,要"征得该自然人或者其监护人同意,但法律、行政法规另有规定的除外";第 1038 条规定,"未经自然人同意,不得向他人提供其个人信息,但是经过加工无法识别特定个人且不能复原的除外"。在一定程度上,这一规定较好地体现了个人信息使用中的同意原则,但是,细究起来,这一规定在理论上抽象为"同意原则"可能并不合适,因为:(1)以上条款规定了"法律、行政法规另有规定的除外"和"经过加工无法识别特定个人且不能复原的除外"两个除外条件,而"所谓法律、行政法规另有规定,是指政府机关依法处理个人信息,也包括所有处理者的合理使用范围。经过加工无法识别特定个人且不能复原的,已经不能起到识别特定自然人的作用,故转让也就无须经自然人同意"。① (2)根据我国《民法典》第 4~8 条的规定,民事主体从事民事活动,如果遵守了平等原则、自愿原则、公平原则、诚信原则、守法与公序良俗原则、绿色原则,一般就应当认为这

① 刘士国:《信息控制权法理与我国个人信息保护立法》,载《政法论丛》2021 年第 3 期。

种民事活动是合法的，应当受到法律的保护。同样，在个人信息的使用方面也是如此。当然，公权力机关收集个人信息应当基于法律授权，坚持“法无授权不可为的原则”。[①] (3)从概念来看，个人信用信息只是个人信息的一个部分，但是，我们必须考虑的是，与单纯的个人信息不同，个人信用信息在市场经济条件下具有一定的公共产品的性质，因此，其使用与个人信息有所差异也是在解释的射程之内。与此同时，结合我国《征信业管理条例》第 20 条、第 21 条的规定来看，我国对使用有关信用方面的信息，主要的要求在于：其一，按照约定使用，不得未经同意向对方提供；其二，征信机构可以向信用信息主体自身、企业交易对方、行业协会以及政府部门依法公开等渠道使用市场主体的信用信息。

综上所述，考虑到采用机械的同意原则会引发一些意想不到的负面后果，因此，我们认为，可以考虑将原来的信用信息主体“同意原则”改为“原则同意”，这样，既保留了原有规定中对市场主体权益保障的含义，也可以增加规则适用的灵活性，因为道理很清楚，就算是“原则同意”，也不能违背信用信息主体的意愿、法律的强制性规定、公共利益的要求乃至社会主义核心价值观的要求。这一变通是必要的，不会带来利益的急剧变动和失衡，自然也就是可行的。

(三)完善竞争性的市场主体信用评级报告付费机制

信用评级报告对于克服市场经济中交易双方的信息不对称、保障交易的安全等具有重要作用。以债券市场为例，有学者甚至认为信用评级机构是债券市场的“看门狗”，[②]其地位更是被市场机制不恰当地放大，任何市场主体信用评级报告的“风吹草动”都会变成投资者或者发行人“草木皆兵”的借口。正因为如此，市场主体信用评级报告的任何错误都被关注、讨论乃至放大。根据美国审计署的统计，市场主体信用评级报告的常

---

① 参见刘士国：《信息控制权法理与我国个人信息保护立法》，载《政法论丛》2021 年第 3 期。

② See T. P. Gordon, C. L. Knock, D. G. Neely, *The Role of Rating Agencies in the Market for Charitable Contributions: An Empirical Test*, Journal of Accounting and Public Policy. (6), 2009, p. 469.

见错误有两大类:一是纳入了错误的信息;二是排除了正确的信息。[①] 至于为什么为会出现此种情况,原因自然有很多,但是信用评级报告付费制度在其中发挥的作用是最关键的。从我国目前的情况来看,信用评级报告有两种付费方式:一种是投资人付费的评级报告;另一种是发行人付费的评级报告。应当说,两种付费模式各有特点。

首先,对于发行人付费的信用评级报告而言,由于发行人对自身的信用信息掌握比较全面、准确,而且不断地更新,并且在信息提供方面也更加主动和积极,因此,发行人的信用评级报告应当更加全面、信息量也很大。但是,发行人付费会造成一个“委托—代理”关系中无法回避的问题:谁给钱给谁办事,在普通的市场机制中,就像一件普通的商品的买卖一样,这种“一手交钱一手交货”并没有多大的问题,因为对于普通的商品而言,其所在的市场都是充分竞争的市场(至少理论上如此),每一个卖家都是价格接受者,每一个买家都有充分的选择权。但是,在信用评级报告这个市场中,所面临的情况和普通的市场有很大差别:其一,买家是非常有限的;其二,卖家也非常有限。因此,信用评级报告的使用者——发行人选择哪一家进行信用评级报告的制作,很难说就是一个纯粹的商业行为,此时的买家(发行人)事实上处于优势地位。

其次,对于投资人付费的信用评级报告而言,同样存在以上“委托—代理”关系中的问题:代理人(信用评级机构)以委托人(投资人)的偏好为转移。投资人最关心什么?最关心投资的风险,关心自己使用了这个信用评级报告之后是否会面临风险、面临怎样的风险、这种风险和收益是否匹配等。一般说来,投资人付费的信用评级报告,会更多地考虑发行人的风险问题,会更多地“料敌从严”。

两种付费方式运作的结果,就可能出现一个非常有趣的情况:同一个评估对象,发行人付费的信用评级报告显示“风险很低”,投资人付费的信用评级报告显示“风险较高”。正如有学者所指出的,“发行人付费评级

---

① 参见刘新海:《征信与大数据——移动互联时代如何重塑“信用体系”》,中信出版集团2016年版,第18页。

结果高于投资人付费评级结果,发行人付费评级机构对发行人的迎合是造成评级差异的原因”。[①] 事实上,这一判断有较为坚实的实证基础,有学者就专门以2008～2018年我国发行公司债、企业债和中期票据的公司为对象研究债券信用评级报告的演变,结果发现:其一,我国债券信用评级标准呈逐年放松态势,并且该现象仅存在于“发行人付费”的评级机构中;其二,在评级市场竞争更为激烈、发行人首次获得评级或评级机构首年进入某地区时,评级机构评级标准放松的现象也相当明显。[②] 应当说,这一研究是基本符合我国目前信用评级的现状的。因此,我们的制度完善也应当以此为逻辑展开。

综上看来,我国市场主体信用评级报告付费相关的制度设计必须正视如下约束条件:其一,我国已经形成了两种付费模式:发行人付费模式和投资人付费模式;其二,我国信用评级市场尚处在发展和正在发展的状态中;其三,鉴于“宽进严管”等商事制度改革的进一步推进,信用监管将成为监管的重心,而信用报告的推出和使用会越来越重要;其四,发行人付费和投资人付费两种模式各有优劣,除非推行强制性的规则或者政策,否则在较长一段时间内,谁优谁劣只能交给市场和时间去判断;其五,两种模式并存不可避免会产生一些摩擦成本,这是任何“二元制”都必须承担的沉没成本,虽然理论上没有必要,但在现实中可能无法避免。鉴于此,我们认为,我国市场主体信用评级报告的付费应当采用一种竞争性的市场主体信用评级报告付费制度。同时,要鼓励开展双评级措施(同时采用发行人付费评级报告和投资人付费评级报告,然后综合判断市场主体信用状态)来提高评级质量。[③] 此外,要适当柔化信用监管中对市场主体信用评级报告的过度援引状态,并充分认识到信用监管的长期性和复杂性不是一份信用评级报告所能应对的。在此基础上,考虑追加两个“补

---

① 闫妍、李博:《付费主体差异对信用评级结果的影响机制研究》,载《中国管理科学》2022年第1期。

② 参见施先旺、刘琪、李腾:《“发行人付费”下债券信用评级质量演变:2008－2018》,载《中央财经大学学报》2021年第3期。

③ 参见蔡国喜:《信用评级的合理使用》,载《中国金融》2013年第13期。

丁”:(1)强化对发行人付费的评级机构收入的监管,特别是对那些异常收费行为(佣金过高或者佣金过低的行为)的监管。具体来讲,可以考虑参考《征信业管理条例》第31条有关金融信用信息基础数据库运行机构的收费标准,即“成本补偿原则+国务价格主管部门的规定”来执行。在这方面,可以参考美国的《公平信用报告法》中关于个人信用报告收费的规定:①其一,规定收费标准的上限;其二,考虑经济发展及通货膨胀等因素,通过消费者价格指数的变化每年定期调整这个上限标准。同时,加大对发行人付费评级机构蓄意迎合的处罚力度,并公示其迎合行为。②(2)考虑引入独立的信用评级模式。事实上,有学者已经对此提出了建议。③ 具体来讲,就是考虑到信用评级中立性的本质要求,既不让发行人付费,也不让投资人付费,而是将信用评级报告做成普通商品一样,根据其性价比而由市场选择。当然,这种独立的信用评级模式在现阶段可能还难以行得通,但是,这应该是一个发展方向,具体的费用可以考虑通过借鉴保险的方式解决。

(四)构建市场主体信用信息“核实—更新”机制

我们认为,应对市场主体信用信息使用监管不力的情况,重要举措之一就是构建市场信用信息的“核实—更新”机制。

一方面,理解这一机制的构建,必须在一个较为宏观的背景下思考,具体包括:(1)“宽进严管”的商事改革背景使市场主体在数量规模上空前增加,传统的重事前监管模式所产生的正外部效应几乎损失殆尽,改革所预期的新的监管模式带来的制度红利还暂时难以发挥,信用监管成为市场监管机构的新抓手,但是从执法一线的情况看,执法者对这一模式的知悉、熟悉和运用还有一段距离。(2)作为市场主体的个人隐私权保护在

---

① 参见人民银行哈尔滨中心支行课题组:《美国〈公平信用报告法〉对我国信用信息使用人行为规范的启示》,载《黑龙江金融》2007年第11期。

② 参见闫妍、李博:《付费主体差异对信用评级结果的影响机制研究》,载《中国管理科学》2022年第1期。

③ 参见喻贞、顾舒雯:《独立信用评级、债券定价和违约预测能力》,载《复旦学报(社会科学版)》2021年第2期。

互联网时代依然重要,但总体而言,我们需要重新定义隐私的范围和更加注重隐私保护与公共利益保护之间的平衡。易言之,我们需要保护隐私,但我们必须对隐私保护的范围和方式等作出改变,隐私保护与作为个体的市场主体的个人信用信息之间是存在一定张力的:“技术和社会改变了时代及信息使用的方式,诞生于政治范畴的隐私概念——个体对个人信息披露和使用的控制——已经逐渐失去其卓越地位。”①细究起来,此乃大势,不可不察。(3)要从网络空间主权和国家治理体系现代化的高度看待对市场主体信用信息的使用问题。正如有学者指出的,网络空间主权在网络治理中具有前提性的作用,其包括外部主权和内部主权两个方面,其中,内部主权意味着国家对制定网络基本法、确定网络管理模式及网络纠纷管辖的绝对权力。② 在互联网时代,监管部门对市场主体的信用信息空前依赖,而基于信用的监管既是现代市场监管的发展方向,也是国家治理体系的组成部分,③还是国家治理能力提升、国家治理现代化的具体体现。因此,在这样一个复杂的约束条件下,市场主体信用信息的“核实—更新”机制的建立,就不仅要考虑市场主体的意思自治问题、“法无禁止即自由”问题,更要考虑国家主权在这其中的决定性作用、国家管制和治理在这其中不可或缺的地位。换言之,市场主体信用信息的“核实—更新”机制,不仅是一个涉及市场主体私人利益的问题,更是一个深入牵涉国家利益和公共利益的问题,这是我们构建和完善相关制度的逻辑出发点。

另一方面,如何构建市场主体信用信息的“核实—更新”机制呢?我们认为,有如下几个关键点值得注意。

首先,进一步压实征信机构关于市场主体信用信息准确性的义务,同时赋予市场主体信用信息提供全面信用信息的义务。这样做的理由在于:征信机构应当保障信用信息的准确性(我国《征信业管理条例》第23

---

① KA Bamberger, DK Mulligan, *Privacy on the Ground*, MIT Press, 2015, p. 17.

② 参见张新宝、许可:《网络空间主权的治理模式及其制度构建》,载《中国社会科学》2016年第8期。

③ 参见孟融:《国家治理体系下社会信用体系建设的内在逻辑基调》,载《法制与社会发展》2020年第4期。

条已有明确规定)，因此，赋予这个机构该种义务目前已经有一定的制度基础，但剩下的问题是：如何确定征信机构是否“采取了合理的措施”、什么是这里的“合理措施”，需要在制度层面或者执法层面进一步明确。

其次，进一步细化信用信息主体的信息提供义务，特别是要规定其提供全面信息的义务，并将其既作为权利，也作为义务。根据我国《征信业管理条例》第25条的规定，信息主体认为征信机构的信息有错误、遗漏的，有权提出异议，要求更正；征信机构或者信息提供者收到异议后，应当按规定对相关信息作出存在异议的标注，并需在20日内进行核查和处理，同时书面答复异议人，然后针对不同的情况进行处理——确有错误、遗漏的予以更正；不存在错误、遗漏的取消异议标注；不能确认的需对核查情况和异议内容予以记载。该条规定的问题在于：(1)此种“错误、遗漏”如果对信息主体不利，那么信息主体采取后续的“核实—更新”措施就是顺理成章的；但是，如果此种“错误、遗漏”对信息主体是有利的，那么信息主体发现以后，还要不要采取后续的“核实—更新”措施？是否还有动力做这个事情？这显然值得怀疑。(2)基于市场经济自身的复杂性，就算信息主体发现了其信息的“错误、遗漏”，其就一定会行使这个权利吗？我们认为并不尽然，因为《征信业管理条例》第25条规定的是“有权提出异议，要求更正”，但“有权”意味着既可以作为，也可以不作为。(3)从操作性的角度看，信息主体如何发现呢？除非在现实的交易中因为此种“错误、遗漏”造成了较大损失或者交易障碍，否则是“难以发现”的。因此，作为改革的第一步，宜将《征信业管理条例》第25条第1款改为：“信息主体认为征信机构采集、保存、提供的信息存在错误、遗漏的，有权利和义务向征信机构或者信息提供者提出异议，要求更正。”也就是说，要将这种异议、修改的“权利”变为信息主体的“权利和义务”，也就是“异议和修改”既是信息主体的权利，也是信息主体的义务，从而避免现实中异议动力不足，对自己有利的就提异议、对自己不利的就不提异议的不合理情况。

最后，构建市场主体信用信息的“核实—更新”机制要注意和其他法律法规的衔接。《征信业管理条例》第23条第1款规定，“征信机构应当采取合理措施,保障其提供信息的准确性”,而《个人信息保护法(草案)》第8条规定,“为实现处理目的,所处理的个人信息应当准确,并及时更新”。也就是说,行政法规对征信机构保障市场主体信用信息的准确性作出了明确规定,《个人信息保护法(草案)》第8条则对任何处理(包括使用)个人信息的主体也作出了一个义务性的规定——要保障信息的准确,并及时更新。但是,从《征信业管理条例》第6条、第10条、第12条的规定我们可以看出,尽管征信机构的成立不同于普通的公司——需经国务院征信监督管理部门批准、自机构登记机关准予登记之日起30日内向所在地的国务院征信业监督管理部门派出机构办理备案,但是,征信机构毕竟是依据《公司法》成立的(《征信业管理条例》第6条)并可以破产的企业(《征信业管理条例》第12条)。因此,将具有公共产品性能的征信产品的提供作为一种法律义务完整地、单独地规定给征信机构,从根本上看,这是有失公允的。因此,赋予信息主体适当的义务(包括权利)在宏观上来看是非常必要的,而这恰恰也能与现有的行政法规以及很有可能通过的《个人信息保护法(草案)》有机衔接。

第八章 “宽进严管”背景下市场主体守信激励制度

守信激励是一种重要的用信方式,也是最能彰显信用监管“柔性”特点和优势的市场主体监管方式。因此,我国在推进市场主体信用监管和社会信用体系建设过程中均将建立完善守信激励制度作为一项重要内容。本部分拟立足实证分析,专门就“宽进严管”背景下的市场主体守信激励制度建设展开研究。

一、市场主体守信激励制度探索的总体考察

党的十八大以来,我国实施的新一轮商事登记制度改革在彰显“宽进”精神的同时,亦强调推进事中事后的“严管”,并且把信用监管作为实现“严管”的一个重要举措。① 信用监管不仅意味着对失信主体施以惩戒,也包括对守信主体予以激励。2014 年国务院出台的《关于促进市场公平竞争维护市场正常秩序的若干意见》(国发〔2014〕20 号)特别指出,要“夯实监管信用基础”,其中一项重要内容是“建立健全守信激励和失信惩戒机制”。在政策文件表述中,守信激励还置于失信惩戒之前,这从侧面也反映出建立健全市场主体守信激励制度的重要性。

① 参见《国务院关于印发注册资本登记制度改革方案的通知》(国发〔2014〕7 号)。

2016 年,国务院专门印发了《关于建立完善守信联合激励和失信联合惩戒制度加快推进社会诚信建设的指导意见》(国发〔2016〕33 号,以下简称《联合奖惩指导意见》)。《联合奖惩指导意见》开宗明义指出:“健全社会信用体系,加快构建以信用为核心的新型市场监管体制,有利于进一步推动简政放权和政府职能转变,营造公平诚信的市场环境。”这就非常鲜明地凸显、宣示了市场主体信用监管在社会信用体系建设中的重要地位。此外,《联合奖惩指导意见》还确立了建立完善相关制度的指导思想、基本原则,并着重围绕“健全褒扬和激励诚信行为机制”,“健全约束和惩戒失信行为机制”,“构建守信联合激励和失信联合惩戒协同机制”等作了总体安排,其中有关守信激励的很多内容都直接指向市场主体守信激励制度建设。

在中央顶层设计的推动和指引下,地方层面和中央有关部门积极探索推进市场主体守信激励制度建设,总体上体现出中央统筹谋划,地方、部门(领域)“先行先试”探索具体制度建设的路径。在地方层面,较为典型的做法是,针对市场主体或以市场主体为重要对象出台专门的信用奖惩规范性文件,或者在公共信用信息、企业信用信息等信用信息管理立法中对守信激励事项作出相应规定。在全国层面,较为典型并在现实中产生重大影响的举措,则是通过出台守信激励合作备忘录推进相关制度的建设和实践。

(一)地方层面的典型样本与总体情况

鉴于以“宽进严管”为基本特点的商事制度改革主要是 2014 年以来正式全面推进的,课题组主要检索收集 2014 年以来出台或修订的相关立法、规范性文件作为分析文本。① 对于检索结果,综合考虑研究主题和文本的可靠性、代表性,同时也为了便于开展归纳分析,课题组作了必要的甄别和筛选,主要限定包括以下 4 项:其一,针对企业(市场主体)制定或将其纳为调整对象;其二,有明确的来源信息;其三,对于规范性文件,文

① 检索渠道主要是北大法宝法律法规数据库,同时也借助百度等检索工具进行核校,检索关键词涉及“守信激励”“联合激励”“联合奖惩”“信用信息”“企业信用”等,最后检索时间为 2021 年 9 月 30 日。

件名带有“办法”“细则”之类字样，而不纳入“意见”类规范性文件；①其四，设区的市级以上层级的立法或规范性文件。值得指出的是，虽然收集的文本可能并不全面，但综合考虑检索路径、文本层次和分布等情况，应该说仍可据此开展有效的类型化分析。

表 8-1　省级信用奖惩文本

序号	文件名称	发文字号
1	《浙江省企业信用联合奖惩实施办法（试行）》	浙政办函〔2014〕61 号
2	《吉林省企业信用联合奖惩实施办法（试行）》	吉政办发〔2015〕10 号
3	《山西省企业信用行为联合奖惩办法（试行）》	晋政办发〔2015〕101 号
4	《青海省社会法人信用行为联合奖惩暂行办法》	青政办〔2015〕235 号
5	《江西省企业信用行为联合激励与惩戒暂行办法》	赣府厅发〔2015〕80 号
6	《河北省企业信用联合奖惩办法（试行）》	冀社信发〔2016〕4 号

表 8-1 展示了省级层面专门围绕企业（社会法人）信用奖惩出台的相对具体和较具操作性的规范性文件。总的来看，呈现以下基本情况。

其一，表中所列文件均经省政府同意，由省政府办公厅或者社会信用体系建设领导小组以通知形式印发，②性质上属于规范性文件。省级层面出台的这类规范性文件数量较少，未见专门立法。

其二，这些规范性文件中的“企业”外延较宽，一般指经过工商注册登记的从事生产经营和服务活动的各类经济组织。③“社会法人”包括但不

① 这主要考虑“办法”“细则”类规范性文件的内容相较“意见”类规范性文件更为具体，前者在很大程度上是对后者的贯彻落实，属于实践操作中直接适用或遵循的规则，而后者更多属于政策宣示或提出框架设计予以总体指引。在已经制定有“办法”“细则”类规范性文件的情况下，着重对这类文件进行考察，更具现实意义。

② 为行文简洁，下文以“《地方+办法》”的简称形式表述，如《浙江省企业信用联合奖惩、实施办法（试行）》以下简称《浙江办法》，《吉林省企业信用联合奖惩实施办法（试行）》以下简称《吉林办法》等；制表时，在不混淆出处的情况下，则单以地名指称。

③ 例如，《浙江办法》第 2 条第 1 款规定：“本办法所称的企业，是指经过工商注册登记的从事生产经营和服务活动的各类经济组织。”《河北办法》第 3 条第 1 款规定：“本办法所称企业是指经工商行政管理部门登记注册的有限责任公司、股份有限公司、非公司企业法人、个人独资、合伙企业及其分支机构，在中国境内从事生产经营活动的外国（地区）企业，以及其他经济组织。”

限于企业法人;[①]对于非法人型企业等经济组织,虽不属于"社会法人"范畴,但可参照适用有关规则。[②]

其三,企业信用联合奖惩,一般指的是行政机关、司法机关等公共部门根据企业及其法定代表人(主要负责人)的信用记录和信用状况,对其联动实施奖励性或惩戒性措施的行为。按公共部门和市场部门二元划分,这类规范性文件中的联合奖惩实施主体限于公共部门,以行政机关(包括依法授权或受委托承担行政管理职能的组织)为基本构成,具体外延规定不尽统一,多数明确包括司法机关,个别则简单规定"各级行政机关、有关组织"。[③] 除行政机关、司法机关之外,有的还明确包括公共服务机构,[④]有的明确包括公共事业单位、行业服务机构。[⑤]

其四,关于守信激励,这些规范性文件除了在"联合奖惩"这一层面作出一些共通适用的规定(如联合奖惩的含义、基本原则和体制机制)外,主要就守信行为的认定依据、守信激励措施作出具体规定(后文详述),总体上相较于失信惩戒的内容要少很多。其中,有关联合奖惩的基本原则,各地规定基本上都确立为以下 4 项:信息共享、部门联动实施、依法公正执行、责任主体明确。

有关联合奖惩的体制机制,总体上均体现部门联动实施的精神,例

---

① 《青海办法》第 2 条规定:"本办法所称社会法人,是指除国家机关以外的具有民事权利和民事行为能力,依法独立享有民事权利和承担民事义务的组织,包括企业法人、事业法人和社会团体法人。"

② 《青海办法》第 37 条规定:"民办非企业单位以及社会法人以外的其他经济组织的失信行为惩戒,参照本办法执行。"

③ 《江西办法》第 2 条第 2 款规定:"本办法所称联合激励与惩戒,是指各级行政机关、有关组织,根据各自职责,对企业守信行为或失信行为,联合采取激励或惩戒措施。"

④ 《浙江办法》第 2 条第 2 款:"本办法所称企业信用联合奖惩是指各级行政主管部门和依法授权或受委托承担行政管理职能的组织(以下统称行政机关)、司法机关、公共服务机构等根据企业及其法定代表人、主要负责人的信用记录和信用状况,对其依法联动实施奖励性或惩戒性措施的行为。"

⑤ 《河北办法》第 3 条第 2 款规定:"企业信用联合奖惩是指各级行政主管部门和依法授权或受委托承担行政管理职能的组织、司法机关、公共事业单位、行业服务机构(以下统称有关部门和组织)等根据企业及其法定代表人(主要负责人)的信用记录和信用状况,对其依法联动实施奖励性或惩戒性措施的行为。"

如,确定一个或多个部门牵头建立全省联合奖惩制度;组建一个省级信息平台,负责全省企业信用信息归集、整合和发布工作;省市有关部门、组织根据职责向省级信息平台提供信息,制订细则,组织实施。不过,在有关职能部门和工作机构的设置、具体运行机制架构上,各地规定也不尽相同。例如,在浙江,由省发展改革委(省信用浙江建设领导小组办公室)具体负责全省企业信用联合奖惩的指导和协调;①在河北,省发展改革委、人行石家庄中心支行是全省社会信用体系建设工作的主管部门,负责组织建立和实施全省信用联合奖惩制度。② 在吉林,省金融办、省发展改革委、人民银行长春中心支行负责全省企业信用联合奖惩的指导和协调。③

表 8-2 设区的市级信用奖惩文件

序号	文件名称	发文字号	省份
1	《宿迁市企业失信惩戒和守信激励实施办法(试行)》	宿政办发〔2014〕168 号	江苏
2	《贵港市守信激励与失信惩戒实施办法》	贵政办发〔2015〕64 号	广西
3	《杭州市社会法人守信激励和失信惩戒管理办法》	杭政办函〔2015〕69 号	浙江
4	《金华市企业信用联合奖惩实施细则(试行)》	金政办发〔2015〕159 号	浙江
5	《丽水市企业信用联合奖惩办法(试行)》	丽政办发〔2015〕190 号	浙江
6	《台州市企业信用联合奖惩实施办法》	台政办发〔2015〕108 号	浙江
7	《忻州市企业信用行为联合奖惩办法(试行)》	忻政办发〔2015〕153 号	山西

① 参见《浙江办法》第 4 条。
② 参见《河北办法》第 4 条。
③ 参见《吉林办法》第 4 条。

续表

序号	文件名称	发文字号	省份
8	《徐州市企业失信惩戒和守信激励实施办法(试行)》	徐政办发〔2015〕170 号	江苏
9	《合肥市社会法人守信联合激励与失信联合惩戒管理暂行办法》	合政办〔2016〕47 号	安徽
10	《嘉兴市企业信用联合奖惩实施办法(试行)》	嘉政办发〔2016〕37 号	浙江
11	《衢州市企业信用联合奖惩实施细则》	衢政办发〔2016〕77 号	浙江
12	《呼和浩特市守信激励与失信惩戒管理办法(暂行)》	呼政发〔2017〕41 号	内蒙古

表 8－2 展示了设区的市级层面专门就信用奖惩出台的相对具体和较具操作性的综合类规范性文件。① 表中所列文件除呼和浩特市的办法由市政府发布外,其他均由市政府办公室(厅)发布。② 总的来看,各地出台的以信用奖惩为主题的综合类规范性文件多数特别针对市场主体的信用奖惩制定,文件名中便有较为明显的体现。也有少数地方聚焦“社会法人”,或是面向更为宽泛的社会主体(包括企业、自然人、其他组织等)制定综合性的联合奖惩规范性文件。在这些文件中,适用对象不尽相同,有的市场主体类型并不一定能够当然适用。例如,同样是文件名中没有限定适用对象的综合性的联合奖惩规范性文件,《贵港办法》和《呼和浩特办法》的具体适用对象就有较大的差异。前者适用对象为“凡在本市行政区域内登记注册从事各项社会活动的自然人、法人和其他组织”;③后者

---

① 这里所指的“综合类”规范性文件主要针对“行业类”规范性文件而言。前者不限定适用的行业领域,后者一般针对特定行业领域制定,例如,《九江市工程建设领域守信激励与失信惩戒制度建设实施办法(试行)》(九府厅发〔2013〕29 号)。

② 为行文简洁,下文以《地方 + 办法》或《地方 + 细则》的简称形式表述,如《宿迁办法》《衢州细则》等;制表时,在不混淆出处的情况下,则以地名指称。

③ 《贵港办法》第 2 条。

则限定为社会法人和符合一定条件的自然人。①

相较省级层面，设区的市级层面专门就信用奖惩出台的有关规范性文件更多，这符合一般认识，但是就本身数量（绝对值）来讲，也不算多。此外，设区的市级层面的这类规范性文件在很大程度上是对省级有关政策文件的贯彻落实，在基本制度框架、条文基本架构上大体一致，不少条文内容与省级规定一脉相承，但同时也有增补、调整。

值得关注的是，根据上述检索情况，浙江省是出台这类规范性文件最多的地区。这也许有两个层面的原因：一是浙江作为经济发达地区，主观上充分认识到建立健全市场主体信用奖惩制度的重要意义；二是浙江的经济模式以中小民营企业为主，②客观上更需要通过建立健全市场主体信用奖惩制度来降低治理成本。

表 8－3　省级有关信用信息管理立法文件

序号	立法名称	通过/修订时间	性质
1	《黑龙江省企业信用信息征集发布使用办法》	2006/2016	规章
2	《贵州省企业信用信息征集和使用管理办法》	2012/2018	规章
3	《福建省公共信用信息管理暂行办法》	2015	规章
4	《辽宁省公共信用信息管理办法》	2015	规章
5	《上海市公共信用信息归集和使用管理办法》	2015/2018	规章
6	《陕西省企业信用监督管理办法》	2017	规章
7	《河北省社会信用信息条例》	2017	法规
8	《湖北省社会信用信息管理条例》	2017	法规

① 《呼和浩特办法》第2条规定：“本办法适用对象为在本市行政区域内的社会法人及自然人（以下统称为信用主体）。本办法所称社会法人是指国家机关以外的具有民事权利能力和民事行为能力，依法依规独立享有民事权利和承担民事义务的组织，包括企业法人、事业单位法人、社会团体法人及其他非营利性法人。本办法所称自然人，是指16周岁以上在我市参加民事活动且具有完全民事行为能力的个人，包括个体工商户及在我市行政区域内的港澳台居民和外国公民。”

② 参见黄辉：《中国公司法人格否认制度实证研究》，载《法学研究》2012年第1期。

续表

序号	立法名称	通过/修订时间	性质
9	《浙江省公共信用信息管理条例》	2017	法规
10	《北京市公共信用信息管理办法》	2018	规章
11	《内蒙古自治区公共信用信息管理办法》	2018	规章
12	《山东省公共信用信息管理办法》	2018	规章
13	《辽宁省公共信用信息管理条例》	2019/2020	法规
14	《青海省公共信用信息条例》	2021	法规
15	《湖南省社会信用信息管理办法》	2021	规章
16	《内蒙古自治区公共信用信息管理条例》	2021	法规

表8－3展示了2014年以来出台或修订的条文中含有守信激励规定的省级信用信息管理立法。① 之所以将这类立法纳入考察范围，主要考虑到省级层面专门围绕信用奖惩出台的相对具体和具有操作性的规范性文件较少，遑论专门立法，而省级层面制定信用信息管理立法则较为普遍，将这类立法中有关守信激励的规定纳入考察范围，可以提高实证分析的全面性、可靠性。

总的来看，省级层面出台的有关信用信息管理立法，大多会就守信激励作出或多或少的规定，但也有一些例外。例如，《天津市市场主体信用信息管理办法》(2015年)、《重庆市企业信用信息管理办法》(2016年)、《云南省市场主体信用信息管理暂行办法》(2017年)并没有特别就守信激励作出规定。

信用信息管理立法一般着重就信用信息的收集(归集、征集)、披露(公布、查询)、使用(应用)等作出相对系统的规定。在信用信息使用层

① 检索结果中未见2014年出台或修订的省级信用信息管理立法。《山东省公共信用信息管理办法》于2018年2月通过，自同年5月1日起实施，但于2021年2月被《山东省人民政府关于废止和修改部分省政府规章的决定》废止。为行文简洁，下文以《地方＋办法》或《地方＋条例》的简称形式表述，如《黑龙江办法》《河北条例》；制表时，在不混淆出处的情况下，则以地名指称。

面,一个核心内容便是守信激励和失信惩戒,因此有关信用信息管理立法通常会就守信激励作出一些基本规定。此外,何为信用信息,这又是相关制度构建的基础,立法通常会对其含义、分类及其基本内容作出原则性规定,这其中就包括反映市场主体守信状况的信用信息类型。

总体上,以信息来源、主体、作用为标准对信用信息进行分类是较为普遍的分类方法,而且在一部立法中往往同时以多个标准进行再分类。

例如,公共信用信息属于基于信息来源所作分类中的一种具体类型,与其相对应的信息类型可称为市场信用信息。《湖北省社会信用信息管理条例》便明确将社会信用信息划分为两种类型,即公共信用信息和市场信用信息。① 在针对公共信用信息管理的专门立法中,一般还依信息主体标准对公共信用信息作进一步划分,并在此基础上设计相应的制度安排,只是分类细节上有所差异。总的来看,主要有如下 4 种划分方式:(1)企业信用信息和个人信用信息,此种分类最为普遍;(2)自然人信用信息、法人和其他组织信用信息;(3)社会法人信用信息和个人信用信息;(4)特定公民信用信息、法人和其他组织信用信息。

企业(市场主体)信用信息则属于基于信息主体所作分类中的一种具体类型。根本上而言,信用信息是用以反映信息主体,②如企业、个人的信用状况的数据和资料。现实中,以信息主体为标准对信用信息加以分类,进而实行分类管理、分类立法,这也已成为一种通行做法。在省级层面,已有大量针对企业(市场主体)信用信息管理的专门立法。另外值得关注的是,在设区的市级层面,一些地方使用了“商事主体信用信息”概念并出

① 《湖北省社会信用信息管理条例》第 3 条规定:“本条例所称社会信用信息……包括公共信用信息和市场信用信息。公共信用信息是指国家机关、法律法规授权的具有管理公共事务职能的组织以及群团组织等(以下简称公共信用信息提供单位),在依法履职、提供服务过程中产生或者获取的,可用于识别信用主体信用状况的数据和资料。市场信用信息是指信用服务机构、行业协会、其他企业事业单位和组织,在生产经营和提供服务过程中产生或者获取的,可用于识别信用主体信用状况的数据和资料。”

② 立法中,有的简称为信息主体,如《上海市公共信用信息归集和使用管理办法》;有的简称为信用主体,如《湖北省社会信用信息管理条例》。本书以“信息主体”这一表达行文。

台了专门立法。①

此外，在相关信用信息管理立法中，无论是对于公共信用信息还是企业信用信息，还有一种比较普遍和重要的分类思路，即基于信息作用的分类。例如，守信信息、良好信息便是此种划分中的一种具体类型。有学者将此种分类方法描述为，从政府进行守信激励或失信惩戒管理的角度进行的分类，或是从政府提供信息服务的角度进行的分类。②

在基于信息作用的分类中，一方面，在类型划分的大方向上形成了一些共识。例如，将体现信息主体身份、资质的相关信息单独归为一类，一般命名为基本信息或身份信息。这类信息的信用评价作用弱或者说不明显，可称为“中性”信息。此外，将反映信息主体守信失信状况的相关信息另行归类，并且往往根据反映的是守信状况还是失信状况再予细分。相较基本信息或身份信息，这类信息的信用评价作用强或者说较明显，可称为“褒贬”或“评价”信息。

另一方面，相关立法在具体类型划分上存在较为明显的差异。首先，分类的细致程度不一。有的分为四类，有的分为三类，不少立法还只分为两类，如仅简单分为基本信息、提示信息，③或是基本信息、信用信息。④其次，具体类型的表述、内容乃至排序纷繁多样。例如，有的划分为基础信息、良好信息、警示信息（失信信息）；有的划分为基本信息、失信信息、其他信息；有的划分为身份信息、业绩信息、警示信息、提示信息。这种状况既突显相关立法不协调，同时也影响人们对信用信息分类的认知和把

① 目前来看，仅在设区的市级立法层面见到使用“商事主体信用信息”这一概念，参见2014年《珠海市商事主体信用信息公示管理办法》。

② 参见叶湘榕：《公共信用信息归集和使用的地方规则比较研究》，载《征信》2014年第11期。

③ 参见《浙江省企业信用信息征集和发布管理办法》《山西省公共信用信息管理办法（试行）》《安徽省企业信用信息征集和使用管理暂行办法》《河南省公共信用信息管理暂行办法》《陕西省公共信用信息条例》《吉林省公共信用信息管理暂行办法》。

④ 《内蒙古自治区公共信用信息管理办法》将公共信用信息分为基本信息和信用信息（第8条）。不过，对于社会法人公共信用信息，它又进一步分为基本信息、荣誉信息和不良信用信息（第9条、第10条）。

握,进而对信用信息管理实践造成干扰。

(二)全国层面的典型样本与总体情况

根据课题组的检索情况,在全国层面尚未有类似前述以“企业信用联合奖惩”“企业信用信息管理”“公共信用信息管理”等为主题的专门立法或规范性文件。

2014年国务院制定的《企业信息公示暂行条例》虽然开宗明义规定其立法目的包括“促进企业诚信自律”“强化企业信用约束”,有关制度安排也能在一定程度上实现其立法目的,但聚焦的是企业信息公示环节,而且条文总共才25条,内容较为单薄。例如,《企业信息公示暂行条例》对“企业信息”的界定较为笼统和宽泛,包括“在工商行政管理部门登记的企业从事生产经营活动过程中形成的信息,以及政府部门在履行职责过程中产生的能够反映企业状况的信息”(第2条)。现实中,符合该界定的有关信息无疑非常庞杂,但该条例未作进一步的类型划分并在此基础上作出更加细化的规定。条例主要采用列举规定的方式,规定了市场监管部门、市场监管部门以外的其他政府部门、企业应当通过企业信用信息公示系统或其他系统公示的企业信息种类,分别为5项、[①]3项、[②]6项,[③]其中均包含一项兜底规定。从有关公示信息列举规定大体可以看到,《企业

① 《企业信息公示暂行条例》第6条规定:“工商行政管理部门应当通过企业信用信息公示系统,公示其在履行职责过程中产生的下列企业信息:(一)注册登记、备案信息;(二)动产抵押登记信息;(三)股权出质登记信息;(四)行政处罚信息;(五)其他依法应当公示的信息。前款规定的企业信息应当自产生之日起20个工作日内予以公示。”

② 《企业信息公示暂行条例》第7条规定:“工商行政管理部门以外的其他政府部门(以下简称其他政府部门)应当公示其在履行职责过程中产生的下列企业信息:(一)行政许可准予、变更、延续信息;(二)行政处罚信息;(三)其他依法应当公示的信息。其他政府部门可以通过企业信用信息公示系统,也可以通过其他系统公示前款规定的企业信息。工商行政管理部门和其他政府部门应当按照国家社会信用信息平台建设的总体要求,实现企业信息的互联共享。”

③ 《企业信息公示暂行条例》第10条规定:“企业应当自下列信息形成之日起20个工作日内通过企业信用信息公示系统向社会公示:(一)有限责任公司股东或者股份有限公司发起人认缴和实缴的出资额、出资时间、出资方式等信息;(二)有限责任公司股东股权转让等股权变更信息;(三)行政许可取得、变更、延续信息;(四)知识产权出质登记信息;(五)受到行政处罚的信息;(六)其他依法应当公示的信息。工商行政管理部门发现企业未依照前款规定履行公示义务的,应当责令其限期履行。”

信息公示暂行条例》对于守信信息、守信激励并未予以特别的关注，甚至可以说，未予应有的重视。

但是，值得特别关注的是，为落实中央文件精神，中央有关部门签署了系列关于守信联合激励的合作备忘录，旨在对有关领域实施守信联合激励作出具体安排。这在现实中对守信联合激励产生了非常直接的推动作用和示范效应。鉴此，本书着重将其纳入考察对象展开分析。

总的来看，中央部门签署的有关守信联合激励的合作备忘录大体有两种类型：一是专门针对守信联合激励的合作备忘录；二是围绕守信联合激励与失信联合惩戒一并制定的合作备忘录。详见表8－4。

表8－4　中央有关部门签署的守信联合激励合作备忘录

序号	备忘录名称	发文号	参与机构
1	《关于对纳税信用A级纳税人实施联合激励措施的合作备忘录》（以下简称《纳税激励备忘录》）	发改财金〔2016〕1467号	国家发改委和税务总局牵头，共28个部门和单位
2	《关于对海关高级认证企业实施联合激励的合作备忘录》（以下简称《海关激励备忘录》）	发改财金〔2016〕2190号	国家发改委、中国人民银行等共40个部门和单位
3	《关于在电子认证服务行业实施守信联合激励和失信联合惩戒的合作备忘录》（以下简称《电子认证激励备忘录》）	发改财金〔2017〕844号	国家发改委、国家税务总局等共17个部门和单位
4	《关于对安全生产领域守信生产经营单位及其有关人员开展联合激励的合作备忘录》（以下简称《安全生产激励备忘录》）	发改财金〔2017〕2219号	国家发改委、中国人民银行等共26个部门和单位
5	《关于对出入境检验检疫企业实施守信联合激励和失信联合惩戒的合作备忘录》（以下简称《出入境检验检疫激励备忘录》）	发改财金〔2018〕176号	国家发改委、原国家质检总局等共42个部门和单位

续表

序号	备忘录名称	发文号	参与机构
6	《关于对慈善捐赠领域相关主体实施守信联合激励和失信联合惩戒的合作备忘录》(以下简称《慈善捐赠激励备忘录》)	发改财金〔2018〕331 号	国家发改委、司法部等共 40 个部门和单位
7	《关于对交通运输工程建设领域守信典型企业实施联合激励的合作备忘录》(以下简称《交通运输激励备忘录》)	发改财金〔2018〕377 号	国家发改委、交通运输部等共 36 个部门和单位

截至本研究的最后检索时间,中央有关部门共签署了 7 项有关守信联合激励的合作备忘录。这些备忘录针对的守信激励对象实际上主要是企业(市场主体),它们签署的时间集中于 2016～2018 年,覆盖的领域并不多,每项备忘录的参与部门和单位数量不等,少的 17 个,多的 42 个。相较单个部门出台相应的激励文件,这类合作备忘录更能助益实现“一处守信,处处受益”,更好发挥联合激励的作用。

表 8－5　备忘录中关于守信激励对象的规定

备忘录	激励对象
《纳税激励备忘录》	税务机关公告发布的纳税信用 A 级纳税人
《海关激励备忘录》	海关高级认证企业
《电子认证激励备忘录》	工业和信息化部认定并公布的严格遵守《电子签名法》等法律法规、遵从认证业务规则、拥有良好的认证服务记录、具有较高信用评价等级,且在全国信用信息共享平台及国家企业信用信息公示系统无失信记录的电子认证服务机构
《安全生产激励备忘录》	同时符合以下条件的生产经营单位及其有关人员:(1)必须公开向社会承诺并严格遵守安全生产与职业健康法律、法规、标准等有关规定,严格履行安全生产主体责任;(2)生产经营单位及其主要负责人、分管安全负责人 3 年内无安全生产失信行为;(3)3 年内未发生造成人员死亡的生产安全责任事故,未发现新发职业疾病病例;(4)3 年内未受到安全监管监察部门做出的行政处罚;(5)安全生产标准化建设达到一级水平

续表

备忘录	激励对象
《出入境检验检疫激励备忘录》	经过质检总局（现为市场监管总局）认定的检验检疫信用AA级企业。同时，必须是全国信用信息共享平台核查信用优良的法人或非法人组织，即无不良信用记录，不属于黑名单、重点关注名单对象
《慈善捐赠激励备忘录》	一是在民政部门依法登记或认定、评估等级在4A以上的慈善组织；二是有良好的捐赠记录，以及在扶贫济困领域有突出贡献的捐赠人，包括自然人、法人和非法人组织。 同时，联合激励的对象必须是全国信用信息共享平台核查信用优良的自然人、法人或非法人组织，即无不良信用记录，不属于黑名单、重点关注名单对象
《交通运输激励备忘录》	交通运输部门公布的交通运输工程建设领域守信典型企业。同时，必须是全国信用信息共享平台核查优良的法人或非法人组织，即无不良记录，不属于黑名单、重点关注名单对象

结合表8-5可以看到，守信联合激励合作备忘录所针对的激励对象虽然不限于企业，但实际上以企业为主要适用对象。进而观之，要成为守信激励对象，不仅要有守信行为，获得有关部门认定，同时还得没有不良信用记录，不属于黑名单、重点关注名单对象，甚至有的时候还得没有其他违法违规行为。一言以蔽之，守信激励实际上不是仅对守信行为的激励，而是建立在一个综合评价基础之上，对以守信为核心的综合优良表现的激励。

这7项备忘录中有关守信激励的基本制度架构大体相同，主要包括4个方面：激励对象、激励措施及实施单位、激励实施方式和激励的持续（动态）管理，通过明确这4个方面的内容，为守信联合激励付诸实践提供基本的操作规则。

其中，有关激励措施的规定体现为，原则上根据实施部门、实施领域对激励措施作出类型化安排，在相应大类下再进一步细化规定具体措施。激励实施方式的根本特点在于协同（联合）实施。最后，相关备忘录均将激励的持续（动态）管理作为一个重要内容予以规定。持续管理的核心是及时更新激励名单，即把丧失激励资格的对象剔除，并将符合激励条件的对象纳入激励名单，由此保障守信激励制度的公信力和有效性（后文详述）。

二、市场主体守信行为的认定依据

科学界定守信行为是实施守信激励的前提。严格来讲，守信行为认定涉及认定主体、认定依据（标准）、认定程序等多项内容，但核心是认定依据。现实中，相关政策立法在对守信行为认定作出规定时，亦主要就认定依据加以规定。例如，《山西办法》专门设置一章（第2章）就“守信行为认定”作出规定，该章共有两个条文（第7条、第8条），其中第7条总体上规定“有关机关和组织把省信用信息共享平台优良信息记录和本办法规定的守信行为认定依据作为认定标准，对所涉及企业的守信行为依法予以认定”。[①] 第8条则专门就“守信行为认定依据”作列举规定。

值得特别指出的是，守信行为的认定和激励对象的认定，是相互关联但又需要区分的两个事项。结合前述中央有关部门签署的守信联合激励合作备忘录关于激励对象的规定（见表8－5），守信行为认定是激励对象认定的基础，但仅有守信行为还不一定被认定为激励对象，还要看其是否有失信违法行为。

综上所述，守信行为的认定，尤其是认定依据问题在守信激励制度建设中具有关键的基础性地位，是故本部分着重就守信行为的认定依据展开研究。

（一）实证考察

守信行为的认定依据实际上即守信信息。从逻辑上讲，基于守信行为形成守信信息记录；反过来，则是根据守信信息记录认定守信行为。例

---

① 根据《山西办法》第2条第2款的规定，有关机关和组织指“各级行政机关、司法机关和经依法授权或者委托承担行政管理职能的组织”。

如,《山西办法》和《江西办法》第2条第2款均将“企业信用行为”界定为企业在生产、经营、服务活动中被有关机关和组织“依法认定形成信用信息记录的行为”。《吉林办法》第7条规定的“优良信誉信息记录”是指“对判断企业信用状况起正面作用的记录”。《山西办法》第7条则明确规定把“省信用信息共享平台优良信息记录”作为认定标准,“对所涉及企业的守信行为依法予以认定”。

通过对相关政策立法规定作类型化梳理,可以看到有关守信行为认定依据的规定主要体现为表8-6至表8-20所示的诸种情形。需要说明的是,不同文件的有关规定虽然实质上相同,但在行文表述上可能不完全一致,为了制表简明,仅选取其中一种表述作为典型或作适当归纳列入表格中。

表8-6　纳税信用信息作为认定依据

序号	类型	规定来源
1	被列入A级纳税人	吉林、江西、青海、丽水
2	获得纳税信用等级A级及以上	山西、杭州、忻州、阳泉
3	被列入AAA级纳税人	浙江、衢州
4	连续三年被列入A级纳税人	台州、嘉兴
5	获得纳税信用等级B级以上	贵港
6	纳税信用良好的信息	贵州
7	企业纳税信誉等级被县级以上税务部门评定为A级	黑龙江
8	被自治区税务机关认定为A级信用纳税人的信息	内蒙古

纳税信用状况通常作为第1项被列举规定为市场主体守信行为的认定依据。这或许可以反映出在官方层面看来,纳税信用状况是体现市场主体信用状况最为重要的指标,同时也可以反映出各地对企业纳税的重视。从表8-6所列情况可以看出,总体上,纳税信用A级是一个基本门槛,不过各地的具体规定,尤其在是否以及施加何种进一步限制方面,不尽相同。

表 8－7　环保信用信息作为认定依据

序号	类型	规定来源
1	获得绿色企业称号	江西、浙江、衢州、嘉兴
2	环境信用评价等级评定为绿牌	青海
3	环境信用评价等级评定为绿色和蓝色	台州
4	环境信用评价被评为环保诚信企业	丽水
5	被市（行署）级以上环境保护行政主管部门评为“环境友好”企业或者通过清洁生产审核、环境管理体系认证	黑龙江

从表 8－7 中可以看到，一些地方将环境信用评价较好明确作为市场主体守信行为的认定依据，浙江省是此种做法的典型。浙江省除了省级层面的《浙江办法》作出相应规定外，其所辖的衢州、嘉兴、台州、丽水等地级市出台的有关办法、细则也都作出规定，但是，它们的规定也不尽相同。此外，浙江省还制定了《浙江省创建绿色企业（清洁生产先进企业）办法（试行）》。① 这可以为《浙江办法》等相关规定的实施提供配套制度支持。

表 8－8　出入境检验检疫信用信息作为认定依据

序号	类型	规定来源
1	被列入出入境检验检疫信用管理 AA 级、A 级企业	吉林、山西、丽水
2	被列入出入境检验检疫信用管理 AA 级企业	江西、浙江、衢州、台州、嘉兴

从表 8－8 中可见，出入境检验检疫信用管理评级较高（A 级以上）被

① 该办法得到了实际应用。例如，2018 年 10 月 16 日，浙江省经济和信息化委员会、浙江省环境保护厅印发《关于公布 2017 年度浙江省绿色企业（清洁生产先进企业）名单的通知》（浙经信资源〔2018〕222 号）。通知载明：“根据《浙江省创建绿色企业（清洁生产先进企业）办法（试行）》，在企业自愿申报的基础上，由各市经信、环保部门预审推荐，省经信委、环保厅组织专家组复审，并经社会公示后，决定授予浙江美浓世纪集团有限公司等 104 家企业为‘2017 年度浙江省绿色企业（清洁生产先进企业）’称号（有效期截至 2023 年）。”

一些地方明确纳入市场主体守信行为的认定依据，只是在等级层次的范围方面有所差异，区别在于是限于最高等级（AA级），还是也包括次高等级（A级）。[1]

表8－9　质量奖、名牌产品等荣誉表彰作为认定依据

序号	类型	规定来源
1	被评为中国质量奖、省级质量奖、省级名牌产品企业、省级出口名牌企业	吉林
2	获国家、省级、市级质量奖	山西
3	获中国质量奖、省级政府质量奖、名牌称号、全国知名品牌示范区单位，被列入地理标志产品保护	青海
4	被列入中国质量奖、省（市）政府质量奖、省名牌产品企业、省出口名牌企业	浙江、嘉兴
5	被列入中国质量奖、省（市）政府质量奖、“浙江制造”品牌、市级以上名牌产品企业、市级以上优质工程的建筑企业、市级以上出口名牌企业；被行业主管部门授予市级以上“三名”（名企、名品、名家）企业称号	台州
6	被列入中国质量奖、省（市、县）政府质量奖、省（市）名牌产品企业、省（市）出口名牌企业	衢州
7	被评为市级以上政府质量奖；连续五年以上产品质量监督抽查合格；被列入“浙江制造”品牌认证、市级以上名牌产品企业、市级以上出口名牌企业	丽水
8	产品被评为自治区（省）级以上名牌、优质产品；获得国家、自治区（省）、市级质量奖项	贵港
9	获国家、省级、市级质量奖；被评为“中国名牌产品”或省级名牌优质产品	杭州
10	企业产品被评为中国名牌和省名牌，或者被列入国家免检和省免检范围	黑龙江

① 2013年原国家质量监督检验检疫总局制定的《出入境检验检疫企业信用管理办法》第13条规定，企业信用等级分为AA、A、B、C、D五级。其中AA级是最高等级。

从表 8 –9 中可以看到,不少地方将市场主体获得政府质量奖、被评为名牌产品企业等反映其产品(服务)质量良好的情况作为市场主体守信行为的认定依据。在很大程度上讲,市场主体向消费者提供质量良好的产品是其最基本的义务,也是其生存和发展的根本。由此可以说,产品质量状况是观测市场主体守信状况的一个重要窗口。从既有相关规定来看,通行做法是以企业获得官方或具有官方背景的有关荣誉表彰作为依据,只是荣誉表彰的层级和范围不尽相同。

表 8 –10　质量保障管理情况作为认定依据

序号	类型	规定来源
1	通过国际质量标准认证或国家、省级行政机关、行业组织质量标准认证	山西
2	通过国际质量标准认证或国家、省级、市级行业组织质量标准认证	杭州
3	企业获得的质量体系认证和 CCC 认证及生产许可信息	吉林
4	通过质量体系认证;测量体系认证;C 标志等质量、标准、计量认证;获准使用地理标志产品专用标志、采用国际标准或者国外先进标准、取得计量保证能力合格确认	贵港
5	获得标准化良好行为 2A 级以上企业	台州
6	被列入特种设备安全标准化 A 类企业	丽水
7	企业产品通过质量认证	黑龙江

表 8 –10 展示出一些地方将市场主体通过质量体系认证、标准认证等主要体现其质量保证能力和质量管理水平的情况纳入认定依据,但在细节上差异也较大。例如,有的将企业通过国际质量标准认证或国家、省级行政机关、行业组织质量标准认证,作为守信行为的认定依据,其中国内的质量标准认证限于省级以上;有的则在此基础上将市级行业组织质量标准认证也作为认定依据;有的没有将通过质量标准认证或质量体系认证作为认定依据,而是将企业产品通过质量认证作为认定依据。

表 8－11　商业标识情况作为认定依据

序号	类型	规定来源
1	被列入中华老字号、省级著名商标	吉林
2	被认定为中华老字号、中国驰名商标、省级著名商标	江西、青海
3	被列入中华老字号、驰名商标、省级著名商标和省级知名商号	浙江、嘉兴
4	被列入中华老字号、驰名商标、省级和市级著名商标；省级知名商号	台州、丽水
5	被列入中华老字号、驰名商标、省级和市级著名商标；省级和市级知名商号	衢州
6	商标被认定为“中国驰名商标”或者自治区（省）著名商标和市知名商标	贵港
7	取得驰名（著名）商标	杭州

从表 8－11 中可见，一些地方将取得中华老字号、驰名（著名）商标、知名商号等情况纳入市场主体守信行为的认定依据，但在有关品牌的范围、认定等级等要求上不尽相同。例如，多数要求省级以上，一些地方也将市级纳入，个别地方则没有明确限定等级。

表 8－12　“守合同重信用”“××诚信”单位等荣誉表彰作为认定依据

序号	类型	规定来源
1	被评为国家级或省级“守合同重信用”单位	吉林、贵港
2	被认定为 AAA 级“守合同重信用”单位	江西、浙江、台州、衢州、丽水、嘉兴
3	被评（公示）为“守合同重信用”企业	山西、杭州
4	被评为国家级、省级、市（州）级“守合同重信用”单位	青海、黑龙江、内蒙古办法
5	被列入中国质量诚信企业和省进出口质量诚信企业	吉林、浙江、台州、丽水
6	被列入中国质量诚信企业、省和市进出口质量诚信企业	衢州

续表

序号	类型	规定来源
7	被列入中国质量诚信企业、省进出口质量诚信企业和中国出口质量安全示范企业	嘉兴
8	被评为台州市出口诚信企业;被评为台州市“百佳诚信企业”荣誉称号	台州
9	被列入安全生产诚信示范企业	吉林、江西、山西、浙江、衢州、嘉兴
10	被列入安全生产诚信A级企业	台州、丽水、杭州
11	被列为价格诚信单位	山西
12	被评为价格、计量信得过单位	吉林、江西、浙江、衢州、嘉兴
13	被评为市级消费者信得过单位;被评为丽水市“信用医院”	丽水
14	被市级以上职能部门、行业组织和区、县(市)政府评定为守信企业	杭州
15	被列入国家和吉林省诚信示范市场(商场)、吉林省诚信示范企业名录	吉林
16	在国家“诚信兴商”宣传月活动中获得诚信示范单位称号;获得省级诚信奖称号单位	青海
17	获得国家级、自治区(省)级的诚信示范市场称号、证书或者表彰	贵港
18	被列入“诚信守法企业”创建工作先进单位	浙江、衢州、台州、丽水、嘉兴
19	被招投标综合监管部门或综合招投标协会认定诚信的记录	衢州
20	设区的市级以上相关部门开展诚信创建活动中被授予的诚信典型荣誉信息	内蒙古
21	国家和自治区级诚信单位的信息	内蒙古

续表

序号	类型	规定来源
22	被评为浙江省信用管理示范企业	台州
23	被评为市级以上信用管理示范企业	丽水、杭州
24	被列入信用管理示范企业	嘉兴

从表 8－12 中可以看到，将市场主体获得“守合同重信用”“信得过”“诚信”“信用管理示范”单位之类的荣誉表彰作为守信行为的认定依据，是一种非常普遍的做法。实践中，为了表彰和激励诚信，全国和地方有关官方层面习惯设置一些相应的荣誉表彰或评比评奖活动。以此为基础，将市场主体获得相关荣誉表彰作为守信行为的认定依据，具有积极的现实意义。不过，值得关注的是，这方面的荣誉表彰或评比评奖活动也较为纷杂，将哪些纳入守信认定依据，各地规定甚至同一地区的不同规定也不尽相同。例如，2018 年出台的《内蒙古办法》（地方政府规章）将公共信用信息分为基本信息、不良信息和良好信息三类，其中将“被设区的市级以上市场监督管理部门认定为重合同、守信用的荣誉信息”“设区的市级以上相关部门开展诚信创建活动中被授予的诚信典型荣誉信息”列举规定为法人、非法人组织的良好信息。① 2021 年出台的《内蒙古条例》（地方性法规）则将公共信用信息划分为基础信息、增信信息、一般失信信息、严重失信信息和风险提示信息，其中将“国家和自治区级诚信单位或者诚信个人的信息”列举规定为增信信息。② 应该说，从实质层面来讲，前者中的“良好信息”与后者中的“增信信息”相对应，都是一般的守信信息。二者均将获评诚信单位这类荣誉信息纳入守信信息范畴，但就荣誉级别而言，前者限定的是设区的市级以上，后者则限定为省级（自治区级）以上。

---

① 《内蒙古办法》第 14 条对于“法人和非法人组织的良好信息”共列举规定了 9 项，其中最后一项为兜底规定。

② 《内蒙古条例》第 13 条对于“增信信息”列举规定了 5 项，其中最后一项为兜底规定。相较《内蒙古办法》第 14 条的规定，该条规定显得较为原则。

表 8－13　海关企业信用信息作为认定依据

序号	类型	规定来源
1	被列入海关企业类别 AA 级、A 级	吉林、浙江、衢州
2	被列为海关企业类别 B 级以上	贵港
3	被列入海关认证企业	江西、山西、青海、台州、丽水、内蒙古
4	被列入海关高级认证企业	嘉兴

表 8－13 展示了一些地方将海关对企业信用评价状况列为守信行为的认定依据的情况。表 8－13 中第 1 类和第 2 类所列的海关企业类别是根据 2010 年海关总署出台的《海关企业分类管理办法》评定的，该办法已被 2014 年海关总署出台的《海关企业信用管理暂行办法》废止。根据《海关企业信用管理暂行办法》，海关根据企业信用状况将企业认定为认证企业、一般信用企业和失信企业，其中认证企业又分为一般认证企业和高级认证企业。从表 8－13 中第 3 类和第 4 类所列情况来看，多数地方倾向于将高级认证企业、一般认证企业都作为守信行为的认定依据。需要说明的是，《内蒙古办法》规定的是“被海关认定为一般认证企业以上等级的高资信信息”，按法律语境中的通常理解，“以上”包含本数，因此本课题将其归入表 8－13 中第 3 类。

表 8－14　劳动保障信用信息作为认定依据

序号	类型	规定来源
1	被列入劳动关系和谐企业	吉林、浙江、衢州、嘉兴
2	被认定为模范劳动关系和谐企业	江西、青海
3	被评为县级以上“劳动关系和谐企业”	台州
4	被评为市级以上“劳动关系和谐企业”	丽水
5	被列入劳动保障诚信示范企业	山西、台州
6	被列入劳动保障诚信 A 级企业	丽水
7	被自治区人力资源和社会保障部门认定的和谐劳动关系信息	内蒙古

表 8－14 展示了一些地方将企业被评为“劳动关系和谐企业”“劳动保障诚信示范企业”之类的荣誉表彰信息作为守信行为的认定依据。由此反映出，市场主体的劳动保障情况也被视为观测、评价守信状况的一个窗口。不过，各地对于有关荣誉表彰的内容和层级等规定，存在细节上的差异。

表 8－15　建筑、建设、工程领域荣誉表彰作为认定依据

序号	类型	规定来源
1	被列入市级以上优质工程奖的建筑企业、市级以上勘察设计一等奖的勘察设计企业、市级以上建筑业荣誉称号企业；参建工程获评“市级水利建设工程安全文明施工标准化工地”称号的建筑企业	丽水
2	获得建设系统颁发的市级以上工程类奖项	吉林
3	被列入省公路水运工程从业单位信用评价 AA 级企业	吉林、浙江、台州、嘉兴
4	被列入省、市公路水运工程从业单位信用评价 AA 级企业	衢州
5	被列入省公路水运工程从业单位信用评价 AA 级、A 级企业	丽水

从表 8－15 中可见，一些地方将建筑、建设、工程领域企业获得相应领域、系统的荣誉表彰作为守信的认定依据。特别是，自我国交通运输部推行公路水运工程建设领域信用评价管理，尤其是建立界定和激励公路水运工程建设领域守信典型企业制度之后，①该项信用评价逐渐获得积极应用。

① 参见《交通运输部办公厅关于界定和激励公路水运工程建设领域守信典型企业有关事项的通知》（交办水〔2018〕11 号）。

表 8－16　餐饮服务管理情况作为认定依据

序号	类型	规定来源
1	省级餐饮服务示范单位、量化分级管理 A 级餐饮单位	吉林、浙江、嘉兴
2	县级以上级餐饮服务示范单位、量化分级管理 A 级餐饮单位	台州
3	省、市级餐饮服务示范单位、量化分级管理 A 级餐饮单位	衢州
4	市级以上餐饮服务示范单位、量化分级管理 A 级餐饮单位	丽水

表 8－16 展示了一些地方将从事餐饮服务的市场主体获评餐饮服务示范单位、量化分级管理 A 级餐饮单位的荣誉列为守信行为的认定依据，只是在荣誉级别的要求上不尽相同。总的来看，该项荣誉在餐饮行业已经形成了一定的影响力，制度建设也在不断完善。例如，2020 年中国烹饪协会还特别制定了《餐饮服务量化分级评定规范》（团体标准）。

表 8－17　信贷信用信息作为认定依据

序号	类型	规定来源
1	在借款企业资信评级中被评为 BB 级以上	丽水
2	按期偿还银信部门贷款、认真履行借款合同的记录	贵港、杭州
3	银行信用良好的信息	贵州

从表 8－17 中可见，一些地方将市场主体的信贷状况作为守信行为的认定依据。认真履行借款合同、按期还贷，无疑是反映市场主体守信的重要表征，但总体来看，有关政策立法将这一点明确列为守信行为认定依据的并不多。这一现象值得思考。

表 8－18　高新技术企业、科技奖、龙头企业等称号荣誉作为认定依据

序号	类型	规定来源
1	被认定为省级以上高新技术企业	吉林
2	被评为国家高新技术企业	贵港、杭州
3	获得自治区(省)、市科技成果奖、科技进步奖	贵港
4	被国家、省级行业主管部门授予行业龙头企业称号	江西、青海
5	被行业主管部门授予行业龙头企业称号	浙江、衢州、丽水、嘉兴

表 8－18 展示了一些地方将市场主体获得“高新技术企业”“龙头企业”等称号或是科技成果奖、科技进步奖等奖励作为守信行为的认定依据。总的来看,这反映出有关地方希望借此推动科技企业发展,促进科技创新、进步,鼓励企业成为龙头企业以带动相关产业发展的初衷。但值得进一步思考的是,这些荣誉或奖励与市场主体守信的关联度究竟有多大。

表 8－19　法定代表人、主要负责人获表彰情况作为认定依据

序号	类型	规定来源
1	法定代表人或者主要负责人受到市级(含)以上行政机关、行业组织表彰	贵港
2	法定代表人或主要负责人受到县级以上行政机关、行业组织表彰	杭州

从表 8－19 中可以看到,个别地方将市场主体的法定代表人或主要负责人获得一定层级以上的行政机关、行业组织表彰作为市场主体守信行为的认定依据。市场主体的法定代表人或主要负责人很多时候对市场主体的总体走向具有很大的影响。在某种程度上讲,法定代表人的诚信度与市场主体的诚信度息息相关。从这个意义上出发,将法定代表人有关信用信息纳入考察范围,值得肯定,但具体的信用信息范围则值得进一步思考。

表 8－20　有关守信行为认定依据的兜底或笼统规定

序号	类型	规定来源
1	其他市级以上行政机关、司法机关依法认定的荣誉记录	吉林
2	其他依法认定的荣誉记录	江西、青海
3	其他设区市以上行政机关、司法机关或组织依法认定的荣誉记录	浙江、衢州、嘉兴
4	各级行政和社会管理机构认定的其他良好信用信息	合肥
5	法律、法规、规章以及有关机关和组织规定的其他可以记录的荣誉信息	山西
6	县级以上行政机关、司法机关或公共服务机构依法认定，对判断企业信用状况起正面作用的记录	金华
7	设区市以上行政机关、司法机关或组织依法认定，对判断企业信用状况起正面作用的记录	台州、丽水
8	各级人民政府及其部门授予(给予)的表彰、奖励	北京、山东
9	县级以上人民政府以及省级以上政府部门的表彰	贵州
10	县级以上国家机关和其他组织的表彰	黑龙江、辽宁
11	荣誉表彰、奖励	辽宁条例、内蒙古条例
12	设区的市级以上国家机关授予的表彰、奖励	内蒙古办法
13	获得省、部级以上荣誉称号或者表彰奖励	陕西、天津、福建
14	各级人民政府及其部门、群团组织授予的表彰、奖励	上海

表 8－20 展示了各地有关守信行为认定依据(守信信息、良好信息)的兜底或笼统规定。鉴于在政策立法文本中无法做到完全列举，对守信行为的认定依据作兜底或笼统规定是通行做法。从表中所列信息可以看到，作为守信行为的认定依据，基本上都被明确为有关荣誉、表彰、奖励，差别主要在于授予单位的性质、层级。其中，大多数都明确限定了授予单位的性质和最低层级。这同时也引申出一个问题，对于企业获得的有关

荣誉、表彰、奖励,是否需要限定授予单位及层级,若要限定,何种限定比较合适。

(二)现行制度安排待完善的方面与完善思路

总体而言,现有关于市场主体守信行为认定依据的规定,无疑为市场主体守信行为认定的开展提供了重要的可操作性规则。但客观而论,它们更多尚属于探索性制度成果。这首先体现在,虽然其中呈现出一些具有共通性的制度安排,但更大程度上亦给人以五花八门之感。进一步来看,现行规定无论是在内容层面还是技术层面均有不足。本部分拟着重揭示其内容层面存在的两个尚需处理的情况,并在此基础上提出相应的完善思路。①

1. 作为认定依据的守信信息层级尚需厘清

在本研究中,守信信息层级,是指反映守信程度的信息层次。从逻辑上讲,守信信息是基于守信行为而形成的;但同时,实践中亦反向行之,即依据守信信息认定守信行为。

由于主客观等方面的原因,如信息的形成和记录需要成本,并不是所有的守信行为都能被观测、记录进而形成守信信息,也并不是所有的守信信息都能被纳入激励范畴中的守信行为的认定依据,②而是需要满足一定的条件。从实践来看,一个典型情况是,只有反映出较高守信程度的守信信息,才能作为守信行为的认定依据;或者说,只有达到一定层级的守信信息才能被作为守信行为的认定依据。

基于相关政策立法的规定,作为认定依据的守信信息层级主要体现为两个维度:一是市场主体自身在有关信用评价或信用活动中的表现情

---

① 在守信激励制度建设的其他方面也共通性地存在技术层面的问题,主要体现为:以政策推动为主,立法跟进不足;文本多为规范性文件,立法尤其是高层次立法少;规范的体系性不足;条文表述的规范性、逻辑性等需要加强等。就本研究主题而言,这些问题并没有太大的特殊性,因此不予特别分析。

② 在守信激励和失信惩戒制度建设和实践中,一般认为只能将部分守信行为、失信行为纳入激励或惩戒范畴。例如,一个人没有按期缴纳水电费,产生违约金或滞纳金,严格来说,这属于失信行为。但一般认为,不能因为一次没有按期缴纳水电费,就纳入失信惩戒。因此,在失信惩戒制度框架下,诸如一次没有按期缴纳水电费,通常不会被列为失信行为。

况,例如,获得何种信用等级;二是形成守信信息的主体的层级,典型体现为何种层级以上的政府或部门认定的信息、授予的荣誉。当然,有的时候这两个维度是交织在一起的。

从前文相关表格所列情况可以看到,对于作为市场主体守信行为认定依据的守信信息层级,各地规定较为多样,这里仅举示 4 个典型加以说明。

其一,纳税信用信息作为认定依据。从前文和表 8－6 中可以看到,纳入考察的文本共 16 个,有关这方面的规定就有 8 种类型,有的要求被列入 A 级纳税人,有的在此基础上进一步限定,如要求连续 3 年被列入 A 级纳税人,或是要求被县级以上税务部门评定为 A 级,或是要求被省级税务机关认定为 A 级信用纳税人;有的要求获得纳税信用等级 A 级及以上;有的要求被列入 AAA 级纳税人。也有的仅要求获得纳税信用等级 B 级以上,或是笼统要求纳税信用良好即可。

其二,出入境检验检疫信用信息作为认定依据。根据 2013 年原国家质检总局出台的《出入境检验检疫企业信用管理办法》第 13 条的规定,出入境检验检疫企业信用等级分为 AA、A、B、C、D 五个等级,其中“AA 级企业:信用风险极小”;“A 级企业:信用风险很小”;“B 级企业:信用风险较小”;“C 级企业:信用风险较大”;“D 级企业:信用风险很大”。[①] 据表 8－8的展示,有的地方规定只有被列入 AA 级企业,才能作为守信行为的认定依据,而有的则将被列入 AA 级、A 级企业都作为认定依据。

其三,海关企业信用信息作为认定依据。根据 2014 年海关总署出台的《海关企业信用管理暂行办法》的规定,海关根据企业信用状况将企业认定为认证企业、一般信用企业和失信企业,其中认证企业又分为一般认

---

① 《出入境检验检疫企业信用管理办法》第 13 条就相应等级作了进一步界定,如 AA 级企业:严格遵守法律法规,高度重视企业信用,严格履行承诺,具有健全的质量管理体系,产品或服务质量长期稳定,具有较强的社会责任感和信用示范引领作用。A 级企业:遵守法律法规,重视企业信用管理工作,严格履行承诺,具有较健全的质量管理体系,产品或服务质量稳定。B 级企业:遵守法律法规,较好履行承诺,具有较健全的质量管理体系,产品或服务质量基本稳定。

证企业和高级认证企业。从表 8 – 13 中可见,多数地方规定只要被列为海关认证企业即可作为守信行为的认定依据;但也有个别地方限定只有被列为海关高级认证企业才能作为守信行为的认定依据。

其四,有关守信行为认定依据的兜底或笼统规定。从表 8 – 20 中可以看到,就守信行为认定依据的兜底或笼统规定,基本上都体现为这样一种表述:“××级别以上的××机关或组织依法认定的其他良好信息或是授予的荣誉、表彰、奖励”。这里蕴含两层含义:一是只要是达到相应级别的单位或组织认定的良好信息或是授予的荣誉、表彰、奖励,即便没有在相应政策立法中被明确列举规定,也可作为守信行为的认定依据;二是只有达到相应级别的单位或组织认定的良好信息或是授予的荣誉、表彰、奖励,才能作为守信行为的认定依据。从表 8 – 20 中进一步来看,对良好信息的认定单位或者荣誉、表彰、奖励的授予单位的层级,各地规定也很多样,有的没有明确作出限制,“各级”均可;有的限定省、部级以上;有的限定设区的市级以上;有的限定县级以上。

守信信息究竟需要达到何种层级才能或者才适合被作为守信行为的认定依据?诚然,守信信息的层级越高,通常越难以获得,越具有可靠性,反映的守信程度也越高,越具有公信力。例如,纳税信用等级 A 级比 B 级更难获得,反映的守信程度更高;海关高级认证企业比一般认证企业更难获得,反映的守信程度更高;省(部)级以上尤其是国家级荣誉表彰比市级以下荣誉表彰更难获得,反映的守信程度更高。

一般而言,以较高层级的守信信息作为守信行为的认定依据,会使相应的认定结果更为可靠,更具公信力。但是,若限定的信息层级过高,被用以认定守信行为的依据有限,这会使被认定为守信主体的可能性降低,从而导致被纳入激励的市场主体范围受限,进而降低守信激励制度的效用。通俗言之,尽管市场主体在某个领域的守信状况较好,但因为不是最好,就不被认定具有守信行为,不被纳入激励视野,这可能使相应主体感到沮丧,从而放弃追求较好的守信表现。

根据通常界定,“守信”即“讲信用,不失信”。[①] 从理论上讲,若按此含义,只要是能够反映市场主体讲信用、不失信的信息,都可作为守信行为的认定依据。即便考虑制度运行的成本和能力,不得不作出适当限定,也不宜将守信信息的层级限定过高,至少应将反映较好守信状况的信息纳入认定依据范畴。在操作层面,可与相关领域的信用等级评价制度衔接,来确定相应的信息层级。

例如,根据2014年国家税务总局出台的《纳税信用管理办法(试行)》的规定,纳税信用级别设A、B、C、D四级,其中A级是最高等级,[②] 该法办法明确规定对A级纳税人施以有关激励措施(第29条);B级大体可以视为信用良好层次,对于B级纳税人,则“实施正常管理,适时进行税收政策和管理规定的辅导,并视信用评价状态变化趋势选择性地提供本办法第二十九条的激励措施”(第30条)。据此,将纳税信用信息作为认定依据,一般而言,只需要求市场主体被列为A级纳税人即可,没有必要在此基础上再加限制;甚至在特殊情况下,适当放宽至B级,也未尝不可。

又如,关于出入境检验检疫信用信息作为认定依据。根据《出入境检验检疫企业信用管理办法》的有关规定,若AA级代表优秀,则A级代表良好,B级意味着中等。至少来讲,将被列入AA级、A级企业都作为认定依据,相较于仅限于AA级企业,更为妥当。

再如,关于海关企业信用信息作为认定依据。总的来说,能够被列为海关认证企业,都反映出良好的信用状况。多数地方将市场主体被列为海关认证企业而不限于高级认证企业作为认定依据。这种做法更为适宜。

最后,关于荣誉表彰的授予单位层级。上海、北京、山东的有关规定

① 参见中国社会科学院语言研究所词典编辑室编:《现代汉语词典》(第7版),商务印书馆2016年版,第1205页。

② 《纳税信用管理办法(试行)》第18条规定:A级纳税信用为年度评价指标得分90分以上的;B级纳税信用为年度评价指标得分70分以上不满90分的;C级纳税信用为年度评价指标得分40分以上不满70分的;D级纳税信用为年度评价指标得分不满40分或者直接判级确定的。

更为合适，它们并没有限定最低层级，而是规定各级人民政府及其部门授予的表彰荣誉都可作为认定依据（见表8－20）。应该说，即便是最低层级的政府及其部门授予的表彰荣誉，也是以政府公信力作为支撑的，若将其排除在认定依据范畴之外，实质上是自我否定其公信力。事实上，即便是最低层级的政府及其部门授予的表彰荣誉，也不容易获得，将其纳入认定依据范畴，并不会过于增加认定工作难度，而且有关荣誉表彰的含金量如何，在具体认定工作中可以综合判断。

2. 作为认定依据的守信信息范围尚需廓清

相较而言，前文关注的守信信息层级问题主要着眼纵向、纵深层面的守信程度问题，例如，市场主体获得何种纳税信用等级，获得何种层次的荣誉表彰，才能作为守信行为的认定依据。这里探讨的守信信息范围问题则主要着眼横向、宽广层面的守信程度问题，体现为市场主体在哪些领域的守信或良好表现信息可作为守信行为的认定依据。

基于前文所做有关实证考察可以看到，就哪些领域的守信信息可以列入守信行为的认定依据，各地规定也是纷繁多样，有的规定的多、细致，有的规定的少、粗略。有的领域的守信信息较为普遍地被列为守信行为的认定依据，如纳税信用信息、产品质量信用信息；有的领域的守信信息则较少被列为守信行为的认定依据，如信贷信用信息等。这其中蕴含的一个重要问题是：有些被列为守信行为认定依据的信息究竟能否称为守信信息，是否适合作为守信行为的认定依据，哪些较为典型或是重要的能反映守信状况的信息却被忽视了。

一方面，有的信息作为守信行为认定依据的必要性，值得商榷。例如，一些地方将市场主体通过质量体系认证、标准认证（见表8－10），获得“高新技术企业”“龙头企业”等称号或是科技成果奖、科技进步奖（见表8－18）等情况列为市场主体守信行为的认定依据。

根据通常理解，“守信”即“讲信用，不失信”。而“信用”作为名词，有两层基本含义：一是指能够履行跟人约定的事情而取得的信任；二是指银行借贷或商业上的赊销、赊购。① 应该说,守信信息更多是对过去守信表现的一种记录,守信激励亦是要对过去在守信方面表现良好的主体给予一定的奖励。

市场主体通过质量体系认证、标准认证,主要体现其较强的质量保证能力和较高的质量管理水平,这虽然有利于保障其提供更好质量产品,也关乎其未来提供有质量保障产品的履约能力,但从根本上来讲,这些信息并不能有效反映其过去的守信表现,析言之,其与守信的关系不大。此外,市场主体获得“高新技术企业”“龙头企业”等称号或是科技成果奖、科技进步奖,更多是反映其科技实力较强,或是发展规模较大、经营业绩和带动能力等较强,与“讲信用,不失信”没有直接关系,并不能当然反映守信状况。事实上,拥有这些头衔的企业不讲信用的情况并不少见。总体而言,在确定守信行为的认定依据时,还是应该紧扣“守信”“信用”的基本意涵,不宜过于泛化。

另一方面,有的信息作为守信行为认定依据获得重视不够。例如,从前文所作有关实证考察可以看到,信贷信用信息很少被列举规定为市场主体守信行为的认定依据,而且有关规定也很粗略(见表 8 - 17)。应该说,结合守信、信用的基本含义,市场主体能否按期偿还银信部门贷款、是否认真履行借款合同,本应成为反映市场主体守信状况的重要指标。然而,在各地有关守信行为认定依据的规定中,这类信息没有得到应有的重视。

又如,参与志愿服务、慈善活动的信息,虽然在诸多省级信用信息管理立法中被明确作为守信(良好)信息加以规定,但至少在本课题组所收集的各地有关市场主体信用奖惩的规范性文件中,未见将这类信息明确列举规定为守信行为的认定依据。表 8 - 21 展示了有关省级信用信息管理立法明确将参与志愿服务、慈善活动信息列举规定为守信信息或是良好信息的情况。

① 参见中国社会科学院语言研究所词典编辑室编:《现代汉语词典》(第 7 版),商务印书馆 2016 年版,第 1462 页。

表 8－21　参与志愿服务、慈善活动信息作为守信信息的规定情况

序号	类型	规定来源
1	参与各级人民政府及其部门组织的慈善活动信息	北京
2	参与志愿服务、慈善捐赠活动等信息	辽宁
3	参与各级人民政府、旗县级以上人民政府工作部门、群团组织开展的志愿服务、慈善捐赠活动等信息	内蒙古
4	在公益慈善事业中做出贡献的信息	福建
5	参与各级人民政府及其部门开展的志愿服务、慈善捐赠活动等信息	山东
6	参与各级人民政府及其部门、群团组织开展的志愿服务、慈善捐赠活动等信息	上海

基于信用信息管理立法自身的立法技术考量，其在条文上通常不直接就守法行为的认定依据作出规定，而是立足对信用信息的类型划分，就相应信用信息类型如失信信息、守信（良好）信息作出较为具体的规定。从实质层面来看，守信信息实际上即守信行为的认定依据，不同类型政策立法中有关守信信息的规定与守信行为的认定依据的相应规定也是相通的。例如，《北京市公共信用信息管理办法》将公共信用信息划分为基本信息、良好信息和不良信息三种类型。其第 9 条对“良好信息”主要列举规定了三类：一是各级人民政府及其部门授予的表彰信息；二是各级人民政府及其部门给予的奖励信息；三是参与各级人民政府及其部门组织的慈善活动信息。

结合前文表 8－20 等所展示的内容可见，在各地有关市场主体信用奖惩的规范性文件中，政府及其部门授予的表彰、奖励信息几乎都被明确规定为守信行为的认定依据，而且是最为重要的认定依据。但是，同样被列为守信或良好信息的参与志愿服务、慈善活动信息，却未见被规定为守信行为的认定依据，这首先在立法技术层面体现出不协调乃至紊乱的问题。进一步来看，参与志愿服务、慈善活动是承担社会责任的表现，与守信具有较强的相关性，将其纳为守信行为认定依据，能够激励企业积极承担社会责任。

最后，值得特别指出的是，在诸多有关守信行为认定依据或守信信息的规定中，呈现出这样一种情况，即主要认可甚至仅限于政府层面（含行政机关或政府部门）的信用评价、荣誉表彰等信息。即便是参与志愿服务、慈善活动的信息，很多地方也限定为参与政府及其部门组织的志愿服务、慈善活动的信息。相对宽泛一些的规定，则把司法机关、群团组织等层面形成的信息纳入。不过，这些层面的信息基本上也都具有官方性质，可统称公共信用信息。

相较而言，非官方性质的信用信息，也即市场信用信息获得的重视不足。《联合奖惩指导意见》明确将“部门联动，社会协同”确立为建立完善守信联合激励和失信联合惩戒制度的一项基本原则，强调要“形成政府部门协同联动、行业组织自律管理、信用服务机构积极参与、社会舆论广泛监督的共同治理格局”。以此为指引，作为守信行为认定依据的守信信息范围也不宜限于官方层面尤其是仅限于政府层面的信息，而是需要向市场信用信息拓展。

三、市场主体守信的激励措施

2016年国务院发布的《联合奖惩指导意见》围绕“健全褒扬和激励诚信行为机制”总体上提出了6大类激励措施：多渠道选树诚信典型、探索建立行政审批“绿色通道”、优先提供公共服务便利、优化诚信企业行政监管安排、降低市场交易成本、大力推介诚信市场主体，为相关制度建设提供了指引。中央有关部门和各地政府在探索实践中亦总体循此方向作出相对具体的制度安排。以课题组收集的前述政策立法文本为考察对象，本部分拟对相关规定作类型化梳理，在此基础上就其存在的突出问题与解决思路进行探讨。

（一）实证考察

从《联合奖惩指导意见》提出的6大类激励措施的标题来看，其将“行政审批”“公共服务”“行政监管”置于并列的位置,但现实中三者可以说具有交叉关系,边界并不截然清晰。从该文件的有关阐释来看,“行政审批”可谓指向事前监管,“行政监管”则指向事中事后监管,“公共服务”则主要针对政府资金项目安排、优惠政策和公共资源交易等事项。

综合相关政策立法的具体规定情况,本研究将《联合奖惩指导意见》提出的6大类激励措施整合为5大类:一是在行政审批、许可、核准、准入等“事前”监管事项中提供便利;二是在政府优惠政策和公共资源交易等公共服务领域中提供便利;三是优化诚信市场主体的“事中事后”行政监管安排;四是引导市场服务机构对诚信市场主体给予优惠和便利;五是多渠道选树诚信典型和大力推介诚信市场主体。在这5个方面,目前都形成了一些具有建设性的制度成果。

需要特别说明的是,本章所考察的有关市场主体信用奖惩规范性文件、信用信息管理立法和守信联合激励合作备忘录中,总体上都对守信激励措施作了不同程度的规定。但相较而言,信用信息管理立法中的有关规定较为原则,在某种程度上可以说是对《联合奖惩指导意见》有关部署的简单确认。① 有关市场主体信用奖惩规范性文件和守信联合激励合作备忘录所作规定则相对具体。鉴于后两种文件规定已具有较强的多样性、代表性,因此下文展开类型化梳理时,主要以这两者为考察对象。

1. 在行政审批、许可、核准、准入等“事前”监管事项中提供便利

《联合奖惩指导意见》提出“探索建立行政审批‘绿色通道’”,从其标题和内容阐释来看,针对的是行政审批(许可)事项,②激励形式为“实施‘绿色通道’和‘容缺受理’等便利服务措施”。在中央部门和地方出台的关于市场主体信用奖惩的政策立法中,行政审批、许可、核准、准入等概念

① 例如,《湖北条例》第27条规定:“对守信信用主体依法可以采取下列激励措施:(一)在行政管理和公共服务过程中给予支持和便利;(二)在财政支持、政府采购、政府投资项目招标、国有土地出让、融资信贷、媒体推介、荣誉评选等活动中,列为优先选择对象;(三)国家规定的其他激励措施。”

② 《联合奖惩指导意见》在相应标题上使用“行政审批”,但在内容阐释上又改用了“行政许可”一词。

并用、混用的现象较为普遍。① 考虑到这些概念的实质含义泾渭不明，总体上都可归入“事前”监管的范畴，本研究将它们归入同一项下进行考察。为了制表和行文简洁，下文表格中原则上略去行政审批、许可、核准、准入等内容，主要就相应“便利措施”的规定情况加以梳理和展示，在论述方面亦大体循此思路，如表 8－22 所示。

表 8－22　地方政策立法有关行政审批等方面便利措施的规定情况

序号	规定类型	规定来源
1	在同等条件下予以优先	河北
2	在同等条件下给予重点支持和优先办理	徐州、宿迁
3	优先办理	徐州、宿迁、呼和浩特、丽水、吉林、山西、浙江、杭州
4	简化审批、审核程序，开通“绿色通道”	吉林、浙江、台州、衢州
5	实施“绿色通道”和“容缺受理”等便利服务措施	衢州、合肥
6	开辟绿色通道	金华、丽水
7	开通绿色通道，缩短审批时限	呼和浩特
8	开辟“绿色通道”，提供便利服务	山西、忻州、阳泉、江西、丽水
9	开辟绿色通道，予以优先办理并提供便利	金华、丽水
10	特事特办，开辟绿色通道并提供便利，第一时间深入企业现场办公，帮助解决有关问题	金华
11	优先予以审批(核准、批准或备案)并加快办理；属上级机关权限的，优先予以上报并提交良好信用信息	杭州

① 例如，《山西办法》第 14 条第 3 项规定，“在行政许可审批、市场准入、企业上市、货物通关以及办理其他申请申报事项等工作中开辟‘绿色通道’，提供便利服务”。《吉林办法》第 17 条第 2 项规定，“简化审批、审核程序，开通‘绿色通道’等”。《杭州办法》第 10 条第 11 项规定，“机构申报‘见习基地’‘实训基地’的，优先予以审批、核准或备案并加快办理”。

从表 8－22 中可以看到，对于在行政审批、许可、核准、准入等“事前”监管事项中可以提供什么样的便利措施，各地政策立法中的规定可谓五花八门，除了个别文本基本上照搬《联合奖惩指导意见》的规定外，大部分政策立法都不同程度地作了适当调整、细化。若再做类型化梳理，有关便利措施主要有以下 6 种类型：优先办理；重点支持；容缺受理；简化程序；缩短时限（加快办理）；优先上报。

表 8－23 以《交通运输激励备忘录》为例，展示了在有关中央部门签署的守信联合激励合作备忘录中，对于行政审批等“事前”监管事项提供便利措施的规定情况。[①]

表 8－23　《交通运输激励备忘录》有关行政审批等方面便利措施的规定情况

序号	规定类型	次数
1	优先或加快办理	2
2	建立绿色通道，根据实际情况实施“容缺受理”等便利服务，部分申报材料（法律法规要求提供的材料除外）不齐备的，如其书面承诺在规定期限内提供，可先行受理，加快办理进度	1
3	同等条件下优先考虑	2
4	根据守信状况给予适当便利	1
5	将守信典型企业的信用信息作为重要参考	1
6	将守信信息作为重要参考	1
7	在同等条件下依法予以优先办理	1
8	给予必要便利和优惠	1
9	根据实际情况实施便利服务措施	1
10	根据实际情况实施“绿色通道”和“容缺受理”等便利服务措施	1

诚如前述，有关守信联合激励合作备忘录原则上根据实施部门、实施领域对激励措施作出类型化安排，在相应大类下再进一步细化规定具体

① 在本课题的检索和研究周期内，《交通运输激励备忘录》是有关中央部门最新签署的一项关于守信联合激励的合作备忘录。表格中的“次数”指的是，有关类型的规定在该备忘录中的出现次数。

措施。[1] 并不是每一大类下都规定有行政审批等方面的便利措施，而且不同部门、领域可提供的有关具体便利措施也不尽相同，至少在文字规定上就显示出形式多样。若再做类型化梳理，有关便利措施主要有以下6种类型：优先办理；加快办理；容缺受理；优先考虑；重要参考；必要(适当)便利和优惠。

2. 在政府优惠政策和公共资源交易等公共服务领域提供便利

《联合奖惩指导意见》围绕“健全褒扬和激励诚信行为机制”提出的一类措施是“优先提供公共服务便利”，共包括三项内容，[2]其中针对市场主体的有两项：一是“在实施财政性资金项目安排、招商引资配套优惠政策等各类政府优惠政策中，优先考虑诚信市场主体，加大扶持力度”；二是“在有关公共资源交易活动中，提倡依法依约对诚信市场主体采取信用加分等措施”。

从《联合奖惩指导意见》的内容阐释来看，其针对市场主体实施的“优先提供公共服务便利”，主要指向各类政府优惠政策、公共资源交易活动。在各地出台的有关市场主体信用奖惩规范性文件中，不少还将其他一些事项纳入一并规定。

例如，《河北办法》第21条第1项规定，对拥有良好信用记录或列入守信“红名单”的企业，可以实施这样一项激励措施：“在日常监督管理、行政许可、采购招标、评先评优、公共资源交易、资质等级评定、融资、安排和拨付有关财政资金等工作中，在同等条件下予以优先，向社会公布评先评优结果。”

又如，《吉林办法》第17条规定：“各级行政机关在市场监管和公共服务领域可在同等法定条件下对信用档案A类企业给予政策支持或倾斜，

---

① 例如，《交通运输激励备忘录》规定了19类共63条激励措施，其中第一类为“交通运输领域激励措施”，该类列举规定了10条激励措施，第1条措施为“在办理公路水运建设市场及工程建设等行政审批过程中，优先或加快办理”。最后载明“实施单位：交通运输部”。

② 除文中列出的两项外，还有一项为“在教育、就业、创业、社会保障等领域对诚信个人给予重点支持和优先便利”。

主要包括:(一)优先办理资质评定、申报、验证等;(二)简化审批、审核程序,开通,‘绿色通道’等;(三)在资金扶持、购买服务、公共资源交易、出口退(免)税等方面依法给予政策支持或倾斜;(四)其他政策支持或倾斜。”

再如,《青海办法》第10条第2项规定的一项守信激励措施为:“在政府采购、项目招标投标、资格审查、评级评优、安排和拨付有关财政补贴资金等工作中,在同等条件下予以加分。”

鉴于“公共服务”的内涵与外延并不十分清晰,尤其是其与行政监管、行政管理的边界并非泾渭分明,为避免过多陷于此种纷扰,本研究在类型化梳理时总体上以《联合奖惩指导意见》为指引。然而,这并不意味着完全将《联合奖惩指导意见》未列明但根据通常认识也可纳入公共服务范畴的事项排除在考察范畴之外。同时,为行文简洁,下文表格和论述中原则上亦主要就相应“便利措施”的规定情况加以梳理和展示。

表8-24　地方政策立法中有关公共服务便利措施的规定情况

序号	规定类型	规定来源
1	在同等条件下予以优先	河北、江西、杭州
2	在同等条件下予以加分	青海
3	优先考虑,加大扶持力度	合肥
4	优先予以(确认或批准)并加快办理	杭州
5	优先安排(资金)或加大(财政)扶持力度	杭州
6	优先考虑(在同等条件下予以优先考虑)	金华、丽水
7	优先安排	衢州、金华、浙江
8	优先支持	金华、丽水
9	在同等条件下予以优先办理	贵港
10	提供便利	衢州、金华、浙江、贵港
11	提倡依法依约对……采取信用加分等措施	合肥、衢州
12	在评选时予以加分	杭州

续表

序号	规定类型	规定来源
13	依法给予政策支持或倾斜	吉林、浙江、台州、嘉兴、衢州
14	在同等条件下给予重点支持和优先办理	徐州
15	予以优惠、奖励或优先办理	山西、忻州、阳泉

从表 8－24 中可以看到，对于在政府优惠政策和公共资源交易等公共服务领域中可以提供什么便利措施，各地规定也是花样百出，总的来看，最常用的关键词是“优先”，此外还有“加分”“加快办理”“加大扶持力度”“重点支持”“政策支持或倾斜”“优惠”“奖励”“提供便利”等措施。其中，“优先”又涉及不同类型，如“在同等条件下予以优先”“优先办理”“优先考虑”“优先予以安排（确认或批准）”“优先支持”，不同类型的支持力度也不一样。

表 8－25 为《交通运输激励备忘录》中有关公共服务便利措施的规定情况。

表 8－25 《交通运输激励备忘录》中有关公共服务便利措施的规定情况

序号	规定类型	次数
1	给予降低保证金比例、提高工程预付款比例、守信奖励等优惠	1
2	同等条件下予以优先考虑	5
3	将守信状况纳入评审因素予以考虑	1
4	予以优先考虑	1
5	优先提供支持/服务	4

从表 8－25 中可以看到，《交通运输激励备忘录》中有关公共服务便利措施的规定，一方面，呈现一定的多样性；但另一方面，也有一些措施规定频次较高，主要体现为“同等条件下予以优先考虑”“优先提供支持/服务”。例如，《交通运输激励备忘录》规定的第 3 条激励措施为“在政府投资交通运输项目、政府与社会资本合作交通运输项目的招标过程中，给予降低保证金比例、提高工程预付款比例、守信奖励等优惠，同等条件优先考虑”；第 51 条

激励措施为“海关优先为企业设立协调员，解决企业进出口通关问题”。

3. 优化诚信市场主体的“事中事后”行政监管安排

《联合奖惩指导意见》围绕“健全褒扬和激励诚信行为机制”提出的一类激励措施为“优化诚信企业行政监管安排”，基本内容是“完善事中事后监管措施，为市场主体提供便利化服务。对符合一定条件的诚信企业，在日常检查、专项检查中优化检查频次”。从该文件精神来看，其提出的“优化行政监管安排”实际上针对的是事中事后监管，重点又在于日常检查、专项检查等监管活动。

各地和中央有关部门出台的有关市场主体守信激励的政策立法亦循着这一方向作出了相应的制度安排，不少规定在具体实施领域、具体激励措施等方面予以了细化，为实施激励提供了更具可操作性的规则。表8－26为地方政策立法中有关优化行政监管安排的规定情况。

表8－26　地方政策立法中有关优化行政监管安排的规定情况

序号	规定类型	规定来源
1	在同等条件下予以优先	河北
2	在同等条件下给予重点支持和优先办理	徐州
3	优先办理	呼和浩特
4	在同等条件下优先受理，并适当提供优先便利措施	徐州
5	优先推荐	徐州、宿迁
6	直接申报	徐州
7	优先提供……服务，指导和帮扶……	宿迁
8	优先考虑	丽水
9	减少、优化检查频次	河北
10	减少/降低检查(监管)频次(频率)	合肥、金华
11	减少或免除日常监督检查(检查、稽查)	贵港、金华、呼和浩特
12	免除(抽查)	徐州
13	放宽发票领用限量、优化税务管理和办税服务	金华、徐州、呼和浩特、丽水

从表8－26中可以看到，对于优化诚信市场主体的"事中事后"行政监管安排，各地的规定也不尽一致，在具体的激励措施或者"优化"举措方面，有不同的类型。若再做进一步归纳，主要有以下关键词："优先""优化""减少""降低""免除""放宽"。其中，"优先"又涉及"在同等条件下予以优先""优先办理""优先受理""提供优先便利措施""优先推荐""优先考虑"等不同形式。"减少""降低""免除"则主要针对日常监督检查（监管、稽查、抽查）等活动。

在有关规定中，多数政策立法会将具体实施领域、具体激励措施等结合起来作细化规定。① 例如，《金华办法》第12条第2项规定："对信用A级企业，自纳税信用等级评定之日起一年内，除了专项、专案、举报案件检查及发票协查等检查，地税部门原则上不得重复稽查，纳税评估不得超过一次，发票用量检查应当根据纳税人申请放宽一个季度，并予以绿色通道优先办税等服务。"《徐州办法》第22条第4项规定，"在工商行政日常监管中，在无专项检查和举报投诉的情况下，可以1年内免予年报抽查"。

表8－27 《交通运输激励备忘录》中有关优化行政监管安排的规定情况

序号	规定类型	次数
1	适度减少检查频次	1
2	减少执法检查的频次	1
3	给予一定优惠措施	1
4	优先给予一类管理、适用较低的口岸检查率等检验检疫优惠措施	1
5	同等条件下优先考虑	1
6	适当减少随机抽查比例和频次	1
7	适度减少常规检查	1
8	降低自查及随机抽查频次	1
9	给予一定便利（享受便利措施）	2
10	实施快捷服务	1

① 省级政策立法的规定相对笼统。例如，《河北办法》第21条第2项就只规定"在日常检查、专项检查和'双随机'抽查工作中减少、优化检查频次"。

续表

序号	规定类型	次数
11	将守信典型企业的守信状况作为重要参考,适当降低保证金	1
12	适用较低进出口货物查验率	1
13	简化审核	1
14	优先办理手续	1

从表8－27中可以看到,即便在同一项守信联合激励合作备忘录中,不同部门、领域提供的有关优化行政监管安排的具体措施也极具多样性,同时在有关措辞上也比较灵活。例如,“适度”“适当”减少;“一定”优惠措施、便利。不过,有关备忘录在规定激励措施时,基本上都明确了实施单位、实施领域,在这方面具有较高的确定性。例如,《交通运输激励备忘录》“二、激励措施及实施单位”之“(一)交通运输领域激励措施”第2点明确,“在公路水运建设市场及工程建设等行政检查过程中,适度减少检查频次”,且在“(一)”列举规定结束后载明“实施单位:交通运输部”。

4.引导市场服务机构对诚信市场主体给予优惠和便利

《联合奖惩指导意见》围绕“健全褒扬和激励诚信行为机制”提出的一类激励措施是“降低市场交易成本”,其内容为“鼓励有关部门和单位开发‘税易贷’、‘信易贷’、‘信易债’等守信激励产品,引导金融机构和商业销售机构等市场服务机构参考使用市场主体信用信息、信用积分和信用评价结果,对诚信市场主体给予优惠和便利,使守信者在市场中获得更多机会和实惠”。从该意见的有关内容来看,其提出的6大类激励措施中,其他的5大类都是指向作为官方或具有官方背景的“有关部门和单位”在履职过程可以提供的支持或便利。而所谓“降低市场交易成本”所指向的激励措施则主要由市场服务机构提供,“有关部门和单位”更多是扮演引导的角色。

鉴于“降低市场交易成本”这一类激励措施的最终实施有赖于市场服务机构或者更宽泛意义上的市场主体,官方层面更多是“引导市场服务机构对诚信市场主体给予优惠和便利”,在有关政策立法中,较少见到有关如何“降低市场交易成本”的具体制度安排，即便少量涉及，也主要是作相应的宣示性规定。

表 8－28　有关政策立法中关于降低交易成本的规定情况

序号	规定类型	规定来源
1	提供便利优惠的融资信贷服务	贵港、《关于探索开展守信激励创新试点的通知》（以下简称《守信激励创新试点通知》）、河北、辽宁、浙江
2	提供便捷租赁服务	《守信激励创新试点通知》
3	鼓励市场主体在进行生产经营、交易谈判等经济活动中参考使用公共信用信息。对信用状况良好的信息主体，市场主体可以采取优惠便利、增加交易机会等降低市场交易成本的措施	辽宁

从表 8－28 中可以看到，相较其他激励措施，相关政策立法中关于降低交易成本这一类激励措施的规定较少，同时，这类措施主要体现为鼓励或引导市场服务机构（市场主体）提供便利优惠的融资信贷服务、便捷租赁服务、增加交易机会等形式。

在我们看来，至少从形式上看，《贵港办法》有关这方面的规定相对较多且更为细致。《贵港办法》不仅特别就鼓励银行业金融机构、保险经营机构实施相应的守信激励措施作出规定，还特别提倡企业、个人等主体在日常信用活动中使用征信机构提供的信用信息及其服务产品。例如，该办法第 18 条规定，银行业金融机构在开展业务活动过程中，应当查询征信系统记录的企业和个人信用信息；在受理企业、个人贷款申请或提供其他金融服务时，按照约定的服务方式利用征信机构提供的企业、个人信用报告，依据风险高低确定信贷服务价格。对经营状况和发展前景好、还贷能力强和诚实守信的低风险企业，在贷款授信额度和利率上给予优惠待遇。第 19 条规定，保险经营机构在受理投保业务时，应当查询征信机构记录的投保人的信用信息。对信用状况好的投保人，在保费方面给予优惠。

此外，值得关注的是，2018 年国家发展改革委下发《守信激励创新试点通知》,组织探索开展“信易 +”守信激励场景,包括但不限于以下 5 种情形:“信易批”“信易贷”“信易租”“信易行”“信易游”。其中“信易批”指向审批服务;“信易行”“信易游”针对的是守信市民;①“信易贷”“信易租”则主要为针对守信市场主体的降低交易成本措施。根据《守信激励创新试点通知》的安排,“信易贷”,即会同金融机构,向信用状况良好且符合授信支持条件的守信主体提供便利优惠的融资信贷服务;“信易租”,即会同租赁公司、产业园区等,为守信的创业创新公司提供办公设备、办公空间等便捷租赁服务。

表 8-29 《交通运输激励备忘录》中有关降低交易成本的规定情况

序号	规定类型	次数
1	鼓励招标人和项目单位给予投标、履约、质量保证金减免、提高工程预付款比例、守信奖励等优惠,同等条件下优先考虑	1
2	鼓励给予一定便利措施	1
3	在同等条件下,优先给予免担保贷款;将守信状况作为授信融资贷款的重要参考	1
4	鼓励保险公司考虑企业守信状况,根据风险定价原则,合理厘定保险费率	1

从表 8-29 中可以看到,有关备忘录亦就引导市场服务机构对诚信市场主体给予优惠和便利从而降低交易成本作出了一些规定,但相较其他类型的激励措施而言规定也较少。同时,有关规定也主要体现为鼓励、引导性。有关部门(实施单位)究竟可用什么来“鼓励”相关市场服务机构(市场主体)对守信市场主体提供优惠或便利措施,未尽可知。

5. 多渠道选树诚信典型和大力推介诚信市场主体

《联合奖惩指导意见》围绕“健全褒扬和激励诚信行为机制”分别提

① 《守信激励创新试点通知》指出:“信易行”,即会同交通出行平台、城市公共交通系统等,促进守信市民便利出行。“信易游”,即会同旅游平台、旅游景点、旅游服务机构等,为守信市民提供更加便捷的旅游服务。

出了“多渠道选树诚信典型”“大力推介诚信市场主体”两类举措。虽然二者有所差异,但在某种程度上又具有交叉性,毕竟“选树典型”和“推介”很多时候是相互联结的。基于此种考虑,本研究将这两项合并进行考察、分析。

表8-30　地方政策立法中有关选树诚信典型和推介诚信主体的规定情况

序号	规定类型	规定来源
1	依照国家及省有关规定授予相关荣誉称号	江西、忻州、阳泉、青海、贵港、河北
2	依照市有关规定授予荣誉称号	合肥
3	在媒体推介、荣誉评选等活动中列为优先选择对象	山东
4	推荐参加县级以上人民政府及其有关行政主管部门依法组织的各项荣誉评选	福建
5	优先推荐、安排其企业法定代表人或者主要负责人参加各类先进评比、享受有关政治待遇	宁波
6	在评选市劳动模范、五一劳动奖章和优秀企业家时,优先考虑信用A级企业的法定代表人、主要负责人	金华
7	在评选市劳动模范、五一劳动奖章和优秀企业家时,作为重要参考	丽水
8	优先推荐申报“浙江制造”品牌认证、县级以上政府质量奖及市级以上名牌产品企业	丽水
9	经市市场监管局审核同意后,可以申报参加市级“守合同重信用”企业公示	丽水
10	通过媒体向社会定期公开发布良好信用记录或列入“红名单”的企业名单	河北
11	在公共传播媒体上进行宣传报道	福建
12	在“信用××”网站或相关媒体上进行宣传推介(报道)	辽宁、杭州
13	向社会公开企业守信情况	贵州
14	列入贵港市“红名单”,通过新闻媒体对外公开披露	贵港

从表8-30中可以看到，总体而言，选树诚信典型和推介诚信市场主体被各地普遍适用于守信激励，具体形式具有一定的多样性。若作进一步类型化梳理，主要有以下三种典型形式：推荐参评荣誉奖励；授予荣誉奖励或是优先考虑；向社会宣传推介。

表8-31 《交通运输激励备忘录》中有关选树典型和推介诚信主体规定情况

序号	规定类型	次数
1	优先推荐国家和地方相关奖项；将守信状况作为颁发荣誉证书、嘉奖和表彰等荣誉性称号的重要考虑，优先给予奖励和表彰	2
2	在“信用××”网站及主流媒体上公布和宣传守信典型企业守信状况，进一步增强社会影响力	1
3	在表彰中对守信主体同等条件下优先考虑	2
4	鼓励发行人披露信用信息，提高发行人的市场认可度	1
5	给予重点支持，出台优惠政策、便利化服务措施时，优先选择试点	2
6	在组织实施试点中对守信主体同等条件下优先考虑	1
7	优先作为试点企业	1
8	作为信用评价的重要外部参考	1
9	在×××活动中优先考虑	1
10	在评比、评选中优先考虑	2

从表8-31中可以看到，有关中央部门以合作备忘录的形式推进守信联合激励时，亦把选树典型和推介诚信主体作为一种重要的激励措施。一方面，具体形式具有一定的多样性；另一方面，也呈现一些典型类型，主要体现为：推荐参评荣誉奖励；授予荣誉奖励时优先考虑；向社会宣传推介；优先选择试点。[①] 其中，优先选择试点这项激励措施，在地方层面的有关规定中未见出现。

① 《交通运输激励备忘录》规定的第18条激励措施为“在组织实施循环经济示范试点中对守信主体同等条件下优先考虑”。

（二）现行制度安排待完善的方面与完善思路

总体而言，既有关于市场主体守信激励措施的制度安排，既有技术层面的不足，也有内容层面的欠缺。就技术层面而言，主要体现为规范层次较低，且体系性不足，条文表述的规范性、逻辑性需要加强等，考虑到这些问题并没有太大的特殊性，这里不予特别分析。就内容层面的欠缺来看，主要体现为两个方面：一是对守信激励措施的规定较为原则；二是守信激励措施的设置存在局限性。本部分拟就内容层面的这两个突出问题进行剖析并提出相应的完善建议。

1. 对市场主体守信激励措施的规定较为原则

基于实证考察，无论是地方有关市场主体守信激励的政策立法，还是中央有关部门签署的守信联合激励合作备忘录，它们对于守信激励措施的规定总体上都较为原则，这可以从两个方面来展现。

一方面，各类守信激励措施的规定总体上较为原则。诚如前述，基于《联合奖惩指导意见》等的安排，大体有 5 种类型的守信激励措施：一是在行政审批、许可、核准、准入等“事前”监管事项中提供便利；二是在政府优惠政策和公共资源交易等公共服务领域中提供便利；三是优化诚信市场主体的“事中事后”行政监管安排；四是引导市场服务机构对诚信市场主体给予优惠和便利；五是多渠道选树诚信典型和大力推介诚信市场主体。相较而言，在这 5 类激励措施中，第四类措施的规定最为原则和简单，第一类和第二类措施的规定最为具体，但其“具体”也更多是体现在对实施领域等个别事项予以了一定的明确。至于具体如何实施激励措施，尤其是当事人在何种条件下能够获得何种具体样态的激励（便利）措施，从有关规定来看几乎都未尽可知，放眼望去基本都是“优先”“优化”“简化程序”“加快办理”“重点支持”“政策倾斜”“提供便利”“加大扶持力度”等灵活措辞。

另一方面，各层次政策立法有关守信激励措施的规定总体上较为原则。基于课题组的考察，省级信息信用管理立法中有关守信激励措施的规定最为原则和简单，省级市场主体信用奖惩规范性文件和中央有关部门签署的守信联合激励备忘录也只能说在某些方面规定得稍微具体些。事实上,即便是市级市场主体信用奖惩规范性文件,其有关守信激励措施的规定在总体上也算不上具体,尽管其中有一些例外。例如,就提供行政审批等方面的便利措施,《衢州细则》也是原则规定:“简化审批、审核程序,开通‘绿色通道’等,在办理行政许可过程中,实施‘绿色通道’和‘容缺受理’等便利服务措施。”《金华细则》的规定则相对细化,尤其是有关优化事中事后行政监管安排的规定。

诚然,在某些场域里只作出较为原则的规定,这有其合理性,或至少是客观限制下的无奈之举。例如,无论是在理论上还是实践中,守信情形与激励措施合理关联的边界难以精准把握。析言之,对于什么样或何种程度的守信行为,施以什么样或何种程度的激励,很多时候难以乃至无法以条文形式加以具体规定。尽管在实践操作上也不一定能够精准把握,但至少可以综合有关具体情况作出相对合理的判断。此外,不同层次的政策立法基于其所处位阶和立法定位作出繁简程度不同的规定,这也是通行的立法(规范)技术规则。据此,至少省级信用信息管理立法就守信激励措施仅作出原则规定并无问题。

但是,过于原则的规定可操作性差,也会给实施带来不确定性。守信激励措施在实施上的不确定性又会导致激励不足甚至逆向激励的问题。一方面,若守信激励措施不能给守信主体提供较大程度的激励预期,而是给人一种“镜中花、水中月”或是“要撞大运才可能享受到激励”的印象,其激励效能将大受影响;另一方面,若守信激励措施不能公平合理地施加给应得的守信主体,这对于理应获得激励的守信主体和其他“普通”市场主体而言都是不公平的,会损害他们的合法权益,一旦此种不公平操作成为一种氛围,难免产生突出的逆向激励问题。正是考虑到无论是守信激励还是失信惩戒,有关制度安排都直接关系到权益配置,《联合奖惩指导意见》特别确立了“依法依规,保护权益”这样一项基本原则。

基于以上认知,我们认为,从充分发挥守信激励制度应有的效能出发,在尊重规范制定的客观技术要求的基础上,应当对守信激励措施作出尽可能具体的规定，以尽可能提高其确定性和预期性。结合我国相关制度建设的具体情况，可着重从以下两个方面着手：其一，市级以下层次的规范性文件对于守信激励措施的规定应尽可能具体；其二，守信激励措施指向的事项若原本受法律约束大，执行者的裁量空间小，则相应的守信激励措施应尽可能规定得具体。这里着重就后者展开分析。

在前述5类激励措施所指向的事项中，行政审批等事前监管事项和日常监督检查等事中事后监管事项，因对当事人乃至利益相关者产生直接、重要的影响，相较而言受法律约束较大，执行者的裁量空间小，这尤其体现在行政审批（许可）这一事项中。在通常情况下，它们给作为相对人的市场主体提供了一个较稳定的监管预期。针对这些事项的激励（便利）措施事实上是对原定的制度安排作出调整，若激励措施较为原则，就会破坏这种稳定预期。这会带来两种后果：一是守信主体能否获得，在什么情况下能够获得，以及能够获得何种程度的激励（便利），处于很大的不确定状态，甚至有可能只是一张“空头支票”。[①] 因而，守信主体对于此种激励措施并不抱太大希望，激励措施达不到应有的效能。二是激励措施原则难免会产生适用上的随意性空间，激励措施不公平合理实施将破坏法治权威，损害相关市场主体的合法权益。据此，对于这类激励措施，应尽可能作出具体规定。

例如，在优化诚信市场主体的“事中事后”行政监管安排方面，《金华细则》的一些规定就称得上具体。对于发票管理和税务检查方面的便利措施，《金华细则》第12条第1项规定：“对信用A级企业，自纳税信用等级评定之日起两年内，一般纳税人可单次领取3个月的增值税发票用量，需要调整增值税发票用量时即时办理，普通发票按需领用；除了专项、上级交办和部门转办、举报案件检查及发票协查等检查，国税部门可以免除税务稽查，纳税评估不得超过一次，评估实地核查必须经县（市）税务部门主要负责人批准。”诚然，《金华细则》上述规定所体现的具体程度不一定

① 例如，行政许可等一些监管制度本有明确的法律规定，从避免或降低执法风险的角度考虑，执法人员大概率不会依据这些原则性激励制度安排，为当事人提供便利而不严格执行法律规定。

能普遍照搬适用,但提供了一个参考方向。又如,相较于简单规定一个“优先”,①至少更好的做法是就优先的类型作出尽可能具体的规定,如“优先办理”“优先受理”“优先推荐”“优先支持”。

相对来讲,诸如引导市场服务机构对诚信市场主体给予优惠、选树诚信典型和推介诚信市场主体等措施,其涉及的事项总体上受法律约束小,执行者的裁量空间大,即便没有激励措施的“介入”,市场主体能否获得以及能够获得何种程度的便利,很大程度上也处于不确定状态。所谓激励措施,对于市场主体而言,在某种程度上本就属于“得之最好,不得也没什么遗憾”的锦上添花之物。是故,就这类激励措施而言,即便作出较为原则的规定,也没有什么大的问题。

最后值得指出的是,就实体规则而言,若囿于客观现实和技术要求只能作出较为原则的规定,为了提高可操作性、降低不确定性,一个通行的应对办法是强化程序规则的约束。例如,针对守信激励措施的实施,有观点提出,可通过完善激励信息披露,如公开激励措施实施信息,完善守信激励监督法律程序,建立第三方反馈渠道等提高激励制度的公信力。② 尽管也有观点对于究竟是否需要披露实施信息等一些具体制度安排提出不同看法,③但我们认为,健全守信激励措施实施的信息披露和社会监督制度,对于保障守信激励措施的合理实施进而提高守信激励制度的公信力是可取和必要的。

2. 市场主体守信激励措施的设置存在局限性

基于课题组所作实证考察,从整体面向上看,市场主体守信激励措施

① 《山西省企业信用行为联合奖惩办法》第 14 条第 2 项规定:“在办理资质评定、申报、验证等事项中予以优先。”

② 参见李琦:《企业守信激励机制的制度框架及其问题处理——以有关守信激励合作备忘录为例》,载《征信》2019 年第 9 期。

③ 例如,有观点指出,政府网站并不需要将复杂的行政处理过程展示在公众面前,相反,简明、易查询的信用信息公示更有助于民众了解相关情况,成为有效导引个人、市场与社会选择的信号。参见[美]卡斯·桑斯坦:《简化:政府的未来》,陈丽芳译,中信出版社 2015 年版,第 106 页。转引自王瑞雪:《政府规制中的信用工具研究》,载《中国法学》2017 年第 4 期。

的类型多样、样态丰富，涉及的领域宽广，在某种程度上给人一种“一处守信、处处受益”的感觉。诚然，在实施守信激励时需要科学把握守信行为与激励措施（程度）的关联性。但从理论上讲，需要设置多样化、宽领域的守信激励措施，因为这可以让市场主体基于其守信行为而不断叠加享受不同类型、不同领域的优惠或便利，进而激励市场主体更多地实施守信行为。

基于前文所作梳理，既有市场主体守信激励措施大体可分为 5 种类型：一是在行政审批、许可、核准、准入等“事前”监管事项中提供便利；二是在政府优惠政策和公共资源交易等公共服务领域中提供便利；三是优化诚信市场主体的“事中事后”行政监管安排；四是引导市场服务机构对诚信市场主体给予优惠和便利；五是多渠道选树诚信典型和大力推介诚信市场主体。若再作进一步审视，可以发现这 5 种类型中绝大多数属于官方（甚至是限缩于行政部门）负责实施的激励措施，市场化、社会化激励措施属于弱项。尽管《联合奖惩指导意见》也特别提出了一类激励措施即“降低交易成本”，核心是引导市场服务机构对诚信市场主体给予优惠和便利，但相应的制度建设较为滞后。

当前，无论是市场监管还是社会信用体系建设，都强调“共治”。例如，《联合奖惩指导意见》提出的 4 项基本原则之一便是“部门联动，社会协同”，其核心是“通过信用信息公开和共享，建立跨地区、跨部门、跨领域的联合激励与惩戒机制，形成政府部门协同联动、行业组织自律管理、信用服务机构积极参与、社会舆论广泛监督的共同治理格局”。按照社会协同、共同治理的标准，在市场主体守信激励措施的设置上无疑也需要进一步改善弱项，即补强市场化、社会化激励措施。

随着市场化改革的不断深入，尤其是立足“使市场在资源配置中起决定性作用”这一定位，市场化、社会化激励措施的重要性不断凸显。市场主体的一个基本特质是作为理性经济人追求利益最大化，注重考量成本收益。可以说，守信用的激励实为守信用的利益激励，即经济行为主体为了获得利益或避免利益损失而恪守信用，其内涵为获取信用而降低交易成本的利益激励。[1] 随着市场在资源配置中的作用越发凸显,降低交易成本可能更为市场主体所看重。而市场化、社会化激励措施正是着力于降低交易成本。

目前来看,至少可以从以下两个方面着手,补强市场化、社会化激励措施。

其一,建立健全政府引导市场服务机构对诚信市场主体给予优惠和便利的保障制度。市场服务机构是否给予诚信市场主体优惠和便利,属于其自主经营权范畴。但政府可以而且有必要建立健全相应的制度予以引导和支持。例如,我国正在探索开展“信易贷”“信易租”等守信激励场景。2019 年国家发改委和银保监会专门联合印发了《关于深入开展“信易贷”支持中小微企业融资的通知》(发改财金〔2019〕1491 号)。该通知就引导和支持金融机构开展“信易贷”工作特别提出 6 项重点工作任务:建立健全信用信息归集共享查询机制;建立健全中小微企业信用评价体系;支持金融机构创新“信易贷”产品和服务;创新“信易贷”违约风险处置机制;鼓励地方政府出台“信易贷”支持政策;加强“信易贷”管理考核激励,这为相应制度建设提供了方向。

其二,健全多渠道选树诚信典型和大力推介诚信市场主体的激励措施。从课题组所考察的有关政策立法规定来看,这类激励措施更多体现为按照国家和地方规定授予相关荣誉称号;推荐参评相关荣誉奖励;通过“信用中国”网站、政府网站和相关媒体向社会宣传报道。总的来看,“多渠道选树诚信典型”的“多渠道”还没有充分建立或利用起来,现实中更多还是局限于官方或准官方渠道。在推介诚信市场主体方面,重视程度也不够,一些具体举措也有待完善。这集中体现在不少有关市场主体信用奖惩的政策立法中并没有就此作出规定,即便有的作出规定,也很简单且存有不足。此外,各地规定也较为杂乱。如《河北办法》仅规定“通过媒体向社会定期公开发布良好信用记录或列入‘红名单’的企业名

---

① 参见缪明杨:《论守信用的激励与反信用的约束》,载《财经科学》2008 年第 6 期。

单”(第21条第3项);《杭州办法》仅规定“在‘信用杭州’网站或相关媒体上进行宣传报道”(第10条第12项);《贵港办法》则规定“列入贵港市‘红名单’,通过新闻媒体对外公开披露”(第12条第5项)。

《联合奖惩指导意见》就“大力推介诚信市场主体”着重提出了三点要求:一是政府部门应将诚信市场主体优良信用信息及时在政府网站和“信用中国”网站进行公示,在会展、银企对接等活动中重点推介诚信企业;二是引导征信机构加强对市场主体正面信息的采集,对守信者加大激励性评分比重;三是推动行业协会商会加强诚信建设和行业自律,表彰诚信会员,讲好行业“诚信故事”。若以此为参照,现实中有关“大力推介诚信市场主体”的制度建设和实践无疑还需要加强。仅以第一点中的“公示”为例,至少来说,把这一项写入政策立法应该是比较简单的,但现实中不少有关市场主体信用奖惩政策立法中却未见相应规定,这既令人费解,也感到遗憾。此外,在“公示”渠道上,需要把一些权威、高层次的平台明确加以规定,如“信用中国”网站、国家企业信用信息公示系统。奇怪的是,从有关政策立法的规定来看,在推介诚信市场主体的“公示”平台中,国家企业信用信息公示系统——作为专门公示“企业”信用信息的国家级平台,几乎都没有被明确提及。当然,客观上国家企业信用信息公示系统有关推介、展示诚信市场主体的功能也不足,需要进一步优化功能和版面设计。

四、市场主体守信的联合激励

根据《联合奖惩指导意见》等中央文件精神,我国所要构建的守信激励制度是一种被称为“守信联合激励”的制度安排,即通过信用信息公开和共享,建立跨地区、跨部门、跨领域的联合激励机制。① 从实施的角度来

① 参见《联合奖惩指导意见》“一、总体要求”之“(二)基本原则”。

看,守信联合激励的核心要义是联合对守信主体实施守信激励,而“联合”的基本内涵又是强调“跨地区、跨部门、跨领域”三个层面的联合。本部分以此为基本指引,就我国市场主体守信联合激励制度建设状况展开实证考察并对其中存在的突出问题提出解决思路。

(一)实证考察

现实中,我国积极探索推进市场主体守信联合激励制度建设,无论是在跨地区层面还是跨部门、跨领域层面均取得了一些成果。

1. 跨地区的守信联合激励

中央有关文件虽然提出建立“跨地区”的守信联合激励机制,但对于“跨地区”的含义没有明确界定。从宽泛意义上讲,跨省(自治区、直辖市)、跨市(设区的市)、跨县(县级市、区)等,只要涉及不同层次地域范围的协同、联合,都可称为“跨地区”。若对“跨地区”作此种宽泛理解,可以说我国在“跨地区”层面的守信联合激励制度建设方面取得了较丰富的成果。现实中,不少省份(含自治区、直辖市,下同)制定了有关公共信用信息、企业信用信息或社会信用信息等信用信息管理立法,一些省份还特别出台了有关市场主体信用奖惩的规范性文件,它们对市场主体守信激励作了不同程度的规定,这些规定可以理解为对全省层面(跨市)联合实施守信激励作出了相关安排。依此类推,市级层面出台的有关立法或规范性文件对市场主体守信激励所作的规定,亦可以理解为对全市层面(跨县)联合实施守信激励作出了安排。

如果对“跨地区”作限缩性理解,例如,将“跨地区”限缩为跨省,则这方面的规范或制度成果相对较少。在全国层面,迄今主要是中央有关文件对建立跨地区守信联合激励机制作出总体部署,尚缺乏较为具体的制度安排。不过,在一定的跨省区域范围内,相关制度探索则在稳步推进,尤以长三角地区为典型代表。

2016 年国家发改委批复同意长三角地区创建国家社会信用体系建设区域合作示范区,长三角地区成为全国首个区域信用合作示范区。之后,长三角地区所涵盖的上海市、江苏省、浙江省、安徽省四省市共同制定了

《长三角地区深化推进国家社会信用体系建设区域合作示范区建设行动方案(2018—2020年)》,明确提出将长三角地区打造成为“国内信用制度健全、信息流动通畅、服务供给充分、联动奖惩有效、信用环境优化的地区”。该方案提出了信息共享、监管共为、市场共育、规制共建、品牌共铸5项实施原则,确立了4项深化区域信用合作的重点任务:加快推进区域整体信用制度建设、推动重点领域的跨区域联动奖惩、促进跨区域信用信息共享共用、鼓励信用行业服务创新。其中第一项重点任务特别提到要出台一批行业区域信用管理制度;围绕环境保护、食品药品、产品质量、旅游、交通运输等重点领域,制定三省一市互认的红黑名单认定和退出标准及办法,并对信息主体的激励与惩戒以及权益保护等方面作出规定。第二项重点任务提出要聚焦环境保护、食品安全、产品质量、旅游等重点领域,在国内率先形成“失信行为标准互认、信用信息共享互动、惩戒措施路径互通”的跨区域信用联合奖惩模式。此外,该方案还提出了8项深化区域信用合作的专项行动、7项保障措施。该方案虽然是一项综合性的区域信用合作方案,但其中有关区域信用合作,尤其是跨区域信用联合奖励等制度安排,无疑为市场主体守信激励的跨地区(区域)实施提供了框架指引,甚至创建了基础性规则。

2018年上海市、江苏省、浙江省、安徽省四省市签署了《长三角地区环境保护领域实施信用联合奖惩合作备忘录》。该备忘录进一步明确了按照国家工作部署探索研究建立跨区域联合激励机制、建立数据归集共享机制、推动联合奖惩措施落地、营造良好环保信用环境等合作内容,并提出建立会商协调机制、调度通报机制、动态衔接机制等合作机制。此外,长三角地区的三省一市还陆续签署了《长三角区域食品药品安全领域信用联动奖惩工作备忘录》《长三角地区产品质量领域守信联合激励和失信联合惩戒合作备忘录》等文件,明确区域内相关领域联合奖惩的工作内容及合作方式。当前,长三角地区仍在持续深入推进区域信用合作,尤其是着力在旅游、生态环境、食品药品和产品质量4个重点领域,探索建立健全跨地区的守信联合激励机制和失信联合惩戒机制。①

2. 跨部门、跨领域的守信联合激励

首先需要说明的是,跨部门和跨领域难以泾渭分明地加以区分,因为现实中部门与其主管的领域通常是对应的,是故本研究将二者联结在一起笼统展开论述。总的来说,相较于“跨地区”,跨部门、跨领域的守信联合激励的制度探索和实践更为丰富,这其中的一个突出标志是,无论是全国层面还是地方层面,旨在实施跨部门、跨领域守信联合激励的合作备忘录均不断涌现。虽然目前未见这方面的统计数据,但通过“信用中国”网站、北大法宝等官方网站或数据库检索获得的相关信息能够印证这一结论。

以“信用中国”网站的“联合奖惩”版块所展示的典型案例、联合奖惩备忘录等信息来看,②大体有两个特点:一是有关联合惩戒的要远多于联合激励的;二是有关跨部门、跨领域联合奖惩的要远多于跨地区联合奖惩的。从“联合奖惩”版块设置的“地方联合奖惩备忘录”③“国家联合奖惩备忘录”两个栏目展示的情况来看,无论是地方层面还是国家层面,有关联合奖惩备忘录几乎都是跨部门、跨领域联合奖惩备忘录(其中又以联合惩戒为主)。总的来看,联合奖惩备忘录已成为当前实施守信联合激励和失信联合惩戒的基本推进工具。这里仅以中央有关部门签署的守信联合激励合作备忘录(具体名称和发布时间等信息见表 8 – 23)为例,对跨部门、跨领域的守信联合激励制度的构造情况作管中窥豹式的考察。

---

① 参见信用监管处:《长三角地区产品质量领域信用合作工作推进会在巢湖市召开》,载 http://amr.ah.gov.cn/xwdt/sjyw/145290941.html。

② https://www.creditchina.gov.cn/lianhejiangcheng/? navPage = 6。

③ https://www.creditchina.gov.cn/lianhejiangcheng/lianhejiangchengbeiwanglunew/。

表 8－32　备忘录中有关激励措施、实施方式的规定

备忘录	激励措施	实施方式
《纳税激励备忘录》	18 类共 41 条	国家发改委基于全国信用信息共享平台建立守信联合激励系统。税务总局通过系统公布、更新激励名单。有关部门执行或协助执行激励措施，并按季度通过系统反馈给国家发改委和税务总局
《海关激励备忘录》	19 类共 49 条	国家发改委基于全国信用信息共享平台建立守信联合激励系统。海关总署通过系统公布、更新激励名单；同时在“信用中国”网站、企业信用信息公示系统、中国海关企业进出口信用信息公示平台、海关总署门户网站等向社会公布。有关部门执行或协助执行激励措施，定期通过系统反馈给国家发改委和海关总署
《电子认证激励备忘录》	2 类共 13 条	工信部通过全国信用信息共享平台定期公布激励名单；同时在工信部网站、“信用中国”网站、国家企业信用信息公示系统等公布。有关部门执行激励措施，并及时或定期通过全国信用信息共享平台联合奖惩子系统反馈至国家发改委及工信部
《安全生产激励备忘录》	22 类共 43 条	国家发改委基于全国信用信息共享平台建立守信联合激励系统。安监总局通过系统公布、更新激励名单；同时在“信用中国”网站、安全监管总局政府网站等向社会公布。有关部门执行或协助执行激励措施，定期通过系统反馈给国家发改委和安监总局
《出入境检验检疫激励备忘录》	17 类共 38 条	质检总局通过全国信用信息共享平台定期公布、更新激励名单；同时通过“信用中国”网站、质检总局政府网站、国家企业信用信息公示系统等向社会公布。有关部门执行激励措施通过全国信用信息共享平台反馈给国家发改委和质检总局
《慈善捐赠激励备忘录》	共 26 条（未分类）	民政部和其他有关部门通过全国信用信息共享平台公布、更新激励名单；同时在“信用中国”网站、“慈善中国”网站、国家企业信用信息公示系统、民政部门户网站等向社会公布。有关部门执行或协助执行激励措施，定期通过系统反馈给国家发改委和民政部

续表

备忘录	激励措施	实施方式
《交通运输激励备忘录》	19 类共 63 条	国家发改委基于全国信用信息共享平台建立守信联合激励系统。交通运输部通过系统公布、更新激励名单;同时在“信用中国”网站、“信用交通”网站、中国交通报等媒体向社会公布。有关部门执行或协助执行激励措施,定期通过系统反馈给国家发改委和交通运输部

总的来看,中央有关部门签署的守信联合激励合作备忘录原则上根据实施部门、实施领域对激励措施作出类型化安排,在相应大类下再进一步细化规定具体措施。例如,《安全生产激励备忘录》规定的第一类激励措施为“发展改革部门支持措施”,其下进一步规定了 6 条激励措施,并载明“实施单位:国家发展改革委”;第二类激励措施为“给予科技管理支持”,其下列了 2 条激励措施,并载明“实施单位:科技部”。个别备忘录没有对激励措施作大类划分,而是直接列举规定具体的激励措施,并在相应的激励措施后面以括号形式载明实施单位。具体激励措施基本上按照国务院《联合奖惩指导意见》中有关“健全褒扬和激励诚信行为机制”的总体安排,根据具体领域情况作相应细化规定,涉及行政审批便利、公共服务便利、优化行政监管、表彰和宣传等,①较多使用的关键词有:优先、减少、降低、优惠、便利、加快、简化、较低等。

在激励实施方式方面,总体上有三个基本安排:一是国家发改委基于全国信用信息共享平台建立守信联合激励系统,为实施守信联合激励提供信息交流等方面的基础设施;二是相应领域主管部门通过激励系统发布、更新激励名单,为有关部门实施联合激励提供基础信息;三是有关部门根据激励系统中的激励名单,执行或协助执行备忘录中确定的激励措施,并通过激励系统向国家发改委和相应领域的主管部门反馈。

① 学界也有人将合作备忘录中的具体措施依优惠所属范围标准分为:绿色通道类;减少查验、抽查类;优先类;简化手续、缩短时间类;重要参考类与社会荣誉表彰类等。参见李琦:《企业守信激励机制的制度框架及其问题处理——以有关守信激励合作备忘录为例》,载《征信》2019 年第 9 期。

从激励实施方式的基本安排可以看到，总体上以发展改革部门为主导建立守信联合激励系统，以有关领域的主管部门为主导发布和更新激励名单，各合作部门根据名单执行或协助执行备忘录中确定的激励措施，并通过激励系统进行反馈，这已成为全国层面跨部门、跨领域守信联合激励的基本制度框架，为具体实施激励措施提供了基本的操作性规则。

表 8－33　备忘录有关激励持续（动态）管理的规定

备忘录	持续（动态）管理
《纳税激励备忘录》	税务机关每年对纳税人的纳税信用级别实施动态调整。全国信用信息共享平台将 A 级纳税人名单与其他领域失信名单进行交叉比对，将未纳入其他领域失信名单的 A 级纳税人确定为联合激励对象。各单位在日常监管中，发现 A 级纳税人存在违法失信行为，及时通过全国信用信息共享平台，反馈至国家发改委和税务总局，一经核实，立即取消激励资格并及时通报各单位，停止适用守信联合激励措施
《海关激励备忘录》	海关总署实时、动态监控企业在进出口领域的诚信守法情况，一经发现存在违法失信行为，立即取消激励资格并及时通报各部门，停止激励措施。各部门在日常监管中，发现存在违法失信行为，应及时通过全国信用信息共享平台，反馈至国家发改委和海关总署，建议停止激励措施。全国信用信息共享平台将海关高级认证企业名单与其他领域失信企业名单进行交叉比对，将未纳入其他任何领域失信企业名单的海关高级认证企业确定为联合激励对象
《电子认证激励备忘录》	工信部组织对电子认证服务行业信用等级较高电子认证服务机构名单和失信机构名单进行动态管理，及时更新相关信息，并及时推送给各有关部门。对于从名单中撤销的电子认证服务机构，相关部门应依据相关规则和程序，停止实施激励或惩戒措施
安全生产激励备忘录	安监总局实时、动态监控激励对象的守法诚信情况，一经发现存在违法失信行为，立即停止激励措施并及时通报各部门。各部门在日常监管中，发现存在违法失信行为，应及时通过全国信用信息共享平台，反馈至国家发改委和安监总局，建议停止激励措施。全国信用信息共享平台将激励对象名单与各领域失信联合惩戒对象名单进行交叉比对，确保已被纳入失信联合惩戒对象名单的，不被确定为联合激励对象

续表

备忘录	持续(动态)管理
出入境检验检疫激励备忘录	质检总局对激励对象实施动态管理,对发生信用降级的企业,立即取消激励资格并通过全国信用信息共享平台通报各部门,停止适用激励措施。各部门在日常监管中,发现企业不再适用联合激励时,应及时通过全国信用信息共享平台反馈至国家发改委和质检总局,建议停止适用的具体联合激励措施
慈善捐赠激励备忘录	各单位在日常监管中,发现激励对象存在慈善捐赠领域违法失信行为的,及时通过全国信用信息共享平台,反馈至国家发改委和民政部。一经核实,立即取消其参与守信联合激励资格并及时通报各单位,停止适用守信联合激励措施
交通运输激励备忘录	交通运输部持续监测企业守信情况,一经发现存在违法失信行为,立即取消激励资格并及时通报各单位,停止激励措施。各单位在日常监管中,发现存在违法失信行为,应及时通过全国信用信息共享平台,反馈至国家发改委和交通运输部,建议停止适用的守信联合激励措施。全国信用信息共享平台将激励对象与其他领域失信企业名单进行交叉比对,确保已被纳入其他领域失信企业名单的,不再被确定为联合激励对象

相关守信联合激励合作备忘录均将激励的持续(动态)管理作为一个重要内容予以规定。持续管理的核心是及时更新激励名单,即把丧失激励资格的对象剔除,并将符合激励条件的对象纳入激励名单,由此保障守信激励制度的公信力和有效性。

结合表8-33可以看到,激励持续管理大体有三个基本制度安排:一是相应领域主管部门作为主要负责主体对激励名单实施动态管理(调整);二是其他有关部门发现问题,则通过激励系统向国家发改委和相应领域主管部门反馈,并就停止适用的激励措施提出建议;三是激励系统所依托的全国信用信息共享平台核实激励对象是否丧失或者符合激励资格。

从激励持续(动态)管理的基本安排可以看到,守信激励名单等事项的动态调整,虽然以相关领域的主管部门为主要职责主体,但同时也强调有关合作部门的协同。

(二)现行制度安排待完善的方面与完善思路

1. 跨地区守信联合激励制度建设尚需积极跟进

按照“建立跨地区、跨部门、跨领域的守信联合激励”制度建设目标,相较而言,当前跨地区守信联合激励制度建设显得滞后。这一短板已严重制约了守信联合激励制度的整体构建。

诚如前述,中央有关文件对“跨地区”并没有明确界定,在某种程度上可以对其作宽泛的解读,即涵盖各种层次的跨地区,如跨县域、跨市域、跨省域等。从现实情况来看,大体可将其划分为两种层次的跨地区:一是省域范围内的跨地区;二是跨省域层面的跨地区,包括区域性的跨省域和全国性的跨省域。

应该说,省域范围内不同市县等地区之间也需要建立跨地区的守信联合激励制度,而且这种低层次的“跨地区”在某种意义上更具基础性。相较跨省域的守信联合激励制度,这种层次的跨地区守信联合激励制度相对容易建立。在省域范围内,基于省级立法或规范性文件作出统筹安排,进而辅以市级、县级等层次的实施细则,可以说基本上确立了省域范围内的跨地区守信联合激励制度。从这个意义上讲,一些省份已经初步建立了省域范围内的跨地区守信联合激励制度。不过,更多甚至绝大多数省份都还缺乏体系性的规范和制度构造。

根据地方的实践情况,目前来看一个较为可行的应对思路是:省级层面在信用信息管理立法和市场主体信用奖惩立法或规范性文件中分别对守信行为的认定依据、信用信息的收集和共享、守信激励措施等作出宏观和中观层次的规定,为省域范围内的跨地区守信联合激励提供基础性规则指引。在此基础上,各设区的市甚至更低层次的县(县级市)制定相应的市场主体信用奖惩实施细则,为实施跨地区守信联合激励和仅针对本地实施的守信激励提供更加具体的操作性规则。

跨省域的联合激励,相较省域范围内的跨地区联合激励更难建立。即便是区域性的跨省域联合激励制度建设和实践,目前在我国更多也只是在特定的区域范围内较为扎实地推进,如长三角地区。

从根本上来讲，跨地区联合激励的难点，首先在于各地区对于守信行为的认定依据进而对守信激励对象的确定持不同标准；其次在于守信信息的归集和共享；最后是守信激励措施的具体样态，关键是激励的程度和方式。跨地区的地区层次越高，地区之间的经济社会发展水平差异越大，各地区之间要形成通行的标准更难，这种情况下就难以跨地区联合。例如，某个地区的守信标准较低，对守信行为的认定结果在另一个地区可能就不具有公信力，若同样要对其施加激励措施，就会导致不公平，损害守信激励制度的公信力。

针对这样的情况，我国总体上采用了这样一种策略，先着重探索推进区域性跨省守信联合激励（失信联合惩戒）制度建设。这无疑是一种务实的可行之举。应该说，长三角地区的有关制度探索已经为此建设提供了宝贵经验。

在跨地区守信联合激励制度构建层面上，需要着力完善以下三个制度要素。

其一，守信行为的认定依据（认定标准）。考虑到各地的差异性，地区之间在协同制定有关认定依据（认定标准）时，可以区分两类标准：一是强制性标准（通行标准），各地统一遵循；二是推荐性标准，各地自主决定是否遵循。根据不同类型的认定依据（标准）最终形成的守信激励对象（名单），也作出相应区分，以便在实施激励措施时予以相应区别对待。

其二，守信信息的归集和共享。可以借助全国信用信息共享平台实现信息的归集和共享。各地区确定一个主管部门，如市场监管部门作为主要负责主体，在系统中及时提供和更新守信信息，尤其是守信激励名单，为其他地区执行或协助执行守信激励措施提供基础信息。

其三，守信激励措施。同样考虑到各地的差异性，可以区分两类措施：通行措施和推荐性措施。对于列入激励名单中的市场主体，各地区应无差别适用相应的通行措施。至于推荐性措施，则可以综合其他情况自主决定是否使用，如按照对等原则，视其他地区对本地区企业的适用情况决定是否适用相应的激励措施。

2. 跨部门、跨领域守信联合激励制度尚需提质

总的来看,虽然跨部门、跨领域守信联合激励制度建设相对于跨地区守信联合激励而言取得了更为丰硕的成果,但是也存在不足。如果说跨地区守信联合激励制度建设问题的关键词是"滞后",当前需要着重解决的是"从无到有"的问题,那么跨部门、跨领域守信联合激励制度建设需要着重解决的是"从有到优"的问题,即提高质量。具体来看,跨部门、跨领域守信联合激励制度主要存在以下三个方面的突出问题,这同时也为制度完善指出了方向。

其一,"跨部门"的"部门"尚有局限,需要拓展。从中央有关部门签署的守信联合激励合作备忘录所涉及的合作部门和单位来看,最少的一项备忘录只涉及 17 个部门和单位,最多的一项备忘录涉及 42 个部门和单位(详见表 8 – 4)。需要说明的是,相关备忘录有的(或有时)同时使用"部门"和"单位"的概念,以更加准确地反映所涉部门和单位的性质,有的(或有时)则笼统使用"部门"概念。例如,《交通运输激励备忘录》共涉及 36 个部门、单位,在行文上也统称"部门"。① 从有关备忘录涉及的部门数量来看,应该说都不算多,尚有扩展的空间;从所涉部门的类型来看,多以政府部门为主,尚需进一步向其他公共部门、市场部门拓展,以真正形成部门联动、社会协同的共治格局。

其二,"跨领域"的"领域"尚有局限,需要扩展。以中央有关部门签署的守信联合激励合作备忘录为例,截至目前共 7 项,大体对应 7 个领域(详见表 8 – 4),显然覆盖领域非常窄。目前中央有关部门签署的信用奖惩备忘录有 40 多个,但只有 7 个涉及守信联合激励,大多数仅针对失信

① 《关于对交通运输工程建设领域守信典型企业实施联合激励的合作备忘录》规定:"国家发展改革委、人民银行、交通运输部、中央宣传部、中央文明办、中央网信办、工业和信息化部、财政部、人力资源社会保障部、国土资源部、环境保护部、住房城乡建设部、水利部、商务部、文化部、国资委、海关总署、税务总局、质检总局、安全监管总局、林业局、知识产权局、旅游局、银监会、证监会、保监会、海洋局、铁路局、民航局、邮政局、全国总工会、共青团中央、全国妇联、全国工商联、贸促会、中国铁路总公司等部门对交通运输工程建设领域守信典型企业实施联合激励措施达成如下一致意见。"

联合惩戒,体现为较为明显的“重惩戒轻激励”特点。进一步来看,诚如前述,单项备忘录中针对某个特定领域实施联合激励所涉的部门数量有限,而相关部门与所主管领域通常对应,从这个角度来看,跨领域联合激励也存在局限性。无论从哪个视角来理解“跨领域”,所涉领域的宽广程度,无疑都深刻关系到守信联合激励的效能,为了最大程度发挥这项制度的效能,需要不断扩展所涉领域范围。

其三,实施机制还需进一步具体化。从中央有关部门签署的守信联合激励合作备忘录来看,其有关激励措施的实施方式、动态管理等规定,已经初步确立起跨部门、跨领域守信联合激励的实施机制,但有的环节还需要进一步具体化。例如,在激励实施方面有这样一项基本安排,相应领域主管部门通过激励系统发布、更新激励名单,为有关部门实施联合激励提供基础信息。可以说及时“发布、更新激励名单”对于科学、公正实施守信激励至关重要,但对于如何保障“及时”,尚缺乏具体的制度安排,有关备忘录更多就是笼统要求“及时”。又如,有一项体现部门协同的基本制度安排,有关部门根据激励系统中的激励名单,执行或协助执行备忘录中确定的激励措施,并通过激励系统向国家发改委和相应领域主管部门反馈。对于这项安排,有的备忘录规定得相对具体,如《纳税激励备忘录》强调“按季度”反馈,多数只强调“及时”或“定期”,也有个别的只是规定要反馈。这样一些模糊的措辞,在现实中很大程度上会导致规定流于形式。针对这种情况,需要进一步明确相关部门的履职程序和时限。

第九章 “宽进严管”背景下市场主体失信惩戒制度

在“宽进严管”的市场主体信用监管语境下，所谓失信惩戒，是守信激励的对应概念，指行政机关、司法机关以及行业协会等法律、法规授权的管理公共事务的组织，以市场主体信用信息采集、整理、分析、公示为依托，对在市场经营过程中实施了失信行为的市场主体，根据其具体失信行为而采取禁止或限制市场进入、限制任职资格、限制消费行为等惩戒手段，迫使其依法合规、诚信经营的措施、机制。当前，在通常情况下，理论与实务界多是在社会信用治理的语境下探讨失信惩戒制度，这个层面上的失信惩戒外延极其广泛，①其涵盖范围囊括了政府、市场主体、社会组织、公民等各类主体的各类失信行为，失信与惩戒的标准极不统一，失信惩戒机制泛化、滥用现象严重。② 基于本书研究的主题，这里所讨论的失信惩戒机制，仅限于市场主体信用监管领域，不涉及非市场主体的失信惩戒问题。就整个市场主体信用信息监管制度框架体系而言，失信惩戒制度可称为信用信息监管制度的“压舱石”，市场主体信用信息采集、归集、公示等一系列监管措施最终能否落地有声，均有赖于失信惩戒制度功能效用的发挥。同时，失信惩戒措施是在原有行政处罚措施等传统监管手段基础之上额外增加的监管制裁措施，是贯彻“宽进严管”的市场监管思

① 参见沈岿：《社会信用体系建设的法治之道》，载《中国法学》2019 年第 5 期。

② 参见林钧跃：《透析“失信惩戒泛化”问题的实质，寻求解决之道》，载《齐鲁周刊》2020 年第 19 期。

维转向的重要抓手。

当前,我国的失信惩戒制度总体而言尚处在起步摸索阶段,尽管中央各部门、各地方政府发布了逾千件失信惩戒规范性文件,但既有失信惩戒制度规则的整体立法层级不高,主要存在于部门规章、地方政府规章之中,亟待高位阶立法予以统一明确。此外,市场主体失信行为与社会信用体系中的失信行为有何区别、失信行为与违法行为究竟有何差异、失信行为究竟应当如何认定、失信惩戒措施的实施应当遵循哪些基本原则、失信惩戒措施与行政处罚等传统制裁措施应如何妥当融合、失信惩戒措施实施的程序合法性如何保障、失信惩戒的异议机制如何设计、失信市场主体的权利如何救济、如何防止失信惩戒制度的适用泛化等问题,均有待理论界和实务界进一步探索。

一、“宽进严管”背景下我国市场主体失信惩戒制度的发展变迁脉络

对失信人实施惩戒措施,在我国的历史可谓源远流长。《唐律疏议》中针对欠债不还的“老赖”,专设“负债违契不偿”罪名,欠债不还者,要被打板子。《唐律疏议·杂律》中规定:“诸负债违契不偿一匹以上,违二十日笞二十、二十日加一等、罪止杖六十、三十匹加二等。百匹又加三等、各令备(赔)偿。”根据《宋刑统》的规定,欠债不还者,要强制“役身折酬”,即强制债务人通过给债权人干活的方式偿还债务。其后历朝历代也均有诸如此类的立法规定。我国失信惩戒文化虽然源远流长,但近年来在“宽进严管”背景下所确立的市场主体失信惩戒制度是建立在市场主体信用信息采集、归集、公示等环节基础之上的一种针对市场主体的用信制度,并且在惩戒的程序上更严密,使用的手段并非刑罚,而是刑事制裁之外的其他信用约束措施,这与历史上的失信惩戒是不可同日而语的。因此,考察我国“宽进严管”背景下的市场主体失信惩戒制度的发展变迁,应当以

"宽进严管"商事制度改革作为起点。总体而言,该制度自其缘起讨起,迄今大致经历了以下几个发展阶段。

(一)肇始阶段

现代意义上的市场主体失信惩戒制度,最初主要体现在征信制度、公司法以及证券法关于高管任职资格和中介组织市场禁入的相关规定中。例如,根据《公司法》第146条的规定,"因贪污、贿赂、侵占财产、挪用财产或者破坏社会主义市场经济秩序,被判处刑罚,执行期满未逾五年,或者因犯罪被剥夺政治权利,执行期满未逾五年"以及"个人所负数额较大的债务到期未清偿"的自然人不得担任公司的董事、监事及高级管理人员。

然而,失信惩戒作为一个具名化的概念首次被提出,是在2014年中央文明办、最高人民法院、公安部、国务院国资委、国家工商总局(现国家市场监管总局)、中国银监会(现国家金融监督管理总局)、中国民用航空局、中国铁路总公司8个部门和相关企业为深入贯彻党的十八届三中全会精神,共同签署的《"构建诚信、惩戒失信"合作备忘录》中。具体实施方法是由最高人民法院向国务院国资委、公安部、银保监会、国家市场监管总局等部门推送失信被执行人名单,以上各部门收到名单后在各自领域、系统内对名单内失信被执行人采取限制高消费、限制办理贷款或信用卡、限制市场进入等惩戒措施。该失信联合惩戒举措一经推出,在全国范围内引起持续反响,为解决执行难、优化营商环境、推进市场信用建设发挥了巨大的积极作用。此一阶段的失信惩戒主要集中在民事执行领域,有强烈的"司法主导特色",①重在惩治"老赖",虽然监管效果立竿见影,但缺乏系统性、体系性。

(二)初步规范阶段

2016年6月,国务院发布《联合奖惩指导意见》,专门就守信激励和失信惩戒事宜作出具体指导,《联合奖惩指导意见》针对市场主体失信行为,规定了联合惩戒、行政惩戒、市场惩戒、行业惩戒以及社会惩戒等多种

① 参见侯明明:《司法改革之于诚信政府建设的功能及其限度》,载《河南社会科学》2021年第2期。

惩戒路径,自此我国市场主体失信惩戒机制的框架雏形基本形成,系统性的市场主体失信惩戒机制建设大幕徐徐拉开。较为遗憾的是,此一阶段,市场主体失信惩戒大刀阔斧的改革,也带来了一系列改革成本,其中最具争议的问题是“一时失信、事事受限;一处失信,处处受限”等失信惩戒机制运用泛化现象开始显现,失信惩戒机制运作中的公权与隐私权等私权的冲突、①市场信用体系建设要求与市场发展阶段局限性之间的冲突问题逐步凸显,亟待研判。

(三)宽严相济、依法惩戒阶段

最高人民法院于2020年5月发布了《关于依法妥善办理涉新冠肺炎疫情执行案件若干问题的指导意见》,明确要求对防疫重点企业、困难中小企业审慎采取惩戒措施,给予一定宽限期,市场主体失信惩戒机制自实施以来首次被阶段性收紧,在一定程度上代表、预示了市场主体失信惩戒制度宽严相济、谦抑审慎的发展走向。

2021年7月,国家发改委、中国人民银行会同社会信用体系建设部际联席会议成员单位和其他有关部门共同编制了《全国失信惩戒措施基础清单(2021年版)(征求意见稿)》(以下简称《失信惩戒基础清单》),明确要求:“各地区、各有关部门(单位)应当严格依法依规实施清单内的失信惩戒措施,不得在法律、法规或者党中央、国务院政策文件规定外增设惩戒措施,不得擅自扩大清单内惩戒对象范围,不得在法定惩戒标准上加重惩戒,确保失信惩戒在法治轨道运行,切实保护信用主体合法权益。”《失信惩戒基础清单》通篇重心汇集于一点,即必须“依法”惩戒,为此清单以表格形式明确列示各项惩戒措施的法律、法规依据,严格限定惩戒对象、惩戒内容和实施主体,致力于严格规范有所泛化走样的失信惩戒机制,保障市场主体、信用主体的合法权益。

以上为我国市场主体失信惩戒制度的总体肇始、发展与流变情况。当然,除中央一级国家机关出台的一系列规范性文件以外,各地方政府、

---

① 参见蒋丽华:《失信被执行人个人信息保护之完善——以失信被执行人名单制度为中心》,载《网络法律评论》2017年第2期。

行业协会自治组织等在此期间也纷纷针对各自地区、行业发布了一系列失信惩戒规范。总体而言,我国当前的市场主体失信惩戒制度处在中央引领、地方与行业全面开花,逐步规范完善的积极摸索阶段。

二、"宽进严管"背景下我国市场主体失信惩戒制度的解构

结合我国既有市场主体失信惩戒制度相关规范性文件及实践情况所彰显的法治精神,基于价值判断,我们将失信惩戒制度作以下解构。

(一)"宽进严管"背景下市场主体失信惩戒制度的基本原则

市场主体失信惩戒的基本原则,是市场主体失信惩戒立法、执法、司法和其他依法拥有失信惩戒权限的单位在实施失信惩戒活动中应当坚持的基本准则。在"宽进严管"背景下,我国失信惩戒制度的基本原则,主要有以下几项。

1. 谦抑性原则

所谓市场主体失信惩戒制度的谦抑性原则,是指在通过传统行政处罚手段以及其他方法足以惩治市场主体相关违法、违规、违约行为的情况下,不宜将其认定为失信行为,不宜对其施加惩戒手段。失信惩戒制度之所以要秉承谦抑性原则,原因如下:第一,谦抑性系由市场行为的创新性特质决定。市场行为不同于普通的民事行为、生活行为,它具有极强的创新导向性,这意味着市场主体若要创造一个行业、引领一个行业乃至颠覆一个行业,不可避免要对既有规则进行"创造性破坏",市场主体的种种"创造性破坏"行为,仅从形式上看经常会与传统规则、理念相杯葛,实质上却是维持市场活力和创新的必要之举。当今市场上,诸种新的经济模式、治理规则往往是市场主体"创造性破坏"活动的成果产物,有限责任制度、信托制度、有限合伙制度、破产制度等不胜枚举。法律规则相对于市场活动,具有天然的滞后性,若不秉持失信惩戒制度的谦抑性,则市场主

体的诸多创新性行为均有被认定为失信行为的现实与潜在风险，动辄对其施加惩戒措施，会导致市场主体裹足不前，整个市场环境丧失应有的活力。以我国互联网公司海外上市普遍采用的 VIE 结构①为例，VIE 结构其实是互联网公司刻意规避国家关于外资市场进入管制的强制性规定，严格来说属于违法行为，但是鉴于互联网公司的创新性特质，监管部门在很长一段时期内并未主动出击否定 VIE 结构，更未对其施加惩戒措施。有人盛赞 VIE 模式缔造了中国一代伟大的互联网公司。② 第二，失信惩戒制度产生的初衷是为了克服既有市场监管手段的威慑力不足困境，换言之，其功能定位应当是补强性的，而非主导性的。这意味着，如果对市场主体的某类违法、违规或者违约行为，传统监管手段足以进行有效制裁、震慑，那么就没有必要诉诸失信惩戒手段。以前几年我国资本市场上频频发生的收购方违规举牌现象为例，2014 年《证券法》第 86 条针对违约举牌，仅规定了 30 万～60 万元的行政处罚责任，这个责任幅度对于动辄数十亿、数百亿规模的上市公司收购纠纷而言，可谓“九牛一毛”，毫无威慑力。基于此，证券监管机关不得不在该行政责任之外，对违规举牌公司的实际控制人施加市场禁入这类失信惩戒处罚。《证券法》修改后，针对此类违规举牌行为，规定必须限期出售违规增持部分股票，该规定会导致收购者违规增持的目的无法实现，足以遏制该类违法行为，也就无须再施加失信惩戒手段。然而，有些地方政府出台的失信惩戒条例或社会信用条例，严重背离失信惩戒制度的谦抑性原则，随意扩大失信惩戒制度的适用范围，对大量的简单违约行为、不道德行为施加惩戒手段，受到诸多批评，甚至导致市场主体、社会公众质疑失信惩戒制度本身的正当性。③ 第

---

① “VIE 结构”（Variable Interest Entities，“可变利益实体”），又被称为“VIE 构架”，在我国被称为“协议控制”，是指境外注册的上市实体与境内的业务运营实体相分离，境外的上市实体通过协议的方式控制境内的业务实体，业务实体就是上市实体的可变利益实体（VIEs）。

② 参见刘燕：《企业境外间接上市的监管困境及其突破路径——以协议控制模式为分析对象》，载《法商研究》2012 年第 5 期。

③ 参见周海源：《失信联合惩戒的泛道德化倾向及其矫正——以法教义学为视角的分析》，载《行政法学研究》2020 年第 3 期。

三,源自失信惩戒手段的极强制裁效应。传统的行政处罚手段,通常是对市场主体的既有资格、既得利益实施剥夺或者限制,如罚款、没收违法所得,是对市场主体既有财产权利的剥夺,又如吊销营业执照是对违法市场主体既有主体资格的剥夺。不同于传统行政处罚手段,市场主体失信惩戒措施,通常是对市场主体未来参与市场竞争的机会的限制或剥夺,如市场禁入、禁止参评相关荣誉资格,并且失信惩戒信息被公示后,失信市场主体获得交易机会的能力也会受到减损,这些措施给市场主体带来的间接影响巨大,甚至极端情形下会带来毁灭性打击。主要原因是一些失信惩戒措施,具有市场化属性,即借助市场选择的力量惩罚失信者,而市场选择的结果经常是监管者也无法准确预判的。综上,市场主体失信惩戒制度应当秉承谦抑性原则,不得扩大适用。国家市场监管总局公布的《市场监督管理严重违法失信名单管理办法》第 2 条第 1 款明确规定:“当事人违反法律、行政法规,性质恶劣、情节严重、社会危害较大,受到市场监督管理部门较重行政处罚的,由市场监督管理部门依照本办法规定列入严重违法失信名单,通过国家企业信用信息公示系统公示,并实施相应管理措施。”根据该条,只有性质恶劣、情节严重、社会危害性较大,受到较重行政处罚的行为,实施该行为的市场主体才能被纳入违法失信名单。该条的立法思路较好地遵循了失信惩戒制度的谦抑性原则。

2. 比例原则

比例原则是行政处罚的基本原则,是衡平法理念在行政处罚领域的原则性体现。尽管失信惩戒措施在形式上是否可定性为行政处罚,尚有不同观点,但毫无疑问,失信惩戒与行政处罚都涉及对市场主体(或行政相对人)私权的限制、剥夺,二者的逻辑结构具有高度一致性,因此比例原则也是失信惩戒制度所应遵循的基本原则。比例原则在既有的失信惩戒制度中可总结归纳出以下几点具体体现:第一,失信惩戒措施的实施必须符合目的正当性。迄今任何一部有关失信惩戒制度的行政法规、部门规章、地方性法规、地方政府规章无不在开篇对失信惩戒措施的目的初衷作大书特书,以旗帜鲜明地彰显失信惩戒制度的目的正当性。然而,在具体的惩戒手段实施时,其目的正当性并非不言自明、无须证实。尽管目的正当性判断具有主观性,不好把握,但是我们认为,施加惩戒措施的主体是否客观公正地对市场主体的失信行为进行认定、是否充分地研判了惩戒手段的适当性,是否审慎评估了惩戒手段对市场主体可能带来的影响,均可作为评判惩戒手段目的正当性的考量因素。第二,具体实施的失信惩戒手段要满足必要性条件。对市场主体的失信行为施加惩戒措施不是信用信息监管的目的,“严管”的目的是在保障市场活力的前提下,预防、震慑市场主体,使其不做出失信行为。换言之,只要有更轻的惩戒措施可以达到预防、震慑市场主体的效果,就不应实施较重的惩戒措施。不能为了片面追求强力的预防、震慑效果,不计社会成本、经济成本地选用更重的惩戒措施。同时,必要性原则还体现在整套失信惩戒制度的轻重设计要体现过罚相当原则。第三,具体实施的失信惩戒措施与市场主体的失信行为之间必须具有关联性。关联性,有学者称为“禁止不当联结”,①其是比例原则的基本要求。在失信惩戒制度中,关联性主要体现在两个层面:一方面,一般情况下失信惩戒措施能且仅能施加于做出失信行为的具体市场主体及其相关负责人(如法定代表人、实际控制人、控股股东以及高管等具体责任人),而不能株连其他人,如不能株连失信人的子女家人等。实践中,有的地方对失信市场主体子女择校、入学采取限制措施,实践上已经违反了关联性原则。另一方面,失信惩戒措施仅能针对市场主体做出失信行为的具体领域及其相关领域,而不能扩展到其他领域。如某一市场主体实施了偷税漏税行为,监管者应当在税收监管领域范围内对其施加惩戒措施,而不能随意扩大惩戒领域范围,导致其在其他不相关领域的市场活动也受影响。第四,失信惩戒手段的实施必须遵循时空性原则。一方面,时间性限制,指对市场主体施加的失信惩戒措施必须有明确具体的惩戒期间,惩戒期间经过或者市场主体已经依法采取改进措施,即应当修复其失信信息;另一方面,空间性限制,即除非必要,对市场主体施加惩

① 参见卢护锋:《信用惩戒滥用的行政法规制——基于合法性与有效性耦合的考量》,载《北方法学》2021 年第 1 期。

戒措施应当限定在特定行政地域范围内,轻易不得采取"一处失信、处处受限"的惩戒手段。

3. 合法性原则

合法性原则是行政处罚的基本原则,相对于有着严格程序和实体限制的行政处罚而言,尚处于起步摸索阶段,各方面规则还相对不完善的失信惩戒制度更需要遵循合法性原则。具体而言,合法性原则在失信惩戒制度中主要体现在以下几个方面:第一,失信惩戒制度的设定依据本身应当满足合法性要求,尤其是不能违反宪法、法律保留原则,满足合宪性审查要求。在这方面,客观说来,当前的失信惩戒制度的设定依据普遍存在效力层级不高,可能与宪法、法律保留原则相冲突的风险。中央层面已经发布的51个《合作备忘录》,"几乎全都以'发改财金发'作为文号。'财金司'全称国家发改委财政金融与信用建设司,是国家发改委的一个司局级内设机构,并不具有独立行政主体资格,这一系列规范性文件系标准的内部文件"。[①] 但就是这样的内部文件,对全国失信惩戒制度的实施发挥着"规范性依据"功能,其合法性很难说不为人所诟病。再者,从地方上看,全国各地政府已经发布的失信惩戒相关政策文件有上千份之多,这些政策文件绝大多数属于地方政府规章,尽管效力层级不高,但是大量类似地方政府规章中所规定的部分失信惩戒措施已经构成对市场主体私权的限制或剥夺,并与宪法、法律保留原则相冲突。第二,各种失信惩戒措施的设定本身应当合法。私法领域以法不禁止即为允许为原则,公法领域则以法无授权则为禁止为原则,失信惩戒措施虽然包含一些市场化的惩罚手段,但不可否认其具有显著的公法属性,遵循法无授权即为禁止原则。以失信惩戒措施中合法性风险最小的参考类惩戒措施为例,所谓参考类惩戒措施,即对存在一般失信行为的市场主体,由监管者将其失信信息共享给相关部门,供相关部门在行政许可、税收优惠认定等决策中参考。对此类惩戒措施,有学者指出:"将失信状况作为行政处理的裁量因

① 贾茵:《失信联合惩戒制度的法理分析与合宪性建议》,载《行政法学研究》2020年第3期。

素,本属行政之固有权限,亦无法律授权。”①然而,事实并非如此简单,参考类惩戒措施满足合法性要求存在一个前提,即参考该信息的相关决策部门在具体决策事项上享有合法的自由裁量权,然后在自由裁量权允许的范围内参考市场主体的信用状况作出决策。但是在有些事项上,相关行政决策部门并没有自由裁量权,此时其对市场主体信用状态的参考裁量就存在合法性风险。此外,某些失信惩戒措施,已经涉及对市场主体私权的限制、剥夺,其合法性有待合宪性审查的检验。此外,根据我国《立法法》第80条、第82条的规定:除法律、行政法规及地方性法规外,部门规章、地方政府规章及其他规范性文件不得设定减损公民、法人和其他组织权利或者增加其义务的规范。而既有的失信惩戒制度,普遍是在上位法未发生调整、变化,也未明确授权的情况下,直接以地方政府规章、部门规章的形式规定相关失信惩戒措施,部分惩戒措施显然是增加了失信人获得行政许可的条件,改变了行政处罚的方式与幅度,已经违背了授权明确性原则,亟待上位法对其进行合法性确认。② 第三,失信惩戒措施的程序合法性问题。当前总体而言,失信惩戒制度中的程序规则设计相对粗疏,主要局限在失信信息的异议程序上,如根据河北省政府发布的《河北省企业信用联合奖惩办法(试行)》,市场主体可以在失信信息发布后的两年内向相关机关提出异议,相关部门在收到市场主体的异议申请后必须在20个工作日内予以核查,若发现错误应立即进行更正,并在5个工作日内告知相对人。大多数地方政府发布的失信惩戒办法均有类似规定。失信惩戒制度程序规则,至少应包含市场主体失信行为认定程序、失信信息发布程序、失信行为认定后的告知程序、相关部门依据失信信息作出相关行政决策的告知说明程序、市场主体对失信行为认定及相关行政决定的异议程序等几个层面。

① 参见沈毅龙:《论失信的行政联合惩戒及其法律控制》,载《法学家》2019年第4期。
② 参见贾茵:《失信联合惩戒制度的法理分析与合宪性建议》,载《行政法学研究》2020年第3期。

(二)市场主体失信行为的认定

所谓失信,其直观含义,指市场主体违背其约定或法定义务,而导致其市场信用降低或者丧失的情形。对于市场主体失信行为的认定,可以归纳为学理与实践两个层面。总体而言,学理层面对失信行为的认定口径偏窄,偏重于市场主体对于事前允诺的违背;实践层面对失信行为的认定则极为宽泛,违法、违规、违约、悖德均有被认定为市场主体失信行为之例证。具体如下:

1. 市场主体失信行为认定的学理检视

就市场主体信用信息监管乃至社会信用监管题域而言,失信行为的认定问题属于一个高度基础性、技术性、抽象性的研究领域,极富研究价值,并且容易产出高质量学术成果。然而,遗憾的是,当前理论界对该问题的专门性探讨非常稀少,并且不成体系。根据笔者所掌握的文献,当前理论界对市场主体失信行为的认定问题,总体上呈现出以下特点:第一,以诚实信用原则作为界定失信行为的依托。如有学者将失信行为界定为,“违反诚实信用原则,恶意追求自身利益的最大化,而置他人利益于不顾的行为与现象”。[①] 诚然,诚实信用原则是与失信行为关联最紧密的一个规范性概念,即便是中央、各地出台的一系列失信惩戒规范、条例,通常也将违背诚实信用原则作为认定市场主体失信行为的前置条件。然而,严格意义上说来,规范意义上的诚实信用原则是一项民法原则,作为民法“帝王条款”的诚实信用原则其调整对象其实主要适用于合同法或债法领域,而人格权法、侵权法等领域其实甚少适用该原则。进而言之,作为民法基本原则的诚实信用原则与经济法领域的市场主体信用信息监管之间,或多或少地缺少一定的衔接性。第二,突出对承诺、契约义务的违背。如有学者认为,失信的基本含义是行为人违背协议或诺言;从最初意义上说,失信总是以行为人具有某种在先承诺为前提。[②] 这是对失信行为的最

---

① 颜少君:《我国失信惩戒机制建构研究》,中国经济出版社2013年版,第23页。

② 卢护锋:《信用惩戒滥用的行政法规制——基于合法性与有效性耦合的考量》,载《北方法学》2021年第1期。

传统的理解方式,该语境下的失信行为范围过于狭窄。仅从逻辑上分析,不仅违背契约与承诺,违法在很多情况下也属于失信,因为一个良好公民本身对这个社会有潜在的遵纪守法的承诺。第三,强调失信行为与违法行为的差异性。如有学者对部分地方的失信惩戒规范直接将违法行为无差别地界定为失信行为的做法提出批评,并指出:“失信与违法是存在重大差异的两个事物:失信指对承诺的违背,侧重于私人的意思自治,具有约定性和可协商性;违法指向的是对国家法律的违反,表明的是国家对某项行为的价值判断和态度立场,具有鲜明的国家意志性。”①确实如此,失信行为与违法行为不能等同视之,否则对违法行为实施处罚以后,再施加失信惩戒手段,其结果必然是导致失信惩戒措施的严重泛化,违背行政处罚、刑事处罚的过罚相当原则。遗憾的是,失信行为与违法行为的交叉点、边界到底在哪里,哪些情况下违法也失信,哪些情况下违法未必失信,哪些情况下失信未必违法,当前理论界尚未有清晰的认识。并且,当前理论界普遍是在社会信用体系建设的语境下讨论失信行为及其认定问题,缺乏对市场主体信用信息监管维度的特别关注,实际上市场主体失信与一般公民失信,其认定逻辑确有差异。其实,抛开社会信用体系,若将视角限定在市场主体信用监管领域的话,我们会发现,当前中央各部门、各地方政府发布的有关失信惩戒的规范性文件,普遍是针对市场主体的严重的、突出的违法行为,普通失信行为尤其是未上升到违法层面的失信行为,一般没有纳入失信惩戒制度的调整对象之中,因此学界关于失信与违法二者相混淆的顾虑,在市场主体信用监管领域其实并不突出,或者说不称其为一个真问题。当前,失信与违法的差异性对市场主体信用监管并非没有理论提示意义,其意义体现于,并非市场主体的所有严重违法行为均可纳入失信行为,是否具有主观故意、重大过失情节,是区分失信与违法的关键因素。

---

① 参见卢护锋:《信用惩戒滥用的行政法规制——基于合法性与有效性耦合的考量》,载《北方法学》2021 年第 1 期。

2. 市场主体失信行为认定的实践情况

在失信行为认定问题上，客观来说，实践要远远走在理论研究前面。总体而言，当前市场主体信用信息监管实践中，对失信行为的认定呈现出“条块交叉”两条路径。其中，“条”主要是指各行业主管部门针对本行业市场主体的失信行为制定的认定标准；“块”主要指中央部门、地方政府从宏观上针对各行业制定的失信行为认定标准。鉴于“块”的失信行为认定标准通常对“条”的失信行为认定发挥指导和规范作用，所以下文遵循“先块后条”的梳理写作顺序。

(1)中央层面与地方政府的规范性文件对失信行为的认定。作为“块”的失信行为认定标准，以国务院2016年发布的《联合奖惩指导意见》为总领性规定。其规定了4种需要重点惩戒的失信行为，分别是：严重危害人民群众身体健康和生命安全的行为；严重破坏市场公平竞争秩序和社会正常秩序的行为；拒不履行法定义务，严重影响司法机关、行政机关公信力的行为；拒不履行国防义务，拒绝、逃避兵役，拒绝、拖延民用资源征用或者阻碍对被征用的民用资源进行改造，危害国防利益，破坏国防设施等行为。该4种严重失信行为，其后为各地方政府、行业主管部门制定的失信惩戒规范吸收借鉴，发挥了指导性作用。尽管并未指明，但我们可以发现《联合奖惩指导意见》所界定的4种失信行为，其实是从危害性层面进行的归纳分类，其类型化意义已然凸显。此后各地出台的失信惩戒地方法规、规章，对市场主体失信行为的认定也体现了相应的类型化思维。如江西省发布的《江西省企业信用行为联合激励与惩戒暂行办法》，根据失信行为的轻重程度将其分为一般失信行为、较重失信行为和严重失信行为三种类型，并根据失信行为的轻重不同设置了不同的惩戒措施。[1]《河北省企业信用联合奖惩办法(试行)》《江苏省社会法人失信惩戒办法(试行)》中对失信行为的认定分类与此基本一致。海南省发布的《海南省企业失信行为联合惩戒暂行办法》则是根据市场主体失信行为

① 参见《江西省企业信用行为联合激励与惩戒暂行办法》。

发生的领域,将其分为商务领域失信行为,即市场主体在生产、经营、服务过程中产生的失信行为;政务领域失信行为,即市场主体作为行政管理相对人的失信行为;司法领域的失信行为,即市场主体在仲裁、诉讼、执行等司法活动中的失信行为。① 以市场主体失信行为发生的领域作为失信行为的分类依据的做法,与当今我国实行的以行业主管部门为依托的联合惩戒机制可以比较有效地衔接,较科学。

(2)各行业主管部门的规范性文件对失信行为的认定。鉴于最高人民法院虽然并非行业主管部门,但专司司法审判职能,类似于行业主管部门,因此这里姑且将其放在本部分予以讨论。最高人民法院是较早对失信行为予以专门惩戒的部门,以最高人民法院为主导的8部门发布的《“构建诚信、惩戒失信”合作备忘录》中将失信惩戒对象限定为失信被执行人,也就是俗语中的“老赖”,失信被执行人的失信行为主要是指有能力履行而拒不履行法院生效判决、和解协议等生效法律文书确定的义务。由此可见,最高人民法院认定的失信行为,在学理上可概括为拒不履行在先义务之行为。② 交通运输部发布的《交通运输守信联合激励和失信联合惩戒对象名单管理办法(试行)》与之类似,其规定的失信行为,主要是交通运输管理部门作出行政决定后,有履行能力但拒不履行或者逃避执行的行为。其他各行业主管部门对失信行为的认定,主要是根据自身的行业监管需要,将行业监管中常见的违法、违规行为根据轻重程度分别纳入失信行为清单之中(主要是行业“黑名单”)。

总体而言,既有规范性文件对失信行为的认定,呈现出以下几个特点:第一,普遍将违法性作为失信行为的构成要件。③ 也就是说,在监管者看来,违法性是失信惩戒的前提,对于缺乏违法性的市场主体行为,一般不认定为失信行为。这也反映出失信惩戒制度的功能定位,即其并非要

① 参见《海南省企业失信行为联合惩戒暂行办法》。

② 目前最高人民法院认定的市场主体失信行为,除了拒不履行生效判决的确定的义务之外,还包括虚假诉讼等行为。

③ 参见杨丹:《联合惩戒机制下失信行为的认定》,载《四川师范大学学报(社会科学版)》2020年第3期。

填补法律评价与道德评价之间的空白地带，而是为了弥补既有法律评价手段的不足，这一功能定位无疑是正确的。对缺少违法性的市场行为施加信用惩戒措施，显然会导致失信惩戒制度严重泛化，导致公权对市场主体私权的过度倾轧。第二，市场主体的主观过错，是认定失信行为的关键考量因素。从中央及各地方出台的有关失信惩戒的规范性文件规定可知，相关文件所规定的失信行为，绝大多数情况下是市场主体故意为之，包括直接故意和间接故意，如有能力履行而拒不履行法院生效判决即是如此。因为，作为失信惩戒制度指导原则之一的诚实信用原则本身就以行为人的主观心态为考量指标，所以对完全缺少主观过错的行为，不宜认定为失信行为。此外，一个值得讨论的问题是，市场主体的过失行为，是否应当被认定为失信行为。对此，我们认为，市场主体不同于一般的民事主体，其是高度理性人，对于高度理性人而言，过失也具有可归责性，因此市场主体的重大过失行为可认定为失信行为。不过，鉴于失信惩戒手段的威慑力过于强劲，市场主体的一般过失行为，不宜认定为失信行为，以免造成打击面过大的现象。第三，危害后果的严重性，是认定失信行为的重要依据。如《联合奖惩指导意见》中规定的 4 种失信行为，该文件分别使用了“严重危害”“严重破坏”“严重影响”等词汇，以突出失信行为的危害后果严重性。[①] 尽管有些地方出台的相关失信惩戒规范性文件并未将危害后果的严重性作为认定失信行为的重要依据，但是我们认为《联合奖惩指导意见》的认定思路更值得提倡。因为，失信惩戒手段，其实是在行政处罚手段之外额外施加的惩罚措施，会给市场主体带来双重打击，基于此失信惩戒手段的实施应当极为审慎，秉持谦抑性特质。尤其是，当下我国市场主体的合规意识普遍不是很高，对其动辄施加市场化的惩罚措施，会挫伤市场主体的积极性，反而不利于优化营商环境。第四，既有实践对失信行为的认定带有很强的经验主义特点。目前除《联合奖惩指导意见》外，绝大多数失信惩戒规范性文件，对失信行为的规定采用的都是列举式

---

① 参见《国务院关于建立完善守信联合激励和失信联合惩戒制度加快推进社会诚信建设的指导意见》。

手法,即将市场监管中存在的比较突出的、严重的、"久治不愈"的违法、违规、违约行为直接列举为失信行为。这种规定方式其实是对过去监管执法、司法经验的直接"嫁接",但是对于到底何为失信行为,其有何独特属性,目前所有规范性文件均缺乏科学的抽象性提炼。

(三)市场主体失信惩戒制度的主要措施

从中央机关、全国各地方政府发布的相关失信惩戒备忘录、条例、办法等规范性文件的具体规定来看,相关失信惩戒措施可谓林林总总、蔚为壮观。鉴于既有失信惩戒措施过于具体、庞杂,理论界不断尝试对其进行类型化梳理,以求化繁为简,明晰其制度逻辑。如有学者根据失信惩戒措施的功能,将其分为参考性惩戒措施和决定类惩戒措施两种,参考性惩戒措施主要供相关决策机关在作出行政给付、行政许可等行为时作为综合考量因素;决定类惩戒措施,供相关行政机关、监管者在作出行政许可、行政给付、行政处罚等行政决定时作为规范要件适用。[①] 该种分类方式,有初步的类型化意义,但是客观说来不甚周延,因为参考类与决定类惩戒措施,尽管在逻辑上似乎可以明确区分,但是在实操环节,作出相关行政行为的机关到底是把失信惩戒措施作为参考考量因素还是规范要件,并非总是清晰明确的,甚至有时候二者的边界极为模糊。简单来说,在市场主体信用监管整体政策口径执行偏紧时,参考类惩戒措施就可能在实质意义上成为决定类惩戒措施;在监管政策口径整体偏于宽松时,决定类惩戒措施有可能成为实质意义上的参考类惩戒措施。另有学者将失信惩戒措施分为以下4类:行政性约束和惩戒措施,主要体现为剥夺法定权利、限制市场进入等行政处罚;行政指导和影响型措施,主要是指导相关决策部门参考相关失信信息作出决策或设计交易条件;规制加强和重点监管措施,典型如强化监管;私法形成性行政措施,主要是对市场主体私权产生

---

① 参见李烁:《论失信联合惩戒的合法性及其补强——以〈对失信被执行人实施联合惩戒的合作备忘录〉为样本的分析》,载《中国法律评论》2021年第1期。

限制效果的惩戒措施，如限制高消费。[①] 该种分类方式实际上也是根据具体惩戒措施的效果作用进行的分类，与前一种分类方式具有本质上的一致性，只不过后一种分类方式更为具体一些而已。两种分类方式共同的问题是，它们均是站在失信惩戒措施本身及其功能视角来解构失信惩戒措施，而实际上失信惩戒措施并不具有独立的法律意义，它的作用在于充当相关监管机关作出后续行政行为时的规范要件、参考因素等角色，简而言之是服务于后续的行政行为的。因此，站在后续相关行政行为视角，将失信惩戒措施视作其要素结构，重新对失信惩戒措施作类型化梳理，或许更有启发意义。基于此，笔者更赞同沈毅龙博士对失信惩戒措施的分类方法，其将失信惩戒措施分为以行政检查为表现形式的惩戒措施、以行政处理为表现形式的惩戒措施和以行政指导为表现形式的惩戒措施。[②] 其是站在相关行政行为的立场解构失信惩戒措施，值得提倡，对本课题对失信惩戒措施的分类颇有借鉴启发意义。

1. 行为监控型惩戒措施

所谓行为监控型惩戒措施，是指根据市场主体的失信行为，由行政机关通过信用提醒、约谈等方式敦促其及时改正失信行为，以及在日常监管过程中对其实施重点监督、检查的惩戒措施。如根据江苏省政府发布的《江苏省社会法人失信惩戒办法（试行）》规定，对于一般失信行为，“有关部门或者机构应当督促其停止失信行为并进行整改，也可以采取信用提醒和诚信约谈等方式予以惩戒”。对于较重的失信行为，可“作为日常监督检查或者抽查的重点”。又如，根据 2021 年 7 月 30 日国家市场监管总局发布的《市场监管管理严重违法失信名单管理办法》第 15 条的规定，市场监督管理部门可以将被列入严重违法失信名单的当事人列为重点监管对象，提高检查频次，依法严格监管。信用提醒、约谈与重点监督、检查措施的共同特点是，均集中于市场主体的既有失信行为制止、改正以及未来

① 参见贾茵：《失信联合惩戒制度的法理分析与合宪性建议》，载《行政法学研究》2020 年第 3 期。

② 参见沈毅龙：《论失信的行政联合惩戒及其法律控制》，载《法学家》2019 年第 4 期。

市场行为的合规审查，而不涉及限制、剥夺市场主体的相关资格条件。行为监控型惩戒措施中，尤其以重点监督检查措施为核心。从整个市场监管层面而言，我国当下市场监管工作面临的最主要问题之一是监管条件不足、监管机构超负荷运转，在总体监管力量既定的情况下，失信惩戒制度中的重点监督、检查措施的存在，可以在一定程度上促进监管力量分配的结构化改革，突出重点、提升监管效能。此外，从“宽进严管”背景下市场主体信用信息监管制度的制度初衷而言，对有失信行为的市场主体施加惩戒不是目的，预防、制止失信行为，化解失信风险，提升整个市场的合规诚信度，优化营商环境才是其目的。同理，行为监控型惩戒措施，虽然是放在失信惩戒措施项下予以规定，但是严格意义上来说，其不能算是一种惩戒措施，因为无论是信用提醒、约谈还是重点监督、检查，均未使市场主体的私权受到影响、限制，反而有利于其规范自身的经营管理，依法、守约、合规参与市场活动，提高自身信用等级。不过，遗憾的是，当前既有的失信惩戒条例、办法均未对重点监督、检查的具体实施方法作出明确规定，何为重点监督、检查，如何算达到了重点监督、检查要求，亟待予以规范引导。

2. 资格条件型惩戒措施

所谓资格条件型惩戒措施，是指监管机关根据市场主体的失信行为类型、危害性程度，在一定时期内采取的限制或者剥夺其特定资质、资格条件或者提高其获得相关资质、资格的条件与标准的惩戒措施。如根据《江苏省社会法人失信惩戒办法（试行）》第22条第3～10项规定，对存在严重违法失信行为的市场主体，监管者可采取“撤销相关荣誉称号，撤销或者降低相关评估等级，禁止参与评优、评先；不作为政府购买服务对象；限制上市融资、发行企业债券等；不给予优惠政策或者财政资金补贴；严格限制新增项目审批、核准以及用地审批、矿业权审批等；不予批准设立信用担保机构等具有金融类业务的机构；禁止参加政府采购活动；限制或者取消其参与政府主导的建设项目、设备、公共工程项目、公共资源分配项目等招标投标活动，以及建设用地使用权、矿业权招拍挂出让活动的资格"。这8项规定,均属于资格条件型惩戒措施。资格条件型惩戒措施,具有较为初步的市场化惩戒特点:其一,撤销相关荣誉或者禁止评优、评先措施,具有信用降级的作用,一旦市场主体被信用降低,其获得市场交易机会的能力就会受到影响,这种影响力最终是市场化的。其二,限制上市融资、发行债券以及不予通过行政许可等惩戒措施,具有行为能力降级的作用,市场主体的行为能力一旦被降低,就无法参与特定领域的市场竞争,因此该种惩戒措施也是市场化的。其三,不作为政府购买服务对象等惩戒措施,属于政府的拒绝交易行为,直接导致失信市场主体的交易机会丧失,并且丧失政府购买服务的机会,对于失信市场主体而言相当于失去政府的信用认可,也会导致其信用降级。总体而言资格条件型惩戒措施在所有失信惩戒措施中,最具直接威慑力,可以有效弥补传统行政处罚手段威慑力不足的短板。需要指出的是,在既有的失信惩戒措施中,资格条件型惩戒措施占比最大、种类最多,最为关键的是,不同的资格条件类惩戒措施对于不同的市场主体而言威慑力大异其趣,这就容易出现监管机关实施保护性惩戒、权力寻租的情况发生。如某一市场主体实施了严重的违法失信行为,但是其所属整个行业基本与政府采购没有交集,监管者若对其采取禁止参加政府采购的惩戒措施,无疑属于保护性惩戒、选择性惩戒,导致失信惩戒制度失效。因此,对于资格条件型惩戒措施的实施而言,具体惩戒措施与市场主体失信行为应具有紧密的关联性。遗憾的是,既有失信惩戒规范性文件,对于资格条件型惩戒措施的规定采用的多是列举式规定,由行政机关根据具体情况选择实施,该种规定方式无疑给权力寻租、保护性惩戒留下了很大的操作空间。

3. 行政指导型惩戒措施

所谓行政指导型惩戒措施,是指监管部门、行政主管机关将市场主体失信情况通报给相关市场、行业领域,鼓励、建议该市场领域内其他市场主体提高与失信人交易的条件或者审慎与之交易的惩戒措施。这类惩戒措施严格意义上说来,属第三方惩戒,并且是一种高度市场化的惩戒措施,也是市场主体信用信息监管所应大力提倡的一种惩戒措施。例如,国务院发布的《联合奖惩指导意见》规定,“引导商业银行、证券期货经营机构、保险公司等金融机构按照风险定价原则,对严重失信主体提高贷款利率和财产保险费率,或者限制向其提供贷款、保荐、承销、保险等服务”,“支持行业协会商会按照行业标准、行规、行约等,视情节轻重对失信会员实行警告、行业内通报批评、公开谴责、不予接纳、劝退等惩戒措施”。此外,各监管机关发布的失信市场主体“黑名单”也具有行政指导的作用,会成为相关行业、领域内市场主体选择交易对象、商谈交易条件的重要参考依据。该类惩戒措施具有以下特点:其一,将市场化惩戒力量引入失信惩戒机制之中,凸显了“宽进严管”背景下市场主体信用监管的社会共治理念,可以有效缓解当前监管机关执法资源不足、惩戒手段受限的问题。其二,行政指导意见尽管不具有强制性,仅供相关领域内行业协会、市场主体参考,却具有很强的风险提示功能,一方面可以避免其他市场主体在不知情的情况下与不诚信的失信人交易而遭受损失;另一方面又可以高效地惩戒失信人,一举两得。其三,行政指导意见,不仅可为相关领域内市场主体交易决策提供参考,还可作为市场主体内部追责的问题线索,如行政机关已经提示银行系统,某失信人存在很大的交易风险,而某银行仍旧按照普通交易条件、标准向其发放大额贷款,导致该笔贷款未能收回,那么行政机关的风险指导提示,即可作为该银行追究具体人员责任的线索,尤其是在失信人已经被纳入“黑名单”后,这种线索意义更为显著。当然,尽管该种惩戒措施拥有种种优点,但是也应秉承失信惩戒制度的谦抑性原则,因为一旦没有审慎实施,尤其是经由新闻媒体发酵,极有可能导致市场化的运动式惩戒现象发生,容易给失信人带来巨大的甚至是毁灭性的打击。尤为重要的是,市场化的监管手段,从根子上说依赖于一个相对理性的市场环境,我国当前的市场环境还未达到该水平,因此行政指导型惩戒信息发布的对象、渠道均应有所限定,不宜盲目扩大失信信息的发布范围,尤其是慎重向消费者群体发布,以免给失信人带来毁灭性打击。

三、"宽进严管"背景下我国市场主体失信惩戒制度待完善的方面

作为"宽进严管"背景下市场主体监管的一种创新手段,市场主体失信惩戒制度在降低交易成本、维护交易安全、推进市场主体法律责任科学化、提升市场主体竞争力、优化营商环境等方面发挥着反向激励作用,与市场主体守信激励制度相得益彰。而与守信激励制度所不同的是,市场主体失信惩戒制度在本质上是一种对失信市场主体的信用权益进行强制限缩,并使其信用利益减损的惩罚方式,故而市场主体失信惩戒制度的科学化与合理化尤为重要。然而,从目前的立法与制度实践来看,失信惩戒制度的制定与实施过多地考量有效性指向,其适用的合法性基础在一定程度上被忽视,由此导致失信惩戒制度暴露出来的问题逐渐增多,引发理论界与实务界的高度关注。2018 年,全国人大常委会法制工作委员会在备案审查工作情况的报告中也重点涉及信用惩戒滥用的问题,并指出要加强对有关规范性文件的审查研究,防止出现超越立法权和违背上位法规定的情形。① 2020 年出台的《国务院办公厅关于进一步完善失信约束制度构建诚信建设长效机制的指导意见》也提出要坚决防止不当使用甚至滥用失信惩戒。可以说,社会信用建设的法治化仍然有很长的路要走,对于直接影响包括市场主体在内的信用主体权利的失信惩戒制度中存在的问题,更应当引起高度重视。鉴于此,我们在实证研究的基础上,对当前我国市场主体失信惩戒制度存在的问题作了归纳,具体体现在如下几个方面。

(一)市场主体失信行为认定

市场主体失信行为是市场主体失信惩戒制度的事实基础,故而,科

① 参见聂帅钧:《失信联合惩戒措施的合法性检讨与控制》,载《财经法学》2021 年第 2 期。

学、合理而又明确的市场主体失信行为认定机制,在整个市场主体失信惩戒机制中具有重要意义:首先,市场主体失信行为之认定是惩戒主体对市场主体启动失信惩戒机制的前提,倘若缺少这一前提,惩戒主体之失信惩戒行为将面临重大合法性危机。其次,明确的市场主体失信行为认定机制能够在市场主体与市场监管主体之间筑起一道“防火墙”,一方面警醒市场主体在市场活动中切莫铤而走险、玩火自焚,另一方面也可抑制市场监管主体滥用自由裁量权,肆意扩大惩戒适用范围,损害市场主体的合法权益。最后,合理定性市场主体失信行为,是对市场主体施以合理的惩戒措施的前提,可以避免失信行为与惩戒措施不匹配的情形出现,有效平衡惩戒主体的公权力与作为惩戒对象的市场主体的私权益。①

对于市场主体失信惩戒制度中如此重要的一个事项或要素,我国现有法律或者行政法规理应对其概念、特征、表现形态等作出明确规定,但我们通过对我国现有法律、法规及各类规范性文件进行系统梳理后发现,目前除了中央的政策性文件以外,尚无法律、行政法规对此作出统一、明晰的规定。也正因如此,近年来无论是理论界还是实务界关于信用立法的关注度持续升温,仅在2020年的全国“两会”上,就有26位人大代表、政协委员提出了加快社会信用立法的建议。② 为落实中央的政策性文件,各地方政府纷纷出台地方性法规、规章及行政规范性文件,尝试对失信行为进行界定。就各地实践来看,目前主要有两类失信行为认定模式:第一类是主体行为认定模式,即以市场主体的行为是否破坏了法律规范所保护的秩序为标准,判断市场主体相关行为是否为失信行为;第二类是量化认定模式,即以信用分值作为失信认定的标准。考虑到量化认定模式主要运用于对自然人失信行为的认定之中,③仅有少数地方在特定领域将其

① 参见杨丹:《联合惩戒机制下失信行为的认定》,载《四川师范大学学报(社会科学版)》2020年第3期。

② 参见王伟:《论社会信用法的立法模式选择》,载《中国法学》2021年第1期。

③ 例如,《克拉玛依市自然人失信惩戒实施细则》(克政办发〔2016〕66号)针对自然人的失信惩戒列出失信行为汇总表,标明失信等级,以方便扣减信用分。

作为市场主体失信的认定标准，[①]故而我们以主体行为认定模式作为研究的样本。

就市场主体失信行为的概念界定而言，目前各地方主要针对企业的失信行为进行地方立法，但并非均对失信行为概念作出界定，仅有黑龙江、贵州、湖北、海南立法在此方面进行了尝试，但从内容来看存在明显差异。其中，《黑龙江省企业失信行为联合联合惩戒实施办法（暂行）》（已失效）第2条、《贵州省企业失信行为联合惩戒实施办法（试行）》第2条关于企业失信行为的界定具有相似性，将企业失信行为界定为各级行政机关在依法履职过程中对企业认定形成失信记录的行为。然而，以上两部地方立法对何为“失信记录”并未予以进一步解释。《湖北省企业失信行为联合惩戒办法（试行）》（以下简称《湖北省办法》）第2条将企业失信行为界定为行政机关、司法机关等有关组织认定的各种违法、违规、违约行为。按照此界定方式，原本应受私法调整的企业一般违约行为，也可能被作为企业失信行为而予以惩戒。湖北省地方立法对企业失信行为之界定，放大了企业失信行为的范围，这从《湖北省办法》第8条所列举的第2项“恶意违约逃避履行法定义务或者合同义务的”规定中可以得到印证。《海南省企业失信行为联合惩戒暂行办法》在总则部分第2条将企业失信行为界定为包括行政机关和司法机关等有关部门和组织依法认定的“对企业信用状况构成负面影响的不守信用行为”，在分则部分的第12条又将“发生安全事故”“商业贿赂行为”等行为界定为企业失信行为，在立法逻辑上将这些行为与不守信用行为画等号。不可否认，这些行为会对企业的信用或者声誉产生影响，但因其缺少直接的信用相对方，故并不符合法理上对“守信”行为的一般认识。

就市场主体失信行为的类型以及判断标准而言，各地方立法也存在显著差异。以企业节能失信行为相关规范为例，《浙江省节能失信行为认定和记录办法》（以下简称《浙江省办法》）按照违法违规情节的轻重程

① 例如，《曲靖中心城市城市管理守信激励失信惩戒实施方案》针对涉及城市管理的自然人、社会法人和其他组织的失信行为，根据扣分情况判断其失信行为等级。

度,将企事业单位等主体的节能失信行为划分为一般失信行为与严重失信行为。其中,一般失信行为包括 8 种情形,严重失信行为包括 6 种情形。[1]《湖南省节能失信行为认定和记录办法》(以下简称《湖南省办法》)则按照违法违规情节的轻重程度,将企事业单位等主体的节能失信行为划分为提示级失信行为和警示级失信行为,两类等级的失信行为分别包括 11 种情形。[2] 需要特别强调的是,两省地方立法关于节能失信行为等级划分的差异并非只是体现在等级名称的差异上,即《浙江省办法》所规定的一般失信行为与严重失信行为,并非与《湖南省办法》所规定的提示级行为和警示级失信行为分别对应。比如,《浙江省办法》将企业生产能耗超过限额标准的行为认定为一般失信行为,而《湖南省办法》则将其认定为警示级失信行为。从设区的市一级地方的立法实践来看,江苏省连云港市出台的《连云港市节能失信行为认定和管理办法(试行)》将企事业单位等主体的节能失信行为划分为一般失信行为、较重失信行为和严重失信行为三类;[3]山东省济南市出台的《济南市节能失信行为管理办法》列举了 11 类节能违法违规行为,并未对节能失信行为进行类型划分。[4]

通过以上梳理可以得知,同样是针对节能失信行为,各地方立法无论是对节能失信行为的类型划分,还是对某一具体的节能失信行为的类型界定,均呈现较大的差异。地区经济发展的差异性并不能解释失信行为认定的差异性,毕竟江苏、浙江、山东同为东部沿海地区,经济发展差距不大。另外需要引起注意的是,同一地区的省一级层面的地方立法与设区的市一级层面的立法,在失信行为的认定上同样存在悬殊较大的情形。以辽宁省为例,《辽宁省惩戒严重失信行为规定》罗列了市场主体严重失信行为的 6 种情形,包括骗取金融机构贷款、恶意逃废金融债务、拒不执

① 参见《浙江省节能失信行为认定和记录办法》第 5 ~7 条。

② 参见《湖南省节能失信行为认定和记录办法》第 7 ~9 条。

③ 参见《连云港市节能失信行为认定和管理办法(试行)》第 3 条、第 5 条、第 6 条、第 7 条。

④ 参见《济南市节能失信行为管理办法》第 5 条。

行生效判决或决定等市场主体恶意行为,[1]而《沈阳市严重失信企业联合惩戒办法》所罗列的严重失信行为尽管也是6种情形,但在范围上更广,除了经国家企业信用信息公示系统或者有关部门共同认定为严重失信行为等情形之外,还采用了"累积制"严重失信行为认定方式,即企业在市信用信息平台有同一部门或不同部门多条以上提示信用信息或警示信用信息的,该企业将被认定为严重失信。[2] 类似情形在其他省份同样存在,各地方政府与中央部委在市场主体失信行为的认定上,同样存在因标准不统一而呈现较大差异的情形。

(二)市场主体失信惩戒措施

严格规范市场主体失信行为认定标准仅是市场主体失信惩戒制度的一个方面,而欲充分发挥失信惩戒制度在社会信用体系建设中的重要作用,还需要对失信市场主体施以与其失信行为相匹配的惩戒措施,加大了市场主体的失信成本,倒逼市场主体合法经营。从我们目前掌握的市场主体失信惩戒立法文本以及前期进行的实证调研的情况来看,我国市场主体失信惩戒措施还存在如下问题,有待进一步规范。

其一,市场主体失信行为与失信惩戒措施不匹配,违反比例原则。从经济学的角度来看,只有让市场主体的失信成本高于收益,才能发挥失信惩戒制度的应有作用。故而,失信惩戒措施力度不足,则不能发挥制度的威慑作用。例如,《企业信息公示暂行条例》(以下简称《暂行条例》)和《企业经营异常名录管理办法》针对未按规定及时、真实地公示信息的企业规定了"黑名单"制度,但该制度至少存在两方面的惩戒不足的情形:一方面,对于列入"黑名单"的企业缺少足够的限制措施。立法规定了"提醒其履行公示义务""给予行政处罚""依法承担赔偿责任""依法追究刑事责任"等惩戒措施,[3]或者规定依法限制或者禁止列入"黑名单"的企业参与政府采购、工程招投标、国有土地出让、被授予荣誉称号等,但该立法

---

① 参见《辽宁省惩戒严重失信行为规定》第5条。

② 参见《沈阳市严重失信企业联合惩戒办法》第8条。

③ 参见《企业信息公示暂行条例》第17条。

并未考虑我国2013年《公司法》取消法定最低注册资本金额要求后，一部分企业是为了逃税、逃避债务等非法目的而注册公司，而《暂行条例》并未针对这部分公司规定带有刚性和限制性的惩戒措施。另一方面，对于企业从列入经营异常名录到列入严重违法企业名单，未区分具体情形，一律规定3年的时间跨度，对部分企业并不能形成有效威慑。据统计，我国企业的平均寿命为7～8年，小企业的平均寿命也只有2.9年，①这也就意味着对于很多列入经营异常名录的企业，在列入严重违法企业名单之前很有可能就已经注销。鉴于这部分企业未被列入严重违法企业名单，故其法定代表人、负责人并不适用《暂行条例》第17条所规定的“被列入严重违法企业名单的企业的法定代表人、负责人，3年内不得担任其他企业的法定代表人、负责人”，转而可以继续注册企业公司，并循环往复地从事恶意逃税、逃避债务等行为。与失信惩戒措施力度不足相对的则是失信惩戒措施力度过强，这在立法文本与实践中也比较常见，这不仅不符合比例原则，也违背了《行政处罚法》“教育与惩罚相结合”的原则。② 实践中，失信惩戒过度的比较典型的情形是将对市场主体的失信惩戒波及与失信行为无关的主体，比如，对于被市场监管部门列入“黑名单”的企业，有些地方的公积金管理机构会限制其职工申请公积金贷款，③这无疑属于惩戒过度之举。

其二，一些失信惩戒违反职权法定原则。职权法定是行政机关依法行政的基本原则之一，要求行政机关及其工作人员按照法律所设定的权力范围和要求履行职责。目前被普遍适用的失信联合惩戒机制虽然在威慑失信市场主体方面发挥了重要的作用，但也是一项颇具侵害性的手

① 参见吴韬：《企业信用信息公示制度研究》，华东政法大学2017年博士学位论文，第126页。

② 《行政处罚法》第6条规定：“实施行政处罚，纠正违法行为，应当坚持处罚与教育相结合，教育公民、法人或者其他组织自觉守法。”

③ 参见王伟：《失信惩戒的类型化规制研究——兼论社会信用法的规则设计》，载《中州学刊》2019年第5期。

段。① 失信联合惩戒是政府内部的各行政主体联合实施失信惩戒权的行为，其在本质上属于政府内部的组织协调行为，故各行政机关在对市场主体进行失信联合惩戒时同样应当遵循职权法定的基本要求。然而从实践层面来看，各行政机关在进行失信联合惩戒时，不可避免地涉及行政权力的组合以及行政资源的重新分配，受此影响，惩戒手段缺乏法律授权、惩戒适用对象不具有关联性等违反职权法定原则的情形相继产生。比如，各行政机关通过召开联席会议，将某项权力在事实上授予本不具有该项权力的机关，或者以领导小组的名义越权行使失信惩戒行为等。从具体的立法实例来看，国务院颁布的《认证认可条例》从法人资格、固定场所和必要设施、管理制度、最低注册资本、专职认证人员数量 5 个方面规定了取得认定机构资质的条件，②原住建部与原质检总局联合印发的《关于对房地产领域相关失信责任主体实施联合惩戒的合作备忘录》则增设了房地产领域取得认定机构资质的消极条件，即限制失信主体取得认证资质。不可否认，从事认证活动的机构除了要具备专业知识与能力以外，诚实守信也十分重要，但在行政法规已经明确认定机构资质之取得条件的情况下，各部委仅以合作备忘录的形式增设认定机构资格取得的消极条件，有违职权法定原则之嫌。

其三，失信惩戒程序有待完善。按照正当程序原则之要求，行政机关应当按照法定程序作出行政行为。同理，惩戒机关对市场主体作出失信惩戒时也应遵循正当程序原则。当然，也有学者提出，法定程序既包括法律作出明确规定的程序，也包括法律未明文规定但为保障程序基本权利所需要的程序。③ 目前，我国的失信惩戒制度主要以地方立法为主要立法形式，再配合中央各部委的联合惩戒备忘录，缺少法律、行政法规层面的失信惩戒程序设计，但这并不意味着惩戒机关对市场主体进行失信惩戒

① 参见沈毅龙：《论失信的行政联合惩戒及其法律控制》，载《法学家》2019 年第 4 期。

② 参见《认证认可条例》第 10 条。

③ 参见杨登峰：《法无规定时正当程序原则之适用》，载《法律科学(西北政法大学学报)》2018 年第 1 期。

时无须遵循一定程序。为保障市场主体的合法权益,无论是在立法还是失信惩戒实践中,都应当凸显失信惩戒程序的重要性。以政府采购领域市场主体失信惩戒为例,我国目前仅有《财政部办公厅关于报送政府采购严重违法失信行为信息记录的通知》对省级财政部门关于市场主体处罚信息的发布管理工作作出规定,[①]要求在行政处罚决定形成或变更之日起20个工作日内完成发布工作。但由于法律、行政法规相关立法的缺失,有学者在实证研究后发现,部分地方政府财政部门发布信息的时间间隔长达几个月甚至至1年之久。[②] 实践中类似失信惩戒程序不当的现象,不利于社会对失信市场主体的监督,弱化了失信惩戒制度的功能。

(三)市场主体失信惩戒与传统法律责任体系衔接

在我国,失信惩戒与传统法律责任体系衔接不畅是市场主体失信惩戒制度面临的另一个问题。对市场主体进行失信惩戒的前提是市场主体“失信”,而市场主体承担法律责任的前提是市场主体违法。因此,理清“失信”与“违法”二者之间的关系是畅通失信惩戒与传统法律责任体系的前提。就二者的内涵来看,“失信”与“违法”二者存在交集,交集部分则是已经达到违法程度的失信行为。[③] 具体而言,并非所有失信行为均达到违法程度,比如市场主体间普遍存在的一般违约行为,并未达到违法的程度;同样,符合违法要件的行为,也并非均为失信行为,比如自然人的闯红灯行为或者占道停车行为,虽然是违法行为,但并未真正涉及诚信价值,若将这些行为认定为失信行为,未免过于牵强。在目前的理论研究中,多有论者认为失信惩戒有违“一事不再罚”原则。对此,我们认为不可一概而论。事实上,类似行政处罚或刑事处罚与失信惩戒叠加适用的现象,在我国公司法与金融法领域已经较为普遍。例如,按照《公司法》第146条的规定,因贪污、贿赂、侵占财产、挪用财产或者破坏市场经济秩序

① 参见《财政部办公厅关于报送政府采购严重违法失信行为信息记录的通知》第三部分。

② 参见门钰璐、王丛虎:《政府采购中企业失信行为的类型化分析及其规范策略》,载《兰州学刊》2021年第12期。

③ 参见沈毅龙:《论失信的行政联合惩戒及其法律控制》,载《法学家》2019年第4期。

被判处刑罚或者因犯罪被剥夺政治权利执行期满未逾5年的，不得担任公司的董事、监事、高级管理人员。《证券投资基金法》第15条也规定因贪污贿赂、渎职、侵犯财产罪或者破坏市场经济秩序罪而被判处刑罚的，不得担任公开募集基金的基金管理人的董事、监事、高级管理人员和其他从业人员。以上两种情形，与其说是对行为主体某一具体行为的“一事再罚”，不如说是对其信用状况的事后评价。毕竟，我们在短时间内很难期待一位曾经因严重经济犯罪被判处刑罚的人员会对公司或者基金的股东或者投资者履行忠实义务。

需要特别强调的是，我国《公司法》和《证券投资基金法》对相关人员在公司或基金中的任职资格的限制，仅局限于严重的经济犯罪、破坏市场经济秩序犯罪或者被剥夺政治权利的情形，并未扩展至侵犯公民人身权利民主权利罪、侵犯财产罪、妨害社会管理秩序罪等犯罪情形，这也正是失信惩戒与刑事责任的交集性在公司法与金融法领域的体现。然而，从目前我国的实践来看，失信与惩戒的交集项逐步扩大，呈现出过度叠加适用的趋势，这在刑事处罚领域表现得尤为明显。例如，《义乌市信用评分办法(2020年版)》在附件中针对3年以上有期徒刑、累犯、惯犯等涉及刑事犯罪的人员扣30分，即便对于犯罪情节轻微，人民检察院依法作出不起诉决定，或者人民法院依法作出有罪判决并免予刑事处罚的情形，相关人员也要被扣15分。依据《义乌市个人信用管理办法(试行)》第14条的规定，信用积分在50分以下的个人将被认定为信用极差，第21条又规定信用极差的个人将被限制新增投资项目以及禁止列入国有专业市场、园区招商范围。概而言之，对于义乌市区域内的累犯而言，在其信用得以修复之前，将丧失在义乌市投资注册企业的机会。与《公司法》与《证券投资基金法》仅限制董事、监事、高级管理人员之任职资格的规定相比，义乌市失信惩戒制度显然要更加严格。尤其是在义乌市针对个人的信用修复制度规定可操作性较差的情形下，失信个人参与市场经营活动的空间被极大地压缩。我们虽然不鼓励包括业界精英在内的所有公民醉酒后驾驶机动车，但在业界精英醉酒驾驶被处以刑罚后，又对其施以严厉的失信惩戒,限制甚至禁止其投资设立企业的机会或者担任企业董事、监事、高级管理的任职资格,这何尝不是对社会资源的一种浪费以及对个人权利的过度入侵。由此可见,明确失信惩戒与传统法律责任体系的衔接标准,对于建构与完善市场主体失信惩戒制度而言十分重要。

(四)市场主体失信惩戒的审查与救济

“无救济则无权利”,即便是在法治国家,任何人的权利也都有可能受到削弱或者侵害,市场主体同样如此。失信惩戒制度是社会信用规范的一个重要方面,在当前我国社会信用规范尚在不断完善的背景下,相关制度的实施不可避免地会引发争议,故与之匹配的制度实施审查机制和争议解决机制便不可缺少。① 2016 年国务院出台的《联合奖惩指导意见》,对包括市场主体在内的信用主体的权益保护机制的建立与健全作出要求,包括信用信息异议和投诉制度、及时更正或撤销有误信息、积极恢复信誉和消除不良影响、行政诉讼与行政复议等方式。②《严重违法企业失信名单管理暂行办法》则将企业的救济方式限定为行政诉讼与行政复议,③并未规定恢复信誉和消除不良影响等方式。事实上,有误信息无论是对个人还是企业,均有影响,对公众公司尤其是上市公司而言,影响更是巨大。企业等市场主体被错误地进行信息公示、评级或者失信惩戒后,也同样需要对其恢复信誉和消除不良影响。

由于 2016 年国务院《联合奖惩指导意见》仅从政策上规定了信用主体的权益保护机制,市场监管部门的规章也未进一步予以细化,致使在信用监管中权益受损的市场主体无法得到有效救济。一方面,市场主体被错误评定等级后,在申请纠正或修复信用时,面临诉讼障碍。例如,在“南京创新机电管带有限公司与南京市江宁区国家税务行政管理(税务)行政确认案”(以下简称“南京创新机电案”)中,④原告南京创新机电管带有限

① 参见沈岿:《社会信用体系建设的法治之道》,载《中国法学》2019 年第 5 期。
② 参见国务院《联合奖惩指导意见》第 22 项。
③ 参见《严重违法企业失信名单管理暂行办法》第 16 条。
④ 参见(2016)苏 8602 行初 261 号。

公司收到被告南京市江宁区税务局出具的税收不良信用记录告知函,告知函载有原告失信的事实和纳税信用等级结果,并告知因此可能引发的严格管理措施与失信惩戒的结果。原告公司对此不服,向法院提起行政诉讼,法院在审查了告知函所载明的导致原告信用结果较低的违法情况后,最终驳回原告起诉,给出的理由则是江宁区税务局出具的告知函并未给公司增设新的权利义务,仅如实告知公司相关事实。另一方面,由于失信惩戒具有多行为、多环节的特征,致使市场主体被失信惩戒后,面对惩戒主体间的相互推卸责任,同样陷入起诉难的窘境。① 例如,在"杭州天恒投资建设管理有限公司诉丽水市住房和城乡建设局案"(以下简称"杭州天恒投资公司案")中,②作为工程监理方的原告天恒公司在施工方报送的虚假材料上签字确认,被告丽水市住房和城乡建设局向其发出关于将其列入严重不良行为记录的通知,公示期限是两年。依照《丽水市建设市场严重不良行为记录和公示暂行办法》(以下简称《丽水市办法》)的规定,被记入不良行为记录的市场主体,公示期内不得在丽水市内承接业务。③ 天恒公司对住房和城乡建设局将其列入不良行为记录的行为不服,遂向法院提起行政诉讼,要求撤销将其列入黑名单的行为。一审法院、二审法院在审理后均认为,住房和城乡建设局的通知仅是向天恒公司公布了不良行为记录名单,通知的内容并没有禁止天恒公司两年内不得在丽水市内承接业务,至于《丽水市办法》所规定的失信主体进入的条款,仅是被作出"不良行为公示"行政行为后失信市场主体应当承担的后果,而不是行政行为本身。天恒公司申请再审,但再审法院维持原判。事实上,司法实践中类似"南京创新机电案"与"杭州天恒投资公司案"并非少数,法院驳回原告起诉的裁判结果,显然剥夺了原告通过司法途径维护其权利的机会,且与2016年国务院《联合奖惩指导意见》关于"支持有关主体通

---

① 参见彭錞:《失信联合惩戒行政诉讼救济困境及出路》,载《东方法学》2021年第3期。

② 参见(2015)浙行申字第313号。

③ 参见《丽水市建设市场严重不良行为记录和公示暂行办法》第12条。

过行政复议、行政诉讼等方式维护自身合法权益”之精神相背离。

法院之所以倾向于驳回原告起诉,与当前我国的社会信用规范审查制度的缺失密不可分。有学者研究指出,当下位法与上位法产生冲突时,在规范审查制度缺失的情况下,法官在司法裁判中通常倾向于以下位法为依据,且在理论上也只能选择下位法,从而导致法律位阶制度失灵,进而给法治带来冲击。[①] 当前我国的规范审查机制,无论是系统内部审查还是系统以外的审查,在可得性、开放性等方面均存在较大不足。[②] 对于立法位阶较低的失信惩戒相关规范而言,因规范审查机制不完善所带来的不利后果将被进一步放大。以系统以外的规范审查机制为例,尽管我国《行政诉讼法》建立了相对人附带审查请求机制,[③]但针对原本就定性不清的失信惩戒制度,法院在附带审查规范性文件方面表现得更为消极,甚至极力回避。比如,在“杭州环美电力建设有限公司诉淳安县公共资源招投标管理委员会办公室案”中,[④]招标人淳安县公共资源招投标管委会办公室对投标人的资质作出要求,即在诚信考评中被淳安县城建局评为 A 类和 B 类的企业才有资格投标。杭州环美公司认为该要求不合法,遂提出投诉,在被答复该要求合法后,又向法院提起诉讼,主张淳安县住建局之规定限制了淳安县以外企业参与当地工程招投标,违反了《招标投标法》关于招标人不得以不合理的条件限制或者排斥潜在投标人的规定。[⑤]法院依据《浙江省建筑市场公共信用信息管理办法》之规定,认为淳安县住建局有权将市场主体之信用评价结果作为投标人的资质条件,遂驳回原告的诉讼请求。然而,对于原告所主张的相关规范违反《招标投标法》的规定,法院则选择了回避。

(五)市场主体失信惩戒的制度泛化与权力滥用

近年来,失信惩戒制度及其相关规范的井喷式爆发,在推动社会信用

① 参见周永坤:《论规范效力冲突与法律选择——兼论建立规范审查制度之必要性》,载《法商研究(中南政法学院学报)》2001 年第 4 期。

② 参见沈岿:《社会信用体系建设的法治之道》,载《中国法学》2019 年第 5 期。

③ 参见《行政诉讼法》第 53 条。

④ 参见(2018)浙 8601 行初 151 号。

⑤ 参见《招标投标法》第 18 条。

建设的同时,也因制度的泛化与滥用而被各界广泛关注。从逻辑关系上来看,前文提到的市场主体失信认定的差异性、失信惩戒措施的不规范性、失信惩戒与传统法律责任体系衔接的不畅通性,以及失信惩戒审查与救济等方面的问题,一方面与失信惩戒存在交叉关系,例如失信惩戒差异性,既有可能导致失信惩戒泛化,也有可能导致失信惩戒过于疏松;另一方面也与失信惩戒互为体现,例如失信惩戒与传统法律责任的过度叠加,本身就是失信惩戒泛化之体现。无论是针对市场主体,抑或针对自然人,失信惩戒制度泛化均会引发权利保护的合法性危机。对于市场主体来说,失信惩戒泛化之危害极易抵销党的十八大以来“简政放权”给市场主体带来的改革红利。在缺少法律、行政法规层面规范的情况下,市场主体失信惩戒泛化实际上是国家相关政策的执行异化。在党的领导下,政府通常会在社会经济发展的不同阶段,根据形势与任务之需,制定一定的政策对社会关系进行调整,这些政策虽不具有法律强制力的规范,但是也具有一定的约束性,成为政府各部门在履行职责时重要的指导。党的十八大以来,为满足我国政治经济文化快速发展的需要,我国亟须提升社会信用水平。为此,一些推动社会信用建设的文件与政策先后出台。在中央层面释放社会信用建设的信号后,中央各部门与地方政府也先后出台各类政策,并且在实践中倡导“一处失信、处处受限”,下级政府或部门为完成上级政府或部门的社会信用建设任务及凸显社会信用建设政绩,纷纷进行地方立法、部门立法或者签订合作备忘录,其中不乏出现信用惩戒层层加码的情形。

尽管目前对失信惩戒之属性仍有争议,但不可否认的是,对于实施失信惩戒的主体而言,失信惩戒权作为一种权力应无异议,故其与其他权力一样具有天然的扩张属性。抑制权力扩张的有效手段是法治,但当前我国的法律法规以及相关的监管手段尚不完整。优化营商环境下的市场主体“宽进”与“严管”之对冲,在某种程度上也可以说“效率”与“秩序”之博弈,法治化的市场主体失信惩戒则是平衡以上关系的重要手段之一,泛化的市场主体失信惩戒有将市场主体拉回“简政放权”之前原始状态的风险。

四、“宽进严管”背景下我国市场主体失信惩戒制度的完善思路

(一)市场主体失信惩戒制度完善的重要前提

尽管社会信用体系建设中的失信惩戒机制在法律属性上仍然存在争议,但不可否认的一点是,对失信市场主体进行失信惩戒的行为,与传统的市场主体法律监管有显著差异。旨在抑制市场主体机会主义行为的失信惩戒失信机制,其在改善治理方面的核心逻辑,是使理性的市场主体在分散的市场交易中能够作出有效决策,防范风险的发生,其对机会主义行为所构成的约束区别于法律的直接干预,即声誉机制天然具有自由主义甚至放任主义的底色。① 从社会共治的角度而言,声誉机制与国家市场监管属于两类不同的治理模式,但二者并非截然孤立,国家或政府在让位于市场中自发形成的声誉机制的同时,也需要通过开放数据等方式对声誉机制进行补贴,以及对操控或者破坏声誉机制的行为予以严厉打击,防止声誉机制失灵。换言之,完全由政府主导下的失信惩戒制度构建或者一味强调强化对市场主体的失信惩戒,既突破了经济发展新常态下政府职能转化之要求,也不符合社会信用体系建设的原本之意。

事实上,2014 年国务院发布的《社会信用体系建设规划纲要(2014—2020)》指出,建立健全社会信用体系是减少政府对经济的行政干预、完善社会主义市场经济体制的迫切要求。《国务院办公厅关于加快推进社会信用体系建设构建以信用为基础的新型监管机制的指导意见》(国办发〔2019〕35 号)要求各地区各部门“构建以信用为基础的新型监管机制作为深入推进‘放管服’改革的重要举措”,这一要求其实也明确了以信用体系建设为载体的“信用”与“监管”、“放管服”三者之间的关系。“放管

① 参见戴昕:《理解社会信用体系建设的整体视角:法治分散、德治集中与规制强化》,载《中外法学》2019 年第 6 期。

服"是优化营商环境的重要举措,其在激发市场活力的同时,也对政府的市场监管机制、监管能力和监管水平提出了更高要求,这一要求推动了政府积极创新市场主体监管模式。然而,这并不意味着以社会信用建设代替市场监管机制,更不是简单地将对市场主体的监管一概转向对市场主体信用的监管。

概言之,市场主体失信惩戒制度呈现前文所提及的各种问题的一个重要原因,是未能科学解读市场主体"宽进"与政府"严管"之间的关系。"宽进"与"严管"是新经济常态下优化营商环境的"一体两面",抛开"宽进"所蕴含的理念而盲目"严管",本质上是对传统监管路径的复辟;反之,抛开"严管"谈"宽进",则又回归已被实践证明是失败的古典自由主义的老路子。可见,市场主体失信惩戒制度之完善,必须有效平衡"宽进"与"严管"的关系,在这一过程中又以准确定位政府在"严管"中的角色为关键。具体到"严管"措施中的市场主体失信惩戒制度,鉴于在政府权力扩张之下,以失信惩戒制度为主要内容之一的社会信用体系之构建已滑向政府管控下的规训,①故需要对政府主导角色进行重新定位。失信惩戒制度的社会性价值,决定了政府仅是失信惩戒制度构建的主体之一。因此,政府应改变失信惩戒制度构建的绝对主导者身份,逐步过渡到制度的引导者为主的角色。

事实上,随着中国特色社会主义法律体系的不断完善,形式上的法治已基本完成,但"有法不依""执法不严"等法律适用环节的问题导致实质上的"法治不彰"。如果通过政府主导作用能够解决"法治不彰"的问题,又何必绕道失信惩戒制度。依此推理,政府主导下的失信惩戒制度同样会陷入"有法不依"的怪圈。当然,政府退出市场主体失信惩戒制度构建的主导者身份,并不意味着否认政府在其中的作用。毕竟,信用体系建设依赖于纷繁复杂的各类信息,尤其是在大数据背景下,信息的公共产品属性愈加明显,故政府应更侧重于信用信息基础设施建设,凸显前置于惩戒

① 参见王秀哲:《大数据背景下社会信用体系建构中的政府角色重新定位》,载《财经法学》2021年第4期。

措施之前的信息公示公开声誉处罚机制。对于市场活动中声誉处罚机制已不能奏效的“顽疾”，除了发挥法治化的行政性失信惩戒，多元主体共同参与下的市场性失信惩戒、行业性失信惩戒同样不容忽视。归纳而言，以失信惩戒制度为主要内容之一的信用制度建设，并不能完全寄希望于政府严厉的外控，在社会共治理念下形成长期的约束机制，继而将外在的约束变成一种行为的习惯，这才是建设社会信用体系的最终意义。①

（二）市场主体失信惩戒制度完善的具体措施

1. 市场主体失信惩戒应从“强化”走向“优化”

如果将前文提及的针对市场主体的行政性失信惩戒、市场性失信惩戒与社会性惩戒从法源属性的角度划分，则可划分为公法意义上的失信惩戒与私法意义上的失信惩戒。其中，与政府市场监管行为密切相关的公法意义上的失信惩戒受政府权力扩张影响最直接也最明显，前文所归纳的诸多问题也验证了这一点，因此理应是制度完善重点关注的对象。公法意义上的失信惩戒应严格遵循法律优先原则、法律保留原则和职权法定原则，具有典型的合法性标准要求。事实上，2016 年《联合奖惩指导意见》在“健全约束和惩戒失信行为机制”部分将信用主体严重失信行为限定在 4 种情形，即（1）严重危害人民群众身体健康和生命安全的行为；（2）严重破坏市场公平竞争秩序和社会正常秩序的行为；（3）拒不履行法定义务，严重影响司法机关、行政机关公信力的行为；（4）拒不履行国防义务的行为。然而，政策执行的异化使政府及有关部门在市场主体失信惩戒实践中偏离了以上原则，以原本与私法意义上的失信惩戒相配套的适当性标准取代合法性标准，通过联合惩戒等方式过度发挥自由裁量权。从应然层面来看，提高立法位阶，以全国性的信用立法明确市场主体严重失信行为的类型以及相应的惩戒措施，是优化市场主体失信惩戒制度的最理想途径。但考虑立法成本及立法时机等因素，短期内提高立法位阶并非易事，但并非意味着优化市场主体失信惩戒制度走向无解，更不能成

---

① 参见黄晓晔：《信用与社会控制——解读社会信用危机的新视角》，载《学术研究》2013 年第 12 期。

为市场监管部门继续无端强化失信惩戒的借口。在这种窘境下法教义学或许可以成为制度优化的突破口。通过法教义学,针对法定原则所不能及的行政立法或者地方立法,将法律保留原则从幕后推向台前,确保地方权力机关与行政立法部门受法律约束。① 此外,从市场主体失信惩戒精细化的层面来看,法经济学当中的成本收益分析方法也不失为一个合理思路,通过社会共享的大数据资源,将稀缺的监管资源主要配置到信用不佳的主体身上,也可推动失信惩戒从“强化”走向“优化”。

2. 市场主体失信惩戒规范备案审查与矫正机制必不可少

无论是市场主体信用信息公示,还是建立在以此为基础上的失信惩戒措施,对市场主体的影响都是显著的。向社会公开市场主体的不良信用信息,实际上是对该市场主体的“声誉罚”。尽管单纯的信息公示行为不能被称为行政处罚,对市场主体造成的影响却很有可能超过行政处罚,这一点在市场主体中的上市公司身上体现得尤为明显。故而,在市场主体信用信息公示环节,程序控制尤为重要,程序是否正义应当是规范审查的重点。至于失信惩戒措施,虽未被明确列入《行政处罚法》第 8 条所列举的 7 类行政处罚情形中,但实践中大多数的失信惩戒措施较警告类行政处罚严厉得多,根据“举轻以明重”的原则,故由法律或者法律授权的行政法规设定失信惩戒措施既有正当性,更有必要性。但我们梳理的相关规范以及开展的实证调研结果则显示,大量的地方性法规以及行政规范性文件已经绕开《行政处罚法》而设定了失信惩戒这一新的行政处罚种类,而且有关学者的研究成果也验证了这一点。② 虽然我国《行政诉讼法》建立了相对人附带审查请求机制,但前文研究表明,针对原本就定性不清的失信惩戒制度,法院在附带审查规范性文件方面表现得并不积极,即当前我国的司法在制定法纠偏方面发挥的作用是极为有限的。为此,可将解决问题的方案转向备案审查制度。《全国人民代表大会常务委员

① 参见周海源:《失信联合惩戒的泛道德化倾向及其矫正——以法教义学为视角的分析》,载《行政法学研究》2020 年第 3 期。

② 参见李晴:《论地方性法规处罚种类创设权》,载《政治与法律》2019 年第 5 期。

会法制工作委员会关于2020年备案审查工作情况的报告》中显示，在我国2020年的备案审查工作中，“有件必备、有备必审、有错必纠”得到进一步落实。在现有的备案审查制度的基础上，鉴于失信惩戒规范的重要性与低位阶性，通过进一步推行说明理由与适当性审查制度，由各级人大常委会对失信惩戒的措施与类型进行适当性审查，助推地方失信惩戒法治化。当然，为了从上游环节控制失信惩戒权的肆意扩大以及失信惩戒权的不当创设，还可借助于制定失信惩戒措施清单的方式，指导各地方失信惩戒制度之适用。事实上，2020年颁发的《国务院办公厅关于进一步完善失信约束制度构建诚信建设长效机制的指导意见》（国办发〔2020〕49号）已经提出相关要求，即在中央层面制定全国失信惩戒措施基础清单，这对约束失信惩戒权的过度扩张将发挥积极作用。当前，该政策性在地方的落实状况如何，仍有必要借力于备案审查制度。

3. 市场主体失信惩戒应从强调“行业合作备忘”转向“市场主体类型化”

随着国务院于2014年发布《社会信用体系建设规划纲要（2014—2020）》、2016年出台《联合奖惩指导意见》，国务院各部委以及最高人民法院、最高人民检察院依据国务院的政策要求，联合签署出台了近50个失信惩戒备忘录。[①] 其后，各地方相关部门也纷纷出台形式多样的合作备忘录，数量颇为庞大。从备忘录的内容来看，主要是强调不同部门在失信惩戒中的职权和义务，但较少涉及信用主体的权利。从备忘录的签订主体来看，除公检法部门及少数企事业单位外，主要是各行业主管部门，且以某些重要部门为主。在数量众多的备忘录背后，各行业主管部门呈网络状交织在一起。无论从备忘录内容还是签订主体来看，失信惩戒备忘录更像是一种追求效率的相关职能部门的工作机制。然而，从客观适用情况看，各失信惩戒备忘录在失信惩戒体系中已经具有“源头性”的地位，

① 参见李烁：《论失信联合惩戒的合法性及其补强——以〈对失信被执行人实施联合惩戒的合作备忘录〉为样本的分析》，载《中国法律评论》2021年第1期。

在事实上成为失信惩戒决定的直接依据。①

数量庞杂的惩戒备忘录对于推动自然人守信可能会发生立竿见影的效果,但对于市场主体而言,则会对我国以市场主体类型为标准建立起来的市场监管体系与监管标准带来冲击。市场主体种类繁杂,从组织形态上来看,包括公司、合伙企业、个人独资企业等,我国分别制定《公司法》《合伙企业法》《个人独资企业法》对其进行相应规范。从公司类市场主体来看,既包括非公众公司也包括上市公司,还包括完成股份制改造的商业银行、各类金融机构以及其他特殊行业的公司等,我国也颁布了相应法律对其予以规范。以合作备忘录为载体的网络交织状的信用建设体制,实质上将市场主体置于多重监管之下,行政处罚、刑事处罚以及失信惩戒叠加适用,纠纷出现后部门相互推诿等现象也就在所难免。鉴于此,我们认为,我国市场主体失信惩戒应从当前过于倚重的“行业合作备忘”转向“市场主体类型化”。在这方面,国务院颁布的《企业信息公示暂行条例》,以及原国家工商总局颁布的《企业经营异常名录管理暂行办法》起到一定的示范作用。当然,该条例在针对不同类别企业失信惩戒的精细化上还有进一步完善的空间。以2013年我国取消法定最低注册资本额后成立的各类中小微企业为例,针对这类企业,我国《公司法》并未充分考虑在“宽进”后如何“严管”,甚至反其道而行之,改“实缴”为“认缴”,且取消货币出资占注册资本最低限额的要求,②其结果是导致实践中“僵尸企业”、虚假诉讼等在数量上呈井喷式增长。③ 对于这类企业,信用立法应当设置更有针对性的失信惩戒措施,甚至可以考虑以此为基础建立非正常经营企业的强制性市场退出机制。除此之外,针对上市公司、国有企

① 参见刘欣琦、陈梅园:《失信联合惩戒合作备忘录的软法性质及其合法性控制》,载《广西社会科学》2020年第11期。

② 实际上,德国在设置没有最低注册资本要求的德国的经营者公司(有限责任)这类公司组织形态时,是遵循了“形式上降低门槛,内容上严格监督”的思路展开的,经营者公司(有限责任)的股东在缴纳全部注册资本以后公司方可注册,并且在出资方式上禁止实物出资。

③ 参见赵忠奎、周友苏:《整合与扩容:公司组织形态变革的本土路径》,载《社会科学研究》2021年第1期。

业、商业银行等特殊市场主体，也应当结合主体特征分别制定更有针对性的失信惩戒制度。

4. 应明确市场主体对严重不良信用信息公示及信用评级的抗辩权

对于市场主体而言，信用信息是其所有信息中非常重要的一个方面。市场主体的信用信息是市场主体在经济活动或者社会活动中形成的，能够用于分析和判断市场主体信用状况的信息。就市场主体信用信息的来源而言，一是市场主体在经济活动或者社会活动中通过依法登记或者自主申报而形成；二是行业协会或者市场中介服务机构通过信息采集而形成；三是政府部门在履职过程中获取市场主体经营状况信息而形成。就第一层面的信用信息而言，由于是市场主体自主提供，故通常不存在损害市场主体的情形，反而需要防范市场主体提供虚假信息而损害第三人的情形，对此我国《企业信息公示暂行条例》构建了相应的“防火墙”。第二层面的信用信息涉及的是社会主体，并不涉及公权力。第三层面的信用信息则是在政府部门履职过程中形成的，直接牵涉公权力部门对市场主体的信息采集、信息公示和信用评价，在此信用信息形成的过程中，虽然通常不会直接给市场主体带来消极影响，这一过程却是失信惩戒或者行政处罚的直接依据。因此，很有必要从市场主体信用信息形成的源头设置市场主体权益保护机制。在此过程中，在上游环节坚持程序正义固然重要，但在下游环节赋予市场主体对严重不良信用信息公示及信用评级的抗辩权同样非常重要。尽管《企业信息公示暂行条例》赋予市场主体中的企业依法申请行政复议或者提起行政诉讼的权利，但其针对的是政府部门的具体行政行为，且实践中法制机构及司法部门通常将信用信息的采集、公示以及信用评级排除在行政行为范围之外。故有必要在立法中明确市场主体不良信用信息公示及信用评级的可复议性或可诉性。

第十章 “宽进严管”背景下市场主体信用修复制度

市场主体信用修复制度,是指失信市场主体在规定期限内通过作出信用承诺、完成信用整改等方式纠正失信行为、消除失信不良影响的,各地区、各部门按程序停止公示其失信记录,终止对其实施失信联合惩戒的制度。① 自2014年国务院发布《社会信用体系建设规划纲要(2014—2020年)》以来,我国以市场主体信用监管为核心的商务诚信建设与社会诚信、政务诚信、司法公信建设一道得到了快速发展。市场主体“诚信光荣、失信可耻”的社会舆论氛围已基本形成,“一处失信、处处受限”的信用惩戒格局对于督促和引导市场主体在市场经济活动中遵守法律、信守契约产生了积极效应。毋庸置疑,与社会诚信、政务诚信和司法公信建设一样,

---

① 参见《国务院办公厅关于加快推进社会信用体系建设构建以信用为基础的新型监管机制的指导意见》(国办发〔2019〕35号)之“(十三)探索建立信用修复机制”。该指导意见确立了信用修复的基本制度框架,但不同政策立法的界定不尽相同。例如,2021年市场监管总局出台的《市场监督管理信用修复管理办法》第2条就“信用修复管理”作了如下界定:“是指市场监督管理部门按照规定的程序,将符合条件的当事人依法移出经营异常名录、恢复个体工商户正常记载状态、提前移出严重违法失信名单、提前停止通过国家企业信用信息公示系统(以下简称公示系统)公示行政处罚等相关信息,并依法解除相关管理措施,按照规定及时将信用修复信息与有关部门共享。”2021年国家发展改革委起草的《信用修复管理办法(试行)(征求意见稿)》第5条将“信用修复”界定为:“信用主体为积极改善自身信用状况,在整改纠正失信行为、消除不良影响后,向认定失信信息的单位(以下简称‘认定单位’)或归集失信信息的信用平台网站的运行机构(以下简称‘归集机构’)提出申请,由认定单位或归集机构按照有关规定,将信用主体移出严重失信主体名单,终止失信信息公示,以及标注、屏蔽或删除失信信息等行为。”国家发展改革委《关于对〈信用修复管理办法(试行)(征求意见稿)〉公开征求意见的公告》(2021年7月29日)。

商务诚信建设也是一项事关国家机关职权职责、涉及市场主体等当事人权利义务的复杂法治系统工程,需要完善的法律制度予以规范、保障和促进。但时至今日,我国包括商务诚信在内的社会信用体系建设更多地靠政策驱动,相关法律制度建设仍处于起步阶段;相较原本就尚待建立健全的市场主体守信激励、失信惩戒法律制度,市场主体信用修复制度的立法更加欠缺。鉴于此,深刻领会建立和完善市场主体信用修复制度的时代意义,认真回顾我国市场主体信用修复制度的实践探索并从中发掘经验、总结问题,在此基础上建立健全我国市场主体信用修复法律制度,是很有必要的。

一、建立健全市场主体信用修复制度的必要性

建立健全市场主体信用修复制度,有利于深化“放管服”改革,推动信用建设规范化、系统化;有利于规范市场经济的秩序,释放市场主体的活力;有利于激发失信主体的守信意愿,保障失信主体的合法权利。同时,这对于进一步提升政府公信力,弘扬诚信文化,培育诚信环境,都具有重要意义。

(一)信用修复是失信惩戒制度的重要组成

失信惩戒,是在行政机关、司法机关、第三方信用机构、金融机构等多方主体的共同参与下,以失信名单为依据,对列入失信名单的失信主体进行行政、经济、行业管理、社会舆论等方面进行的惩治、警戒。信用修复大体上可以理解为失信名单中的失信市场主体在满足法定要件下通过法定程序退出失信名单、避免继续受到失信惩戒的措施。

简言之,失信惩戒制度是对失信名单中的失信主体进行惩戒的制度,信用修复制度是失信主体退出失信名单的制度。这似乎给人形成这样一种印象,即信用修复制度与失信惩戒制度是并列关系,二者均是社会信用

体系建设下的独立类别。但实则不然,失信名单制度是失信惩戒制度的重要组成部分,而信用修复制度可以说是针对失信名单而设计的退出机制。于此视角观之,信用修复制度并不能与失信惩戒制度构成并列关系。

从概念的周延性角度看,失信名单制度只有包括满足一定条件进入失信名单、进入失信名单后的信息公开、满足一定条件退出失信名单这三部分,才具有概念的周延性,而退出失信名单的制度即为信用修复制度的核心。

总之,信用修复制度可以理解为失信名单制度的组成部分,失信名单制度又是失信惩戒制度的组成部分。是故,信用修复制度在根本上实为失信惩戒制度的重要组成。正因如此,官方层面亦特别指出"信用修复是社会信用体系建设的重要制度安排,是完善失信惩戒机制的必然要求"。①

(二)信用修复是提高信用信息公信力的保障

在我国的社会信用体系建设中,市场主体的信用信息并非封闭的或者隐私的、秘密的,而是将其作为一种"公共产品"向社会公众公开提供。② 既然要对市场主体的信用信息进行公示、公开,就要保证信用信息是准确的、具有公信力。尽管我国在当前的社会信用体系建设中不断强调第三方信用机构的重要性,但是,我们也不得不承认,在我国特殊的国情和社情下,社会信用体系的建设依然是由行政机关主导和推动的,无论是单纯为了保障市场主体信用信息的收集与加工、信用评价、信用信息应用等的公信力,还是保障政府部门的公信力,都应当保证信用信息同时具

① 国家发展改革委《关于对〈信用修复管理办法(试行)(征求意见稿)〉公开征求意见的公告》,载 https://hd.ndrc.gov.cn/yjzx/yjzx_add.jsp? SiteId = 359&code = &state = 123。

② 《国务院办公厅关于加快推进社会信用体系建设 构建以信用为基础的新型监管机制的指导意见》(国办发〔2019〕35 号)明确指出:全国信用信息共享平台要加强与相关部门的协同配合,依法依规整合各类信用信息,对市场主体开展全覆盖、标准化、公益性的公共信用综合评价,定期将评价结果推送至相关政府部门、金融机构、行业协会商会参考使用,并依照有关规定向社会公开。

备准确性和时效性。

准确性要求信用信息的公示要与市场主体的实际信用状况相一致，这不仅需要对满足失信要件的市场主体予以公示，对其进行限制或惩戒，而且还需要对按照法定要件、法定程序进行信用修复的失信市场主体进行公示。信用信息的时效性则是指，任何市场主体的信用信息都是具有时效的，失信或者守信只能代表市场主体过去或者当下一段时间的信用状况。因此，需要对守信市场主体、失信市场主体的信用信息进行及时的更新。

无论是从准确性抑或是时效性的角度来看，对市场主体已经发生变化的信用状况重新作出公允的评价，包括信用修复，是提高市场主体信用信息公信力的必然要求。

（三）信用修复是比例原则的体现

自2014年中央文明办等部门和单位联合签署《“构建诚信　惩戒失信”合作备忘录》①以来，我国许多地方也加快探索和实施市场主体失信行为的多部门、多领域的联合惩戒立法和执法工作。目前，单一领域或者单一部门的失信惩戒越来越少，取而代之的是金融、政府采购、招投标、电子商务、交通、通信、旅游、文化娱乐等多部门、多领域的联合惩戒。失信惩戒制度越来越具有“社会性”和“外溢性”，“一处失信，处处受限”的失信联合惩戒制度已经形成社会共识。② 可以说，当前的失信联合惩戒制度已经不同于之前的失信惩戒，其不再是仅具有形式上、名誉上的人格罚，而是在此基础上增加了财产罚、行政负担等多种惩戒措施，更有学者将信

---

① 《中央文明办、最高人民法院、公安部、国家工商总局、中国银监会、国务院国资委、中国民用航空局、中国铁路总公司关于印发〈“构建诚信　惩戒失信”合作备忘录〉的通知》（文明办〔2014〕4号）。

② 例如，在省级层面，2014年海南省人民政府就出台了《海南省企业失信行为联合惩戒暂行办法》。该办法规定的联合惩戒措施包括对失信企业的信用提醒、诚信约谈、信用公示、重点检查、取消政策优惠、从严核准或审批企业新增项目、减扣招投标信用分、撤销荣誉称号、限制参与评先或者评优、列入失信黑名单以及其他法律法规规定的失信惩戒措施（第17条、第21条、第24条）。此外，近年来，全国、地方层面的联合奖惩备忘录都越来越多（载信用中国，https://www.creditchina.gov.cn/lianhejiangcheng/?navPage=9）。

用责任称为“正在生长中的第四大法律责任”。① 失信者承担的“信用责任”正成为法律责任中一种新的、负担较重的责任形式。

法律责任的本质是使责任主体承担某种负担和不自由，实际上就是对责任主体的自由或者权利的限制。根据基本法理，任何对自由或权利的限制都应当遵循比例原则。比例原则在社会信用体系建设中的一大表现就是信用修复机制。我们固然要对失信市场主体进行失信惩戒使其承担失信的责任，但是其责任大小、受惩戒时间长短等，应当与其所违反的法律或者违约的程度相匹配。例如，《海南省企业失信行为联合惩戒暂行办法》将市场主体失信行为分为一般失信行为、较重失信行为、严重失信行为三种并配备与之相匹配的失信责任，这在失信惩戒之初就按照比例原则对失信市场主体进行了区分。

但是，在最初的责任形式确认下来之后，是否就不需要比例原则了呢？当然是需要的。不同市场失信主体面对同样的失信责任，可能会存在积极承担自身责任和逃避责任两种情况。若将积极承担失信责任、弥补守信方损失的市场主体与逃避失信责任的市场主体混为一谈，为这两类不同的主体设置相同的信用责任，这同样是不合理、不公平的。因此，利用信用修复制度，给予积极承担失信责任的失信市场主体回归正常信用状态的机会，使之与逃避失信责任的市场主体相区别，也是比例原则在社会信用体系建设中的一个体现。

（四）信用修复是激活市场活力的重要举措

习近平总书记在2020年7月14日的企业家座谈会中指出，市场主体是我国经济活动的主要参与者、就业机会的主要提供者和技术进步的主要推动者，在国家经济社会发展中发挥着十分重要的作用。② 可以说，市场主体是一个国家经济力量的载体，保护市场主体就是保护社会生产力，

① 参见刘俊海：《信用责任：正在生长中的第四大法律责任》，载《法学论坛》2019年第6期。

② 参见《习近平：激发市场主体活力弘扬企业家精神 推动企业发挥更大作用实现更大发展》，载新华网，http://www.xinhuanet.com/politics/leaders/2020-07/21/c_1126267539.htm。

激活市场活力就需要激活市场主体的活力。

随着市场经济的发展,在"一手交钱,一手交货"的传统交易模式之外,信用交易模式得到了更快发展。尽管一部分交易由债务人提供财产或者财产性权利作担保,但市场交易的发生和维持越来越多地依赖于债务人本人的信用。可以说,现代市场经济也就是信用经济。① 在以信用经济为主的现代市场经济中,一旦某一市场主体失去信用,便会引起市场共同体和社会共同体的警惕和集体排斥,失信的市场主体便很难再获得交易机会。作为对失信的市场主体事实上或者法律上的一种惩戒,这自然具有其合理性。

但是,正如前文所述,市场主体是市场经济的力量载体;激活市场的活力,根本上就是要激活市场主体的活力。对于已经承担相应信用责任而且试图"改过自新"或者已经"改正"的市场主体而言,仍然阻止或者限制其进入市场,不仅对该市场主体不公平,而且对经济社会的发展也是一种损失。2019 年 5 月 17 日,国家发改委新闻发言人表示,截至当年 4 月,全国法院累计发布的失信被执行名单 1379 万人次,累计限制购买飞机票 2376 万人次。② 截至 2020 年 9 月 3 日,中国执行信息公开网(http://zxgk.court.gov.cn/)上公布失信执行案件已结 5,451,575 起,除此之外还有 6,809,076 起新收执行案件,失信被执行人数已达 6,011,512 人。或许有人会提出,进入失信名单的人数众多并不能直接佐证需要信用修复制度,反而说明我国社会整体上对失信者过于宽容,失信行为的代价不是应当减轻而是应当加大。但是,我们认为,如果如此大量的失信市场主体或其法定代表人、负责人没有信用修复制度帮助其实现信用修复,使其重回经济社会生活的正常轨道,这必将是我国经济发展的一大损失,社会共同体内部出现的紧张和"分裂"将持续造成巨大的内耗。

---

① 参见王大用:《市场经济必须是信用经济——论建立健全信用体系的必要性》,载《国际经济评论》2001 年第 Z2 期。

② 参见《联合惩戒!580 万人次限买动车高铁票》,载中国新闻网,http://www.chinanews.com/cj/2019/05-17/8839333.shtml。

针对庞大的失信市场主体,建立信用修复制度的意义,就在于激励失信的市场主体积极承担信用责任,从而使其能够重新回到正常的经济社会生活中,公平地参与市场竞争,重新获得交易机会。据统计,2018 年我国共有 359 万名失信主体履行了还款义务,①国家公共信用信息中心发布的失信治理月度分析报告显示,2019 年前两个月内通过主动修正和整改失信行为,经信用修复后退出黑名单的案例有 63,244 件。② 根据这两组数据可以推断,我国每年有 300 万名以上的失信主体履行了还款义务或者承担了相应的信用责任。即使不谈数以千万计的失信主体,单单看已经承担完自身信用责任的失信主体,这也是一个十分庞大的群体。因此,无论是激励失信市场主体积极承担失信责任,抑或是为了唤起失信市场主体的活力,均应当积极推进市场主体的信用修复机制。

二、我国市场主体信用修复制度的发展现状检视

(一)我国市场主体信用修复制度的发展历程

我国市场主体信用监管体系建设基本上呈现出中央统筹谋划、国务院相关部门和地方积极推进的特征,作为市场主体信用监管制度有机组成的市场主体信用修复制度建设也是如此。③

1. 中央层面对市场主体信用修复制度建设的谋划

党的十六大首次提出要建设社会信用体系,由此拉开了我国中央层

① 参见国家公共信用信息中心:《2018 年失信黑名单年度分析报告》,载信用中国,https://www.creditchina.gov.cn/toutiaoxinwen/201902/t20190214_146769.html。

② 参见国家公共信用信息中心:《2019 年 1—2 月失信治理月度分析报告》,载信用中国,https://www.creditchina.gov.cn/home/xinyongdongtaituijian/201903/t20190327_151013.html。

③ 需要特别说明的是,很多政策和立法文件关于信用修复的规定并非专门针对市场主体,但在很大程度上主要适用于市场主体。基于行文简洁,后文在介绍有关政策文件内容时,直接使用市场主体信用修复及类似表述。

面全面、系统、有针对性地开展社会信用建设的序幕。市场主体信用监管制度成为社会信用体系建设的重要构成。处于探索阶段的市场主体信用监管制度建设也存在法律制度不完备的问题。在此后一个较长时期内，诸如“失信黑名单”等信用公示和惩戒制度不健全，作为失信市场主体通过纠正失信行为、消除影响而退出“失信黑名单”并免于失信惩戒的信用修复制度也尚付阙如。2013 年 1 月 21 日，国务院发布《征信业管理条例》，对于规范征信活动、保护当事人合法权益、引导和促进征信业健康发展，推进信用体系建设具有里程碑意义。但该条例也仅仅赋予了信息主体针对征信机构采集、保存、提供的信息存在错误或遗漏提出异议和要求更正的权利，仍未对信用修复制度作出安排。

市场主体信用修复制度建设是伴随着“宽进严管”的商事制度改革的推进而逐步提上议事日程的。2013 年 10 月 25 日，国务院总理李克强主持召开国务院常务会议，提出“按照便捷高效、规范统一、宽进严管的原则，创新公司登记制度，降低准入门槛，强化市场主体责任，促进形成诚信、公平、有序的市场秩序”。① 由此，我国“宽进严管”的市场监管制度改革拉开了帷幕。“宽进”必然催生市场主体的大量增加，同时也难免在市场上产生较“严进”市场监管时代更多的失信市场主体。以信用监管为重点的市场主体事中事后“严管”，正是应对“宽进”可能引发的较以往更加严重的市场主体失信等市场秩序失范现象而采取的重大策略。在以信用监管为重点的市场主体事中事后“严管”背景下，市场主体的信用评价应用场景变得更加广泛，对市场主体的守信激励和失信惩戒受到高度重视，具有“改过自新”愿望的失信市场主体对信用修复也有了现实需求。

2014 年 6 月 14 日，国务院印发了《社会信用体系建设规划纲要（2014—2020）》，其中明确提出：“建立自我纠错、主动自新的社会鼓励与关爱机制。”“通过对已悔过改正旧有轻微失信行为的社会成员予以适当

---

① 参见《李克强主持召开国务院常务会议　部署推进公司注册资本登记制度改革　降低创业成本　激发社会投资活力》，载中国政府网，http://www.gov.cn/ldhd/2013－10/27/content_2516227.htm。

保护，形成守信正向激励机制。”这里所谓“自我纠错、主动自新的社会鼓励与关爱机制”，成为我国政府层面提出的信用修复制度的雏形。

2016年5月30日，国务院发布的《联合奖惩指导意见》（国发〔2016〕33号）首次在中央正式文件中明确提出要“建立健全信用修复机制”，①“信用修复”正式出现在中央文件之中。自此之后，相关中央文件不断重申、部署建立和完善信用修复制度，其中不乏涉及市场主体信用修复制度建设的详细阐述（见表10-1）。

表10-1　2019～2021年中央文件中有关信用修复制度的代表性论述

序号	文件来源	基本论述
1	《国务院办公厅关于加快推进社会信用体系建设构建以信用为基础的新型监管机制的指导意见》（国办发〔2019〕35号）	“探索建立信用修复机制”（展开阐述，具体内容针对失信市场主体信用修复，共239字）
2	《中共中央　国务院关于新时代加快完善社会主义市场经济体制的意见》（2020年）	“完善失信主体信用修复机制”（未展开阐述）
3	《国务院办公厅关于进一步完善失信约束制度构建诚信建设长效机制的指导意见》（国办发〔2020〕49号）	“健全和完善信用修复机制”、“建立健全信用修复配套机制”、“提高信用修复效率”（展开阐述，共362字）
4	《建立高标准市场体系行动方案》（2021年，中共中央办公厅、国务院办公厅印发）	“完善企业信用修复和异议处理机制”（未展开阐述）

《国务院办公厅关于加快推进社会信用体系建设　构建以信用为基础的新型监管机制的指导意见》对于推进我国市场主体信用修复制度建设，在中央文件层面确立了我国市场主体信用修复制度的基本制度框架，

① 该意见之“（二十一）建立健全信用修复机制”提出：“联合惩戒措施的发起部门和实施部门应按照法律法规和政策规定明确各类失信行为的联合惩戒期限。在规定期限内纠正失信行为、消除不良影响的，不再作为联合惩戒对象。建立有利于自我纠错、主动自新的社会鼓励与关爱机制，支持有失信行为的个人通过社会公益服务等方式修复个人信用。”

具有里程碑或者奠基性意义。①

《国务院办公厅关于进一步完善失信约束制度构建诚信建设长效机制的指导意见》进一步围绕“健全和完善信用修复机制”着重从“建立健全信用修复配套机制”“提高信用修复效率”这两个方面作出安排，进一步明确了信用修复制度的基本框架：一是明确指出不可修复的失信信息由法律、法规和党中央、国务院政策文件规定。二是就制定信用修复的具体规定、信用修复的主要方式、解决“信用修复难”问题等作出回应。

综上，《国务院办公厅关于加快推进社会信用体系建设　构建以信用为基础的新型监管机制的指导意见》和《国务院办公厅关于进一步完善失信约束制度构建诚信建设长效机制的指导意见》这两份文件中有关信用修复的内容，为国务院有关部门和地方探索建立和完善包括市场主体信用修复在内的信用修复制度，提供了非常直接的政策指引。②

2. 国务院相关部门和地方对市场主体信用修复制度建设的推进

为了落实中央文件精神，国务院相关部门和地方积极推进市场主体信用修复制度建设，取得了显著成效。

（1）国务院相关部门对市场主体信用修复制度建设的推进

2017 年 10 月 30 日，《国家发展改革委、中央人民银行发布关于加强

---

① 该意见之“（十三）探索建立信用修复机制”提出：“失信市场主体在规定期限内纠正失信行为、消除不良影响的，可通过作出信用承诺、完成信用整改、通过信用核查、接受专题培训、提交信用报告、参加公益慈善活动等方式开展信用修复。修复完成后，各地区各部门要按程序及时停止公示其失信记录，终止实施联合惩戒措施。加快建立完善协同联动、一网通办机制，为失信市场主体提供高效便捷的信用修复服务。鼓励符合条件的第三方信用服务机构向失信市场主体提供信用报告、信用管理咨询等服务。（发展改革委牵头，各地区各部门按职责分别负责）”

② 例如，《国务院办公厅关于进一步完善失信约束制度构建诚信建设长效机制的指导意见》提出“符合修复条件的，要按照有关规定及时将其移出严重失信主体名单，终止共享公开相关失信信息，或者对相关失信信息进行标注、屏蔽或删除”。2021 年国家发展改革委起草的《信用修复管理办法（试行）（征求意见稿）》所规定的信用修复的主要方式是基于此作出的。此外，该办法第 1 条中明确指出“根据《国务院关于建立完善守信联合激励和失信联合惩戒制度加快推进社会诚信建设的指导意见》（国发〔2016〕33 号）《国务院办公厅关于加快推进社会信用体系建设构建以信用为基础的新型监管机制的指导意见》（国办发〔2019〕35 号）《国务院办公厅关于进一步完善失信约束制度构建诚信建设长效机制的指导意见》（国办发〔2020〕49 号）要求，制定该办法。”

和规范守信联合激励和失信联合惩戒对象名单管理工作的指导意见》(发改财金规〔2017〕1798号),进一步将"保护权益,鼓励修复"提升到基本原则的高度,[①]并对鼓励和支持自主修复信用、规范信用修复流程提出了要求,[②]推动我国市场主体信用修复制度建设迈向具体化、规范化。

2018年7月24日,国家发展改革委办公厅、中国人民银行办公厅发布《关于对失信主体加强信用监管的通知》(发改办财金〔2018〕893号),首次提出建立信用修复培训制度,并明确了负责信用修复培训的主体、信用修复培训的内容,还提出公开信用承诺、参加信用修复专题培训、提交信用报告、参与社会公益服务等信用修复方式。[③]

2019年4月30日,国家发展改革委办公厅发布《关于进一步完善"信用中国"网站及地方信用门户网站行政处罚信息信用修复机制的通知》(发改办财金〔2019〕527号),将信用修复分为一般失信行为的行政处罚信息信用修复、涉及严重失信行为的行政处罚信息信用修复,并相应明确了不同的信用修复的条件,[④]以"进一步明确涉及失信行为的行政处罚信息分类范围","严格执行行政处罚信息公示期限","规范开展行政处罚信息信用修复","进一步强化行政处罚信息信用修复工作主体责任"等四个方面为制度建设的重点,标志着信用修复制度建设迈向纵深化、具体化阶段。

2021年7月30日,市场监管总局集中发布《市场监督管理严重违法失信名单管理办法》(国家市场监督管理总局令第44号)、《市场监督管理行

---

① 该意见"(二)基本原则"之"保护权益,鼓励修复"指出:"在完善相关法律法规的同时,畅通异议申诉等救济渠道,建立完善信用修复制度,纠正违法失信行为,鼓励守法诚信。"

② 该意见"六、构建自主自新的信用修复机制",包含两项内容:"(十四)鼓励和支持自主修复信用。建立有利于自我纠错、主动自新的社会鼓励与关爱机制,鼓励'黑名单'主体通过主动纠正失信行为、消除不良社会影响等方式修复信用,认定部门(单位)可将信用修复情况作为'黑名单'退出的重要参考。(十五)规范信用修复流程。有关部门(单位)认定'黑名单'时,应结合失信行为的严重程度,明确相关主体能否修复信用以及信用修复的方式和期限。对可通过履行相关义务纠正失信行为的'黑名单'主体,可在履行相关义务后,向认定部门(单位)提交相关材料申请退出。"

③ 参见该通知之"十、广泛开展信用修复专题培训""十一、建立失信主体提交信用报告制度""十三、积极稳妥开展信用修复"等。

④ 参见该通知之"三、规范开展行政处罚信息信用修复"。

政处罚信息公示规定》(国家市场监督管理总局令第45号)、《市场监督管理信用修复管理办法》(国市监信规〔2021〕3号)。前两个文件对提前移出严重违法失信名单、①提前停止行政处罚信息公示②这两种信用修复方式作出原则性规定。后一文件共21条,主要就信用修复管理的含义、信用修复的对象和方式、信用修复的条件、信用修复的程序、信用修复的协同机制等作出较为具体的规定,还针对不同的违法失信情形,设定了移出经营异常名录、恢复个体工商户正常记载状态、提前移出严重违法失信名单、提前停止通过国家企业信用信息公示系统公示行政处罚等相关信息4种信用修复方式,并基于不同的信用修复方式确定信用修复条件和程序等内容。

此外,国家发展改革委根据中央有关文件要求,起草《信用修复管理办法(试行)(征求意见稿)》,预示着出台全国层面具有综合调整性的信用修复专门立法,按下了“快进键”。该办法设置七章,共41条,除总则、附则外,着重规定信用修复的主要方式、信用修复的条件、信用修复的程序、信用修复的协同联动、信用修复的监督管理与诚信教育等内容,在内容上属于综合性信用修复立法。

除整体性信用修复制度建设(不区分行业领域)外,国务院有关部门也在推进能源、税收等特定行业、领域的信用修复制度建设。例如,2019年3月27日,国家能源局印发《能源行业市场主体信用修复管理办法(试行)》(国能发资质〔2019〕22号),具体规定能源行业市场主体信用修复的概念、条件、程序、监督管理等内容,其中特别强调“谁认定、谁修复”的信用修复原则,③并明确列举规定了4种不得信用修复的情形。④ 再如,2019年11月7日,国家税务总局发布《关于纳税信用修复有关事项的公

① 参见《市场监督管理严重违法失信名单管理办法》第16~21条。

② 参见《市场监督管理行政处罚信息公示规定》第14条。

③ 参见《能源行业市场主体信用修复管理办法(试行)》第4条。

④ 《能源行业市场主体信用修复管理办法(试行)》第6条规定的4种情形,分别是:一是信用修复后1年内产生新的较重或严重失信信息;二是因谎报瞒报事故、提供虚假材料办理相关行政许可事项、恶意违反市场交易规则等违法违规行为,被列为严重失信的;三是无故不纠正相关失信行为,经督促后仍不履行相关义务的;四是依法依规不能予以信用修复的其他失信信息。

告》(国家税务总局公告2019年第37号),具体规定了纳税主体信用修复的条件、主体、责任机关、程序、范围、标准等内容,并创新性地对纳税失信行为及其对应的信用修复行为、实践作了类型化规定,实施纳税信用修复量化赋值(见表10-2)。

表10-2　纳税信用修复范围及标准

指标名称	指标代码	失信扣分分值	修复加分分值和修复标准		
			30日内纠正	30日后本年纠正	30日后次年纠正
未按规定期限纳税申报	010101	5分	涉及税款1000元以下的加5分,其他的加4分	2分	1分
未按规定期限代扣代缴	010102	5分	涉及税款1000元以下的加5分,其他的加4分	2分	1分
未按规定期限填报财务报表	010103	3分	2.4分	1.2分	0.6分

注:本表格仅部分摘录国家税务总局制定的纳税信用修复的范围和标准,全部内容详见2019年国家税务总局《国家税务总局关于纳税信用修复有关事项的公告》中的附件1:纳税信用修复的范围和标准。

(2)地方对市场主体信用修复制度建设的推进

我国信用修复制度建设,一直按照中央进行宏观制度和体系构架、地方在此基础上细化落实的思路推进。近年来,地方政府也针对信用建设中的重点和难点问题进行探索创新、“先行先试”。例如,2018年1月,国家发改委办公厅、中国人民银行办公厅联合发文,确定杭州市等12个城市为社会信用体系建设示范城市,开展包括市场主体信用修复在内的社会信用体系建设探索。①

① 参见《国家发展改革委办公厅　人民银行办公厅关于印发首批社会信用体系建设示范城市名单的通知》(发改办财金〔2017〕2158号)。

从实践来看,以适用对象为标准,可将信用修复制度划分为两类:一类是没有区分信用主体的身份类型,即适用于包括失信市场主体在内的各类失信主体的信用修复。较具代表性的文件规定有:2018 年 12 月 12 日河南省发改委印发的《河南省公共信用信息修复管理办法(试行)》(豫发改财金〔2018〕1026 号)、《浙江省公共信用修复管理暂行办法》(浙发改财金〔2018〕671 号)、《陕西省公共信用修复管理暂行办法》(陕发改财金〔2019〕1470 号)、《三亚市法人和自然人信用修复管理办法(试行)》(三府〔2019〕150 号)。另一类则是针对市场主体等特定类型设计的信用修复规则。例如,《海南省市场监督管理局严重违法失信企业信用修复暂行办法》(琼市监规〔2019〕3 号)、《关于开展市场主体信用修复工作的实施意见》(苏市监办〔2019〕8 号)。

此外,关于信用修复的制度内容设计方式,主要存在两种形式:一是在失信联合惩戒的制度框架中规定信用修复。例如,2016 年 11 月 9 日,河北省社会信用体系建设领导小组印发《河北省企业信用联合奖惩办法(试行)》。该办法设置专章(第五章“信用修复”),在联合惩戒框架内具体规定信用修复的主体、条件、程序、结果,但未规定具体负责信用修复的主体。同时,该办法第 29 条明确指出修复信用不等于抹除失信记录。① 二是在一般的信用建设相关立法和政策中规定信用修复。例如,《上海市社会信用条例》仅用一个条文规定信用修复。2021 年 1 月 15 日,上海市人民政府办公厅发布的《关于进一步做好本市公共信用信息修复工作的若干意见(试行)》(沪府办规〔2021〕1 号),具体规定公共信用修复内容。

(二)我国市场主体信用修复制度待完善的方面

诚如前述,为适应中国特色社会主义市场经济建设需要,我国在全国和地方两个层面都在积极推进市场主体信用修复制度建设并取得了显著成就。然而,我国信用体系建设及其立法尚处于起步阶段,包括市场主体信用修复在内的信用监管制度建设还很不完善,面临许多亟待破解的突

① 参见《河北省企业信用联合奖惩办法(试行)》第 29 条。

出问题。

1. 文本效力位阶低

我国直到2016年才在中央文件中明确提出信用修复制度建设任务。[①] 此后,中央多次发布信用修复相关文件,推动我国市场主体信用修复制度建设。然而,时至今日,中央层面所发布的信用修复相关文件在性质上均为政策性文件,不具有法律效力。

诚然,政策性文件的及时性可以契合信用体系建设的紧迫需求,但并非我国信用修复在内的市场主体信用监管制度建设的最好表达。相反,在政策属性上,更需要赋予其法律属性和规制属性。信用修复的公共政策规制,更多表现为大众性、公共性和一般性,但缺乏个体性、针对性和具体性的规范内容,亟须通过立法将其规范化,实现权利义务的统一。

申言之,构建我国市场主体信用修复制度,不仅要制定和实施有关信用修复的若干公共政策,还要根据信用修复的不同情形、不同内容及其稳定性、共识度等情况,将有关措施、制度内容等上升到法律法规层面。[②] 信用监管主体不能简单以政策文件为依据开展具有法律效力的信用修复活动,避免相关地方、相关部门在信用修复立法中产生矛盾。

按照"先行先试"的思路,一些地方和行业(领域)开展了信用修复立法或制定信用修复专门文件的探索。例如,2017年,湖北省人大常委会通过的《湖北省社会信用信息管理条例》作为我国较早的社会信用信息管理地方立法,在"信息安全与权益保障"一章中就信用修复作了一些基本规定,[③]成为规定信用修复制度的首个地方性法规。[④] 此外,近年来一些行

---

① 参见《联合奖惩指导意见》(国发〔2016〕33号)。

② 参见卢代富、刘云亮:《社会信用体系属性的经济法认知》,载《江西社会科学》2018年第5期。

③ 参见《湖北省社会信用信息管理条例》第32条、第36条。

④ 根据课题组的检索情况,2017年之前,在省级层面以地方性法规的形式出台的信用信息(社会信用信息、企业信用信息、公共信用信息等)管理立法并不多,以"社会信用信息"为主题制定的专门立法更是尚付阙如。在2017年之前出台的上述类型的地方性法规有两个:2007年广东省人大常委会通过的《广东省企业信用信息公开条例》,2011年陕西省人大常委会通过的《陕西省公共信用信息条例》,但它们都未就信用修复作出规定。

业(领域)也在陆续出台信用修复专门规范或者在相关规范中规定信用修复制度内容。

总的来看,除少数零散规定于地方性法规或地方政府规章外,多数信用修复制度相关文件仍属于规范性文件。即便将有关地方、部门制定的信用修复专门规范视为“准立法”,当前按照地区或者行业(领域)的分散立法,也极易造成不同地方、不同行业(领域)信用修复制度之间及其与市场主体信用监管的全国性、普遍性和基础性之间不匹配的问题。例如,同一市场主体的失信行为在甲地可以进行信用修复,但在乙地却不能,显然与市场主体信用修复的法治化目标存在差距。

2. 信用修复标准模糊

信用修复标准是整个信用修复制度的核心。信用修复标准问题涉及的是“什么样的失信行为可以得到修复”或者“达到什么条件可以进行信用修复”这一根本问题。当前我国在信用修复的条件设定上进行了一定的探索,在具体规定上存在很大差异,大致分为“履行义务 +(失信主体的)申请”①“履行义务 + 承诺 + 申请”②“履行义务 + 一段时间内未违法失信 + 申请”③三种情形。其中,“履行义务 +(失信主体的)申请”成为各地、各领域确定的信用修复的共同条件。在此背景下,实践中尚存在两个突出问题。

(1)是否所有已经受损的信用均可以被修复?

关于是否所有受损的信用均可以被修复,或者说是否存在部分失信行为不能被修复问题,国办发〔2020〕49 号文间接但清晰地表明,部分失

---

① 参见《市场监督管理信用修复管理办法》第 5 条,《国家税务总局关于纳税信用修复有关事项的公告》(国家税务总局公告 2019 年第 37 号)。

② 参见《能源行业市场主体信用修复管理办法(试行)》。2021 年国家发展改革委起草的《信用修复管理办法(试行)(征求意见稿)》规定的一种条件是,除了“承诺”外,还得按照规定参加信用修复培训(第 19 条第 1 项、第 2 项)。

③ 参见《市场监督管理信用修复管理办法》第 6 条、第 7 条,《厦门市科学技术局关于印发加强科研诚信建设开展守信激励与失信惩戒工作细则的通知》(厦科〔2019〕27 号)。

信行为不予修复。[①] 但是各地、各行业的规定存在一定差异。例如,《市场监督管理信用修复管理办法》仅在第15条原则上规定“法律、法规和党中央、国务院政策文件明确规定不可信用修复的,市场监督管理部门不予信用修复”,但没有列举不得予以信用修复的情形。又如,《能源行业市场主体信用修复管理办法(试行)》第6条则列举了4种不得修复的失信记录;[②]2021年国家发展改革委起草的《信用修复管理办法(试行)(征求意见稿)》也列举规定了两类不可修复的情形。[③] 再如,《河南省公共信用修复管理办法(试行)》第6条列举了不得予以信用修复的4种情形;[④]《浙江省公共信用修复管理暂行办法》则没有作出相应规定。

(2)为信用修复设置的条件是否与信用有关?

如前所述,“履行义务+(失信主体的)申请”是各地有关修复信用条件的共同规定。在此基础上,各地根据探索情况,为信用修复增加了“守信承诺”“一段时间内保持守信状态”等与“信用”相关的条件。但部分地区在信用立法中增加了一些与信用不相关的条件。比如,《河南省公共信用信息修复管理办法(试行)》第8条规定,从事“县(市、区)以上国家机关、群团组织认定的公益服务、慈善捐助荣誉”属于失信主体主动修复行为,可作为信用修复申请的重要参考。然而,无论是经济语境中有关偿债能力的信用信息,还是当前社会信用体系中强调的法律遵守程度,似乎都与公益服务、慈善捐助无关联。申言之,如若将慈善捐助当作信用修复的重要参考,信用修复制度将极易异化为部分市场主体谋取经济利益的工具。失信者完全可能通过交易“购买”和“找回”信用,显然与信用的应有价值和作用相违背。实际上,将慈善捐助作为信用修复的重要参考是将信用导向了经济性,违背市场主体信用监管制度中信用从经济性向法律

---

① 《国务院办公厅关于进一步完善失信约束制度构建诚信建设长效机制的指导意见》(国办发〔2020〕49号)指出:“除法律、法规和党中央、国务院政策文件明确规定不可修复的失信信息外,失信主体按要求纠正失信行为、消除不良影响的,均可申请信用修复。”

② 参见《能源行业市场主体信用修复管理办法(试行)》第6条。

③ 参见《信用修复管理办法(试行)(征求意见稿)》第21条。

④ 参见《河南省公共信用修复管理办法(试行)》第6条。

性适度回归这一基本方向。

此外,在非市场主体信用监管领域,也有类似规定。例如,《江苏省机动车驾驶人文明交通信用管理办法(试行)》(苏政办发〔2014〕114 号)第 21 条将一年内参加文明交通志愿服务活动满 60 个小时和因见义勇为被市级以上表彰评为先进个人作为一般交通失信信用修复条件。尽管其不属于市场主体信用监管制度中信用修复的范畴,但仍然反映出实践趋势及其存在的现实问题。

3. 信用修复程序规定不明确且缺乏应有的统一性

无论是程序工具主义还是程序本位主义的拥趸,都不否定程序在法律中的重要地位。但我国立法、司法乃至法学研究中长期存在重实体、轻程序的倾向,也渗透到市场主体信用修复制度设计中,导致信用修复程序规定极少,与信用修复的实体规定不相匹配。加上各地信用修复制度的节点、程序的规定不一,放大了实现全国信用修复信息共享的难度。申言之,在各地、各行业(领域)“先行先试”下,基于实际情况、技术水平差异,信用修复制度的实践自然有所差异。在此背景下,《国家发展改革委、中国人民银行关于加强和规范守信联合激励和失信联合惩戒对象名单管理工作的指导意见》对信用修复程序做了框架性的勾画,即失信主体在履行相关义务后,向认定部门(单位)提交相关材料申请退出失信名单。但这一框架性指导意见尚存在一个问题:“申请退出”指的是什么,是核准制还是准则制?或者说,信用修复认定机关是实质审查(审查其是否符合信用修复的条件),还是仅做形式审查(只要满足履行相关义务这一条件均可修复)?

现有相关实践不同程度地存在信用修复程序不够明确且缺乏应有的统一性问题。例如,《浙江省公共信用修复管理暂行办法》规定的修复程序为:(1)向作出不良信息认定的公共信用信息提供单位提出信用修复申请;(2)对申请材料完备性进行审查;(3)对申请材料真实性、准确性进行审查;(4)决定是否修复;(5)对同意修复的决定结果进行公示;(6)对公示期无异议的失信信息进行标注;(7)将标注结果进行信息共享处理。① 而河南省的信用修复程序稍显笼统。《河南省公共信用信息修复管理办法(试行)》仅用一个条文(第9条)对修复程序作出规定,其基本步骤为:(1)提出申请;(2)受理申请;(3)作出修复意见;(4)公示;(5)数据处理。《江苏省市场监督管理局关于开展市场主体信用修复工作的实施意见》第4条对信用修复程序的规定为:(1)申请;(2)审核;(3)决定;(4)材料归档。该规定过于简略,对决定公示程序、不同意修复程序、信息共享程序均避而不谈。值得注意的是,江苏省将当事人申请信用修复时所作“信用承诺”作为必备要件之一,算是一大亮点。

此外,尽管《市场监督管理信用修复管理办法》针对不同的信用修复方式规定了不尽相同的修复程序。这种精细化的制度安排总体上值得肯定,但其中一些细节仍值得商榷。例如,针对当事人提出的不同类型的信用修复申请,该办法就修复机关限期作出决定的起算点规定了三种类型:“自收到申请之日起”“自查实之日起”“自受理之日起”。②

4. 信用修复监管不够

警惕权力滥用是人类社会的恒久话题,权力应受监督早已成为共识。但为何要对权力进行监督却困扰多年。以功利主义法学派为代表的“人性恶论”认为,人的本性是邪恶的,是自私、贪婪的。休谟甚至认为,必须把每个人都设想为无赖之徒确实是一条正确的政治格言。③ 马克思、恩格斯则从国家与社会的关系出发,认为国家、政治制度是从属的东西,而社会、经济关系的领域是决定性的因素。④ 产生于社会的国家、权力应当在社会的参与、监督、制衡中运行。⑤ 总之,无论秉持人性恶或人性善的哲学家,抑或是资产阶级的分权制衡理论,还是马克思、恩格斯的权力监督与制约思想,其共识是:权力必须受到监督和制约。

① 参见《浙江省公共信用修复管理暂行办法》第8~13条。

② 参见《市场监督管理信用修复管理办法》第10条。

③ 参见[英]休谟:《休谟政治论文选》,张若衡译,商务印书馆1993年版,第27页。

④ 参见《马克思恩格斯选集》(第4卷),人民出版社1995年版,第247页。

⑤ 参见邬思源:《论马克思恩格斯权力监督与制约思想》,载《求实》2008年第6期。

就我国市场主体信用修复的监督而言,主要存在以下两个问题。

(1)信用修复异议权的规定欠缺

在市场主体信用监管制度建设中,一般存在两方面的异议权。其一是信用信息异议权。在相关立法性文本中,这种异议权往往与信用修复同时出现于“信息主体权益保护”一章,与信用修复是并列关系。例如,《辽宁省公共信用信息管理条例》第四章题为“信息主体权益保护”,其中第37～39条规定的是信息主体的信息异议权,第40条是关于信用修复的规定。信用信息主体享有信息异议权已经成为共识,在中央、地方、行业的文件中均有所涉及。其二是信用修复异议权,即对于信息修复处理机关做出的是否进行信用修复的决定提出异议的权利。基于这种异议权,失信市场主体在达到信用修复条件之后,向信用修复责任机关申请修复信用被拒绝,或者失信市场主体未实际完成信用修复条件而信用修复责任机关却决定允许其修复的,该市场主体或者其他市场主体享有对处理结果不服的异议权。这种异议权因与信用修复密切相关,故而在信用立法中应当置于“信用修复”之下,或者在专门的信用修复法律文件中加以规定。

之所以应当在信用信息异议权之外赋予市场主体以信用修复异议权,主要是因为失信市场主体与信用修复主管机关之间并不平等,在关系失信市场主体切身利益的信用修复中,失信市场主体面对具有优势地位的信用修复机关时并不具备充足的议价能力。换言之,行政法律关系的变更、消灭中存在不对等性;通常,行政机关可以不经对方同意即可自行变更、消灭法律关系,或限制权利、增加义务,或特许权利、豁免义务。① 具体而言,在信用修复中,信用修复机关在决定是否修复市场主体的信用时,具有绝对的话语权和决定权;处于劣势地位的失信市场主体如果未被赋予异议权,则其将无法维护自身的权益。倘若失信市场主体或第三人不享有信用修复异议权,则信用修复机关将仅受上级行政机关或同级监

① 参见王成栋:《行政法律关系基本理论问题研究》,载《政法论坛》2001年第6期。

察机关的监督。但是,信用修复法律关系最为突出的特点便是相对性,即在信用修复中,只有信用修复机关、信用修复申请人双方参与其中,在特定情况下也会涉及其他利害第三方。如此,限于信用修复法律关系的相对性,即使信用修复中出现不满足信用修复条件而予以修复,或者满足信用修复条件却未批准修复的情形,仅依靠上级行政机关或同级监察机关发现这些情形,几乎是不可能的。因此,信用修复异议权对于维护信用修复的公正性极其重要。

然而,有关信用修复异议权的制度建设并未获得应有的重视。在已颁布专门信用修复规范的河南、浙江、海南、江苏等省份中,只有一些省份就信用修复异议权作出规定,且规定大都不尽完备。例如,《浙江省公共信用修复管理暂行办法》第 15 条对异议权的内容、责任机关作出了明确规定;同时,其规定的信用修复异议权的享有者并不局限于信息主体,其他信用修复利益相关人也可以对信用修复结果提出异议。《河南省公共信用信息修复管理办法(试行)》第 9 条第 4 项规定:"公示期间,有其他信用主体提出异议的,信用修复机构可根据实际情况重新审定申请人失信行为及评估整改情况并作出修复意见。"令人费解的是,从字面规定来看,其竟然未规定失信市场主体的异议权。《海南省市场监督管理严重违法失信企业信用修复暂行办法》则完全没有对失信市场主体异议权的规定。

此外,《市场监督管理信用修复管理办法》仅规定当事人对信用修复决定可以申请行政复议或者提起行政诉讼(第 16 条),而没有规定利害关系人也可以对信用修复结果提出异议。国家发展改革委起草的《信用修复管理办法(试行)(征求意见稿)》中也未见有关申请人或利害关系人信用修复异议权的规定。

(2)信用修复监管机关缺位

无论对行政权力的监督如何分类,总逃不出行政系统的内部监督和行政系统的外部监督两种基本形式。前述信用修复异议权便属于行政系统的外部监督。但是,这种形式的监督往往具有间接性、非强制性。行政系统的内部监督则可以依靠上下级行政权力对比直接对其进行监督、纠偏，因此行政系统的内部监督具有明显的直接性、强制性。

与其他场域的监督一样，在信用修复场合，目前行政系统的内部监督与行政系统的外部监督面临的难点有所不同：行政系统外部监督的实现，难点在于失信市场主体或其他利益相关人没有被赋予异议权或监督权，没有进行监督的权利基础；或者，失信市场主体或其他利益相关人尽管被赋予异议权或监督权，但是往往存在监督途径受阻、监督机关不重视等问题。行政系统内部监督的难点则在于：一方面，诚如上文分析，信用修复法律关系具有相对性，监督机关难以发现信用修复中的违规行为；另一方面，在行政权力的划分上很难做到泾渭分明，反而会存在多部门权力范围的交织。行政机关在缺乏明确的职权职责划分时，难免出现相互推诿或者权力争夺的现象。

信息修复异议权的存在，使第一个问题在本质上可以归结在第二个问题当中，因为赋予相对人异议权，使在信用修复决定中受到不公对待的相对人可以向监督机关提出异议，此时所面临的还是第二个问题：监督机关之间的推诿或权力争夺。换言之，实现行政系统内部监督的关键在于监督机关的确定、监督权的明确。如果监督机关未确定下来，信用修复申请人或其他利害关系人的合法权利就无法得到有效保护，原本“一次性”的监督成为多次、频繁、日常的监督，加大了信用修复机关的负担和工作量，久而久之反而会打击信用修复机关的工作积极性，影响市场主体信用修复的实际结果。

现实中，有关这方面的制度建设还存在不足。例如，海南省市场监督管理局印发的《严重违法失信企业信用修复暂行办法》仅大致规定了信用修复的基本流程，对信用修复的监督并未涉及，当然就谈不上明确监督机关和监督范围。江苏省市场监督管理局发布的《关于开展市场主体信用修复工作的实施意见》较海南省市场监督管理局印发的《严重违法失信企业信用修复暂行办法》多了信用修复监督的内容，但是“监督”的是申请者。《河南省公共信用信息修复管理办法》第 13 条明确规定了信用修复监督，但是仅规定同级信用体系建设牵头部门可以对违规认定信用修复的决定予以监督。① 这就存在以下问题:第一,该办法并未规定可以对不予修复的决定进行监督;第二,同级信用体系建设牵头部门并不明确;第三,同级部门是否真正有权力对其他部门进行监督和处罚。

《浙江省公共信用修复管理暂行办法》关于信用修复监督机关的规定相对完备,②使浙江省在信用修复监督机关确定方面走在全国前列。但其仍旧存在一些问题:一是在异议受理机关上,信用修复申请人与利害关系人的受理机关不一致,徒增法律文件内部的不协调性,损害法律文件的结构美感;③二是在主动监督机关上,浙江省选择了"有权机关"这样的模糊性的表达,并未实际解决行政机关之间推诿和争夺权力的隐患。④

此外,《市场监督管理信用修复办法》也仅就信用修复的监督作了原则性规定。⑤ 这为监管机关缺位(不及时和有效开展监督)提供了空间。国家发展改革委起草的《信用修复管理办法(试行)(征求意见稿)》虽然将"信用修复的监督管理"作为一项重要内容,⑥但是在具体条文设计上

---

① 《河南省公共信用信息修复管理办法》第13条规定:"信用修复机构违规认定信用修复的,同级社会信用体系建设牵头部门可撤销已作出的信用修复并责令信用修复机构限期改正,对直接负责的主管人员和其他直接责任人根据情节轻重移交相关部门给予纪律处分,并依法依规将信用修复机构和相关负责人的违规记录纳入诚信档案;逾期不改正的,上报同级人民政府或上级司法机关给予通报批评。"

② 参见《浙江省公共信用修复管理暂行办法》第15条、第16条。

③ 《浙江省公共信用修复管理暂行办法》第15条第1款规定:"不良信息主体对公共信用信息提供单位不予信用修复有异议的,应当在收到不予信用修复告知书5个工作日内,向公共信用信息提供单位上一级主管部门提出异议申请。"第2款规定:"利害关系人对信用修复确认有异议的,可以直接向作出信用修复确认的公共信用信息提供单位提出异议申请。对省级公共信用信息提供单位作出的不予信用修复或信用修复确认有异议的,可以向省发展和改革部门提出异议申请。"

④ 《浙江省公共信用修复管理暂行办法》第16条规定:"省发展和改革部门、省和设区市公共信用工作机构、设区的市、县(市、区)人民政府确定的信用建设综合部门、各级公共信用信息提供单位违反本办法规定实施信用修复或不予信用修复的,由有权机关对相关责任人员依法予以处理。"

⑤ 《市场监督管理信用修复管理办法》第17条规定:"市场监督管理部门未依照本办法规定履行职责的,上级市场监督管理部门应当责令改正。对负有责任的主管人员和其他直接责任人员依照《市场监督管理行政执法责任制规定》等予以处理。严禁在信用修复管理中收取任何费用。"

⑥ 《信用修复管理办法(试行)(征求意见稿)》第6章的标题为"信用修复的监督管理和诚信教育",至少从形式上看,对信用修复监督予以高度重视。

仍显得简单，这其中包括对监管机构及其职责的规定不够清晰。[①]

5. 信用修复结果不清

市场主体信用修复的结果，是指失信市场主体通过信用修复从而恢复信用的程度。失信市场主体进行信用修复之后大体有两种结果。一种典型结果是，其可以完全回归到与守信市场主体相同的状态，在信用信息数据库中不再记录其失信信息。另一种结果是，失信市场主体即使经过信用修复重新回归到守信状态，但是在信用信息数据库中仍然记录其失信信息。

这两种信用修复结果的主要区别在于失信市场主体的失信行为经修复之后是否可以在信用信息公示平台查询到失信记录。若采用消除失信记录的方式，则对失信市场主体更加有利，其更加容易回到市场中进行经济活动，但对其他守信市场主体而言在知情权的保障上显得不公平。采用保留失信记录方式，虽然保障了其他守信市场主体的知情权，但是又不利于失信市场主体通过“改过自新”重新回归市场。

就已经出台的有关政策立法看，各地区、各行业并未对信用修复的结果完全达成共识，特别是在信用修复后是否保留原失信记录这个问题上。例如，河北省社会信用体系建设领导小组印发的《河北省企业信用联合奖惩办法（试行）》第 29 条明确规定：“信用修复并不去除信用信息共享平台发布的失信记录。”《厦门市科学技术局加强科研诚信建设开展守信激励与失信惩戒工作细则》[②]第 24 条规定，经市科技术局办公会研究同意信用修复的，职能处室将信用主体从失信惩戒名单中移出，并将其从市社会信用信息共享平台中删除。厦门市的这个规定看似并未直接回答信用修复的结果，但从文义解释出发，很容易得出如下结论：一经信用修复，原有的失信记录便会删除，不再保留该失信记录。

① 《信用修复管理办法（试行）（征求意见稿）》第 38 条规定：“国家发展和改革委员会、县级及以上地方人民政府社会信用管理部门应当会同有关部门加强对信用修复工作的督促指导，发现问题及时责令改正。”

② 《厦门市科学技术局关于印发加强科研诚信建设开展守信激励与失信惩戒工作细则的通知》（厦科〔2019〕27 号）。

2019年出台的《包头市社会法人失信惩戒办法(试行)》[①]第23条规定:"信用修复并不去除真实的、未过期的失信记录。"从法解释角度看,这可以得出不真实的或者过期的失信记录应当去除的结论。但是,这就出现了一个问题:经过信用修复的失信记录,是过期的失信记录,还是未过期的失信记录?包头市的这个地方政府规章并未对其作出回答。

2020年出台的《山东省社会信用条例》[②]只是简单规定,对于信用修复申请,受理单位应当按照国家有关规定进行处理,[③]并未明确信用修复之后是否保留失信记录。2017年出台的《浙江省公共信用信息管理条例》[④]第32条则规定,"应当根据信用修复决定删除该不良信息或者对修复情况予以标注",同时明确,"被列入严重失信名单的主体不适用前款规定"。[⑤] 此规定虽然在一定程度上对信用修复结果作出了较周延的处理,但其中"或者"一词的使用在实践操作上仍具有较大的不确定性。除山东、浙江外,辽宁、河南等地出台的有关公共信用信息管理、社会信用的基本立法也均未正面规定信用修复的结果问题。[⑥]

此外,即便是在诸如《河南省公共信用信息修复管理办法(试行)》《浙江省公共信用修复管理暂行办法》《市场监督管理信用修复管理办

---

① 《包头市人民政府办公室关于印发包头市社会法人失信惩戒办法(试行)的通知》(包府办发[2019]52号)。

② 2020年7月24日,由山东省第十三届人民代表大会常务委员会第二十二次会议通过,自2020年10月1日起施行。

③ 《山东省社会信用条例》第41条第2款规定:"信用主体主动纠正其失信行为,消除不良影响的,可以向公共信用信息提供单位、公共信用信息机构提出信用修复申请。受理单位应当按照国家有关规定进行处理,并将处理结果及时告知申请人。"

④ 2017年9月30日,浙江省第十二届人民代表大会常务委员会第四十四次会议通过,自2018年1月1日起施行。

⑤ 《浙江省公共信用信息管理条例》第32条规定,"省公共信用工作机构应当根据信用修复决定删除该不良信息或者对修复情况予以标注。信息主体被列入严重失信名单的,不适用前款规定。信用修复的具体办法,由省发展和改革部门会同省级公共信用信息提供单位另行制定"。

⑥ 《辽宁省公共信用信息管理条例》第40条规定,修复完成后,公共信用信息主管部门、信息提供主体和公共信用信息工作机构应当按照程序及时停止披露,终止实施联合惩戒措施。《河南省社会信用条例》第42条规定,符合信用修复规定的,信用信息共享平台或者公共信用信息提供单位应当一个工作日内修复。

法》等有关地方、部门制定的信用修复专门规范中,同样普遍未就信用修复后是否保留原失信记录这一问题予以正面回应。不过,值得关注的是,国家发展改革委起草的《信用修复管理办法(试行)(征求意见稿)》设计的制度安排是,根据失信信息的类型和信用修复的方式,设置不同的修复结果。对于信用修复后有关失信信息的保存、公示、屏蔽或删除,作出了较为细致的区别规定。[①] 应当说,这种立法思路特别值得肯定,也代表了未来相关立法及制度建设的基本方向。

三、我国市场主体信用修复制度的完善思路

基于确立和完善我国市场主体信用修复制度的重大意义以及当下我国市场主体信用修复制度中需完善的情况,本部分提出以下完善我国市场主体信用修复制度的思路。

(一)关于市场主体信用修复的立法

正如前述,目前我国信用修复立法及制度建设由中央、国务院相关部门和地方“三条线”共同推进。但中央层面并无专门的信用修复立法。尽管国务院陆续发布了多部政策文件规范信用修复,但大多是框架性、方向性的政策。有关地方、部门在中央的统一谋划下,结合本地区、本部门的实际,陆续推出了涉及信用修复甚至专门调整信用修复的规范,[②]但是,要么零散、原则性地规定于地方或部门立法(地方性法规、地方政府规章、部门规章)中,要么虽为针对信用修复制定的专门规范,但基本上属于规范

---

① 参见《信用修复管理办法(试行)(征求意见稿)》第13~22条。

② 当前,我国市场主体信用修复制度的内容主要来自两方面:一方面,国家市场监督管理总局制定的市场主体信用修复立法和政策,以及各地、各部门在此背景下制定的相关规则;另一方面,长期以来,我国将市场主体信用修复纳入社会信用系统建设,适用社会信用体系中的信用修复规则。从内容和数量来看,仍以后者为主要依据。因此,本研究将大量涉及可适用于市场主体的社会信用体系中信用修复规则的解读和研究。

性文件性质。此外,相关地方、部门在某些信用修复重大问题上的规定差异较大,某些制度设计亦欠合理。以上状况,与信用修复法律制度的权威性、科学性以及信用修复法治统一性要求是不相适应的。因此,强化我国市场主体失信修复立法,应当着重抓好以下环节。

首先,在中央层面提高信用修复立法的法律位阶。全国人大及其常委会应当将信用修复立法工作提上议程,以法律形式确立信用修复制度。需要说明的是,由于我国信用体系大致分为政务诚信、商务诚信、社会诚信和司法公信,其涉及的内容宽泛、法律关系复杂,加上当前信用建设理论研究不深、信用建设实践尚在探索期,因而制定一部统一的信用法条件和时机并不具备;相应地,在统一的信用法中规定信用修复也不现实。由于信用修复制度的需求紧迫、涉及法律关系相对简单,因此宜先制定一部信用修复单行法,将市场主体信用修复纳入其中,这样的做法更加切合实际。此外,国务院还可以就政务诚信、商务诚信、社会诚信建设中的信用修复制定行政法规,尤其是在“宽进严管”市场监管制度改革不断推进的背景下,“宽进”产生的市场主体大量增加且良莠不齐,迫切需要强化以信用监管为重点的“严管”,对市场主体事中事后信用监管的重要手段和市场主体重新回归市场重要途径的信用修复亟须加强。国务院更宜制定专门的市场主体信用修复行政法规。基于我国信用体系建设的“先行先试”的思路,先制定适用于全国范围的部门规章,待时机成熟时再上升到行政法规乃至法律,更为可行。《市场监督管理信用修复管理办法》的出台,在一定程度上弥补了市场主体信用修复立法缺位的不足,但其毕竟效力层级低,规定也还不够完备,需要在适用中不断总结完善。在时机成熟时,未来可以以该办法为基础(蓝本),进一步制定相应的行政法规乃至法律。

其次,在信用修复立法中秉持法治统一的理念。在部门规章、地方性法规、地方政府规章和其他规范性文件中规定信用修复,应当在维护信用修复法律权威的前提下结合具体实际进行细化规定。同时,应当做到各地方、各部门的信用立法之间相互协调,避免重复立法,杜绝立法冲突。各地方、各部门应当在中央出台信用修复单行法律法规之后清理既有相关法律文件,废止与中央信用修复立法相冲突的规定,以实现信用修复法治的统一性。

(二)关于市场主体信用修复的前置条件

失信市场主体不履行法院生效判决或者合同约定的义务,其失信行为尽管应当受到谴责并适用失信惩戒措施,但是也不可忽视失信市场主体对失信行为的主观意图和事后的补救等情形。“知错能改,善莫大焉。”失信市场主体被列入失信黑名单,并非自此就宣告“人格信用上的死亡”。事实上,市场主体失信后仍可以采取一定的补救措施恢复信用,只要主观上愿意积极履行义务,有悔改表现并付诸实施,应当对其先前的失信行为给予信用修复的机会,使其可以平等地参与到正常的经营活动中。失信市场主体若欲恢复其信用,则必须履行一定的义务,承担一定的责任;只有满足信用修复的前置条件,才能对其信用进行重新评估,根据情况适用不同的后续信用修复措施。

具言之,失信市场主体适用信用修复的前置条件,主要包括以下4项。

1. 积极消除失信的负面影响

随着社会的发展,人们的信用观念普遍提升,我国逐渐进入了信用社会,信用是无价的。在这个“互联网+大数据”时代,信息传递的速率和广度进一步提升,足不出户便可知天下之事。守信者诚信的口碑广泛流传,得到信赖,获得更多便利和优惠,即诚信无价,信用无价;失信信息联网人人皆知,犹如“过街老鼠,人人喊打”。诚信社会,信誉无价,失信受惩。所以,信用成为信用社会的立足之本,失信人期盼反省失信,积极履行纠错义务,促成信用修复,正是惩戒与宽恕平衡的结果。在失信市场主体被公开谴责惩戒后,可以认识到自己的错误,有意纠正自己的行为,积极履行应尽义务,树立诚信观念,并消除其失信行为的影响,可以认为其在一定程度上能够积极补救挽回信用。以此可以结合其他要件进行研判,确定是否给予修复信用的机会。

现实中,积极消除失信的负面影响,作为信用修复的一项基本条件,这可以说已经成为各界共识。例如,《市场监督管理信用修复管理办法》第6条和第7条都将“已经主动消除危害后果和不良影响”规定为申请信用修复必须具备的条件。国家发展改革委起草的《信用修复管理办法(试行)(征求意见稿)》第2条第2款规定:“除法律、法规和党中央、国务院政策文件明确规定不可修复的情形外,信用主体在纠正失信行为、消除不良影响后,均可按要求申请信用修复。”该条款虽然旨在肯定和鼓励申请信用修复,但其中仍特别强调了一个前置条件,即“在纠正失信行为、消除不良影响后”。此外,第5条在对“信用修复”进行界定时,又明确写入了“在整改纠正失信行为、消除不良影响后”这一条件。① 又如,《浙江省公共信用修复管理暂行办法》第5条第1款将“行政处理决定和司法裁判等明确的法定责任和义务履行完毕,社会不良影响基本消除”,作为信用修复的条件之一。此类规定,殊值肯定。

总而言之,对于受制于信用惩戒的压力并力图摆脱信用限制、期待恢复信用的失信市场主体,须先将其列入黑名单的根源因素消灭,履行相应的生效判决或者合同约定义务,消除失信的负面影响,才能对其适用信用修复。

2. 积极履行未尽义务

出现失信行为,往往存在某种潜在的原因。如果失信市场主体希望从失信惩戒的黑名单中删除或者移除,失信市场主体须消除失信因素和负面影响,并积极履行未尽义务,方可启动信用修复程序,进而达到从失信黑名单中删除之目的。

以我国各级法院公布的失信名单为例,先后经过债权人催告、法院判决、法院强制执行等程序,作为失信被执行人的市场主体仍不履行债务的,才会被列入惩戒名单。在此期间,如果该失信市场主体持续危害市场信用秩序,其本来有充足的时间和能力履行义务但拒不履行,那么我们不能因其发现拖延战术失败,转而积极履行义务,就立即恢复其信用。若采

① 参见《信用修复管理办法(试行)(征求意见稿)》第5条。

取这样的信用修复,显然是不合理的;如此只会带来更大的负面影响,给人一种“先失信没关系,等到惩戒力度加大再履行义务也不会受到任何损失”的假象和暗示。因此,列入失信惩戒也应设置最低失信公开遣责期和信用修复观察期;在此期间,不产生其他失信行为的失信市场主体才有机会修复其信用。

从各地方、部门政策立法来看,各地对申请人履行义务和信用修复前置期限基本上都有相应的规定,只是规定不尽相同。例如,《浙江省公共信用修复管理暂行办法》第 5 条就信用修复的条件作出规定时,第 1 项中强调了“法定责任和义务履行完毕”;第 2 项规定,原则上自不良信息认定之日起,修复期限应满 1 年及以上。《三亚市法人和自然人信用修复管理办法(试行)》①第 4 条在对信用修复进行界定时明确规定“在失信信息披露期限内,主动纠正违法行为、消除不良影响后提出信用修复申请”;第 8 条在对信用修复的条件进行列举规定时,于第 1 项对信用修复前置期限作了区别性规定:“一般失信信息自认定之日起满三个月,严重失信信息自认定之日起满六个月。”第 2 项亦强调“法定责任和义务履行完毕”。需要特别指出的是,根据失信程度规定不同的信用修复前置期限更为科学、合理。《市场监督管理信用修复管理办法》《信用修复管理办法(试行)(征求意见稿)》的有关规定也体现了这样的设计思路,②值得肯定。

总的来说,如此规定,使失信市场主体无法投机取巧,一旦失信,不但面对良心谴责,还要接受公众的长期监督,先前享有的优惠和便利不再享

---

① 《三亚市人民政府关于印发〈三亚市法人和自然人信用修复管理办法(试行)〉的通知》(三府〔2019〕150 号)。

② 《市场监督管理信用修复管理办法》第 6 条规定:“除《市场监督管理行政处罚信息公示规定》第十四条第三款规定的行政处罚,或者仅受到警告、通报批评和较低数额罚款外,其他行政处罚信息公示期满六个月,其中食品、药品、特种设备领域行政处罚信息公示期满一年,且符合下列情形的当事人,可以申请信用修复:(一)已经自觉履行行政处罚决定中规定的义务……”第 7 条规定:“当事人被列入严重违法失信名单满一年,且符合下列情形的,可以依照本办法规定申请信用修复:(一)已经自觉履行行政处罚决定中规定的义务……依照法律、行政法规规定,实施相应管理措施期限尚未届满的,不得申请提前移出。”另参见《信用修复管理办法(试行)(征求意见稿)》第 19 条、第 20 条。

受,更表明了“守信路路畅通,失信举步维艰”。

3. 作出信用承诺

信用承诺虽然与信用修复并非一回事,但在一定程度上具有修复信用的效果。目前,我国在司法上将市场主体信用修复纳入被执行人信用修复的范畴。《江西省高级人民法院关于建立失信被执行人信用承诺和信用修复机制的实施意见(试行)》[①]第1条和第2条分别对信用承诺和信用修复作了界定。根据第1条的规定,信用承诺是指被法院决定列入失信被执行人名单的被执行人,有积极履行生效法律文书确定的义务的意愿,向法院作出信用承诺,法院经审查认为符合条件的,可暂缓将其名单信息录入最高人民法院失信被执行人名单,不对其适用信用惩戒。

对比第2条有关信用修复的界定,[②]信用承诺与信用修复主要有以下区别:其一,前者适用对象是被法院决定列入但尚未实际纳入失信被执行人名单的被执行人,后者适用对象为实际纳入失信被执行人名单的被执行人;其二,前者适用条件是有积极履行义务的意愿并向法院作出信用承诺,而不要求有积极履行义务的行为,后者适用条件为有积极履行义务的行为;其三,前者适用结果为暂缓纳入最高人民法院失信被执行人名单,不对其适用信用惩戒;后者适用结果为暂停适用信用惩戒,包括从最高人民法院失信被执行人名单库中删除,解除与提高履行能力相关的限制性措施。尽管二者存在上述区别,但同样可以看到,信用承诺在一定程度上具有修复信用的效果,这集中体现在至少在一定时间内都不适用信用惩戒,被执行人不在最高人民法院失信被执行人名单库中。

现实中,将信用主体作出信用承诺作为信用修复的前置条件或参考

---

① 《江西省高级人民法院关于印发建立失信被执行人信用承诺和信用修复机制的实施意见(试行)的通知》(赣高法〔2020〕59号)。

② 《江西省高级人民法院关于建立失信被执行人信用承诺和信用修复机制的实施意见(试行)》第2条规定:“信用修复,是指已被纳入失信被执行人名单库的被执行人,有积极履行生效法律文书确定的义务的行为,向人民法院申请信用修复,人民法院为提高其履行能力,经审查认为符合条件的,可暂停对其适用信用惩戒,包括将其名单信息从最高人民法院失信被执行人名单库中删除,解除与提高履行能力相关的限制性措施。”

因素，已经成为一种普遍做法。例如，《河南省公共信用信息修复管理办法（试行）》第5条明确将“信用修复申请人提交《信用承诺书》”规定为信用修复的必备条件。《能源行业市场主体信用修复管理办法（试行）》第5条明确将“按要求作出信用承诺”规定为申请信用修复必须具备的两个条件之一。《浙江省公共信用修复管理暂行办法》虽未直接将信用承诺作为信用修复的必备条件，但也规定“鼓励支持省级公共信用信息提供单位将不良信息主体作出信用承诺行为……作为制定信用修复认定标准的参考因素”。《市场监督管理信用修复管理办法》将“守信承诺书”明确规定为申请信用修复应当提交的一项材料。① 国家发展改革委起草的《信用修复管理办法（试行）（征求意见稿）》，对一些信用修复方式的适用条件也明确要求信用主体须“公开作出信用承诺”。②

进一步来看，对于被决定列入“黑名单”的失信市场主体并不直接适用失信惩戒措施，或是已经被列入“黑名单”的失信市场主体在申请信用修复时，给予其承诺履行义务的机会。信用承诺人如果积极履行承诺，那么就不再对其适用信用惩戒措施；若违背承诺，则恢复适用乃至适用更加严厉的失信惩戒措施。这种制度安排本身体现出对失信主体仍保留了“信任”，有利于调动失信市场主体履行义务的积极性，促成其主动恢复信用，尽早消除对自身的不利影响，同时也可以减少监管程序和成本，节约执法资源，可以说是成本—效益最优化的制度安排。基于以上认知，宜将作出信用承诺作为适用信用修复程序的前置条件之一。

4. 不属于禁止信用修复的情形

是否所有的失信均可以被修复？在这个问题上，当前存在不同的政策立法态度。以《浙江省公共信用修复管理暂行办法》为代表，包括江苏、海南在内的多省的信用修复立法，并未规定哪些失信行为不得修复。根据法解释理论，这可以理解为所有的失信均可修复。但是，以《河南省公共信用信息修复管理办法》《能源行业市场主体信用修复管理办法（试

① 参见《市场监督管理信用修复管理办法》第8条。
② 参见《信用修复管理办法（试行）（征求意见稿）》第19条。

行)》为代表的政策立法文件,则以专条的形式明确列举规定了不得修复的失信情形。①《市场监督管理信用修复管理办法》仅原则上规定“法律、法规和党中央、国务院政策文件明确规定不可信用修复的,市场监督管理部门不予信用修复”(第15条),而没有对哪些失信情形不得修复进行列举规定。国家发展改革委起草的《信用修复管理办法(试行)(征求意见稿)》虽未使用“不得予以信用修复”的字眼设置类似《河南省公共信用信息修复管理办法》那样的专条规定,但实质上也规定了不得修复的失信情形。例如,第21条规定:“法人和非法人组织刑事处罚信息在信用平台网站上永久保存和公示,不得终止公示,不得屏蔽或删除。”

信用修复原则上仅适用于主观恶性小或者危害性小的一般失信行为。认定失信者的主观恶性、危害性大小的具体情形,可能在不同行业、不同领域和不同地区存在一定的差异。若所有的失信都可以被修复,则容易造成违法或者违约的成本过低,无法充分发挥失信惩戒的警示作用。因此,应当规定不允许信用修复和严格限制信用修复的失信行为的具体情形。

根据当前的立法和研究,不得进行信用修复的情形大致包括以下情形:(1)企业已进入破产程序的;(2)信用修复后一年内出现新的失信行为的;(3)失信行为情节严重的;(4)拒不纠正相关失信行为或者无故不参加约谈、约谈事项不落实,经督促后仍不履行的;(5)依法依规不能予以信用修复的其他失信情形。不允许破产企业申请信用修复,主要考虑在于企业进入破产程序后可能会面临企业清算的结果,且对于破产企业的

---

① 《河南省公共信用信息修复管理办法》第6条规定:“信用主体有下列情形之一的,不得予以信用修复:(一)企业已进入破产程序的;(二)在同一信用修复机构内,信用修复后一年内再次受到行政处罚的或司法判决违法的;(三)存在严重失信行为的;(四)信用主体拒不纠正相关失信行为或者无故不参加约谈、约谈事项不落实,经督促后仍不履行的。”《能源行业市场主体信用修复管理办法(试行)》第6条规定:“有下列情形之一的,不得予以信用修复,直至失信信息披露期限届满:(一)信用修复后1年内产生新的较重或严重失信信息;(二)因谎报瞒报事故、提供虚假材料办理相关行政许可事项、恶意违反市场交易规则等违法违规行为,被列为严重失信的;(三)无故不纠正相关失信行为,经督促后仍不履行相关义务的;(四)依法依规不能予以信用修复的其他失信信息。”

处置,破产法有明确的规定,不允许其修复信用,也是从节约行政成本的角度考量的。对于第(2)至(4)项不允许信用修复的情形,属于主观恶性大或者危害性大的失信行为,不适用信用修复的原因已如前述。至于第(5)项不得适用信用修复的情形,实际上属于“兜底”情形,其设置目的,在于解决立法预见性不足与失信行为可能出现新情况之间的矛盾。

明确不允许信用修复的情形之后,还需要解决一个问题,即市场主体若存在不得修复信用的情形,是否意味着永远都无法修复其信用?对此,《河南省公共信用信息修复管理办法》并未作出规定,这似乎意味着失信市场主体面临着“一时失信,终身惩戒”的结局。但《能源行业市场主体信用修复管理办法(试行)》第 6 条规定,“有下列情形之一的,不得予以信用修复,直至失信信息披露期限届满”。由此规定可以看出,与《河南省公共信用信息修复管理办法》的立法例不同,按照《能源行业市场主体信用修复管理办法(试行)》第6 条的规定,市场主体存在不得要求信用修复的情形后,其所丧失的并非信用修复的机会,而是申请信用修复的权利;在这种情形下,市场主体只能等待失信信息披露期限届满,通过自然修复恢复自身信用。国家发展改革委起草的《信用修复管理办法(试行)(征求意见稿)》则作了区别规定,即对于有的失信情形实际上规定了永久无法修复,①对于有的失信情形则规定在有关期限届满前不得修复。②

基于比例原则、保护营商自由等目的,宜根据失信程度和信用修复的方式区分设置禁止信用修复的期限和方式。相较而言,《信用修复管理办法(试行)(征求意见稿)》的有关制度设计理念值得肯定。其既赋予了一般或较轻失信市场主体重回市场的可能,又对特别严重的失信市场主体有了较严重的惩戒措施。这反过来也会促使市场主体从一开始就避免特

---

① 《信用修复管理办法(试行)(征求意见稿)》第 20 条第 3 项规定:“按照本办法第十九条第二款规定应当永久公示的信息,在各级信用平台网站上永久保存。”第 21 条规定:“法人和非法人组织刑事处罚信息在信用平台网站上永久保存和公示,不得终止公示,不得屏蔽或删除。”

② 《信用修复管理办法(试行)(征求意见稿)》第 22 条规定:“法律、法规对相关违法行为规定了附带期限的惩戒措施的,在相关期限届满前,不得终止公示,不得屏蔽或删除。”

别严重的失信情形。诚如俗语有云"有的错,犯了就是一辈子(就要用一辈子来偿还)"。这样的制度设计也符合人们的朴素认知。

（三）关于市场主体信用修复的方式

1. 申请修复与自然修复并存

以修复程序启动方式为标准,信用修复分为申请修复和自然修复。所谓申请修复,是指失信市场主体履行相关义务后,在满足法律、行政法规规定的信用修复条件之后,①依照法定修复程序向修复机关申请修复信用的信用恢复方式。自然修复则是指失信市场主体经整改后达到一定期限且在该期限无新的失信行为,即自动退出失信名单(或由修复机关主动予以修复)的一种信用恢复方式。

现实中,各地方、部门有关信用修复的政策立法规定的主要是申请修复这一方式。例如,《能源行业市场主体信用修复管理办法(试行)》《河南省公共信用信息修复管理办法(试行)》有关信用修复的界定和所设专章"信用修复程序"均规定(或体现出)信用主体提出修复申请才能启动修复程序。②《市场监督管理信用修复管理办法》第 2 条对"信用修复管理"所作界定中没有强调须经申请才能启动信用修复,但其有关信用修复的条件、程序规定都明确显示,其将当事人提出申请作为启动信用修复的前提。③《浙江省公共信用修复管理暂行办法》在总则部分(第 2 条)规定信用修复包括自然修复和依申请修复,并明确给出二者的定义,但同时也

---

① 本研究在"关于市场主体信用修复的立法"中指出,市场主体信用修复立法应当制定行政法规乃至法律。

② 例如,《河南省公共信用信息修复管理办法(试行)》第 2 条第 1 款规定:"本办法所称信用修复,是指信用主体在失信信息披露期限内,主动纠正其失信行为,按照一定条件,经规定程序,获准撤销失信记录或缩短失信记录使用期限,重建信用的过程。"《能源行业市场主体信用修复管理办法(试行)》第 2 条规定:"本办法所称信用修复,是指能源行业市场主体在失信信息披露期限内,纠正失信行为且消除不良影响后,向国家能源局及其派出能源监管机构(以下简称失信信息认定单位)提出修复申请,并经审核确认后,通过能源行业信用信息平台对其失信信息进行相应调整的过程。"

③ 参见《市场监督管理信用修复管理办法》第 5 ~ 8 条。

声明“本办法所称信用修复主要是指依申请修复”。① 此外,《浙江省公共信用修复管理暂行办法》设专章规定的“信用修复程序”亦针对的是依申请修复。②

对自然修复采取回避的态度是失之偏颇的。这种态度并未深刻领会信用修复的内涵与目的。建设市场主体信用修复制度,旨在避免失信市场主体由于主客观原因失信而进入失信名单后无法通过“改过自新”重新恢复信用并回归市场,陷入“一次失信、终身受限”僵局。简言之,信用修复旨在为失信人提供重新恢复信用、进入市场的机会;自然修复信用显然已能达此目的。同时,承认失信市场主体经整改后达到一定期限无新的失信行为,即视为自动完成信用修复,也有利于客观、公正地保护那些不慎或由于客观原因失信的市场主体及其利益相关方的利益。此外,有的信用修复方式,如达到一定条件后屏蔽或删除失信信息,本就不需要由失信市场主体提出申请。由信用修复机构主动完成修复,既符合“常识、常理”,又能提高监管效能。综上,我国市场主体信用修复制度应当同时确认申请修复和自然修复两种修复方式。

需要特别指出的是,国家发展改革委起草的《信用修复管理办法(试行)(征求意见稿)》第5条在对“信用修复”进行界定时,明确规定失信主体“提出申请”是信用修复的前提。该办法规定的多种信用修复方式的程序也都能明确体现由失信主体提出申请这一启动信用修复的条件。但对于行政处罚信息的屏蔽或删除这一修复方式,《信用修复管理办法(试

---

① 《浙江省公共信用修复管理暂行办法》第2条规定:“信用修复包括自然修复和依申请修复。自然修复是指不良信息自认定之日起满5年后从所在主体信用档案中删除,视为自然修复。依申请修复是指不良信息主体为积极改善自身信用状况,按照规定的条件和程序,向作出不良信息认定的公共信用信息提供单位提出申请并被确认的一种行为过程。本办法所称信用修复主要是指依申请修复。”

② 例如,《浙江省公共信用修复管理暂行办法》第8条特别明确规定:“不良信息主体应当向作出不良信息认定的公共信用信息提供单位提出信用修复申请。”

行)(征求意见稿)》第29条特别规定“无需信用主体提出申请”。[1] 一方面,这存在立法上的不周延;另一方面,这也实际认可了申请修复和自然修复两种信用修复方式,此种制度安排值得肯定。

2. 消除式修复与标注式修复并用

按照处置方式的不同,信用修复分为消除式修复和标注式修复。所谓消除式修复,是指失信市场主体在彻底纠正失信行为、消除不良影响后,其失信记录将从信用报告中消除。消除式修复又分为隐藏式修复和删除式修复,二者的区别主要在于:在市场主体信用报告中消除失信记录后,失信记录是隐藏还是彻底删除。标注式修复,是指失信市场主体在彻底纠正失信行为、消除不良影响后,在失信名单中标明信用已经修复但不消除失信记录的修复方式。

前已述及,我国各地区、各行业对于信用修复的结果并未完全达成共识,尤其在信用修复后是否保留原失信记录这一问题上。诸如《市场监督管理信用修复管理办法》《浙江省公共信用修复管理暂行办法》等信用修复专门文件也未正面回应信用修复后是否保留原失信记录这一问题。这不仅给人以信用修复制度紊乱之感,也因修复结果差异较大而严重影响当事人及其利害关系人的切身利益。

市场主体信用报告成为现实和潜在的交易相对人对该市场主体未来的守约态度和履约能力获得合理预期的最重要的依据。历史信用记录中是否存在失信行为,在很大程度上影响交易是否能够达成。采用消除式

---

① 《信用修复管理办法(试行)(征求意见稿)》第29条规定:“法人和非法人组织行政处罚信息的屏蔽或删除,由认定单位和归集机构按照本办法第二十条规定执行,无需信用主体提出申请。”第20条规定:“法人和非法人组织行政处罚信息的屏蔽或删除适用如下条件:(一)涉及轻微失信行为的行政处罚信息,自失信行为终止之日起,在各级信用平台网站上保存3年,3年内未发生同类失信行为的应当予以屏蔽或删除;3年内再次发生同类失信行为被处以行政处罚的,该条信息的保存期限重新计算。(二)涉及严重失信行为的行政处罚信息,自失信行为终止之日起,在各级信用平台网站上保存5年,5年内未发生同类失信行为的应当予以屏蔽或删除;5年内再次发生同类失信行为的,该条信息的保存期限重新计算。(三)按照本办法第十九条第二款规定应当永久公示的信息,在各级信用平台网站上永久保存。”

修复能够更好地帮助失信市场主体重回市场开展政策经济活动,但对交易相对人亦存在一定风险。反之,若采用标注式修复,则最大限度保护了交易相对人的知情权,但无疑加大了对失信市场主体的惩戒力度,增加其重新进入市场获得交易机会的难度。因此,确定信用修复究竟采用消除式修复还是标注式修复,至关重要。

从目的来看,失信市场主体信用修复是为了激活失信市场主体的活力,进而激发市场活力。一方面,在申请修复的情况下,既然信用修复机关决定为失信市场主体修复信用,就应当认定失信市场主体的信用水平已得到恢复,可正常开展市场交易活动。对此,理应将消除式信用修复作为申请修复的主要修复方式。另一方面,在自然修复的情况下,则应当采取标注式修复。究其原因在于:自然修复采取的是经过一定期限自动退出失信名单的方式,市场主体是否彻底纠正失信行为、消除不良影响,缺乏信用修复机关的监督,因而比申请修复的风险大。标注式修复正好有利于提醒现实的和潜在的交易相对人关注与该市场主体交易存在的风险。

此外,无论采用消除式修复还是标注式修复,都应考虑失信程度。对于严重的失信行为,原则上应采用标注式修复;对于一般失信行为,则原则上宜采用消除式修复。国家发展改革委起草的《信用修复管理办法(试行)(征求意见稿)》总体上遵循此种思路进行相应的制度设计。例如,对于轻微失信信息,该意见稿规定的公示时间较短,且有的情形可以不用公示;对于严重失信信息,又进一步分类(如分行政处罚和刑事处罚信息)。该意见稿规定,有的类型只在一定时期内公示,有的类型只在一定时期内保存,有的类型则永久保存和公示,不得终止公示,不得屏蔽或删除。① 这一思路值得肯定,既可以促使市场主体更加主动地避免严重失信,又可以更好实现失信市场主体和交易相对人等利益相关者的利益平衡。

(四)关于市场主体信用修复的程序

如前所述,在信用修复中存在申请修复和自然修复、消除式修复和标

① 参见《信用修复管理办法(试行)(征求意见稿)》第17~22条。

注式修复等不同形式,[①]与其相对应的信用修复程序也需作出差异化设计。

针对自然修复,仅需在信用报告中设置最长时限(一般为5年),到期自动标注“自然修复”字样,并将其从失信名单中删除即可。自然修复因不需要失信市场主体申请,不存在过多的行政权力介入,故而在程序设计上较为简单。相较而言,申请修复由于需要申请—批准,存在较多修复机关介入环节,有公权力介入即须严格程序,以保障实体公平,实现效率、秩序、自由。[②] 因此,在信用修复程序的设计上也须贯彻上述基本价值,并通过修复程序统一化来实现。借鉴浙江、河南、江苏等地方信用修复相关规定,可将统一化的申请修复程序设计如下。

1. 申请

失信市场主体具备信用修复条件的,可以向信用机构提出信用修复申请,并提交信用修复所需的相关证明材料,具体陈述修复请求内容及其主要依据和理由。失信市场主体虽然信用有瑕疵,但经其悔改,并积极履行相应义务、责任,承诺守信,然后提出信用修复申请,则可依规定启动信用修复程序。事实上,只需要失信市场主体提出信用修复请求,将其信用修复信息输入与全国各部门联网的大数据系统中;根据信用信息反馈,将依序生成该主体信用状况,分析是否符合信用修复条件,并告知是否取得信用修复资格。

失信市场主体在申请时需要提交相关材料,以证明其已经履行先前未履行的义务、责任,失信状态已经消失,且已恢复继续履行义务的能力。例如,《市场监督管理办法》第8条规定,当事人申请信用修复,应当提交“守信承诺书”“履行法定义务、纠正违法行为的相关材料”等材料。《三亚市法人和自然人信用修复管理办法》第10条第1项规定,申请人应提

---

① 我们认为,在建构信用修复制度中,应当将消除式信用修复作为申请修复的主要修复方式。在自然修复的情况下,则应当采取标注式修复。鉴于此种对应关系,为行文方便,本部分着眼自然修复和申请修复这条主线展开论述。

② 参见田平安主编:《民事诉讼法原理》(第6版),厦门大学出版社2015年版,第36~39页。

交“相关改正行为和履行义务的证明材料”。《陕西省公共信用修复管理暂行办法》第9条特别规定需提供信用门户网站信息公示截图、信用修复相关佐证材料、信用修复承诺书；若是委托他人申请办理，还要提交委托代理书原件、经办人身份证复印件。此外，为让群众少跑腿。该办法第9条还特别规定：信用修复认定单位应当一次性告知信用修复申请人所需材料及相关要求。除《浙江省公共信用修复管理暂行办法》第5条规定信用修复必备条件外，该办法第6条还鼓励支持信用修复机构将不良信息主体作出信用承诺、参与社会公益事业或志愿服务等有积极提升自身信用水平的行为作为制定信用修复认定的参考因素。因此，对于信用修复机构规定的可支撑信用修复的其他材料，也应当或是主动提交。

在市场主体信用修复制度构建上，前述规定及其立法技术值得综合吸收：其一，设专条列举规定申请需要提交的材料，区分规定必备材料和参考材料；其二，允许委托办理，并明确规定委托办理时需要额外提交的材料；其三，明确规定信用修复机构应当一次性告知信用修复申请人所需材料及相关要求，并积极运用“互联网＋”，开辟网上申请渠道。

2. 审核

信用修复机构在收到失信市场主体的信用修复申请后，应当在合理期限内对提交材料的完备性、合法性和真实性进行审查，①符合相关条件和要求的，出具《信用修复决定书》并公示，录入信用数据系统；对不符合条件的申请则不予受理，或者提出信用修复建议，待失信市场主体具备信用修复条件后再行申请。信用修复机构审核的关键，在于失信市场主体修复自身信用并消除不良影响的正向激励状态是否得以扶正。

---

① 若作细分，在信用主体提出申请后，有一个受理环节，信用修复机构着重对材料的齐备性进行审查（有时也涉及真实性、合法性），主要体现为形式审查。较规范的制度安排是，规定信用修复机构必须在特定时间内完成受理审查，若资料齐备、达到受理条件，予以受理并出具受理通知书；若资料不齐备或存在其他瑕疵，要求信用修复机构一次性告知申请人在规定时间内补充提交材料（参见《海南省市场监督管理局严重违法失信企业修复暂行办法》第7条）。鉴于受理环节问题相对较少，且对申请人是否达到信用修复条件的审查更为关键，本部分着重就后者展开论述，但有时也稍带涉及受理环节的审查。

信用修复机构可将解除联合惩戒措施作为失信主体修复自身信用的前置条件。①

关于审核期限,现有信用修复规范存在不同规定。比如《三亚市法人和自然人信用修复管理办法》规定为5日内决定是否受理。符合条件的,则出具《信用修复决定书》并报送同级法人和自然人基础信用数据库,给予信用修复;不符合条件的,则给予退回申请。从文义来看,该办法规定的是受理审查期限,而非是否达到修复条件的实质审查期限,给修复机关拖延审查留下了空间。若理解为其将两个程序合并在一起,则规定的期限明显偏短。《浙江省公共信用修复管理暂行办法》第10条和第11条则明确区分规定受理环节和核对(审核)环节,对于前者,规定若提交资料不齐备,修复机关“应当在2个工作日内一次性告知不良信息主体补全材料”。② 对后者,则规定了15日的审查期,符合条件的,确认修复;不符合条件的,不予修复,并书面告知理由。《市场监督管理信用修复管理办法》不仅区分了受理环节和作出决定环节的时限,还根据信用修复方式的类型区分决定环节的时限。③

事实上,审核时限的设置需根据信用修复机关的审核难度、耗时等具体因素确定。由于信用修复机关在对申请材料进行形式审查时仅需核实材料的完备性,难度小且不耗时,因此宜限制在2~3个工作日内。④ 在实

---

① 《失信惩戒与信用修复》,载信用中国(浙江宁波),http://www.nbcredit.gov.cn/art/2017/12/6/art_264_16437.html。

② 据此规定,可以反推出,受理审查的期限为2个工作日。

③ 《市场监督管理信用修复管理办法》第8条第3款规定:“市场监督管理部门应当自收到申请之日起二个工作日内作出是否受理的决定。申请材料齐全、符合法定形式的 应当予以受理,并告知当事人。不予受理的,应当告知当事人,并说明理由。”至于作出决定的时限,第10条规定了三种类型:第一种是自收到申请之日起5个工作日内作出决定;第二种是自查实之日起5个工作日内作出决定;第三种是自受理之日起15个工作日内作出决定。

④ 具体天数的设置很难精确把握,也不容易解释(例如,为什么是3天而不是4天?)。《浙江省公共信用修复管理暂行办法》规定的是2个工作日;《河南省公共信用修复管理办法(试行)》《江苏省市场监督管理局关于开展市场主体信用修复工作的实施意见》《信用修复管理办法(试行)(征求意见稿)》规定的是3个工作日;《海南省市场监督管理局严重违法失信企业修复暂行办法》规定的是5个工作日。我们选择了一个折中的方案。

质审查中，需要审查材料的真实性和有效性，还要作出是否予以修复的最终决定，涉及申请人最本质的利益诉求。故而为了最终结果的公平，需要给予信用修复机关更多的时限进行审查、决定。但同时又要避免信用修复机关（具体工作人员）的无故拖延，影响当事人利益。对此，可借鉴《河南省公共信用修复管理办法（试行）》的设计思路，①规定一个基本期限，如5个工作日；若情况复杂需要延期的，经信用修复机关负责人批准后可适当延长，但最长不超过10个工作日。②

在信用修复程序中，要把握信用修复数据集中征集这一关键环节，将之汇入市场主体信用监管大数据系统，真正推进和融入“互联网+大数据+人工智能+5G+”等未来的发展趋势及技术模式。通过互联网大数据库，启动市场主体信用信息记录分析，查阅其是否符合信用修复条件要求和信用修复资格状态，推动信用修复审核的智能化，并同步实现市场主体信用的共建共享共治。

3. 公示

各地实践探索大都规定，信用修复机关准予信用修复后，③要向社会

① 《河南省公共信用修复管理办法（试行）》第9条第3项规定：决定受理的，由信用修复机构根据申请人整改情况及管理要求，在5个工作日作出修复意见。情况复杂需延期的，经信用修复机构负责人批准后可适当延长，但自受理申请之日起累计不得超过10个工作日。

② 关于信用修复实质审查的期限，各地规定很不一样。除了正文中所介绍的外，例如《陕西省公共信用修复管理暂行办法》第10条规定，在收到申请后10个工作日完成审核，做出信用修复处理决定，出具信用修复认定书。《海南省市场监督管理局严重违法失信企业修复暂行办法》第7条规定，需在受理后10个工作日内作出初审意见，并在5个工作日内，报请省市场监督管理局审批，但又对省局作出审批的时间没有限定。《江苏省市场监督管理局关于开展市场主体信用修复工作的实施意见》第4条规定，办案部门自收到申请材料后5个工作日内录入审核意见，出具审批表，连同所有材料交受理部门。受理部门自收到办案部门出具的审批表后3个工作日内报局领导或根据其授权，作出决定。我们选择了一个折中的方案。

③ 若不同意修复，一般只需要向申请人书面通知并说明理由即可，无须向社会公示。因为这种结果，没有改变现状，只影响申请人的利益，而不影响（改变）其他利益相关者的利益格局。若申请人不服，自行提出申诉加以解决。

公示,但也有未规定公示环节的。[①] 将信用修复决定向社会公示,旨在接受社会监督,确保信用修复的公正性和权威性,防范信用修复过程中信用机构工作人员失职等原因导致信用修复程序不公。一旦出现错误或程序不公,在社会监督之下,信用机构应主动及时纠正,并将新的处理决定继续公示。实施信用修复公示,也是督促信用信息处于敏感期的市场主体积极守信的重要方式。

关于公示期和公示方式(平台),各地针对不同的行业和地区实际,有所不同。例如,《陕西省公共信用修复管理暂行办法》第10条规定,对于同意信用修复申请的,应在3个工作日内将信用修复决定信息和失信主体作出的信用修复承诺信息录入省、市信用信息共享平台;失信主体作出的信用修复承诺信息通过各级信用门户网站公示,接受社会监督;[②]公示期限与原不良信用信息的披露期限保持一致。《浙江省公共信用修复管理暂行办法》第11条规定,确认信用修复的,在相关部门门户网站进行公示,公示期限为5个工作日。[③]《三亚市法人和自然人信用修复管理办法》则规定,应把相关修复材料报送至三亚市发改委(具体受理单位为设在该委的市信用办),同时在本部门网站和"信用三亚"平台上予以公示,但没有规定公示期限。《海南省市场监督管理局严重违法失信企业修复暂行办法》第7条则规定,在作出决定之日起5个工作日内将企业移出严重违法失信企业名单,并通过国家企业信用信息公示系统(海南)予以公示,但也未明确规定公示期限。公示期对于保障利益相关人的知情权、修复结果的公正性有较大影响,因此为保障利益相关人的知情权,需要设置一定的公示时间,但为保护修复申请人的信用利益,又不宜将公示期间设

---

① 例如,《江苏省市场监督管理局关于开展市场主体信用修复工作的实施意见》、《市场监督管理信用修复管理办法》以及国家发展改革委起草的《信用修复管理办法(试行)(征求意见稿)》中未见准予修复后需进行公示的规定。

② 《陕西省公共信用修复管理暂行办法》第10条没有规定信用修复决定信息也要公示。

③ 《河南省公共信用修复管理办法(试行)》作了类似规定,只是在公示平台上稍有不同,规定为"信用修复机构在门户网站或'信用河南'网站进行公示"。

置过长。综合参考各地有关信用修复公示期规定，比对党政领导干部任职前公示、招投标中标公示等安排，本研究主张以5～7个工作日为宜。

公示方式（平台）则关系到公示信息的扩散范围，直接影响失信市场主体合法权益、利益相关人的知情权等。各地一般规定通过有关网站或互联网平台进行公示，但对网站（平台）的规定不尽相同，有的规定不够明确，有的规定的平台层级不够高。值得关注的是，国家企业信用信息公示系统，作为专门用以展示企业信用信息的全国性平台，在实践中被重视程度远不及信用中国及其地方平台，但国家企业信用信息公示系统与市场主体信用监管的专用性更为直接相关。为此，基于保障市场主体信用修复的公示效果，实现市场主体信用监管的统一性和权威性，应当在立法中明确将国家企业信用信息公示系统作为公示方式（平台），并将信用中国及其地方平台数据对接导入。

4. 处理

关于信用修复的处理方式或者信用修复的方式，从不同视角有不同提法①，但一般围绕直接删除、后台备案、隐藏、标注失信信息等展开。其中，直接删除是对失信人信用最大程度恢复的信用修复处理方式，在失信被执行人数据平台上将不留任何痕迹，实质上属于对行为人的一种变相的信用激励。为此，这一方式的适用须严格限制为轻微、偶发的一般失信行为。后台备案和隐藏也在较大程度上是对失信人先前失信行为的宽宥处理。

前已论及，一般可将消除式信用修复作为申请修复的主要修复方式，在自然修复的情况下，则应当采取标注式修复。同时，信用修复的处理，仍应考虑失信程度，对于严重的失信行为，原则上应采用标注式修复；对于一般失信行为，则原则上宜采用消除式修复。其中，直接删除、后台备

① 例如，《市场监督管理信用修复管理办法》规定的信用修复方式为：移出经营异常名录、恢复个体工商户正常记载状态、提前移出严重违法失信名单、提前停止通过国家企业信用信息公示系统（以下简称公示系统）公示行政处罚等相关信息对失信信息。国家发展改革委起草的《信用修复管理办法（试行）（征求意见稿）》规定的信用修复的主要方式为：移出严重失信主体名单、终止失信信息公示、标注失信信息、屏蔽或删除失信信息。

案、隐藏属于消除式信用修复,标注失信信息属于标记式修复。但从监管角度来看,无论采取何种修复方式,理应将市场主体失信信息作为档案保存,进行后台备案。对此,可借鉴《陕西省公共信用修复管理暂行办法》的规定,同意信用修复的,即“将原不良信用信息改为档案保存,不再通过信用信息共享平台和信用门户网站披露”;若失信主体在信用修复活动中有失信行为,撤销其信用修复结果,并将该失信行为信息纳入其信用档案,3年内不予受理其信用修复申请。①

但在平台(系统)上则应根据失信程度、信用修复情况等,确定具体的信用修复处理方式。从实践来看,将一般失信行为和严重失信行为作为分类依据,更为切实可行。针对一般失信行为,可直接采取将失信信息从平台(系统)直接删除、隐藏等方式处理。市场主体信用修复立法应当重点关注严重失信行为的信用修复处理。相较于一般失信的行为人而言,严重失信行为的市场主体再次失信的风险更大,因而,严重失信行为市场主体虽然暂时满足了信用修复的条件,但其后续守信情况值得担忧。为了监督严重失信行为的市场主体在信用修复后守信,同时保护社会公众尤其是潜在或现实的交易相对人的知情权,应当在严重失信市场主体修复信用后,在解除其限制条件的基础上标注其信用水平。

5. 异议处理

对市场主体信用修复中可能出现的异议进行处理,也是市场主体信用修复程序的重要构成,主要涉及两方面的异议处理。首先,若信用修复机关作出不予修复的决定,信用修复程序便告终结,但申请人享有异议权;申请人若对不予修复决定不服,则可申请行政复议或直接提起行政诉讼。《市场监督管理信用修复管理办法》第16条明确规定,当事人对信用修复决定“可以依法申请行政复议或者提起行政诉讼”,赋予当事人选择权,特别值得肯定。其次,在作出允许修复的决定之后,信用修复利害关系人享有异议权;公示期间有利害关系人向作出修复决定的修复机关提

① 参见《陕西省公共信用修复管理暂行办法》第10条、第13条。

出异议的,则修复机关应当对申请材料的完备性、真实性、准确性进行重新审查,并依法作出处理。前已述及,诸如《市场监督管理信用修复管理办法》等文本并未规定利害关系人的异议权。这一制度安排欠妥,需要在未来立法中予以纠正。

(五)关于市场主体信用修复的监督制度

信用修复是有前提条件、有程序规范的失信整改过程。为了实现信用修复制度的预期目的,防范信用修复中信用修复机关的失灵问题,有必要建立健全信用修复的过程监管制度。同时,为了督促信用修复市场主体维持信用,实现信用修复的目的,保护信用修复利害关系人的利益,有必要建立信用修复后的跟踪监管制度。

1. 加强信用修复的过程监管

我国市场主体信用监管制度建设采取政府推动、社会共治的模式。信用修复也由政府主导,信用修复工作也主要由政府机关承担。因此,信用修复的监督主要是对信用修复机关的监督,可以划分为内部监督和外部监督两类。

在内部监督上,需要建立健全信用修复机关上级对下级的监督机制。在行政系统内部,层级监督包括汇报、审批、备案、检查、改变、撤销、惩戒等不同形式。① 其中,审批、备案只适用于法律法规规定的重大行政事项。若在信用修复中确立审批或备案制度,则与当前我国行政体制改革趋势和信用体系建设方向不相符。并且,若信用修复机关受理信用申请、作出信用修复决定、采取信用修复措施需经上级机关审批或者备案,也不符合行政效率原则。② 因此,上级机关对信用修复机关的监督,主要集中在汇

① 参见杨伟东:《关于创新行政层级监督新机制的思考》,载《昆明理工大学学报(社会科学版)》2008 年第 1 期。

② 基于此种认知,诸如海南等一些地方的有关制度安排值得商榷。根据《海南省市场监督管理局严重违法失信企业修复暂行办法》第 7 条的规定,信用修复采用这样一种程序,先由登记机关进行“检查核实”,作出“初审意见”。登记机关作出符合信用修复条件的初审意见的,应当在 5 个工作日内报请省市场监督管理局审批。省市场监督管理局经审批同意予以修复的,应当出具准予修复决定书。

报、检查、改变、撤销与惩戒上。信用修复机关应当定期向上级行政机关汇报信用修复工作,同时上级行政机关也要定期检查信用修复机关的修复工作,并对汇报、检查中以及当事人和利害关系人反馈中发现的违法违规行为进行依法改变、撤销,对信用修复中违法违规的人员进行处理。

外部监督的重点是建立健全信用修复的异议及其处理规则。当前尤其需要明确建立信用修复当事人和利害关系人对信用修复的异议权。在信用修复的相关地方实践中,多数未针对信用修复决定赋予当事人异议权,更未涉及利害关系人的异议权。① 对此,赋予信用修复市场主体和利害关系人对信用修复机关有关信用修复的决定、措施等享有和行使异议权,可以将信用修复置于当事人和社会的监督之下,符合市场主体信用监管制度建设的“共治”理念要求。这也有利于上级行政机关及时发现信用修复机关的违法违规行为,实现信用修复机关的内部监督。总之,信用修复异议权不但是有效的信用修复外部监督机制,也是有效链接信用修复内部监督与外部监督的关键点,在信用修复制度建设中尤其需要加强异议权立法。

在市场主体信用修复异议权及其行使方面,需要注意如下两点:第一,作为当事人的市场主体拥有的异议权包括不予受理异议权和不予修复异议权,而利害关系人具有的是修复异议权。第二,市场主体作为当事人对信用修复机关不予修复和不予受理的决定行使异议权,在性质上是对行政决定不服而提起的行政复议,即当事人对信用修复的异议权实为行政复议权,应当适用《行政复议法》的相关规定。利害关系人对信用修

① 也有一些地方作出了较为详细的规定,制度安排较为规范,具有重要的参考价值。例如,《陕西省公共信用修复管理暂行办法》第 11 条专门就异议处理作出规定:“信用修复认定单位作出不予信用修复决定的,应当自作出决定之日起 5 个工作日内告知失信主体。失信主体对信用修复认定单位不予信用修复有异议的,应当在收到不予信用修复告知书 5 个工作日内,向信用修复认定单位上一级主管部门提出异议申请;对省级信用修复认定单位作出的不予信用修复有异议的,可以向省发展改革部门提出异议申请。利害关系人对信用修复确认有异议的,可以向信用修复认定单位提出异议申请。信用修复认定单位及其上一级主管部门或省发展改革部门应当自收到异议申请 5 个工作日内进行核实并作出处理决定。”《浙江省公共信用修复管理暂行办法》第 15 条也作了类似规定。

复行使异议权,则只能向信用修复机关提出。

2. 加强信用修复后的跟踪监管

信用修复后的跟踪监管主要体现为,在准予信用修复后设置一定时期作为观察期,在观察期内,信用修复市场主体应当负有更高的守信注意义务,做到言行合一,履行好先前的信用承诺。在观察期内,一旦产生新的失信行为或者发现在信用修复过程中存在弄虚作假情况,则应当撤销已作出的信用修复决定,并视情况可实施更严厉的惩戒措施。

实践中,一些地方、部门出台的信用修复规定也作了相应安排。例如,《陕西省公共信用修复管理暂行办法》第 13 条规定,“失信主体在信用修复活动中有提供虚假材料、违反信用修复承诺等失信行为的,撤销其信用修复结果,并将该失信行为信息纳入其信用档案,三年内不予受理该失信主体的信用修复申请”。《江苏省市场监督管理局关于开展市场主体信用修复工作的实施意见》第 4 条、[①]《市场监督管理信用修复管理办法》第 13 条[②]和国家发展改革委起草的《信用修复管理办法(试行)(征求意见稿)》第 31 条[③]也作了类似规定,仅在细节上有所差异。研究发现,这类规定总体上呈现如下几个特点。

其一,跟踪监管的情形主要为申请人是否提供虚假材料、违反信用修复承诺;有的也包括申请人是否再次发生失信行为。值得探讨的是,信用

---

① 《江苏省市场监督管理局关于开展市场主体信用修复工作的实施意见》第 4 条规定:“失信市场主体在信用修复过程中隐瞒真实情况、弄虚作假的,由受理部门报局领导或根据其授权,作出撤销信用修复决定,并且自撤销决定之日起 3 年内不再受理其修复申请。失信市场主体在获准信用修复后,不履行信用承诺,再次发生失信违法行为的,自再次发生失信违法行为之日起 3 年内不再受理其修复申请。”

② 《市场监督管理信用修复管理办法》第 13 条规定:“当事人故意隐瞒真实情况、弄虚作假,情节严重的,由市场监督管理部门撤销准予信用修复的决定,恢复之前状态。市场监督管理部门行政处罚信息、严重违法失信名单公示期重新计算。”

③ 《信用修复管理办法(试行)(征求意见稿)》第 31 条规定:“信用主体申请信用修复应当秉持诚实守信原则,如有提供虚假证明材料、信用承诺不实或者不履行承诺等弄虚作假行为,由受理申请的单位记入信用记录,纳入全国信用信息共享平台,在‘信用中国’网站公示 3 年并不得提前终止公示,3 年内取消其在任何领域申请信用修复的资格;构成犯罪的,依法追究刑事责任。”

修复市场主体再次发生失信行为（新的失信行为），是否纳入所谓“跟踪监管”的范畴？若信用修复市场主体存在新的失信行为，是否撤销修复决定？是否剥夺其一定时间内的信用修复申请资格？本研究发现，若信用修复跟踪监管的对象是已作出的信用修复决定，就应当重点考察其提交的证明材料是否弄虚作假，所作承诺是否兑现。这两点成为信用修复机关作出修复决定的重要考量。这意味着，若申请主体没有在信用修复承诺中承诺在一定时间内不再出现新的失信行为，就不能因其产生新的失信行为而撤销原修复决定，也不宜简单凭此剥夺其在一定期限内的信用修复申请资格。但仍可将其作为判断未来是否准予信用修复的参考因素。

其二，在责任设置方面，一般包括撤销修复决定、在一定时间（如3年）内不再受理其信用修复申请两种形式。此外，有的地方还要求将提供虚假材料、违反信用修复承诺等信息记入信用档案，在一定时间内通过有关平台加以公示。实际上，因支持信用修复决定的材料虚假、承诺未能兑现而导致撤销修复决定，正是信用修复跟踪监管的应有之义。至于在一定时间内不再受理其信用修复申请等其他形式，则属于更严厉的惩戒措施。对违反信用修复承诺的市场主体设置更严厉的惩戒措施，属于通行做法，符合降低监管成本要求。上述责任形式，均应纳入市场主体信用修复制度。

其三，没有明确规定一个“观察期”。按照通常理解，提供虚假材料，无论在什么时候发现，都可以追究其责任。至于违反信用修复承诺，则可能要看承诺本身是否设定了相关期限。若承诺中设定有相关期限，只要在该期限内兑现承诺，就不再对其既往“信用修复”进行跟踪观察；若承诺中没有设定有关期限，则需要视承诺事项而定。若承诺的是不再发生新的失信行为，则即便承诺中没有设定期限，则仍应当在相关立法中设置一个最长时限；超过该期限发生新的失信行为，也不应再撤销原修复决定，而是将其作为一项新的失信行为加以记载，纳入新一轮失信惩戒。

此外，从技术层面看，我国市场主体信用修复制度建设还应当充分发挥“互联网 + 大数据 + 人工智能”的突出优势。例如，由信用信息中心发挥数据终端的优势，根据数据库中的信用信息，利用大数据和 AI 技术对修复信用的市场主体进行信息动态监管，及时进行失信预警；①信用信息中心应当充分发挥信息终端的优势地位，在接收到市场主体的修复决定之后的一定时间内，对修复信用的市场主体进行回访教育，引导其恪守诚信；对在回访中发现的失信苗头要及时予以制止，并对其进行诚信教育和法治宣传。

（六）关于市场主体信用修复的市场化

我国包括信用修复在内的市场主体信用监管制度建设，实行政府主导，但也强调社会共治。② 结合深入推进“简政放权”“放管服”改革，降低行政管理成本等考虑，也有必要尽可能充分发挥市场在市场主体信用修复中的作用。在策略上，可以采用渐进推进的改革思路，在某些环节逐步引入市场机制。

事实上，我国在信用修复制度建设方面已经开展了相关探索。2019 年 7 月 2 日国家公共信用信息中心发布《关于发布可为信用修复申请人出具信用报告的信用服务机构名单（第一批）的公告》，③确定了我国第一批可为信用修复申请人出具信用报告的信用服务机构名单，共 62 家，而且这些机构均为公司制企业。该公告明确指出，名单中的信用服务机构出具的信用报告将作为行政相对人申请信用修复的有效材料，“信用中国”网站及地方信用门户网站将予以采信。信用报告应当包括申请人的信用修复情况，并就申请人是否按要求完成信用修复出具第三方评估意见。④ 在某种程度上讲，名单上的信用服务机构出具的信用报告对于市场

---

① 参见林钧跃：《论政府市场信用监管的创新方向》，载《中国信用》2019 年第 5 期。

② 参见《国务院办公厅关于加快推进社会信用体系建设构建以信用为基础的新型监管机制的指导意见》（国办发〔2019〕35 号）。

③ 参见国家公共信用信息中心：《关于发布可为信用修复申请人出具信用报告的信用服务机构名单（第一批）的公告》，载信用中国，https://www.creditchina.gov.cn/toutiaoxinwen/201907/t20190702_160566.html。

④ 关于信用报告内容，公告明确指出“应包括但不限于信用修复申请人的基本情况、失信情况、修复情况，并就信用修复申请人是否按要求完成信用修复出具第三方评估意见”。

主体能否获准信用修复,实际上具有决定性作用。尽管按照信用修复程序,失信市场主体一般需要向行政部门提出申请并最终由行政部门决定是否准予信用修复,但行政部门基本上不用对修复申请进行实质审查。所谓作出决定只是“走个流程”。

当然,考虑市场失灵的存在,在推进市场主体信用修复市场化改革的进程中仍需同步检视。本研究仅以上述改革为对象,着重围绕以下两个问题展开探讨。

其一,信用服务机构出具的信用报告的法律地位。上述公告显示,对名单上的信用服务机构出具的信用报告“将予以采信”,可见信用修复机关原则上不否定信用报告。换言之,信用报告不只是一个参考,而是按其意见作出决定,在实质上影响申请人能否获准信用修复。但若按此运作,市场主体信用修复的最终决定权实际上交给了信用服务机构,这又似乎有悖“谁认定、谁修复、谁负责”的原则要求,并衍生出另一个问题:信用服务机构在市场主体信用修复中究竟处于何种法律定位。

其二,信用服务机构的法律定位。一旦信用服务机构的评估意见具有最终的决定作用,甚至可能在信用修复中实际扮演裁判者、修复者的角色。信用修复机关的地位和作用“名存实亡”,只需按照信用服务机构的意见作出决定即可,没有必要再对申请人的申请开展实质审查。然而,信用修复机关在法律上是作出信用修复决定的主体。这样,信用服务机构与信用修复机关在地位、职责方面极易模糊甚至冲突。

最终是否作出修复决定,关系到市场主体是属于守信状态,还是失信状态。当前,市场主体的信用变得越来越重要,一种新的权利形态——信用权正在诞生。最终是否修复的决定可谓是对市场主体信用权的裁决。但一个市场主体并不具备裁决另一个市场主体权利的权力。在既有法律政策框架下,信用修复机关是信用修复的决定者及引发责任的承担者,而信用服务机构仅充当咨询者和服务者而非裁判者的角色。在此意义上,信用服务机构的信用报告(评估意见)理应仅作为信用修复及决策的参考,是否采信,最终决定权在于信用修复机关。此外,信用服务机关在信用修复活动中，应当仅限于开展三类业务：(1)针对客户信用报告中存在的错误不良信息，指导消费者向信用机关提出异议申请，修改错误信息；(2)针对市场主体的不良记录，提出信用咨询服务以及解决方案，帮助市场主体提高信用评分；(3)利用信用报告和评分为市场主体提供信用信息服务，为市场主体提供个性化的信用修复服务。①

四、市场主体信用修复的配套制度

市场主体信用修复的有效、顺利开展，不仅需要市场主体信用修复制度本身的建立和完善，还有赖于配套制度的支持。结合市场主体信用修复的运行机制，可从两方面加强配套制度建设。

(一)市场主体信用修复信息归集共享制度

市场主体信用信息有效、充分归集和共享，是实施包括信用修复在内的市场主体信用监管的前提和基础。特别是，我国所要构建的市场主体信用监管制度，强调通过信用信息公开和共享，建立跨地区、跨部门、跨领域的联合激励与惩戒机制。② 信用修复旨在解除联合惩戒，这无疑同样离不开信用信息的归集和共享。

一方面，信用修复机关在审查失信市场主体是否符合信用修复条件，进而决定是否准予信用修复时，需要重点对其信用信息以及提供的申请资料进行核验。这就需要市场主体信用修复信息的有效归集。另一方面，信用修复机关作出信用修复决定或基于申请人弄虚作假撤销信用修复决定之后，需要将相应修复信息与有关部门共享，以便及时解除或恢复针对失信市场主体的联合惩戒措施。对此，《市场监督管理信用修复管理

---

① 参见王秋香：《借鉴美国经验完善我国个人信用修复机制》，载《征信》2015年第10期。

② 参见《国务院关于建立完善守信联合激励和失信联合惩戒制度加快推进社会诚信建设的指导意见》(国发〔2016〕33号)。

办法》第2条特别强调市场监督管理部门予以信用修复时,要"按照规定及时将信用修复信息与有关部门共享"。国家发展改革委起草的《信用修复管理办法(试行)(征求意见稿)》亦专门用两个条文就信用修复信息的共享作出规定,一是提出国家发展改革委牵头建设的"信用中国"网站与市场监管总局牵头建设的国家企业信用信息公示系统、民政部牵头建设的中国社会组织公共服务平台建立信用修复协同机制,及时同步更新信用修复信息(第35条);二是提出"信用中国"网站与第三方信用服务机构加强信用修复信息共享,推动实现信用修复的社会协同(第36条)。

上述规定虽然原则但为相应的制度建设提供了方向。着眼制度的具体化和有效落实,至少有以下三点需要重点关注和回应。

其一,需要明确、合理设置信用修复信息归集和共享的时间。信用修复信息及时归集和共享,有利于提高信用修复信息的准确性,进而据以作出合理决定。有关立法政策一般也都要求"及时共享""及时同步更新"。但是,从实践操作来看,"及时"一词过于模糊,需要在具体制度安排上予以细化明确。对此,《市场监督管理信用修复管理办法》第11条规定,市场监管部门应当在采取信用修复措施后"三个工作日内,将相关信息推送至其他部门"。[①] 这一规定非常明确,所规定的时间也合适,能够切实保障信息及时共享、同步更新,具有直接借鉴价值。

其二,进一步明确信用修复信息提供单位的职责。一方面,在明确信用信息归集和共享的时间要求基础上,对信息提供单位还要强调提供信息的准确性、规范性。另一方面,需要科学、明确设置信用修复信息提供单位在未尽职情况下须承担的责任。现实中,有关立法政策对于信用修复信息提供单位职责的规定总体较为薄弱,不利于有效促使其履职。例如,《市场监督管理信用修复管理办法》第17条虽然专门就市场监督管理

① 《市场监督管理信用修复管理办法》第11条规定:"市场监督管理部门应当自移出经营异常名录、严重违法失信名单,恢复个体工商户正常记载状态,或者停止公示行政处罚等相关信息后三个工作日内,将相关信息推送至其他部门。"

部门未按规定履职需要承担责任作出规定,[1]但该规定实际上不够明确。特别是,负有责任的主管人员和其他直接责任人员究竟应当承担何种责任,很大程度上仍未可知;同时,该条所提的《市场监督管理行政执法责任制规定》[2]对行政执法责任的规定同样较原则。

其三,加强信用修复信息的数据标准规范和共享平台建设。市场监管总局在印发《市场监督管理信用修复管理办法》的通知中特别指出,各省级市场监管部门要按照总局数据标准规范,开发完善信用修复管理模块,升级改造国家企业信用信息公示系统,推动与经营异常名录(状态)等信息化模块或系统的互联互通,确保数据准确、更新及时,实现自动交换、自动提示、自动统计等功能。[3] 现实中,国家企业信用信息公示系统建设存在不足。[4] 但国家企业信用信息公示系统作为市场信用监管领域最具权威性的国家级信息平台,理应在市场主体信用信息采集、归集制度建设框架内,担负起应有的市场主体信用修复信息归集、共享、公示功能。作为理想愿景,在升级改造国家企业信用信息公示系统时,最好协同国家发展改革委、民政部牵头建设的信息平台,一并推进,为三大国家级信息系统之间实现信息便捷互联互通提供有力支撑。

(二)市场主体信用修复信息分级分类制度

总体上,失信有程度之分,对于不同程度的失信行为,应施以不同的失信惩戒措施;相应地,在信用修复时,需要结合失信程度和惩戒措施实施情况采取不同的信用修复方式。对失信程度进行科学区分,则成为实

---

① 《市场监督管理信用修复管理办法》第17条规定:“市场监督管理部门未依照本办法规定履行职责的,上级市场监督管理部门应当责令改正。对负有责任的主管人员和其他直接责任人员依照《市场监督管理行政执法责任制规定》等予以处理。”

② 《市场监督管理行政执法责任制规定》(2021年5月26日国家市场监督管理总局令第41号公布)。

③ 参见《市场监管总局关于印发〈市场监督管理信用修复管理办法〉的通知》(国市监信规〔2021〕3号)。

④ 实践中,很多人宁愿选择“企查查”“天眼查”等工具而不通过(甚至不知道)国家企业信用信息公示系统查询企业信用信息,这从一个侧面也反映出该系统在建设上亟须升级改造。

施失信惩戒和信用修复的一项基础性工作。对失信程度进行区分,又属于信用评级的一项内容,需要综合推进相关制度建设。

信用评级制度建设的核心在于建立健全信用信息分级分类制度。因为信用评级的核心是信用评价,而信用评价又是基于信用信息作出的。循此逻辑,对信用信息进行分级分类,又是开展信用评级(评价)的基础。① 在此框架内,市场主体信用修复信息的分级分类,成为市场主体信用信息修复制度建设的重要支撑。

现有观点大多主张,根据失信状况再予细分失信惩戒信用修复的分级分类。譬如,可以将信用修复信息分为信用修复基础信息、信用修复实施信息以及信用修复后期信息,并在此基础上进行细化分级分类。其中,信用修复基础信息主要是激发信用修复制度适用所涉及的市场主体失信信息、市场主体获得信用修复的材料信息等;信用修复实施信息,是在信用修复制度实施过程中产生的与市场主体信用修复密切相关的信息,如市场主体的信用修复实施情况、信用修复监管部门信息、信用修复效果信息等;信用修复后期信息,则是信用修复期限届满即完成信用信息修复阶段后,市场主体形成的与信用修复制度后评价密切相关的信息内容。

---

① 例如,基于守信信息认定守信主体,基于失信信息认定失信主体;基于一般失信信息认定一般失信主体,基于严重失信信息认定严重失信主体。

主要参考文献

（一）中文著作

1. [德]卡尔·拉伦茨:《法学方法论》,陈爱娥译,商务印书馆2003年版。

2. [波兰]彼得·什托姆普卡:《信任:一种社会学理论》,程胜利译,中华书局2005年版。

3. [德]康德:《法的形而上学原理——权利的科学》,沈叔平译,商务印书馆1991年版。

4. [古希腊]亚里士多德:《政治学》,吴寿彭译,商务印书馆1983年版。

5. [美]E. 博登海默:《法理学——法哲学及其方法》,邓正来、姬敬武译,华夏出版社1987年版。

6. [美]曼瑟尔·奥尔森:《集体行动的逻辑》,陈郁、郭宇峰、李崇新译,上海三联书店、上海人民出版社1995年版。

7. [美]查尔斯·沃尔夫:《市场或政府:权衡两种不完善的选择/兰德公司的一项研究》,谢旭译,中国发展出版社1994年版。

8. [美]道格拉斯·C. 诺思:《制度、制度变迁与经济绩效》,杭行译,格致出版社2014年版。

9. [美]道格拉斯·C. 诺思:《经济史中的结构与变迁》,陈郁、罗华平等译,上海三联书店、上海人民出版社1994年版。

10. [美]弗朗西斯·福山:《信任:社会美德与创造经济繁荣》,郭华译,广西师范大学出版社2016年版。

11. [美]理查德·C. 博克斯:《公民治理——引领21世纪的美国社区》(中文修订版),孙柏瑛等译,中国人民大学出版社2013年版。

12. [美]理查德·波斯纳:《法律的经济分析》(第7版)(中文第2版),蒋兆康译,法律出版社2012年版。

13. [美]罗伯特·C. 埃里克森:《无需法律的秩序——邻人如何解决纠纷》,苏力译,中国政法大学出版社2003年版。

14. [美]罗伯特·考特、托马斯·尤伦:《法和经济学》,张军等译,上海三联书店、上海人民出版社 1994 年版。

15. [美]罗斯科·庞德:《法理学》(第 3 卷),廖德宇译,法律出版社 2007 年版。

16. [美]玛格里特·米勒编:《征信体系和国际经济》,王晓蕾、佟焱、穆长春译,中国金融出版社 2004 年版。

17. [美]迈克尔·D. 贝勒斯:《法律的原则——一个规范的分析》,张文显译,中国大百科全书出版社 1996 年版。

18. [美]斯蒂格列茨:《政府为什么干预经济——政府在市场经济中的角色》,中国物资出版社 1998 年版。

19. [美]约翰·罗尔斯:《正义论》,何怀宏等译,中国社会科学出版社 2001 年版。

20. [意]贝卡利亚:《论犯罪与刑罚》,黄风译,中国大百科全书出版社 1993 年版。

21. [英]珍妮·斯蒂尔:《风险与法律理论》,韩永强译,中国政法大学出版社 2012 年版。

22. [英]休谟:《休谟政治论文选》,张若衡译,商务印书馆 1993 年版。

23. [美]詹姆斯·N. 罗西瑙:《没有政府的治理》,张胜军、刘小林等译,江西人民出版社 2001 年版。

24.《马克思恩格斯全集》(第 6 卷),人民出版社 2006 年版。

25.《马克思恩格斯选集》(第 4 卷),人民出版社 1995 年版。

26. 卜庆军主编,古赞歌、孙春晓副主编:《企业信用管理》,中国水利水电出版社 2011 年版。

27. 陈建中等:《社会信用管理体系建设构想》,中国经济出版社 2009 年版。

28. 陈剩勇、何包钢主编:《协商民主的发展》,中国社会科学出版社 2006 年版。

29. 杜金富等:《征信理论与实践》,中国金融出版社 2004 年版。

30. 范健主编:《商法》(第 4 版),高等教育出版社、北京大学出版社 2011 年版。

31. 方添智:《信用评级利益冲突规制研究——以美国为中心的研究与借鉴》,中国商务出版社 2015 年版。

32. 江山:《中国法理念》,中国地质大学出版社 1989 年版。

33. 姜楠:《信用评级机构监管研究——后危机时代》,经济日报出版社 2014 年版。

34. 李昌麒主编:《经济法理念研究》,法律出版社 2009 年版。

35. 林钧跃主编:《征信技术基础》,中国人民大学出版社 2007 年版。

36. 林纪东:《“中华民国宪法”释论》,台北,大中国图书公司 1981 年版。

37. 刘肖原、张蕊、秦琳等:《我国社会信用体系建设问题研究》,知识产权出版社

2016 年版。

38. 刘作翔:《法律的思想与法制理论》,西北工业大学出版社 1995 年版。

39. 刘新海:《征信与大数据——移动互联时代如何重塑“信用体系”》,中信出版集团 2016 年版。

40. 陈飞等译:《个人数据保护:欧盟指令及成员国法律、经合组织指导方针》,法律出版社 2006 年版。

41. 欧阳谿:《法学通论》,上海会文堂编译社 1933 年版。

42. 谈李荣:《金融隐私权和信息披露的冲突与制衡》,中国金融出版社 2004 年版。

43. 谭中明等:《社会信用管理体系——理论、模式、体制与机制》,中国科学技术大学出版社 2005 年版。

44. 田平安主编:《民事诉讼法原理》(第 6 版),厦门大学出版社 2015 年版。

45. 王利明主编:《民法・侵权行为法》,中国人民大学出版社 1993 年版。

46. 王小奕主编:《世界部分国家征信系统概述》,经济科学出版社 2002 年版。

47. 吴建斌编译:《日本公司法:附经典判例》,法律出版社 2017 年版。

48. 吴晶妹:《三维信用论》,当代中国出版社 2013 年版。

49. 吴弘、胡伟:《市场监管法论——市场监管法的基础理论与基本制度》,北京大学出版社 2006 年版。

50. 颜少君:《我国失信惩戒机制构建研究》,中国经济出版社 2013 年版。

51. 于冠魁:《惩罚性赔偿适用问题研究》,法律出版社 2016 年版。

52. 张文显、李步云主编:《法理学论丛》(第 1 卷),法律出版社 1999 年版。

53. 张文显:《法哲学范畴研究》(修订版),中国政法大学出版社 2001 年版。

54. 张文显主编:《马克思主义法理学——理论与方法论》,吉林大学出版社 1993 年版。

55. 赵玉林:《权利冲突困境:主体间性人权观视角下的互联网治理》,浙江大学出版社 2017 年版。

56. 中国人民银行《中国征信业发展报告》编写组:《中国征信业发展报告(2003—2013)》,中国金融出版社 2014 年版。

（二）中文论文

1. 安瑞萍:《美国征信业发展和管理经验对我国的启示》,载《征信》2011 年第 1 期。

2. 曹兴权:《企业信用监管中行业自律的嵌入》,载《法学论坛》2014 年第 2 期。

3. 柴艳萍:《解读马克思的信用观——兼论诚信与信用之关系》,载《科学社会主义》2013 年第 4 期。

4. 陈海盛、白小虎、郭文波、吴淑君:《大数据背景下信用监管机制构建研究》,载

《征信》2019 年第 5 期。

5. 陈实:《个人征信体系国际比较及其启示》,载《金融论坛》2012 年第 10 期。

6. 陈婉玲:《德国信用合作在我国的传播及立法技术运用》,载《辽宁大学学报(哲学社会科学版)》2012 年第 4 期。

7. 陈新年、曹文炼:《美国信用服务体系发展状况及对我国当前社会信用体系建设的启示》,载《经济研究参考》2005 年第 8 期。

8. 陈兴华:《市场主体信用承诺监管制度及其实施研究》,载《中州学刊》2019 年第 5 期。

9. 陈兴良:《刑法因果关系研究》,载《现代法学》1999 年第 5 期。

10. 陈云良:《从授权到控权:经济法的中国化路径》,载《政法论坛》2015 年第 2 期。

11. 邓峰:《试论民法的商法化及其与经济法的关系——对民法、经济法社会本位的比较思考》,载《法学家》1997 年第 3 期。

12. 戴昕:《理解社会信用体系建设的整体视角:法治分散、德治集中与规制强化》,载《中外法学》2019 年第 6 期。

13. 杜恂诚:《二十世纪二三十年代中国信用制度的演进》,载《中国社会科学》2002 年第 4 期。

14. [德]罗尔夫·施托尔贝:《商事登记簿与行会》,载范健主编:《中德商法研究》,法律出版社 1999 年版。

15. 刁伟民:《航空旅客“黑名单”的法律分析》,载《法学杂志》2012 年第 7 期。

16. 丁南:《中国民法典与社会本位》,载《政法论丛》2020 年第 4 期。

17. 丁宇翔:《疫情不可抗力的司法认定及与情势变更的衔接》,载《人民司法》2020 年第 10 期。

18. 董淳锷:《市场事前监管向事中事后监管转变的经济法阐释》,载《当代法学》2021 年第 2 期。

19. 董玉娟、庆建奎:《地方信用信息平台建设的困境与突破:博弈视角分析》,载《上海立信会计金融学院学报》2017 年第 4 期。

20. 冯春晓:《关于德国社会信用体系建设模式的若干思考》,载《北方经济》2014 年第 8 期。

21. 冯湘君:《个人信用信息时效性保障策略探析》,载《情报理论与实践》2010 年第 10 期。

22. 福建省工商局课题组、黄培惠:《市场主体“宽进严管”视角下的企业信用监管研究》,载《中国工商管理研究》2015 年第 1 期。

23. 傅穹:《公司资本信用悖论》,载《法制与社会发展》2003 年第 5 期。

24. 高明:《法国中央银行信用评级体系比较研究》,载《金融理论与实践》2013

年第10期。

25. 高旭军:《投资效率与交易安全保障之平衡——论我国注册资本登记制度改革》,载《东方法学》2015年第1期。

26. 葛洪义:《法律原则在法律推理中的地位和作用——一个比较的研究》,载《法学研究》2002年第6期。

27. 顾敏康:《新时代呼唤市场监管新理念》,载《中国市场监管报》2020年5月23日,第3版。

28. 郭颖:《县域中小企业信用信息征集难的原因分析及对策》,载《内蒙古金融研究》2013年第9期。

29. 国家发展改革委财政金融和信用建设司:《守信者无事不扰　失信者时时不安　新型信用监管,来了!》,载《宏观经济管理》2019年第8期。

30. 杭州、南京、宁波、无锡四城市信息中心联合课题组:《建立健全公共信用修复机制》,载《浙江经济》2016年第21期。

31. 何永清:《我国个人征信体系建设对策研究——基于博弈理论的思考》,载《征信》2016年第2期。

32. 河南省市场主体信用评价体系构建及应用研究课题组、雷云生等:《国内外市场主体信用监管的主要模式研究》,载《中国市场监管研究》2016年第1期。

33. 贺荣兰:《政府市场监管权的法律配置及其优化》,载《甘肃社会科学》2019年第6期。

34. 胡朝阳:《社会失信行为的法律规制——基于外部性内在化的法经济学分析》,载《法商研究》2012年第6期。

35. 胡仙芝、马长俊:《市场信用监管的政府责任及其实现机制》,载《中国行政管理》2020年第3期。

36. 胡元聪、闫晴:《纳税信用修复制度的理论解析与优化路径》,载《现代法学》2018年第1期。

37. 华忆昕、林泰:《论商事信用视角下我国企业"黑名单"制度的完善》,载《商业经济与管理》2018年第3期。

38. 黄辉:《中国公司法人格否认制度实证研究》,载《法学研究》2012年第1期。

39. 黄卓群:《我国社会信用体系机制:事前甄别还是失信惩戒——来自于创业投资的证据》,载《山西财经大学学报》2019年第1期。

40. 季卫东:《数据、隐私以及人工智能时代的宪法创新》,载《南大法学》2020年第1期。

41. 贾拓:《大数据对征信体系的影响与实践研究》,载《征信》2018年第4期。

42. 贾茵:《失信联合惩戒制度的法理分析与合宪性建议》,载《行政法学研究》2020年第3期。

43. 江必新、王红霞:《法治社会建设论纲》,载《中国社会科学》2014 年第 1 期。

44. 江必新:《以党的十九大精神为指导　加强和创新社会治理》,载《国家行政学院学报》2018 年第 1 期。

45. 江帆:《商业秘密理论与立法探讨》,载《现代法学》2004 年第 3 期。

46. 姜明安:《论法治国家、法治政府、法治社会建设的相互关系》,载《法学杂志》2013 年第 6 期。

47. 蒋悟真:《市场监管法治的法哲学省察》,载《法学》2013 年第 10 期。

48. 蒋悟真:《预算法社会本位理念及其规范化表达》,载刘剑文主编:《财税法论丛》(第 13 卷),法律出版社 2013 年版。

49. 蒋大兴:《公司法改革的文化拘束》,载《中国法学》2021 年第 2 期。

50. 焦海涛:《经济法主体制度重构:一个常识主义视角》,载《现代法学》2016 年第 3 期。

51. 柯林霞:《失信惩戒制度下失信行为的范围及限度》,载《河南社会科学》2021 年第 1 期。

52. 解正山:《大额持股披露义务规制》,载《现代法学》2018 年第 3 期。

53. 蓝寿荣、董灵娟:《论信用信息的征集、使用与被授信主体权益保障》,载《情报理论与实践》2010 年第 6 期。

54. 李翠:《基于大数据的征信评价体系研究》,载《广西政法管理干部学院学报》2018 年第 3 期。

55. 李林芳、徐亚文:《社会信用体系法治化原理探析》,载《学习与实践》2019 年第 11 期。

56. 李平原、刘海潮:《探析奥斯特罗姆的多中心治理理论——从政府、市场、社会多元共治的视角》,载《甘肃理论学刊》2014 年第 3 期。

57. 李琦:《企业守信激励机制的制度框架及其问题处理——以有关守信激励合作备忘录为例》,载《征信》2019 年第 9 期。

58. 李薇薇、郑友德:《欧美商业秘密保护立法新进展及对我国的启示》,载《法学》2017 年第 7 期。

59. 李向华、江州、周莉:《公共信用信息分类方法研究》,载《标准科学》2018 年第 12 期。

60. 李晓瑜:《“智慧法院”背景下的失信惩戒档案公开与隐私保护》,载《山西档案》2018 年第 2 期。

61. 李雪松:《社会治理共同体的再定位:一个“嵌入型发展”的逻辑命题》,载《内蒙古社会科学》2020 年第 4 期。

62. 李永明:《商业秘密及其法律保护》,载《法学研究》1994 年第 3 期。

63. 李姿姿:《国家与社会互动理论研究述评》,载《学术界》2008 年第 1 期。

64. 李东侠、郝磊:《企业信用体系建设的法治化思考》,载《国家行政学院学报》2015 年第 3 期。

65. 李艳军:《论法律监督权在社会信用体系建设中的作用——基于拓展行政公益诉讼范围的思考》,载《重庆社会科学》2021 年第 4 期。

66. 梁青:《征信中个人信用权保护比较研究——以美国和欧盟为例》,载《研究生法学》2012 年第 4 期。

67. 梁薇薇、陆信宇、黄曦:《借鉴美国信用修复经验　建立并规范我国信用修复市场发展》,载《征信》2017 年第 4 期。

68. 林彦:《信用惩戒制度对行政法治秩序的结构性影响》,载《交大法学》2020 年第 4 期。

69. 林浩鼎:《信用监管视角下的我国信用体系完善研究》,载《哈尔滨师范大学社会科学学报》2019 年第 5 期。

70. 林钧跃:《论政府市场信用监管的创新方向》,载《中国信用》2019 年第 5 期。

71. 刘桂荣:《金融创新、金融科技与互联网金融征信》,载《征信》2018 年第 2 期。

72. 刘俊海:《信用责任:正在生长中的第四大法律责任》,载《法学论坛》2019 年第 6 期。

73. 刘凯湘、张海峡:《论不可抗力》,载《法学研究》2000 年第 6 期。

74. 刘权:《论必要性原则的客观化》,载《中国法学》2016 年第 5 期。

75. 刘权:《目的正当性与比例原则的重构》,载《中国法学》2014 年第 4 期。

76. 刘维:《论我国征信使用泛化的立法控制——以信用信息的收集和使用为视角》,载《辽宁师范大学学报(社会科学版)》2021 年第 2 期。

77. 刘鑫:《美国企业信用体系建设借鉴》,载《中国中小企业》2020 年第 8 期。

78. 刘瑶:《依法惩治"座霸"公德缺失综合征》,载《北京日报》2018 年 8 月 29 日,第 14 版。

79. 刘叶婷、陈立松、隆云滔:《以社会信用为基础新型治理模式的探索创新》,载《南方金融》2020 年第 4 期。

80. 刘英、赵湘:《欧盟启动"税收黑名单"流程》,载《中国税务报》2016 年 10 月 11 日,B01 版。

81. 刘宇:《经济新常态下破解市场主体失信困局探究》,载《征信》2017 年第 12 期。

82. 刘云亮:《经济法的软法形式、理性与治理》,载《南京社会科学》2018 年第 4 期。

83. 刘恒、李冠钊:《市场监管信息不对称的法律规制》,载《行政法学研究》2017 年第 1 期。

84. 刘士国:《信息控制权法理与我国个人信息保护立法》,载《政法论丛》2021年第3期。

85. 楼裕胜:《信用城市建设路径研究》,载《征信》2020年第5期。

86. 卢超:《事中事后监管改革:理论、实践及反思》,载《中外法学》2020年第3期。

87. 卢代富、刘云亮:《“宽进严管”下市场主体监管新挑战和新对策》,载《商业经济与管理》2018年第3期。

88. 卢代富、刘云亮:《诚实信用原则的经济法解读》,载《政法论丛》2017年第5期。

89. 卢代富、吴春燕:《企业运行中的国家干预法律制度研究》,载《现代法学》1998年第6期。

90. 卢代富、肖顺武:《论和谐社会利益均衡的法律控制》,载《经济法论坛》2009年第00期。

91. 卢代富:《国外企业社会责任界说述评》,载《现代法学》2001年第3期。

92. 卢代富:《经济法对社会整体利益的维护》,载《现代法学》2013年第4期。

93. 鲁良:《失信行为的社会生物学解读》,载《求索》2016年第9期。

94. 罗培新:《善治须用良法:社会信用立法论略》,载《法学》2016年第12期。

95. 罗培新:《信用监管:构建新型监管机制之基石》,载《中国银行业》2019年第8期。

96. 罗培新:《遏制公权与保护私益:社会信用立法论略》,载《政法论坛》2018年第6期。

97. 吕群蓉:《论征信监管权》,载《政法学刊》2007年第5期。

98. 马国建:《构建企业信用信息征集体系研究》,载《江苏大学学报(社会科学版)》2004年第6期。

99. 马玉超、黎继梓:《发达国家信用评级制度借鉴》,载《商业研究》2006年第22期。

100. 马英娟:《监管的语义辨析》,载《法学杂志》2005年第5期。

101. 孟融:《国家治理体系下社会信用体系建设的内在逻辑基调》,载《法制与社会发展》2020年第4期。

102. 缪明杨:《论守信用的激励与反信用的约束》,载《财经科学》2008年第6期。

103. 倪寿明:《公布“失信者黑名单”的三重价值》,载《中国党政干部论坛》2013年第12期。

104. 倪楠:《以信用为基础的新型市场监管模式:动因、框架与构建路径》,载《江海学刊》2020年第5期。

105. 牛润盛:《互联网金融背景下的征信模式选择》,载《征信》2014 年第 8 期。

106. 彭星:《欧盟〈一般数据保护条例〉浅析及对大数据时代下我国征信监管的启示》,载《武汉金融》2016 年第 9 期。

107. 彭錞:《失信联合惩戒行政诉讼救济困境及出路》,载《东方法学》2021 年第 3 期。

108. 邱兴隆:《基、序、等——刑罚的相应性的蕴涵》,载《现代法学》2000 年第 2 期。

109. 钱弘道、徐博峰:《企业信用监管中行政处罚的法治化指标研究》,载《浙江大学学报(人文社会科学版)》2017 年第 4 期。

110. 渠滢:《我国政府监管转型中监管效能提升的路径探析》,载《行政法学研究》2018 年第 6 期。

111. 沈岿:《社会信用体系建设的法治之道》,载《中国法学》2019 年第 5 期。

112. 施天涛:《公司资本制度改革:解读与辨析》,载《清华法学》2014 年第 5 期。

113. 石羚:《让失信者受罚,让守信者受益》,载《人民日报》2018 年 7 月 3 日,第 5 版。

114. 石亚军、高红:《政府在转变职能中向市场和社会转移的究竟应该是什么》,载《中国行政管理》2015 年第 4 期。

115. 史际春、李青山:《论经济法的理念》,载《华东政法学院学报》2003 年第 2 期。

116. 史尚宽:《法律之理念与经验主义法学之综合》,载刁荣华主编:《中西法律思想论集》,台北,汉林出版社 1984 年版。

117. 舒国滢:《法律原则适用中的难题何在》,载《苏州大学学报(哲学社会科学版)》2004 年第 6 期。

118. 宋哲:《网络服务商应知的认定标准》,载《人民司法》2008 年第 17 期。

119. 孙百昌:《新形势下的市场主体信用监管》,载《中国工商管理研究》2013 年第 9 期。

120. 孙红、金兵兵:《日本征信市场的特点及启示》,载《征信》2015 年第 6 期。

121. 孙杰:《可资借鉴的国外信用文化》,载《中国经贸导刊》2002 年第 7 期。

122. 孙乃玮:《公司信用基础的再探讨》,载《河北法学》2009 年第 7 期。

123. 孙鹏:《交易安全及其民商法保护论略》,载《法律科学(西北政法学院学报)》1995 年第 5 期。

124. 孙志伟:《信用信息收集和使用的基本原则探讨》,载《征信》2015 年第 4 期。

125. 沈岿:《社会信用体系建设的法治之道》,载《中国法学》2019 年第 5 期。

126. 沈毅龙:《论失信的行政联合惩戒及其法律控制》,载《法学家》2019 年第

4 期。

127. 唐海滨、孙才森、梁彦等:《有关商业秘密立法的重点难点问题》,载《中国法学》1999 年第 4 期。

128. 唐明琴、叶湘榕:《〈征信业管理条例〉与欧美征信法律的比较及影响分析》,载《南方金融》2013 年第 5 期。

129. 唐明琴:《征信机构建设的国际经验及其启示》,载《重庆社会科学》2012 年第 10 期。

130. 陶富源:《哲学本体论问题的合法性及科学解答》,载《哲学研究》2017 年第 3 期。

131. 王保树:《信用、信息和健全信用机制》,载《中国商法年刊》2002 年第 2 卷。

132. 王博涵、曹佳:《我国公共信用信息共享现状及对策》,载《电子政务》2016 年第 10 期。

133. 王成栋:《行政法律关系基本理论问题研究》,载《政法论坛》2001 年第 6 期。

134. 王大用:《市场经济必须是信用经济——论建立健全信用体系的必要性》,载《国际经济评论》2001 年 Z2 期。

135. 王敬波:《政府信息公开中的公共利益衡量》,载《中国社会科学》2014 年第 9 期。

136. 王俊:《过失犯的主观不法构成要件研究——以过失个别化理论为视角》,载《比较法研究》2016 年第 6 期。

137. 王利明:《民法典人格权编的亮点与创新》,载《中国法学》2020 年第 4 期。

138. 王名、李健:《社会共治制度初探》,载《行政论坛》2014 年第 5 期。

139. 王宁江:《信用信息分类及释义》,载《浙江经济》2016 年第 6 期。

140. 王浦劬:《中国的协商治理与人权实现》,载《北京大学学报(哲学社会科学版)》2012 年第 6 期。

141. 王秋香:《借鉴美国经验完善我国个人信用修复机制》,载《征信》2015 年第 10 期。

142. 王瑞雪:《政府规制中的信用工具研究》,载《中国法学》2017 年第 4 期。

143. 王若磊:《信用、法治与现代经济增长的制度基础》,载《中国法学》2019 年第 2 期。

144. 王申:《理念、法的理念——论司法理念的普遍性》,载《法学评论》2005 年第 4 期。

145. 王婉芬:《〈征信业管理条例〉实施中存在的问题及建议》,载《征信》2013 年第 12 期。

146. 王伟、熊文邦:《我国信用服务业分类规制研究》,载《征信》2019 年第

12 期。

147. 王伟:《论社会信用法的立法模式选择》,载《中国法学》2021 年第 1 期。

148. 王伟:《信用监管的制度逻辑与运行机理——以国家治理现代化为视角》,载《科学社会主义》2021 年第 1 期。

149. 王湘军:《商事登记制度改革背景下我国市场监管根本转型探论》,载《政法论坛》2018 年第 2 期。

150. 王旭:《"法治中国"命题的理论逻辑及其展开》,载《中国法学》2016 年第 1 期。

151. 王艳梅:《企业信用信息传递机制构建中政府与市场的法律功能定位》,载《当代法学》2019 年第 5 期。

152. 王锡锌、黄智杰:《论失信约束制度的法治约束》,载《中国法律评论》2021 年第 1 期。

153. 文彬:《中小企业信用信息采集工作存在的问题及建议》,载《征信》2013 年第 4 期。

154. 邬思源:《论马克思恩格斯权力监督与制约思想》,载《求实》2008 年第 6 期。

155. 吴大华、杨青贵:《在依法治国方略下不断推进社会治理创新》,载《贵州日报》2017 年 3 月 29 日,第 6 版。

156. 吴汉东:《论信用权》,载《法学》2001 年第 1 期。

157. 吴宏伟、金善明:《社会本位观:反垄断法立足之本》,载《法学家》2008 年第 1 期。

158. 吴涛、陈宬旭、马刘霞:《基于欧盟〈一般数据保护条例〉的我国征信法制建设研究》,载《征信》2016 年第 12 期。

159. 夏锦文:《共建共治共享的社会治理格局:理论构建与实践探索》,载《江苏社会科学》2018 年第 3 期。

160. 晓南:《当前我国法学研究中的若干问题》,载《求是》1996 年第 5 期。

161. 谢新水、檀阳:《论基于共享经济"软基础"的信用监管》,载《理论与改革》2020 年第 5 期。

162. 徐浩:《日本公司资本制度的变迁》,载《财经界(学术版)》2011 年第 14 期。

163. 徐昭、姜弘毅:《破产重整企业信用修复的实践与思考》,载《征信》2018 年第 6 期。

164. 徐志明、熊光明:《对完善我国信用修复制度的思考》,载《征信》2019 年第 3 期。

165. 薛克鹏:《论经济法的社会本位理念及其实现》,载《现代法学》2006 年第 6 期。

166. 严桂珍:《民法典安全保障义务条款与共享单车企业民事责任——以儿童骑共享单车发生伤亡事件为例》,载《东方法学》2020 年第 6 期。

167. 燕继荣:《社会变迁与社会治理——社会治理的理论解释》,载《北京大学学报(哲学社会科学版)》2017 年第 5 期。

168. 杨安进:《互联网纠纷中行为的合理性判定:应在适用法律与洞悉行业之间平衡》,载《人民司法》2014 年第 20 期。

169. 杨东:《互联网金融的法律规制——基于信息工具的视角》,载《中国社会科学》2015 年第 4 期。

170. 杨柳:《新时代食品安全信用监管的逻辑起点、现实困境与政策建议》,载《中国物价》2019 年第 12 期。

171. 梅杨:《比例原则的适用范围与限度》,载《法学研究》2020 年第 2 期。

172. 杨勤宇、陶丽博:《国外信用评级监管法律框架概述及启示》,载《征信》2013 年第 10 期。

173. 杨伟东:《关于创新行政层级监督新机制的思考》,载《昆明理工大学学报(社会科学版)》2008 年第 1 期。

174. 姚海放:《经济法国家观研究:基于社会本位与国家概念的展开》,载《政治与法律》2016 年第 12 期。

175. 叶湘榕:《公共信用信息归集和使用的地方规则比较研究》,载《征信》2014 年第 11 期。

176. 于立深:《论政府的信息形成权及当事人义务》,载《法制与社会发展》2009 年第 2 期。

177. 袁文瀚:《信用监管的行政法解读》,载《行政法学研究》2019 年第 1 期。

178. 张帆:《欧洲征信数据保护法律立法实践及对我国的启示》,载《征信》2010 年第 1 期。

179. 张金平:《跨境数据转移的国际规制及中国法律的应对——兼评我国〈网络安全法〉上的跨境数据转移限制规则》,载《政治与法律》2016 年第 12 期。

180. 张俊林、吴春燕、蒋翼:《企业信用监管制度探讨》,载《中国工商管理研究》2015 年第 10 期。

181. 张康之:《论主体多元化条件下的社会治理》,载《中国人民大学学报》2014 年第 2 期。

182. 张明楷:《法益保护与比例原则》,载《中国社会科学》2017 年第 7 期。

183. 张淞纶:《关于“交易安全理论”:批判、反思与扬弃》,载《法学评论》2014 年第 4 期。

184. 张为民:《美国纳税信用治理的经验及借鉴》,载《国际税收》2018 年第 12 期。

185. 张文显:《构建法科共治、法德共治、多元共治的法律秩序——共治:补齐治理短板》,载《北京日报》2020 年 8 月 3 日,第 9 版。

186. 张阳:《个人破产何以可能:溯源、证立与展望》,载《税务与经济》2019 年第 4 期。

187. 张毅:《基于区块链技术的新型社会信用体系》,载《人民论坛 · 学术前沿》2020 年第 5 期。

188. 张智辉:《论犯罪构成的客观要件》,载《中国刑事法杂志》2016 年第 6 期。

189. 张茅:《"宽进严管"进行商事制度改革》,载《中国科技产业》2015 年第 4 期。

190. 张守文:《政府与市场关系的法律调整》,载《中国法学》2014 年第 5 期。

191. 赵宏:《信息自决权在我国的保护现状及其立法趋势前瞻》,载《中国法律评论》2017 年第 1 期。

192. 赵磊:《商事信用:商法的内在逻辑与体系化根本》,载《中国法学》2018 年第 5 期。

193. 赵荣、赵静:《德国社会诚信体系构建的宏观要素分析》,载《德国研究》2017 年第 1 期。

194. 赵旭东:《从资本信用到资产信用》,载《法学研究》2003 年第 5 期。

195. 赵学清、周嘉:《欧美信用评级监管规则的最新发展》,载《西南政法大学学报》2015 年第 3 期。

196. 赵艳:《西方社会信用体系模式及其启示》,载《中国改革》2008 年第 4 期。

197. 浙江省信用办:《英国、瑞士信用体系建设对浙江的启示》,载《浙江经济》2015 年第 21 期。

198. 郑成良:《论法治理念与法律思维》,载《吉林大学社会科学学报》2000 年第 4 期。

199. 郑晓剑:《比例原则在民法上的适用及展开》,载《中国法学》2016 年第 2 期。

200. 郑友德、钱向阳:《论我国商业秘密保护专门法的制定》,载《电子知识产权》2018 年第 10 期。

201. 中国(海南)改革发展研究院课题组:《监管变革:由传统市场监管向治理创新转型》,载《上海证券报》2016 年 3 月 26 日,第 6 版。

202. 周光权:《客观归责方法论的中国实践》,载《法学家》2013 年第 6 期。

203. 周莉、刘碧松:《我国社会信用标准化建设及体系框架研究》,载《标准科学》2014 年第 1 期。

204. 周澎:《中美商业秘密保护问题及对策研究》,载《法学杂志》2020 年第 9 期。

205. 周文翠、陈自才:《社会治理制度效能提升的三个着力点》,载《理论探讨》

2020 年第 4 期。

206. 周永坤:《社会优位理念与法治国家》,载《法学研究》1997 年第 1 期。

207. 朱慈蕴、皮正德:《公司资本制度的后端改革与偿债能力测试的借鉴》,载《法学研究》2021 年第 1 期。

208. 朱慈蕴:《我国商事登记立法的改革与完善》,载《国家检察官学院学报》2004 年第 6 期。

209. 朱毅峰、吴晶妹:《美国信用管理体系简介》,载《中国金融》2003 年第 5 期。

210. 祝丽丽、周雨、吴瀚然:《强化行业自律:完善市场信用监管》,载《宏观经济管理》2019 年第 7 期。

211. 钟瑞栋、刘奇英:《商事登记制度改革背景下的行政管理体制创新》,载《管理世界》2014 年第 6 期。

(三)英文文献

1. Bryan A. Garner, *Black's Law Dictionary* (*Tenth Edition*), West (Thomson Reuters), 2014.

2. Caitlin M. Mulligan, *From AAA To F: How the credit rating agencies failed America and what can be done to protect investors*, 50 Boston College Law Review, 2009.

3. H. Schweber, *The Language of Liberal Constitutionalism*, Cambridge Press 2007.

4. Kooiman, Jan. *Governing as Governance*, London: Sage, 2003.

5. M. Moore, *Placing Blame*, Oxford: Oxford University Press, 1997.

6. Nicola Jentzsch, *An economic analysis of China's credit information monopoly*, 19.4 China Economic Review, 2008.

7. Federico Ferretti, *The Regulation of Consume Credit Information Systems: Is the EU Missing a Chance*, Legal Issues of Economic Integration, 2007.

8. A. Shleifer, *Understanding Regulation*, Europe Financial Management, 2005.

9. S. Cameron et al., *The New Urban Context*, P. Healey eds., Managing Cities, John Wiley, Chichester, Sussex, 1995, p. 91.

10. T. P. Gordon, C. L. Knock, D. G. Neely, *The Role of Rating Agencies in the Market for Charitable Contributions: An Empirical Test*, Journal of Accounting and Public Policy, 2009.